**权威·前沿·原创**

皮书系列为

“十二五”“十三五”“十四五”时期国家重点出版物出版专项规划项目

智库成果出版与传播平台

# 中国汽车与保险大数据发展报告（2023）

REPORT ON DEVELOPMENT OF CHINESE AUTOMOBILE AND INSURANCE BIG DATA (2023)

研　创／中国汽车技术研究中心有限公司
　　　　中国银行保险信息技术管理有限公司
主　编／冯　屹　石一飞
副主编／徐晓丹　任焕焕　管　宇

社会科学文献出版社
SOCIAL SCIENCES ACADEMIC PRESS (CHINA)

图书在版编目（CIP）数据

中国汽车与保险大数据发展报告．2023 / 冯屹，石一飞主编．--北京：社会科学文献出版社，2023.12
（汽车与保险蓝皮书）
ISBN 978-7-5228-2731-5

Ⅰ．①中… Ⅱ．①冯… ②石… Ⅲ．①汽车保险-研究报告-中国-2023 Ⅳ．①F842.634

中国国家版本馆 CIP 数据核字（2023）第 206601 号

汽车与保险蓝皮书
中国汽车与保险大数据发展报告（2023）

主　　编 / 冯　屹　石一飞
副 主 编 / 徐晓丹　任焕焕　管　宇

出 版 人 / 冀祥德
组稿编辑 / 任文武
责任编辑 / 王玉霞
责任印制 / 王京美

出　　版 / 社会科学文献出版社 · 城市和绿色发展分社（010）59367143
地址：北京市北三环中路甲 29 号院华龙大厦　邮编：100029
网址：www.ssap.com.cn
发　　行 / 社会科学文献出版社（010）59367028
印　　装 / 天津千鹤文化传播有限公司

规　　格 / 开 本：787mm×1092mm　1/16
印 张：26.5　字 数：398 千字
版　　次 / 2023 年 12 月第 1 版　2023 年 12 月第 1 次印刷
书　　号 / ISBN 978-7-5228-2731-5
定　　价 / 128.00 元

读者服务电话：4008918866

# 《中国汽车与保险大数据发展报告（2023）》
## 编　委　会

# 主编简介

**冯 屹** 正高级工程师，中汽数据有限公司总经理，曾任全国汽车标准化技术委员会燃气汽车分技术委员会秘书长。主持或参与完成了多项国家级重要科研课题，主要从事智能网联、乘用车企业平均燃料消耗量与新能源汽车积分并行管理、汽车有害物质管理、汽车产业碳排放、汽车大数据分析等相关研究工作。

**石一飞** 中国银行保险信息技术管理有限公司业务三部总经理，曾在原中国保监会统计信息部工作，长期从事保险行业信息化规划和建设、信息安全监管、行业标准化、监管信息化建设和行业信息共享平台建设运营工作。

# 摘　要

自我国实施国家大数据战略以来，大数据产业经历了爆发式的发展，汽车与保险大数据产业取得了长足进步，在此背景下，本书以“中国汽车与保险大数据现状及展望”为主题，详细论述了中国汽车与保险发展现状及面临的问题与挑战，并针对新形势提出未来发展思路。

全书包括总报告、汽车大数据篇、保险大数据篇、大数据应用篇共 4 个部分。

汽车大数据篇以汽车全产业链大数据融合为背景，围绕乘商用车市场大数据、产品大数据、材料大数据、交通大数据、智能网联大数据展开研究，多角度对汽车行业进行全面深入的分析，得出中国传统能源车进一步被新能源车替代，乘用车领域高端化与自主化持续、商用车领域存在结构性变化机会的结论，同时从车辆产品投放、智能网联车辆保险、智能座舱屏幕交互设计等角度对汽车行业进行分析论述。

保险大数据篇围绕大数据在车险行业的实际应用展开研究，分地区、分险种、分车辆种类等对我国车险理赔情况和车型风险情况进行分析，受新能源汽车市场渗透率提升、居民出行频率回升、车险综改政策红利逐渐显现等外部因素影响，2022 年车险整体保费规模稳中有升，同时应进一步依据地区差异、车辆种类、营业性质等因素优化车险产品布局与设计。

大数据应用篇进一步探索大数据在汽车、保险及其他领域的融合与深度应用，以新能源汽车碳资产等案例，为相关产业链经营主体充分挖掘大数据价值、实现数字化转型提供参考。新能源汽车发展迅速，成为我国道路运输

领域降低碳排放的重要路径之一。在新能源汽车补贴退出背景下，新能源汽车碳资产可作为新的消费端激励手段，同时与绿色金融、绿色保险等衔接，进一步促进新能源汽车产业发展。

本书从基于大数据应用的实例研究入手，深入分析了大数据在汽车行业、保险行业各个细分领域的应用，对我国汽车与保险大数据发展提出相应建议。本书对汽车行业、保险行业及其他相关行业的大数据建设与应用具有重要的参考价值。

**关键词：** 大数据战略　汽车行业　保险行业　融合创新

# 目录

## I 总报告



## II 汽车大数据篇

## Ⅲ 保险大数据篇

## Ⅳ 大数据应用篇

# 总报告

General Report

## B.1

# 中国汽车与保险大数据发展现状及展望

李普超　金　浩　姜泽磊*

**摘　要：** 2022年，国家出台《关于构建数据基础制度更好发挥数据要素作用的意见》，为促进数据流通、激活数据要素潜能、实现数尽其用提供政策指引，大数据支撑跨行业生态建设、赋能各行业融合创新成为未来发展方向。本报告立足大数据产业发展趋势，聚焦汽车与保险产业链，一方面对我国大数据、汽车大数据、保险大数据进行现状分析，另一方面针对汽车与保险大数据的融合创新、协同发展、生态搭建进行展望。

**关键词：** 汽车大数据　保险大数据　融合创新

---

* 李普超，中汽数据有限公司数据生态室主任，高级工程师；金浩，中汽数据有限公司数据生态室产品工程师；姜泽磊，中汽数据有限公司数据生态室项目经理，工程师。

## 一　中国大数据产业发展现状

### （一）政策引领，促进大数据流通融合

2022 年 12 月 2 日，中共中央、国务院印发《关于构建数据基础制度更好发挥数据要素作用的意见》（以下简称《意见》），基于构建数据安全、打造数据经济、培育数据要素市场的政策背景，提出了四项基础性制度建设重点：数据产权制度、流通和交易制度、收益分配制度、安全治理制度。《意见》的提出为培育数据要素市场拉开了序幕，进一步释放数据要素价值，激活数据要素潜能，促进数据高效流通使用、赋能各行业融合发展，以充分实现数据要素价值、促进共享数字经济发展红利。

伴随国家及地方层面的政策支持，近年来我国兴起大数据发展浪潮，如图 1 所示，我国大数据产业市场规模由 2019 年 619.7 亿元增长至 2022 年 1048.6 亿元，2023 年有望超过 1200 亿元（见图 1）。国家层面，持续推进地方大数据产业集群和国家新型工业化产业示范基地建设，自 2015 年全国首个大数据综合试验区在贵州启动后，又先后建设启动了京津冀、珠三角、上海、河南、重庆、沈阳、内蒙古 7 个大数据综合实验区，大数据基础发展环境得到大幅优化。地方层面，我国多个省（区、市）制定了大数据政策促进产业发展，多个省市设立了专门的大数据管理机构，加快大数据产业建设与多方数据融合。同时，各地积极拓展大数据产业应用：建设政府大数据平台，加快布局智能制造，推动大数据与医疗健康、交通、旅游等深度融合。

### （二）技术创新，驱动大数据产业快速深度发展

随着大数据技术的快速发展，以及大数据技术与人工智能、VR、5G、区块链、边缘智能等技术的交汇融合，大数据产业不断向深度、广度和高质量方向发展。人工智能方面，人工智能技术可以帮助大数据产业更好地挖掘

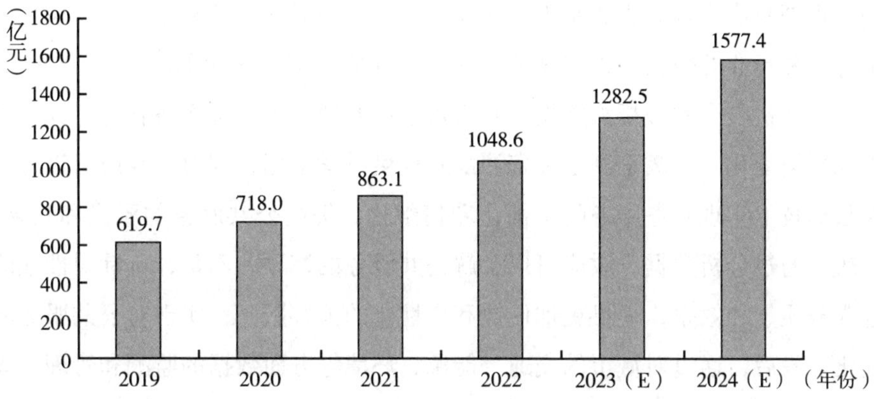


**图 1　2019~2024 年我国大数据产业市场规模**

资料来源：赛迪顾问。

和分析数据，提高数据的应用价值。例如，通过人工智能算法，可以实现数据清洗、数据挖掘、数据建模等功能，从而更好地服务于汽车行业和其他领域。云计算方面，云计算技术可以帮助大数据产业更好地管理和处理数据，提高数据的可靠性和安全性。例如，云计算平台具有数据存储、数据共享、数据分析等功能，能够更好地支持其在汽车行业和其他领域的创新应用。物联网方面，物联网技术可以帮助大数据产业更好地连接和管理设备，提高数据的采集和应用效率。例如，通过物联网技术，可以实现车辆传感器和车载系统数据的实时采集和监控，从而更好地支持其在汽车行业和其他领域的创新应用。区块链方面，区块链技术可以帮助大数据产业更好地保护和管理数据，提高数据的安全性和隐私性。例如，通过区块链技术进行数据分布式存储、数据加密和数据共享等，从而更好地支持其在汽车行业和其他领域的创新应用。

### （三）跨行业融合，赋能数字化创新发展

#### 1. 政务领域

2022 年，国务院办公厅印发《全国一体化政务大数据体系建设指南》，旨在在全国范围内建立起一个统一集成的大数据平台，支撑政府数字化转

型、提高政府决策和服务水平，该体系整合了各级政府的数据资源，包括各个部门和行业的数据，以实现数据共享、互联互通、统一管理和综合分析。首先，通过整合和分析大数据，政府可以更好地了解社会经济状况、民生需求和环境变化，为政策制定和资源配置提供科学依据；同时，政府可以通过大数据技术实现政务服务的个性化和精细化，提高公共服务的质量和效果。其次，通过分析数据，政府可以了解公共服务的瓶颈和不足，有针对性地改进服务质量和效率，提供更加便捷和个性化的公共服务，实现对公共服务的优化。最后，通过对城市的交通、能源、环境等方面数据的监测和管理，政府可以实现对城市的智能化管理和资源优化配置，提高城市的可持续发展和居民的生活质量。

2. 金融领域

随着区块链、隐私计算、人工智能等技术的应用，大数据与金融领域融合应用取得显著进展。区块链技术可以用于金融领域的交易结算、资产管理等方面。区块链技术的应用可以实现交易过程的透明化和可追溯性，提高交易效率和安全性；通过隐私计算联合分析多个数据源来获得更全面和准确的洞察的同时，不暴露原始数据，实现个体隐私保护；人工智能和机器学习技术可以用于金融领域的客户服务、风险管理、投资决策等方面。通过对大量数据的分析和挖掘，可以提高金融机构的决策能力和服务质量；云计算和大数据分析技术可以帮助金融机构实现数据的高效处理和分析。云计算平台可以实现数据的快速处理和存储，提高数据分析的效率和准确性。

3. 工业领域

产业数字化转型是指通过信息技术和数字化手段改变传统产业的生产模式和经营方式，实现生产效率和质量的提升，创造新的商业价值和竞争优势。大数据在产业数字化转型中扮演着重要的角色，可以帮助企业实现数据驱动的决策、实时监控和预测、质量控制和改进、智能供应链管理以及智能制造和自动化。工业生产中产生的大量数据（包括传感器数据、生产数据、质量数据等）被用于实时监测、分析和优化生产过程。通过数据采集和分析，企业能够了解生产线的运行情况、设备的状态、产品质量等，以便做出更好的决策。

4. 其他领域

大数据在其他行业中也有广泛应用，例如，在深海探测领域，大数据可以帮助实现海洋综合管理支撑、海洋环境安全保障、海洋现象识别、海洋资源开发等业务场景；在医疗健康领域，大数据可以帮助医疗机构实现精准医疗和智能健康管理。总之，大数据在产业数字化转型中的应用，可以帮助企业实现效率的提升、成本的降低、创新的加速和价值的创造。随着大数据技术的不断发展和普及，越来越多的企业将会采用大数据来推动自身的数字化转型。

## 二　汽车大数据发展综述

### （一）汽车行业发展现状分析

2022 年中国汽车市场在逆境下整体复苏向好，实现正增长，展现出强大的发展韧性。我国汽车产销总量已经连续 14 年稳居全球第一，2022 年，尽管受新冠肺炎疫情散发频发、芯片结构性短缺、动力电池原材料价格高位运行、局部地缘政治冲突等不利因素冲击，但在购置税减半等一系列稳增长、促消费政策的有效拉动下，中国汽车市场逐步复苏。2022 年，我国汽车产销量分别完成 2702.1 万辆和 2686.4 万辆，同比分别增长 3.6%和 2.2%，与上年相比，产量增速基本持平，销量增速下降 1.6 个百分点（见图 2）。乘用车方面，得益于购置税优惠和新能源汽车的快速增长，2022 年市场产销量涨幅明显，产销量分别完成 2383.6 万辆和 2356.3 万辆，同比分别增长 11.2%和 9.5%；商用车方面，受前期环保等政策引起的消费预先透支以及高位油价等因素的影响，2022 年全国商用车整体需求增速放缓，产销量分别完成 318.5 万辆和 220 万辆，同比增速呈两位数下滑，分别下降 31.9%和 31.2%。

新能源汽车增长势头强劲，实现对燃油车的加速替代。从市场情况看，全年销量 550.3 万辆，同比增长 79.6%，市场渗透率达 23.6%，在整体市场

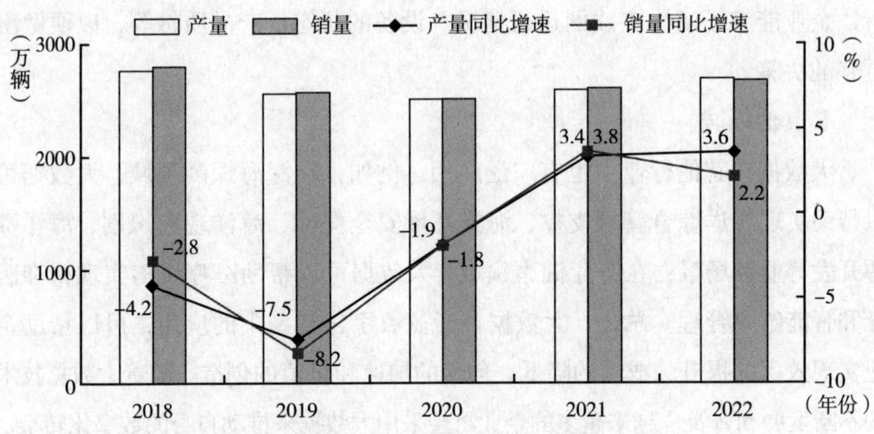


**图 2　2018~2022 年中国汽车行业发展状况**

资料来源：中国汽车工业协会。

下行压力增大的背景下，延续了 2021 年以来高歌猛进的增长势头，从全价位、全品类方面加速取代传统燃油汽车，推动新能源车市场结构从哑铃形向纺锤形成熟市场演进。由于新能源汽车持续拓展细分品类市场，对传统燃油汽车的挤压态势将愈发明显。首先，从价格区间看，30 万元以上高端电动车型渗透率提速，自主品牌如比亚迪、广汽已落地量产高端纯电车型；传统品牌如 BBA 等也开启转型并持续推出新能源产品。10 万~30 万元车型市场以 PHEV 作为核心发力点，逐步抢占传统燃油车市场份额。其次，从车型品类看，新能源汽车基于特定场景和用户细分群体，打造爆点产品，如理想聚焦家庭细分场景等。同时，电动化也开始向越野、改装、皮卡、超跑等车型市场渗透，不断扩充新能源汽车覆盖范围。

## （二）汽车大数据发展现状分析

汽车大数据包括企业内部的产品规划、整车开发、智能制造、产品营销、产品使用和置换回收等业务流程的数据，以及产业链上下游汽车零配件企业和服务企业的相关数据。汽车大数据的来源包括车载传感器、车载通信系统、车辆控制单元（ECU）、导航系统、交通监控设备等数据采集设备；

同时，也包括供应链、制造商、使用端、后市场等参与方的数据。汽车技术变革和数字化转型，推动汽车大数据逐渐成为汽车行业的重要资源。随着汽车数量的增加、车载传感器技术的普及和数据采集技术的进步，汽车产生的数据规模呈现出爆发式增长，车辆信息、驾驶行为数据、车载娱乐和互联网应用产生的数据量都在不断增加。据预测，到 2025 年，全球汽车大数据的规模将达到数千亿 GB。

汽车大数据的应用涵盖了多个领域。通过数据挖掘、机器学习和深度学习等技术，可以从汽车大数据中发现隐藏的模式和规律，提供更准确的预测和决策支持。与此同时，人工智能技术的应用还可以实现智能驾驶、自动驾驶和车辆互联等领域的创新。汽车大数据的发展正呈现出规模扩大、数据应用领域广泛、数据分析与人工智能技术的应用等趋势。如在产品设计方面，汽车大数据可以用于产品改进、故障诊断和预测维护等；在车主服务方面，汽车大数据可以用于驾驶行为分析、驾驶风险评估和智能驾驶辅助等；在交通管理和城市规划方面，汽车大数据可以用于交通拥堵监测、交通流量优化和城市规划决策等。随着技术的进步和合作的加强，汽车大数据将为汽车行业带来更多的机遇和创新。

### （三）大数据赋能汽车行业持续健康发展

大数据在汽车行业的应用正赋能其持续健康发展，从汽车制造到驾驶体验都受到了深远的影响。智能制造与质量控制：大数据分析有助于优化汽车制造过程，通过实时监测和分析生产线数据，制造商可以及时发现并解决生产中的问题，提高生产效率和产品质量。驾驶安全与辅助驾驶：汽车配备了越来越多的传感器和摄像头，这些设备生成大量数据用于驾驶安全和辅助驾驶功能。大数据分析可以帮助车辆实时监测道路条件、车辆周围环境，从而提供自适应巡航控制、自动紧急制动等功能，提高驾驶安全性。个性化驾驶体验：通过分析驾驶者的驾驶习惯、偏好和行为，汽车制造商可以为每位驾驶者提供个性化的驾驶体验，包括调整座椅位置、音响设置等，提高驾驶舒适度。维护与预测性保养：车辆配备的传感器可以实时监测车辆状况，并将数据传输到云端。基于这些数据，制造商和车主可以预测设备故障，及时进行维护，避免意外事故和大修费用。智能停车系统：大数据分析可用于实时监测停车位的使用情况，开发智能停车系统，引导驾驶者快速找到可用的停车位，减少寻找停车位的时间。

## 三 汽车保险大数据发展综述

### （一）汽车保险行业发展现状分析

保险行业继续向高质量发展转型，保费恢复常态增长。近十年，中国保险行业原保险保费收入总体呈上升趋势，其中 2014 年“新国十条”的出台促进了保险行业的快速增长，2016 年增速达 27.5%，2021 年在新冠肺炎疫情和车险综改的背景下，原保险保费收入逐年递增的态势被打破，同比增速-0.79%，增速自 2013 年以来首次出现负值。2022 年随着经济逐步复苏，原保险保费收入达 4.7 万亿元，同比上涨 4.58%（见图 3）。

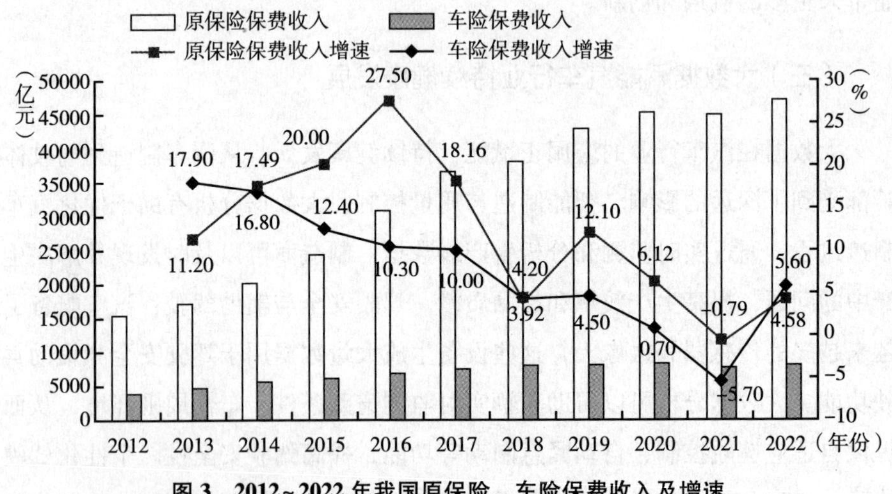


**图 3 2012~2022 年我国原保险、车险保费收入及增速**

资料来源：原中国银保监会。

从车险行业看，2012~2021 年，在三次费改及车险综改背景下，车险行业经历了一定的发展震荡，增速总体呈下降趋势。与此同时，其他财产保险市场快速扩张，导致车险保费收入占全部保费收入的比重正在逐年下降。2022 年，车险保费收入有所上升，为 8210 亿元，但占比继续下降，为 17.47%。

车险综改实施后，“降价、增保、提质”的阶段性目标已基本实现。据原中国银保监会透露，截至 2022 年 6 月，车均保费较改革前下降 21%，87%的消费者保费支出下降。从 2022 年车险行业综合赔付率数据看，其平均值为 70.00%，在 2022 年 2 月达到 71.98%的最高值，然后持续下降至 2022 年 12 月 68.77%的最低值（见图 4）。

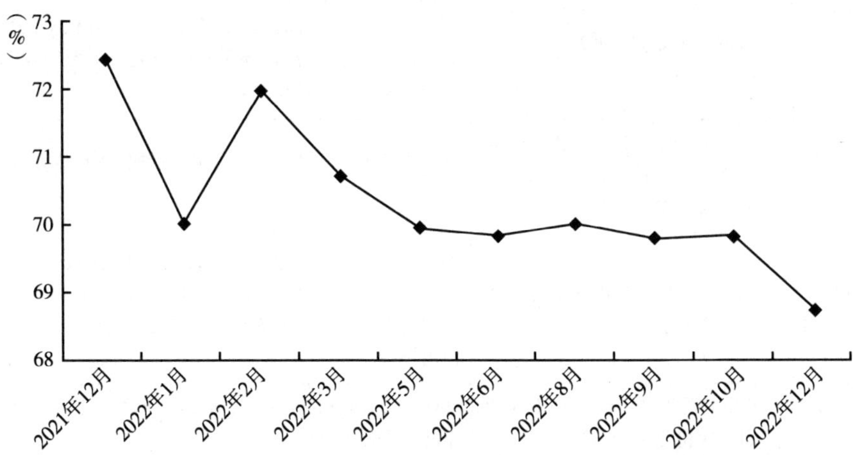


**图 4　2021 年 12 月至 2022 年 12 月车险行业综合赔付率**

资料来源：原中国银保监会。

在政策推动下，车险行业进一步向精细化转型。2022 年 12 月 30 日，中国银保监会发布的《关于进一步扩大商业车险自主定价系数浮动范围等有关事项的通知》，明确商业车险自主定价系数的浮动范围由 0.65~1.35 扩大至 0.5~1.5，此举在业内被称为“二次综改”。业内普遍认为，保险公司执行该《通知》后，将使车险定价更加精细化，有利于完善费率市场化形成机制，提升车辆风险与费率的匹配度，激发车险市场活力。2023 年 1 月 30 日，中国银保监会办公厅发布《关于财产保险业积极开展风险减量服务的意见》，提出鼓励各公司丰富风险减量服务提供形式，提升服务的可获得性和便利性；组建服务团队或委托专业第三方机构，做深做实做细服务内容；延伸至投保企业上下游产业，为客户提供一站式服务方案。保险公司将用科技手段推动企业创新与转型，提升管理效率与经营效益，实现风险管理的前置性和主动性。

2020 年 9 月至 2023 年 1 月中国车险相关政策如表 1 所示。

**表1　2020 年 9 月至 2023 年 1 月中国车险相关政策**

| 颁布时间 | 政策名称 | 主要内容 |
| --- | --- | --- |
| 2023 年 1 月 | 《关于财产保险业积极开展风险减量服务的意见》 | 拓宽服务范围,积极提供风险减量服务。鼓励各公司丰富风险减量服务提供形式,提升服务的可获得性和便利性;组建服务团队或委托专业第三方机构,做深做实做细服务内容;延伸至投保企业上下游产业,为客户提供一站式服务方案 |
| 2022 年 12 月 | 《中国银保监会关于进一步扩大商业车险自主定价系数浮动范围等有关事项的通知》 | 进一步扩大财产保险公司自主定价权,逐步放开自主定价系数浮动范围 |
| 2021 年 12 月 | 《新能源汽车商业保险专属条款(试行)》 | 明确新能源汽车商业保险的责任范围,涵盖车身、电池及储能系统、电机及驱动系统、其他控制系统以及其他所有出厂时的设备;保障范围扩大至充电等特定使用场景 |
| 2021 年 1 月 | 《关于调整部分地区商业车险自主定价范围的通知》 | 在四川、山西、福建、山东、河南和新疆等地调整商业车险自主定价范围 |
| 2020 年 9 月 | 《关于实施车险综合改革的指导意见》 | 要求相关行业共同努力,提高交强险保障水平,拓展和优化商车险保障服务、健全商车险条款费率市场化形成机制、改革车险产品准入和管理方式、推进配套基础建设改革、全面加强和改进车险监管、明确重点任务职责分工、强化保障落实 |

资料来源：根据公开资料整理。

## （二）车险大数据发展现状与趋势

车险大数据应用范围不断拓宽，为保险行业带来巨大机遇。车险大数据的应用范围涵盖了核保、定价、营销、理赔等全流程。通过对车辆行驶数据、车辆状况数据、驾驶行为数据等进行收集和分析，保险公司可以更准确地评估风险、定价保险产品，并提供个性化的保险方案和服务。随着技术的进步和数据处理能力的提升，车险大数据将继续发挥重要作用，为保险公司提供更好的服务和决策支持。风险管理方面，保险公司通过与第三方车联网平台合作，提升保前风险测评、保中风险预警、理赔反诈防骗等风险管理能力。保前环节，通过采用车辆动态驾驶行为各项风险因子，合理定价；保中环节，通过科技手段做好风险干预、车队主动安全管理，提升实时干预的风险减量效果；理赔环节，利用大数据，科技赋能还原理赔真实信息，做好反欺诈工作。用户体验方面，车险大数据的发展使保险公司能够更好地了解客户需求和行为习惯，提供更加符合需求的产品服务组合，提升客户的满意度和忠诚度；通过建立和完善数据平台、引入人工智能和机器学习等技术，改进业务流程和服务模式，更好地利用大数据开展承保出单、理赔处理及车生态全场景综合服务。

汽车行业转型变革，使保险行业大数据应用面临挑战。技术方面，随着新能源汽车的发展及自动驾驶技术的成熟，现有车险形态可能发生深刻变革。我国车险条款没有扩展自动驾驶汽车相关的网络安全风险、软件算法风险和公共基础设施风险等。模式方面，共享出行的快速发展在定价、风控等环节向保险公司提出了挑战，如对于同一车辆标的，驾乘人员的多样化，使用性质的动态化，终端客户、平台与保险公司的责任边界模糊等，均是保险公司需考虑的因素。竞争方面，特斯拉、比亚迪、蔚来等新能源车企拿下保险经纪牌照或者控股保险公司，拥有更完善的服务和更完备的车险定价数据，传统保险公司面临竞争压力。未来保险公司更应发挥全国范围线下服务网络优势，通过与车企的强强联合，实现差异化产品定价及提供优质承保前中后端服务。

## 四　汽车与保险大数据融合发展，塑造产业新生态

### （一）双碳领域

随着双碳目标的提出和推进，各行各业对碳排放的关注度也越来越高。

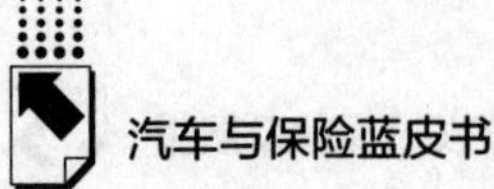


首先，通过整合汽车行业生产制造使用端的大数据资源和保险行业售后维修回收端的大数据资源，可以实现对车辆的全生命周期碳足迹进行评估和测算。其次，保险公司可以根据车辆的能源消耗、排放水平等信息，为车主提供相应的保险产品和定价策略，通过收集汽车的行驶数据和驾驶行为数据，保险公司可以评估车主的碳减排行为，并根据其减排贡献给予相应的激励和奖励。汽车和保险行业可以共享碳排放数据，建立合作机制，通过数据共享和分析，推动汽车制造商和保险公司在碳减排方面的合作和创新。例如，汽车制造商可以根据保险公司提供的碳减排数据，联合开展车主服务，创新绿色低碳保险服务。

### （二）金融领域

当汽车和保险行业的大数据融合时，可以支撑金融业的创新发展。风险评估和信用评分：通过分析车辆和驾驶者的数据，包括驾驶行为、车辆状况、历史事故记录等，金融机构可以更准确地评估借款人的风险水平和信用状况。这有助于金融机构在贷款决策和信用评分方面更加精确和可靠。资产估值和抵押贷款：通过分析汽车市场数据和车辆信息，金融机构可以更准确地估值车辆，并据此提供抵押贷款。这使得车主可以利用车辆资产获得融资支持，促进金融活动。个性化金融产品和服务：基于大数据分析，金融机构可以为车主提供个性化的金融产品和服务。例如，根据车辆和驾驶者的特征，提供定制化的车贷方案、保险产品、投资建议等。这有助于满足车主的特定需求，并提供优质的金融服务。市场趋势分析和投资决策：通过分析汽车销售数据、车主行为数据等，金融机构可以实现对汽车市场的洞察和趋势分析。这有助于金融机构做出更明智的投资决策，选择适合的投资标的和战略。通过汽车和保险行业的大数据融合，金融机构可以实现更准确的风险评估和信用评分，提供个性化的金融产品和服务，进行市场趋势分析和投资决策。这有助于支持金融业的发展，提升金融机构的效率和竞争力，并为个人和企业提供更智能化和个性化的金融解决方案。

### （三）数据安全

通过汽车和保险行业的大数据融合，可以采取数据加密和隐私保护、威胁检测和防范、安全认证和身份验证、数据备份和灾备恢复等措施，以支撑数据安全的保障，有助于保护个人和车辆信息的安全，防止数据泄露和滥用，维护用户的权益和信任。数据加密和隐私保护：对于涉及个人和车辆信息的大数据，保险公司可以采用数据加密和隐私保护措施，确保数据在传输和存储过程中的安全性。这包括使用安全协议和加密算法来保护数据的机密，限制数据访问权限，以及建立合规的数据隐私政策。威胁检测和防范：通过实时监测和分析大数据，保险公司可以识别和应对潜在的数据安全威胁。使用先进的威胁检测技术和安全系统，可以及时发现异常活动、入侵行为和数据泄露风险，并采取相应的防范措施，确保数据的完整性和可用性。安全认证和身份验证：在大数据融合的过程中，保险公司可以采用安全认证和身份验证机制，确保只有授权才能访问和处理敏感数据。这包括使用多因素身份验证、访问控制和审计日志等技术手段，防止未经授权的数据访问和操作。数据备份和灾备恢复：为了应对数据丢失或系统故障的风险，保险公司可以建立数据备份和灾备恢复机制。定期备份数据，存储在安全的离线或云端环境中，并建立相应的恢复计划，以确保数据的可靠性和可恢复性。

# 汽车大数据篇

The Automobile Big Data

# B.2

## 大数据视角下新能源乘用车市场发展特征及趋势研究

刘春辉　谢侦续　杨少武　彭小津*

**摘　要：** 2022年虽然受到新冠肺炎疫情、俄乌冲突、宏观经济下行、电池原材料高位震荡等诸多不利因素影响，但全球新能源乘用车市场仍呈现高速发展态势，中国作为新能源乘用车规模最大的市场，新能源渗透率持续走高。2023年国内经济复苏，在政策驱动以及产品竞争力提升、供给进一步丰富等利好因素影响下，预计中国新能源乘用车市场将会延续高速发展态势。

**关键词：** 新能源汽车　大数据　市场特征

* 刘春辉，中汽数据有限公司产品与技术战略部乘用车研究室资深主管，高级工程师，研究方向为乘用车市场研究；谢侦续，中汽数据有限公司产品与技术战略部乘用车研究室工程师，研究方向为乘用车市场研究；杨少武，中汽数据有限公司产品与技术战略部乘用车研究室主任工程师，研究方向为乘用车市场研究；彭小津，中汽数据有限公司清洁能源研究部补能战略室咨询研究员，研究方向为电动汽车充换电产业研究。

## 一　全球新能源乘用车市场发展研究

近些年，世界主要国家纷纷制定碳达峰、碳中和的时间表，进行绿色低碳转型，部分国家及地区出台了停售燃油车计划，并通过推出补贴政策支持新能源乘用车发展。在此背景下，各大车企纷纷进行电动化转型，逐步重视新能源乘用车技术研发，越来越多的高竞争力新能源车型上市销售。在上述诸多有利因素促进下，全球新能源乘用车市场连续多年保持较高发展速度，2020~2022 年虽然遭遇到新冠肺炎疫情、芯片短缺、原材料涨价等多种不利因素的扰动，但在供需两端共同支撑下，市场仍保持快速增长态势。如图 1 所示，2022 年全球新能源乘用车市场销量 1053. 5 万辆，同比增长 63. 5%。其中中国占据超六成市场份额，销量排名前五国家累计份额达 86. 3%，是全球新能源乘用车市场增长的中坚力量，具体如图 2 所示。

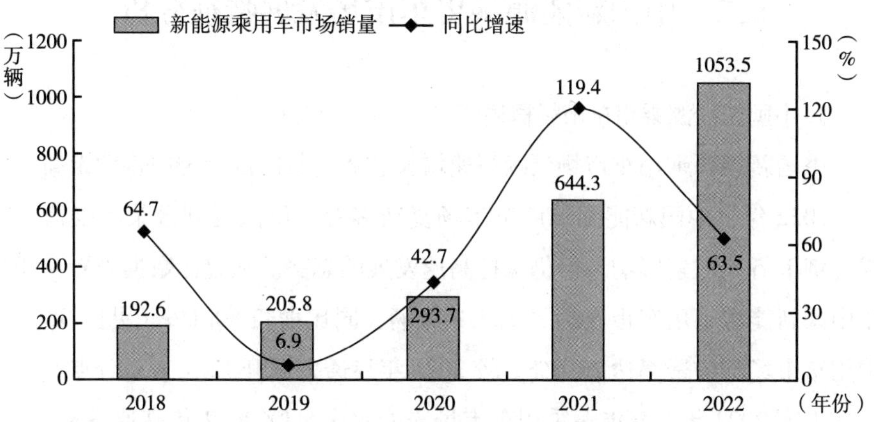


**图 1　2018~2022 年全球新能源乘用车市场销量**

注：含少量常规混动车销量。

资料来源：Marklines。

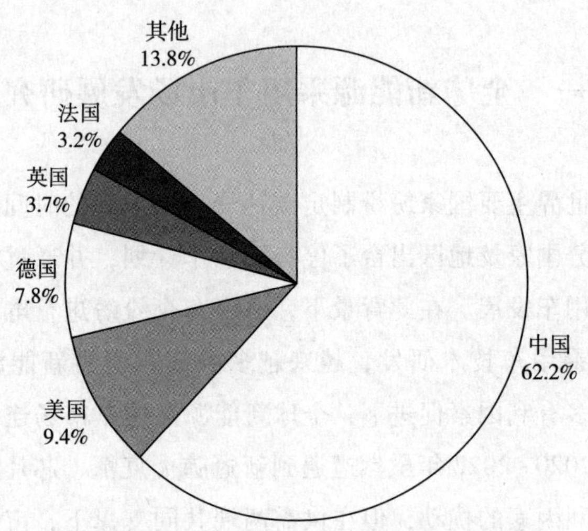


**图 2　2022 年世界主要国家新能源乘用车市场份额**

注：含少量常规混动车销量。

资料来源：Marklines。

## 二　中国新能源乘用车市场发展特征分析

### 1. 中国新能源乘用车市场概述

中国新能源乘用车市场延续高速增长态势，新能源渗透率持续走高。

2022 年，中国新能源乘用车市场复杂多变，虽然受到政策、疫情、宏观经济下行等因素影响，但仍保持高速发展的态势。从整体数据来看，2022 年中国新能源乘用车市场销量 523.3 万辆，同比增长 80.1%（见图 3），在乘用车市场的渗透率达 26.3%，较 2021 年渗透率提升 12.1 个百分点。

进入 2023 年，新能源乘用车市场未能完全延续 2022 年高速发展态势。分月度来看，如图 4 所示，1 月新能源乘用车市场进入调整期，一方面，年前国家补贴退出和地方促消费政策截止透支 1 月份市场销量；另一方面，国补退出和特斯拉降价导致市场价格调整复杂，引发用户观望态度，导致新能源乘用车市场销量环比大幅下滑 58.8%，同比增速自 2020 年 7 月以来首度转

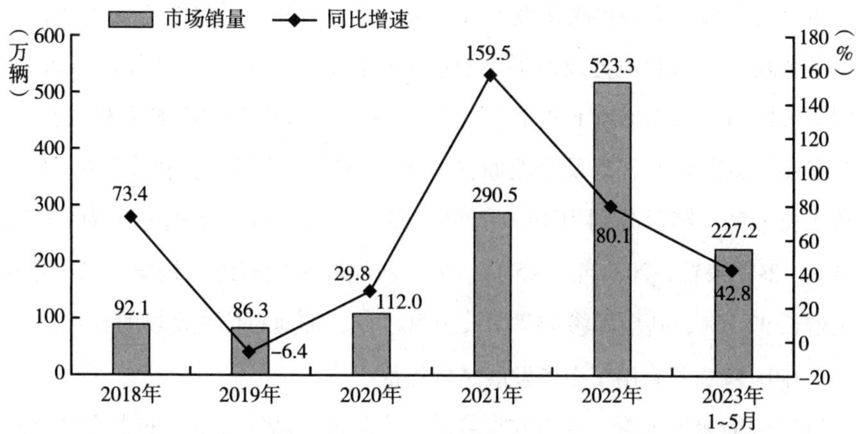


**图 3　2018 年至 2023 年 5 月中国新能源乘用车市场销量走势**

资料来源：中汽数据有限公司。

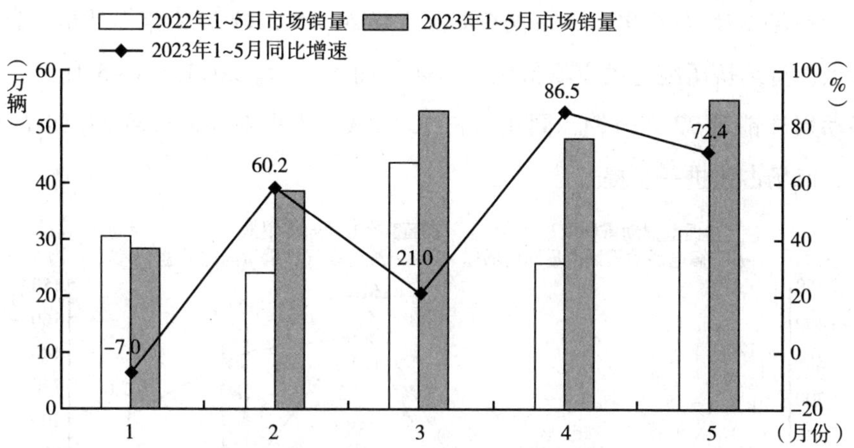


**图 4　2022 年 1~5 月、2023 年 1~5 月中国新能源乘用车市场变化**

资料来源：中汽数据有限公司。

负。2 月新能源乘用车市场逐步恢复，受国补到期的透支消费和春节效应的影响逐步减弱，此外，特斯拉降价点燃价格战，问界、小鹏、比亚迪降价以及宏光 mini 等产品的限时促销，刺激新能源市场短期需求加速释放，虽然一定程度上引发少部分人群的观望情绪但未对整体新能源市场造成显著扰动，市场逐步回暖，月渗透率再次突破30%。2023年3月价格战蔓延至燃油车市场，众多车企限时优惠和地方政府促消费政策刺激，用户观望情绪加剧，新能源乘用车市场销量同比增速下滑至21.0%。4月、5月价格战影响逐渐减弱，受上海车展、新产品上市以及电池原材料价格持续回落影响，新能源乘用车恢复高增长态势，销量分别为49.0万辆、55.8万辆，同比增速分别为86.5%、72.4%。整体来看，2023年1~5月，中国新能源乘用车终端销量227.2万辆，同比增长42.8%，新能源渗透率增长至30.8%，加速对传统市场的替代。

2. 中国新能源乘用车市场发展结构特征

（1）分能源形式看，插电式混合动力产品成为新能源市场的主要驱动力

2022年插电式混合动力车（以下简称插电混动）市场凭借无里程焦虑的体验优势以及以比亚迪、理想为代表的热销产品推动实现高速发展，累计销售125.9万辆，同比增速140.1%，远高于纯电动汽车（以下简称纯电动）市场增速（66.9%），占据新能源市场24.1%，较2021年提升6.1个百分点，持续挤压纯电动市场份额，具体如图5所示。2023年1~5月，插电混动累计销量72.2万辆，同比增长102.0%，占据新能源市场31.8%的份额，市场占比进一步提升。

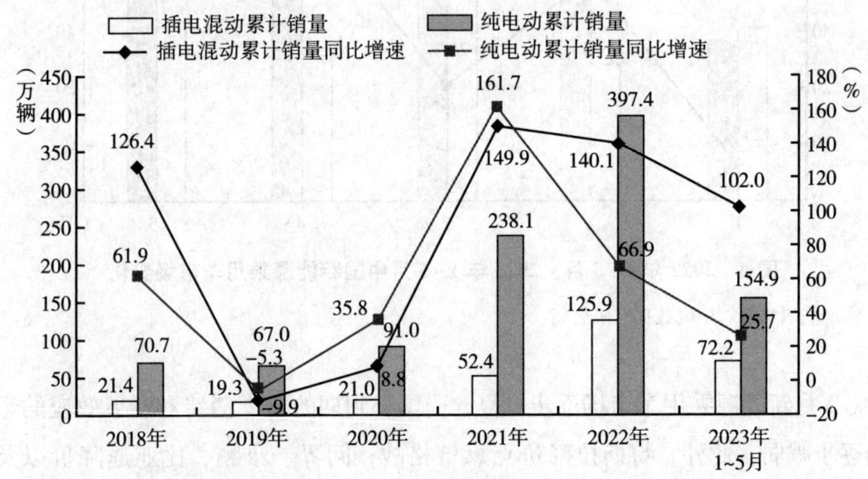


**图5　2018年至2023年5月中国新能源乘用车市场分能源形式累计销量变化**

资料来源：中汽数据有限公司。

插电混动技术架构以串联、并联、混联三种为主，技术难度、成本、侧重点不同，各厂商基于自身定位扬长避短，选择不同技术架构。其中，以理想、问界、深蓝为代表的企业主打串联架构，技术难度小，驾驶体验好，产品定位清晰，竞争力强，爆品频出。以比亚迪为代表的传统自主品牌插电混动技术架构以混联为主，具备亏电油耗低、纯电续航里程长、经济性强的优势，例如比亚迪的 DM-i 超级混动技术，吉利的雷神混动技术，长城的 DHT 柠檬混动技术，其中比亚迪的秦 PLUS DM-i、宋 PLUS DMI 终端零售表现最为出色，2023 年 1~5 月销量分别为 11.1 万辆、11.0 万辆。以欧系品牌为代表的合资品牌以并联混动技术架构为主，主打动力性和高速性能，以奔驰 E 为代表的豪华车型市场表现良好。

用户体验方面，相较纯电动车，插电混动产品没有里程焦虑，可提供堪比纯电动的驾乘体验，能满足用户更多种场景需求，相较传统车，插电混动具备绿牌优势，同时在考虑新能源购置税减免的情况下，综合购车成本已经接近燃油车。

（2）分价格段看，10 万~15 万元主力市场需求逐渐打开，给市场带来主要增量

2022 年，车企加大在 10 万~15 万元价格段新能源产品投放，比亚迪元 PLUS、驱逐舰 05、宋 Pro 等产品上市即热销，持续贡献净增量，秦 PLUS、海豚、传祺 AION. Y 等产品销量创新高，新老产品合力促进 10 万~15 万元价格段销量高增长。2022 年，10 万~15 万元价格区间新能源乘用车销量 106.7 万辆，同比增长 206.5%，占据新能源市场 20.4%，较 2021 年份额提升 8.4 个百分点。

进入 2023 年，10 万~15 万元市场供给进一步丰富，UNI-V 智电 iDD、哈弗枭龙、银河 L7 等新产品导入市场，比亚迪秦 PLUS、宋 Pro、驱逐舰 05 等产品陆续推出冠军版，终端价格进一步降低，市场销量增长明显。此外，用户消费升级意愿显著，10 万元以下入门级产品市场份额大幅下滑，逐步被 10 万~15 万元价格段挤占。供需两端合力推动 10 万~15 万元经济型区间快速增长。2023 年 1~5 月，10 万~15 万元价格区间新能源乘用车销量 61.2 万

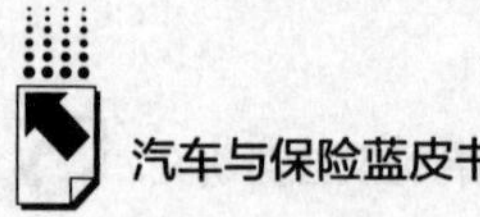

辆，同比增长124.4%，占据新能源乘用车市场26.9%的份额，较2022年提升6.5个百分点，具体如图6、图7所示。

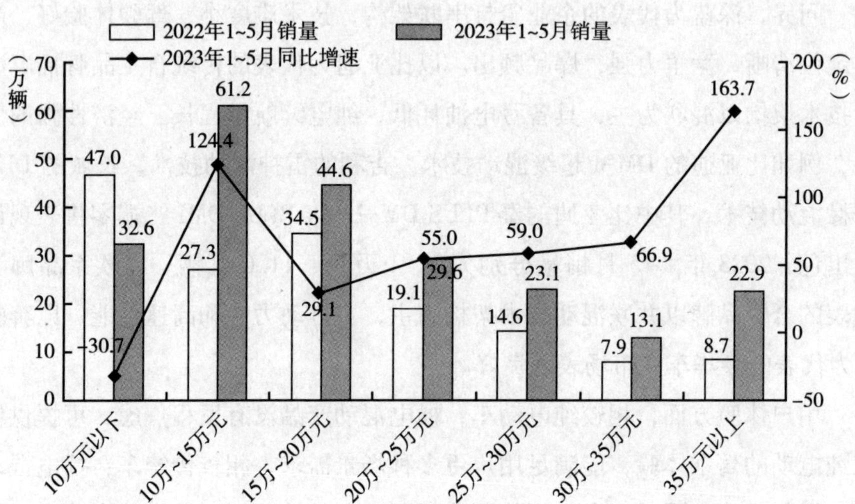


**图6　2022年1~5月、2023年1~5月新能源乘用车市场分价格段销量变化**

资料来源：中汽数据有限公司。

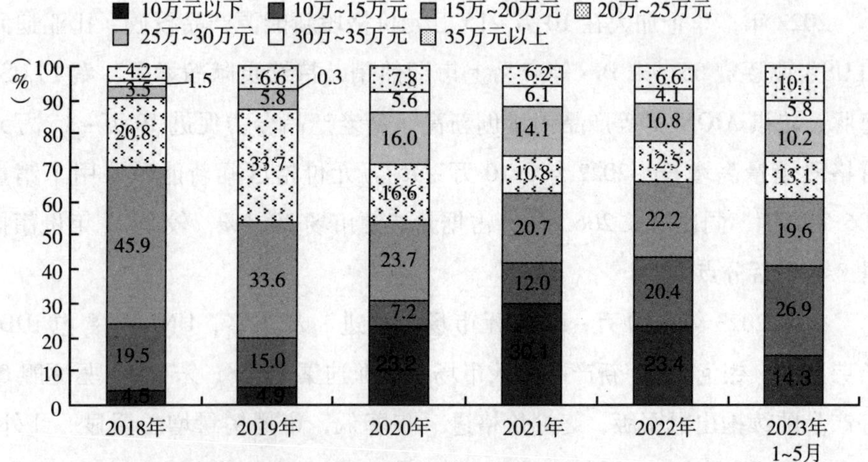


**图7　2018年至2023年5月中国新能源乘用车市场分价格段份额变化**

资料来源：中汽数据有限公司。

（3）分产品级别看，低端市场驱动力减弱，产品高端化趋势显著

A00 级市场加速萎缩，2022 年市场份额下滑 9.0 个百分点至 19.4%，2023 年 1~5 月市场销量 25.5 万辆，同比下滑 34.8%，成为新能源乘用车市场唯一下滑的细分市场，市场份额进一步下滑至 11.2%。2023 年 1~5 月，A0 级以上市场增长显著，其中 B 级市场销量 61.6 万辆，同比增长 101.0%，增速领跑，主要受腾势 D9、深蓝 SL03、蔚来 ET5 以及护卫舰 07 和比亚迪海豹等新品驱动。C 级以上市场销量 28.2 万辆，同比增长 68.8%，主要得益于理想 L9、L8、L7 新品效应。A 级市场销量 89.7 万辆，市场占比 39.5%，占据最大的市场份额。

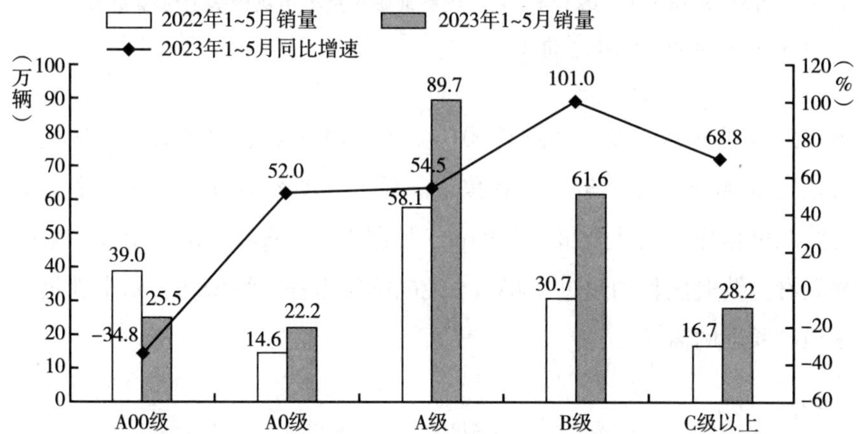


**图 8　2022 年 1~5 月、2023 年 1~5 月新能源乘用车市场分级别销量变化**

资料来源：中汽数据有限公司。

（4）从电池技术看，新能源产品续航能力和经济性大幅提升，提升产品体验

整车企业、电池企业积极研发动力电池新技术，通过技术革新大幅提升电池的安全性，消除用户对于新能源汽车的安全顾虑，同时在纯电续航里程以及成本优化方面持续提升，降低用户用车时的里程焦虑和提升购车经济性。

随着电池技术水平的进步，新能源产品的续航里程大幅提升，更好地满足用户的日常出行。纯电动车型方面，比亚迪汉、奔驰 EQE 等在售车型续

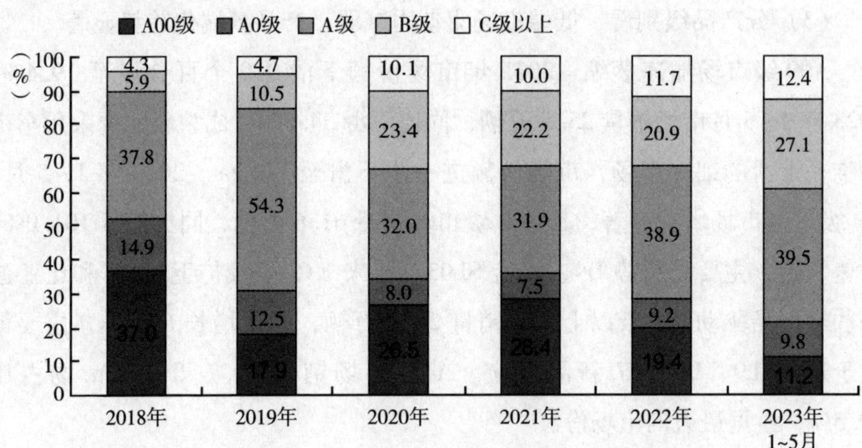


**图 9　2018 年至 2023 年 5 月中国新能源乘用车市场分级别份额变化**

资料来源：中汽数据有限公司。

航里程已达到 700km 以上，极氪 001、AION LX Plus、蔚来 ET5 等续航里程则可达到 1000km，全面解决里程焦虑。插电混动车型方面，各级别车型的纯电续航里程均接近甚至超过 100km（见图 10），从新上市车型及未来的新品规划看，续航里程均超过 200km，纯电续航里程持续增加，基本满足用户日常纯电通勤的需求。

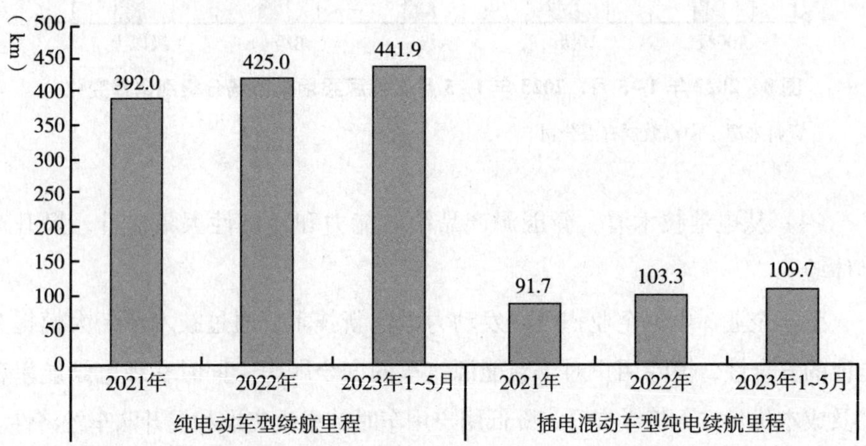


**图 10　2021 年至 2023 年 5 月中国新能源乘用车平均纯电续航里程变化**

资料来源：中汽数据有限公司。

800V高压充电技术的突破，缓解了用户的充电焦虑和里程焦虑，提升用车的便利性。小鹏汽车旗舰车型小鹏G9率先搭载800V高压充电技术，实现充电5分钟，续航200km，极大提升用户补能效率。换电模式作为新能源汽车核心补能方式之一，终端运营商各显神通，有效推进换电站迅速扩张。充电、换电双管齐下缓解补能焦虑。

（5）分城市线级看，新能源车核心需求仍在1~3线城市

4~6线城市的新能源车市场份额持续提升，主要原因是新能源产品的市场认知不断提升、基础设施布局逐步下沉以及多元化产品的有力推动，新能源乘用车市场将逐步由1~3线城市向4~6线城市渗透。

2023年1~5月，1~3线城市的新能源渗透率分别为41.0%、35.2%、32.4%，远高于4~6线城市的23.9%。市场份额方面，1~3线城市市场份额小幅下滑，但仍占据68.8%的主要份额。新能源市场的核心需求仍在1~3线城市，如图11、图12所示。

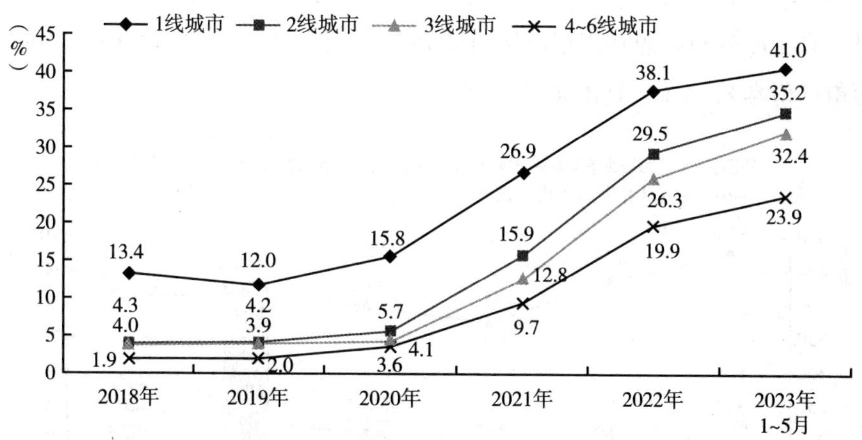


**图11 2018年至2023年5月分城市线级新能源渗透率变化**

资料来源：中汽数据有限公司。

（6）分系别来看，自主品牌抓住新能源转型机遇，市场份额显著提升

2022年，自主品牌新能源乘用车市场销量438.6万辆，同比增长89.7%，占新能源乘用车市场份额为83.8%，较上年同期份额提升4.2个百

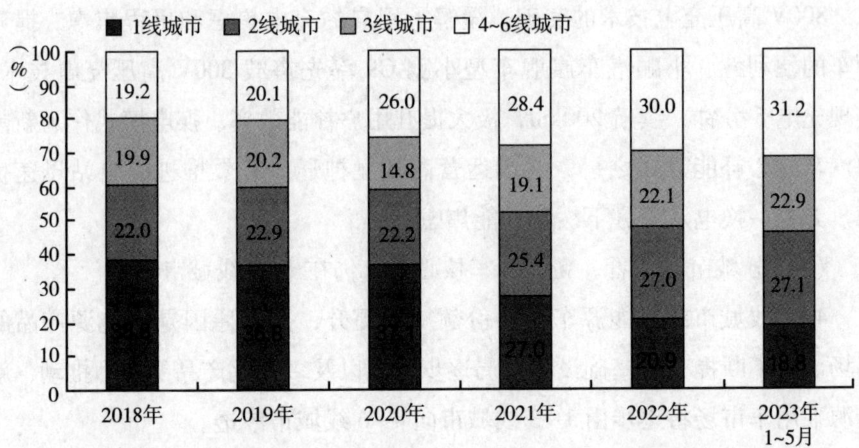


**图 12　2018 年至 2023 年 5 月新能源乘用车市场分城市线级份额变化**

资料来源：中汽数据有限公司。

分点。受新能源乘用车销量驱动，整体乘用车市场中自主品牌份额增长至 46.0%，较上年提升 3.7 个百分点，持续挤压合资市场份额。2023 年 1~5 月，自主品牌新能源乘用车市场销量 187.1 万辆，同比增长 39.1%，占新能源市场份额 82.4%，具体如图 13 所示。

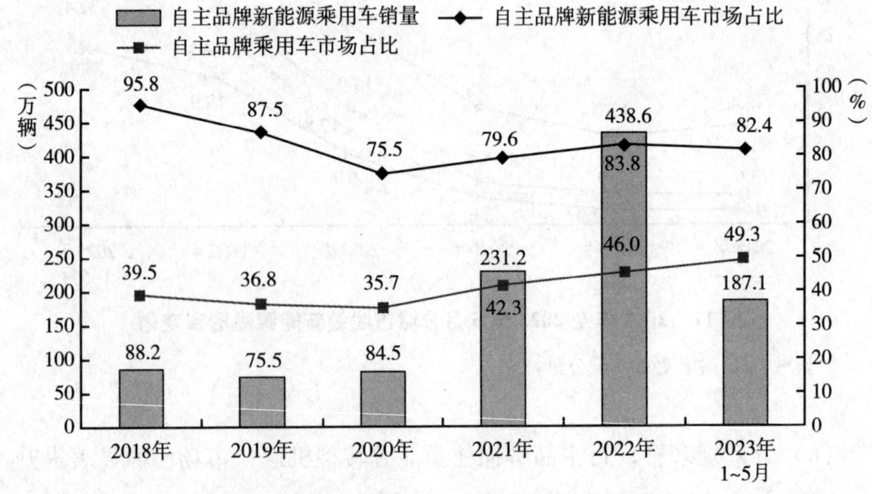


**图 13　中国新能源乘用车市场分系别销量变化**

资料来源：中汽数据有限公司。

从企业竞争维度来看，如图 14 所示，TOP10 新能源乘用车企业中 9 家为自主品牌，合资企业中仅有特斯拉位居第二，传统合资企业均未上榜。主要原因有两方面，一方面合资企业新能源转型意识不足，且布局较晚。尽管近些年加大技术投入以及新产品的导入，但产品整体缺乏竞争力，终端零售仍表现不佳，难以追赶自主品牌企业发展速度；另一方面，自主品牌紧抓新能源转型的窗口期，加速全产业链布局，突破核心技术，纯电动和插电混动两种技术路线双轨并行，积极丰富产品布局，密集推出爆款产品，以智能化体验、高端造型设计的产品优势迅速抢占中高端市场，推动自主品牌保持高质量发展。新势力品牌已经获得市场及用户认可，逐渐丰富产品布局，强化智能化体验。以华为为代表的互联网科技巨头强势涌入造车浪潮，以领先的智能生态体验和庞大的消费电子用户基础作为优势，以多种模式开展造车业务。

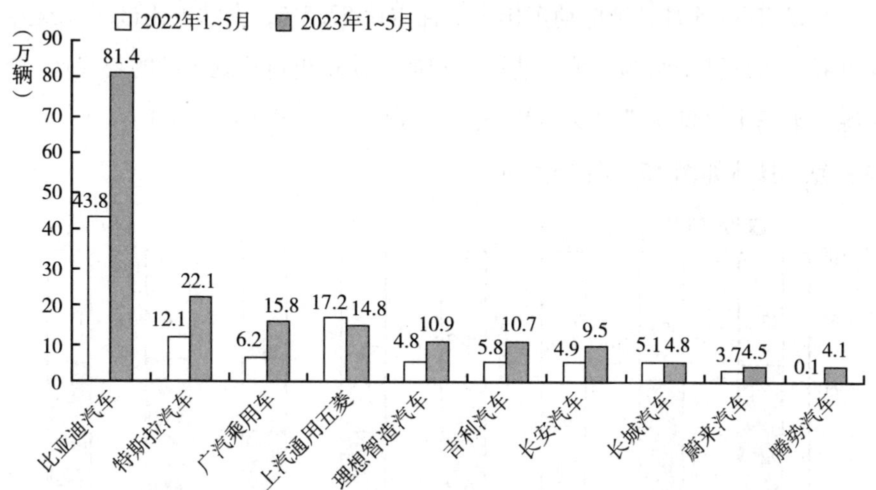


**图 14　2023 年 1～5 月新能源乘用车市场销量 TOP10 企业**

资料来源：中汽数据有限公司。

自主品牌中比亚迪汽车自 2022 年 3 月起正式宣布停产燃油车，成为全球首家停产燃油车的企业。2023 年 1～5 月比亚迪新能源汽车销量 81.4 万辆，同比增长 85.7%，新能源市场占比 35.8%。比亚迪销量高速增长的主要原因有三个方面。技术方面，纯电动和插电混动两种技术路线双轨并行，其中插电混动技术，形成主打经济性的 DM-i 和主打动力性的 DM-p 的双混动平台战略，满足不同用户需求。产业布局方面，从上游原材料到中游重要零部件及整车制造，再到下游基础设施、汽车服务和后市场，比亚迪基本实现了新能源汽车全产业链覆盖。全产业链覆盖及整合使比亚迪拥有更强的成本控制能力。产品布局方面，高性价比、完善的产品矩阵，在牢牢抓住受众最广的入门市场同时，逐渐向高端市场转移。腾势汽车和仰望品牌则是比亚迪向中高端市场发展的尝试。

（7）从用户来看，新能源车用户较整体市场用户年轻化，女性化特征更为显著

新能源车用户中女性比例远高于传统车市场，主要是受纯电动车市场影响。2023 年 1～5 月，纯电动车用户女性占比 53.5%，女性占比进一步提升，插电混动用户性别结构与传统能源车相似，体现出对传统车型的替代性。新能源车市场中“80 后”“90 后”年轻用户比例高于传统车市场，年轻化趋势显著。具体如图 15、图 16 所示。

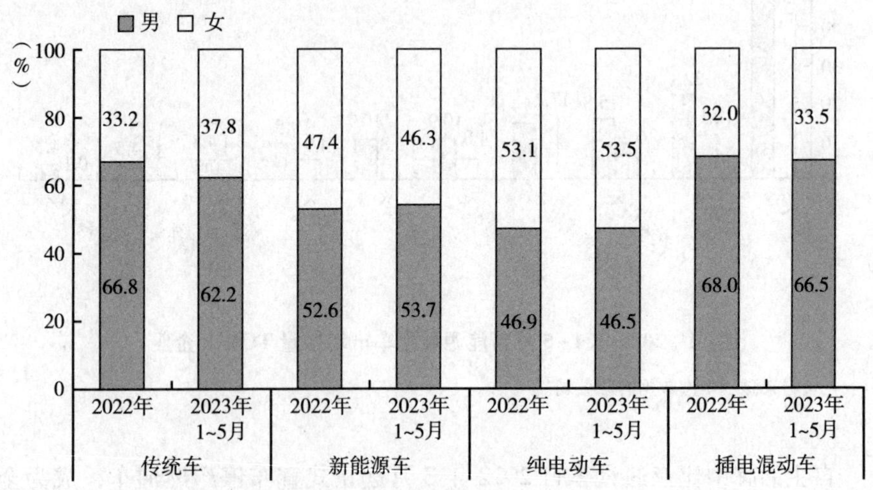


**图 15　乘用车市场分能源形式用户性别比例**

资料来源：中汽数据有限公司。

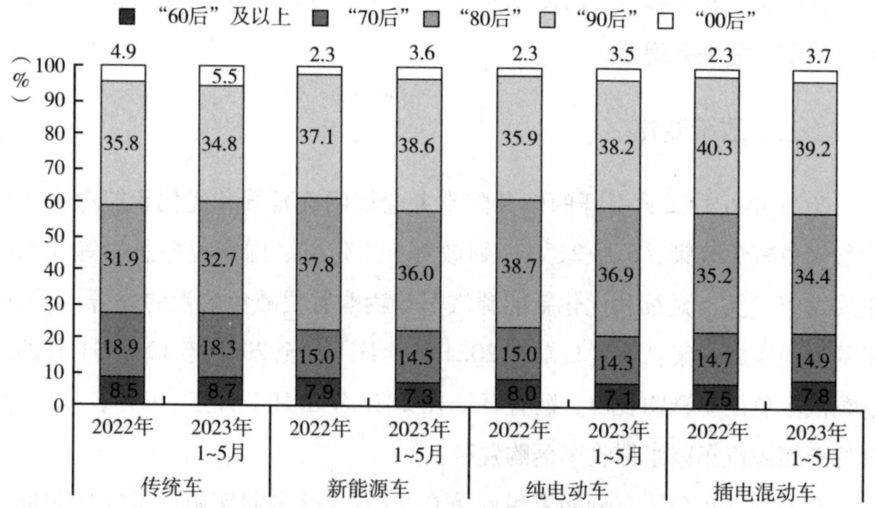


**图 16 乘用车市场分能源形式用户年龄比例**

资料来源：中汽数据有限公司。

## 三 中国新能源乘用车市场发展环境预判

### （一）宏观环境

国内经济延续弱复苏，支撑新能源汽车市场平稳运行。

2023 年是贯彻落实党的二十大精神的第一年，也是向"十四五"目标迈进的第三年，在这一关键节点上，2022 年中央经济工作会议定调 2023 年经济要坚持稳字当头、稳中求进，并特别强调扩内需的重要性，预计将继续从扩投资、促消费、助企纾困、保就业等方面形成政策合力，全面发展经济。

2023 年第一季度，我国 GDP 同比增长 4.5%，经济供需两端均已释放回暖信号，全年将在扩内需政策支撑下实现弱复苏。

落脚到居民主体，虽然一季度消费数据超预期回升，但主要是由于前期积压的消费需求密集释放、1 月春节假期以及 3 月车市价格战的刺激。短期看，就业难问题仍存在，居民购买能力提升承压，购买意愿也难以大幅改善，消费修复进程缓慢。

## （二）政策变化

2023 年 6 月 2 日召开的国务院常务会议明确延续和优化新能源汽车车辆购置税减免政策，6 月 21 日，财政部、工信部、国家税务总局等 3 部门正式发布《关于延续和优化新能源汽车车辆购置税减免政策的公告》，明确了具体的实施方案：购置日期在 2024 年 1 月 1 日至 2025 年 12 月 31 日的新能源汽车免征车辆购置税，购置日期在 2026 年 1 月 1 日至 2027 年 12 月 31 日的新能源汽车减半征收车辆购置税。

新能源汽车免征车辆购置税政策自 2014 年 9 月起实施，实施后对促进新能源汽车消费、推动新能源汽车产业发展起到了积极作用，此前经三次延续将实施至 2023 年底。2024~2027 年新能源汽车车辆购置税减免政策有利于我国新能源汽车市场继续保持稳定增长，进一步巩固先发优势。此次购置税减免政策受惠面广，重点支持和鼓励大众消费，同时有利于加快缩小油电购车成本差距，促进新能源市场持续高速发展。明确国家政策导向，稳定企业发展新能源信心，有利于新能源企业尽快实现规模效应，尽早实现盈利，同时明确换电模式的计税依据，将会加快换电产品的投放以及换电站的建设速度，有利于新能源产品补能方式多样化的发展。虽然此次新能源购置税减免延续政策一定程度上将会减少 2023 年新能源乘用车整体市场销量，但是对 2024~2027 年新能源市场拉动作用显著，其中 2025 年和 2027 年在政策逐步退坡刺激下，销量将会显著冲高。

## （三）市场竞争

价格战加剧市场竞争马太效应，加速新能源渗透进程。

2023 年初，特斯拉、比亚迪两大新能源头部企业率先开始降价抢量，大部分新能源企业纷纷跟随，而传统燃油车企业被动跟随降价，价格战由新能源车企率先发动，最终波及燃油车乃至整个汽车行业。

导致此轮价格战的核心因素有三。一是宏观经济和居民消费意愿复苏不及预期。随着疫情影响消退，叠加促内需、稳增长政策支撑，工业投资、消费、出口均呈复苏态势，但经济内生增长动能偏弱。汽车消费市场疲软与企业产能复苏形成产销周期性错位，导致结构性供大于求，部分企业企图通过价格战争夺市场份额。二是特斯拉和比亚迪作为新能源汽车两大龙头企业，盈利能力领先行业 2~3 年，随着自主品牌品类竞争加剧、销量持续承压、电池材料成本下降等，利用规模效应和成本优势发动价格战攻势，进一步延续领先优势，巩固领先地位。三是传统燃油车短期供需失衡导致被动承压。一方面年初市场疲软状态显现，叠加 2023 年 7 月国六 B 标准全面实施，车企采取大额降价去库存；另一方面合资品牌新能源车相比于自主品牌发展滞后，传统乘用车市场销量下滑、新能源车难以提供有效增量，导致合资品牌市场份额被持续挤压。因此，传统市场降价率先由合资品牌发起，且降幅最大。

持续的价格战将进一步挤压规模小、利润率低及综合竞争力较弱的尾部车企生存空间，个别企业受此影响或将被市场逐渐淘汰。随着新能源成为发展大趋势，价格战也对新能源车替代传统燃油车进程起到助推作用。与此同时，国内激烈竞争，倒逼企业寻求出海发展机遇，民族品牌面临机遇与挑战。价格战一定程度上起到加速淘汰低效落后产能作用，有助于优化我国汽车产业结构。

### （四）产品供给

原材料价格回落、新产品加速投放利好市场发展。

受供需错配、疫情等多重因素推动，动力电池原材料价格持续保持大幅增长态势。2022 年电池原材料价格持续高位波动，以电池级碳酸锂为例，2022 年初为 27.8 万元/吨，2022 年最高位是 56.8 万元/吨。为应对电池涨价带来的成本压力，2022 年一季度起，部分车企对新能源车型陆续涨价，幅度为 4000 元至 4 万元不等。2023 年一季度，电池原材料价格开始迅速回落，电池级碳酸锂价格持续在低位波动。碳酸锂价格下探一方面能够缓解新能源汽车企业的成本压力，另一方面为产品价格持续下探提供空间。

新品投放方面，自主品牌持续完善产品矩阵，确保产品覆盖轿车、SUV、MPV全品类，同时全面布局高中低端产品。如表1所示，比亚迪汽车将会投放海鸥、驱逐舰07、仰望U8等新品，长城汽车将会投放枭龙MAX、蓝山、高山等新品。造车新势力方面，将会瞄准20万元以上中高端市场，小鹏汽车发布小鹏G6，哪吒汽车发布哪吒GT，理想汽车发布双能战略，预计2023年将会发布新车理想L7。合资品牌将会积极拥抱中国电动化和智能化供应链，加速投放新能源产品。

**表1　2023年部分企业新品投放计划**

| 企业系别 | 企业 | 插电混动 | 纯电动 |
|---|---|---|---|
| 自主企业 | 比亚迪汽车 | 登陆舰05、驱逐舰07、仰望U8 | 海鸥、海狮 |
| | 长城汽车 | 高山、蓝山、枭龙MAX | —— |
| | 吉利汽车 | 银河L7 | 极氪X、睿蓝7 |
| | 长安汽车 | 深蓝S7 | 阿维塔12 |
| | 岚图汽车 | —— | 岚图追光 |
| 造车新势力 | 理想汽车 | 理想L7 | —— |
| | 蔚来汽车 | —— | ES5、全新ES6 |
| | 小鹏汽车 | —— | 小鹏G6 |
| | 哪吒汽车 | 哪吒GT | —— |
| | 零跑汽车 | —— | 零跑C12、零跑A11 |
| 合资企业 | 一汽大众 | —— | ID.7 VIZZION |
| | 上汽通用 | —— | 别克ELECTRA E5 |
| | 一汽丰田 | —— | bz3 |
| | 广汽本田 | 雅阁插电混动 | e:N2 |

资料来源：中汽数据有限公司。

## 四　中国新能源乘用车市场发展趋势研判

2023年新能源市场将会延续高增长态势，新能源渗透率进一步提升。

2023年，全国乘用车整体市场在经济弱复苏、政策驱动下将稳步修复，预计2023年中国乘用车市场有望实现正增长。原材料价格持续回落，带动新能源产品价格下探。在电动化和智能化浪潮的驱动下，2023 年各车企将加快新产品布局，在推动品牌高端化的同时，产品积极向下拓展，多款新产品将进入 10 万~20 万元主流价格区间，真正实现油电同价，新能源乘用车将进一步加速对传统能源乘用车的替代。综合来看，在供需两端多重利好因素支撑下，新能源市场将延续高增长态势，预计全年新能源市场销量维持 40%~50%的高增速，新能源市场渗透率将超过 35%。

**1. 分能源形式变化趋势**

插电混动仍将是新能源市场增长的最大动能，纯电动市场受新车销量推动稳步增长。

受益于低油耗、低成本、无续航焦虑等多重优势，叠加供给端产品矩阵持续丰富，2023 年插电混动市场预计将延续高增速。随着产品供给增加和价格下沉，20 万元以下价格区间将为插电混动市场贡献主要增量。

2023 年纯电动市场将迎来百花齐放，更好地满足不同类型用户的产品诉求。其中，A0 级在爆款及潜在爆款产品驱动下，快速渗透；当前渗透率较低的 A 级车市场，随着产品价格下探到 10 万~15 万元传统燃油车核心价格区间，叠加新产品供给丰富，市场发展潜力将得到更有效的释放；B 级市场在特斯拉降价和新产品推动下将延续高增长态势。

**2. 分级别变化趋势**

A0、C 级在爆款产品驱动下快速渗透，A、B 级在高基数下渗透率稳步提升。

A0 级市场在爆款纯电动产品比亚迪海豚及即将上市的五菱缤果、比亚迪海鸥等驱动下，渗透率快速提升；C 级纯电动车型比亚迪汉、极氪 001 和插电混动车型比亚迪汉、理想 L7 与 L8 等凭借超高产品力加速取代传统燃油车；A、B 级在较高的市场基数下，渗透率相对较低，但 2023 年随着比亚迪、特斯拉降价以及新产品供给愈加丰富，新能源渗透率稳步提升。

**3. 分系别变化趋势**

自主品牌持续向上突破，新能源产品支撑下市场份额或将突破 50%。

用户品牌观念逐步淡化，购车时对于自主新能源产品的认知度和认可度

均明显提升。市场供给方面，自主品牌传统车企持续深化品牌创新，陆续推出银河、仰望等中高端品牌，契合用户消费升级心理。同时，延续向下兼容策略，五菱缤果、海鸥、悦也等产品匹配增购市场需求。随着用户品牌意识逐步淡化，自主品牌电动化、智能化、高端化发展势头强劲，叠加产品供给日益完善，2023 年自主品牌份额有望突破 50%，合资品牌市场空间将受到明显挤压。

# B.3
# 大数据视角下中国商用车市场发展特征及趋势研究

刘 辰　唐宝安　贾术艳　宋雨童*

**摘　要：** 历经经济发展拉动下的需求快速增长以及政策法规逐步完善拉动下的产品结构调整，中国商用车市场逐步进入增速放缓、结构优化的调整期。“双碳”目标的确立，进一步推动新能源化发展提速、传统燃料车精细化管理，市场结构深度调整。本文基于商用车市场流通大数据分析，深度剖析商用车市场总量与结构性变化趋势，并从市场、政策、技术等维度入手对市场核心因素与发展趋势进行分析判断。经综合分析测算，2023年商用车市场销量预计达285万辆，市场存在结构性机会；新能源渗透率超过10%，公共领域带来明显增量。

**关键词：** 商用车大数据　商用车市场特征　商用车市场预测

## 一　基于大数据的中国商用车整体市场特征分析

### （一）整体市场：市场进入深度调整阶段，运力结构、能源结构发生改变

全球商用车市场经历百余年发展，从萌芽期、加速期、整合期至如

* 刘辰，中汽数据有限公司产品与技术战略部商用车研究室主任，工程师；唐宝安，中汽数据有限公司产品与技术战略部商用车研究室高级主管，工程师；贾术艳，中汽数据有限公司产品与技术战略部商用车研究室数据分析师，工程师；宋雨童，中汽数据有限公司产品与技术战略部商用车研究室数据分析师，工程师。

今的成熟期，全球商用车市场格局基本稳固，美国、中国、墨西哥以及日本在全球商用车市场占据重要地位，四国年产量占全球比重超 60%。2022 年，疫情影响下，全球产销规模有所下滑，但总体规模仍居高位。随着疫情影响减弱，全球经济复苏，2023 年全球商用车市场将迎来恢复性增长。

着眼中国商用车市场，历经经济发展拉动下的需求快速增长以及政策法规逐步完善拉动下的产品结构调整，中国商用车市场逐步进入增速放缓、结构优化的调整期。2022 年，受疫情反复、国六排放标准升级和老旧车淘汰拉动的市场销量集中透支影响，商用车市场销量由 400 多万辆下降至 258 万辆，同比下滑 39%，达到 2018 年以来的最低水平，市场发展信心受到较大冲击，如图 1 所示。2023 年，伴随疫情冲击减弱，经济发展环境的不断修复，以及需求透支影响减小，行业发展触底反弹，重型车和轻型物流车需求逐步恢复，市场发展信心逐步增强。在市场和政策引导下，排放结构、能源结构、运力结构等结构转型趋势更加突出，市场结构优化和深度调整的特征愈加明显。

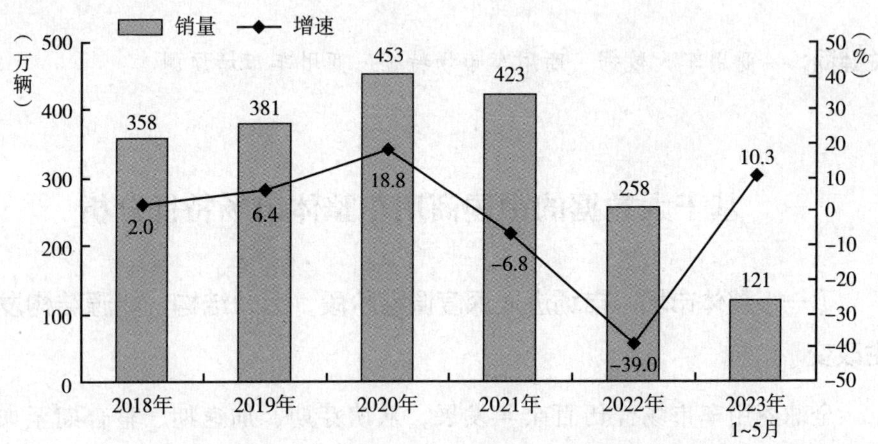


**图 1　2018 年至 2023 年 5 月商用车市场发展历程及销量走势**

资料来源：中汽数据有限公司终端零售数据。

## （二）车型结构

（1）货车市场：重型车市场低位回暖，但销量占比仍远低于往年

2022 年，受疫情影响，物流、生产等经济活动受限，叠加前期排放标准切换透支需求，货车销量同比大幅下滑。其中，中重型货车受到通行受限、前期透支、地产建设端需求下滑等多重负面因素影响，同比明显下滑，是货车市场下滑的主要拖累因素，市场份额同样受到影响。自卸车以及工程类专用车降幅较大。轻型、微型货车需求在经济环境影响下同步收缩，但城市物流配送的发展给予市场需求一定支撑，销量降幅相对较小，轻型车在货车中占比明显提升。

进入 2023 年，虽然地产建筑端的需求延续弱势，但随着公路货运需求回升，牵引车、载货车需求增长带动重卡市场需求逐步回暖，销量低位回升。轻型车市场销量始终维持韧性，末端物流配送的发展以及物流运输时效要求的提升，驱动轻微卡新车市场需求维持积极态势。货车市场轻型车占比维持高位。

（2）客车市场：在新能源车快速发展带动下，厢式轻客市场份额明显提升

客车方面，2023 年随着国内经济的回暖，居民消费回升，叠加居民对线上购物的依赖程度进一步加大，以及物流货运的时效和频率要求逐步提升，物流市场需求平稳增长。2023 年 1~5 月，客车市场销量 13. 9 万辆，同比提升 32. 6%。其中大中客车市场销量 1. 5 万辆，同比提升 0. 5%；作为城市物流重要载体的轻客，市场销量 12. 4 万辆，同比提升 38. 1%。分能源类型来看，1~5 月，传统能源客车销量 9. 2 万辆，同比提升 15. 4%，新能源客车销量 4. 6 万辆，同比提升 88. 9%，新能源客车占客车市场比重为 33. 3%，是市场销量增长的重要支撑，如图 2 所示。新能源客车市场中，80%的销量为厢式轻客，是当前新能源市场主流产品，且市场需求增长较快，销量同比增幅高达 100%。其中，江豚 EV 与星享 V 等热门车型，凭借其具备竞争力的价格以及低廉的运营成本，快速抢占城市物流终端配送市场，带动市场销量快速增长，并改变了客车市场的产品结构。

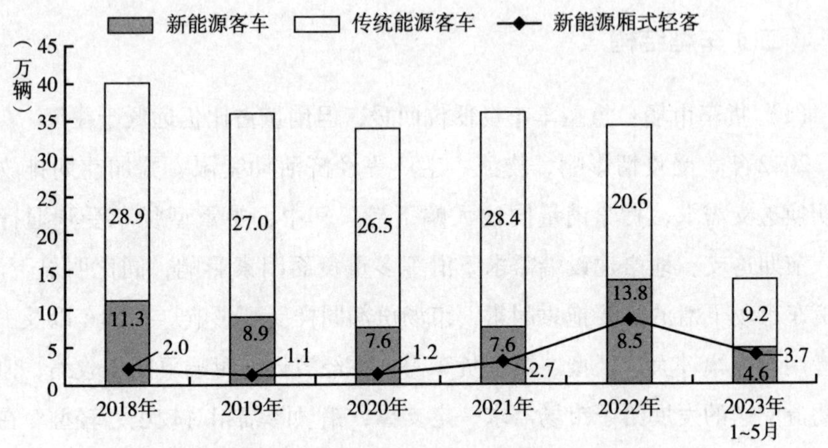


**图 2　2018 年至 2023 年 5 月客车市场销量与结构变化趋势**

资料来源：中汽数据有限公司终端零售数据。

## （三）区域结构：经济结构变化驱动市场重心转移，西北地区市场加速增长

纵观近年来的销售额占比变化，华东地区始终是商用车领域核心的销售区域，但华东地区销售额占比已经连续两年出现下滑。2023 年前 5 个月，华东地区商用车的销售额占比相比 2022 年降低了 2.0 个百分点，相比 2021 年降低了 3.0 个百分点。此外，华南地区市场份额也呈下行趋势，2023 年前 5 个月销售额占比相比 2022 年降低了 1.2 个百分点，相比 2021 年降低了 2.8 个百分点，如图 3 所示。

同时，其他区域份额出现了不同程度的上升，其中西部的西南地区和西北地区的增长幅度较大。西南地区商用车的销售额占比相比 2022 年降低了 0.4 个百分点，但相比 2021 年提升了 1.3 个百分点，西北地区商用车的销售额占比相比 2022 年提升了 2.5 个百分点，相比 2021 年提升了 3.2 个百分点。东部沿海地区经济发达，商用车的需求远高于其他地区，但高昂的生产成本迫使劳动密集型产业逐渐向生产成本较低的内陆地区转移，商用车的需求也将随之转移。尤其是在国内政府大力扶持中西部地区产业的背景下，西部地区对商用车的需求大幅上升。

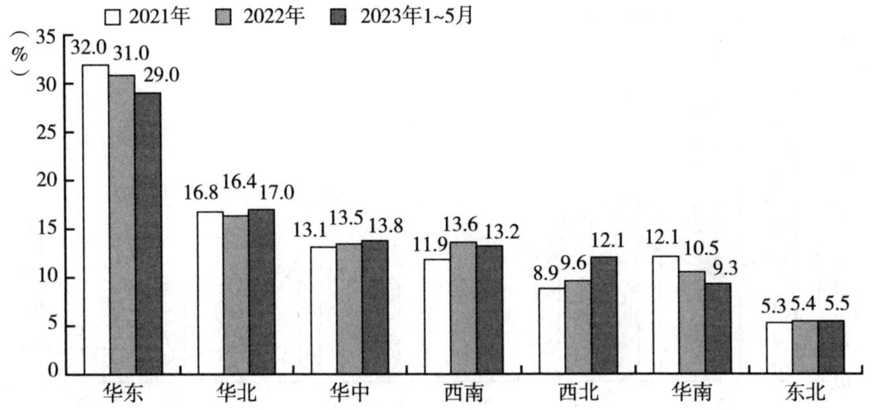


**图 3　2021 年至 2023 年 5 月各区域商用车销量占比**

资料来源：中汽数据有限公司终端零售数据。

## （四）竞争结构：电动化驱动下客车企业 TOP10排名格局明显变化

2023 年 1~5 月，货车销量排名中，前十名企业中仅江淮汽车与江铃汽车累计销量相较于上年同期有所下降，降幅分别为 10.4%与 14.7%，如图 4 所示。其他企业的销量均实现同比正增长。其中，陕汽集团的累计销量同比增长了 64.2%，其排名也从上年同期的第十四名跃升至第十名，销量增速较快。与此同时，中国重汽和东风汽车的累计销量同比增幅也超过了 20%，分别为 20.3%与 21.0%。北汽福田的累计销量同比增长了 17.1%，高于上汽通用五菱的 7.3%，排名升至第一。

客车销量排名前十名企业中，宇通和东风汽车由于其主要产品中大型客车的市场表现欠佳，累计销量相对于上年同期分别出现了 3.8%和 39.2%的下滑，如图 5 所示。其他企业的销售量则实现了同比增长。特别是吉利商用车、奇瑞汽车、华晨鑫源，凭借其新能源厢式轻客车型实现市场突破，销量累计增幅分别达到了 1294.5%、375.0%和 93.0%。吉利商用车的排名从上年同期的第十九位上升到了第三位，奇瑞汽车的排名从上年同期的第十二位上升到了第五位。虽然江铃汽车的累计销量依旧保持在第一位，但由于其在

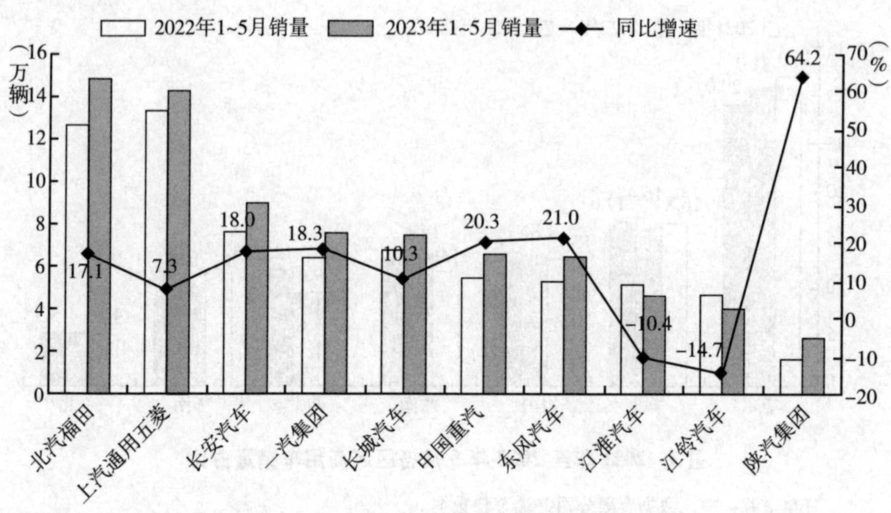


**图 4　货车销量 TOP10 企业市场表现情况**

资料来源：中汽数据有限公司终端零售数据。

新能源客车市场的发展速度较为缓慢，其销量增幅仅为 3.3%，与其他主流客车企业的增长速度相比，增速较低。

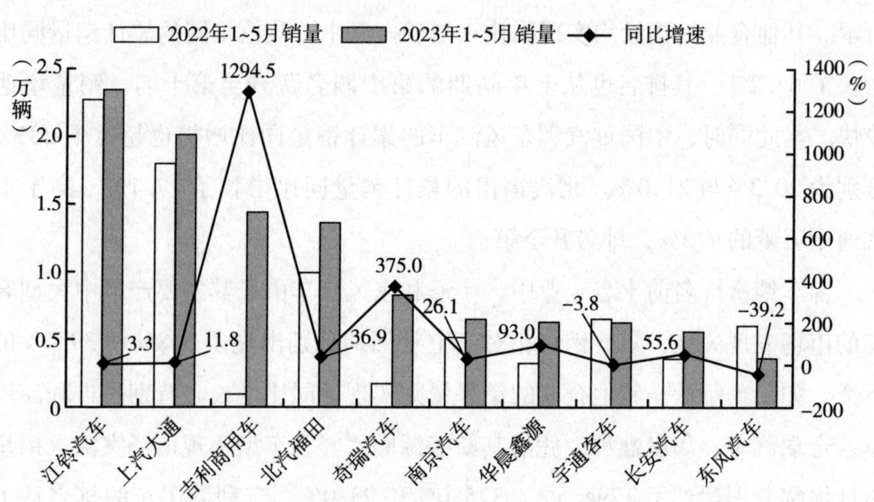


**图 5　客车销量 TOP10 企业市场表现情况**

资料来源：中汽数据有限公司终端零售数据。

## 二 基于大数据的中国商用车新能源市场特征分析

### （一）整体市场：市场与政策双驱动，市场规模快速增长

在新能源商用车市场发展的初期阶段，销量主要靠补贴政策拉动。在中央及地方补贴直接刺激下，搭载新能源技术的成本压力降低，市场规模快速扩张，在2017年达到高点，全年销量19.4万辆，新能源渗透率5.5%。然而，在2018年补贴退坡后，部分地方对新能源商用车的政策倾斜力度不大，企业产量布局偏向保守，终端销量规模回调明显，渗透率连续多年下滑，新能源市场发展驱动力有待提升。

自2021年以来，新能源政策逐步由生产端向使用端倾斜，如路权开放、车辆运营补贴、公共领域电动化等。同时，新能源基础设施建设、商业模式创新、技术水平提升等供给端因素不断发展，再叠加诸如老旧车汰换、中短途运输场景丰富等需求端的适配度逐步提高，新能源商用车市场进入“政策+市场”双轮驱动的快速增长阶段。2022年，新能源商用车市场规模达到23.8万辆，同比提升90.4%，渗透率高达9.2%，较2021年提升6.2个百分点，如图6所示。2023年1~5月，虽受到上年末新能源车型集中销售的影响，渗透率下降到6.6%，但市场仍保持高增长，全年规模可期。

### （二）车型结构：物流类货车电动化快速发展，成为市场重要支撑

在新能源车辆购置税减免政策、低碳环保政策以及三电技术发展等因素推动下，商用车各车型电动化发展持续加快。2023年1~5月，新能源货车整体销量规模达到3.3万辆，同比增长36.1%，新能源渗透率由2022年的2.5%增长至3.2%，渗透率同比提升0.7个百分点。在新能源货车中，重型货车由于技术限制、成本限制等因素影响，新能源转型仅在港口、矿场、钢厂等封闭场景进展较快。2023年1~5月销量0.9万辆，同比增长13.0%，

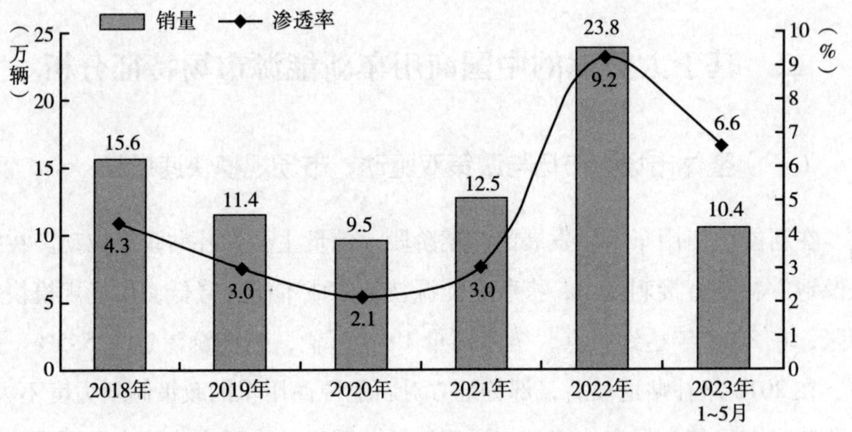


**图 6　2018 年至 2023 年 5 月新能源商用车市场销量及渗透率**

资料来源：中汽数据有限公司终端零售数据。

新能源渗透率 3.2%。轻型货车是新能源货车市场销量主要来源，纯电动城市物流车需求增长拉动市场销量规模达到 2.3 万辆，同比增长 39.4%，新能源渗透率 3.0%。随着电池成本进一步下降，电池续航里程提升，轻微型货车电动化呈现加快趋势。

新能源客车发展起步较早，市场销量及渗透率水平总体高于货车。其中，大中型客车市场受 2022 年新能源国补退出导致新能源客车销量提前透支影响，整体销量增速放缓，叠加公路客运、团体通勤市场需求复苏带动燃油车增长加快，新能源渗透率由 2022 年同期的 58.6% 回落至 2023 年的 42.8%。轻型客车在厢式物流运输需求增长拉动下，新能源发展进程进一步加快，2023 年 1~5 月新能源轻客销售 4.0 万辆，同比增长 154.7%，新能源渗透率由 2022 年的 17.5% 增长至 32.2%，成为客车电动化的主要增长点。如图 7、图 8 所示。

总体来看，在新能源财政补贴退出后，各车型电动化表现差异明显，市场化发展加快的轻卡和轻客是新能源商用车发展的核心增长点，中重卡、大中客对政策依赖度仍较高。

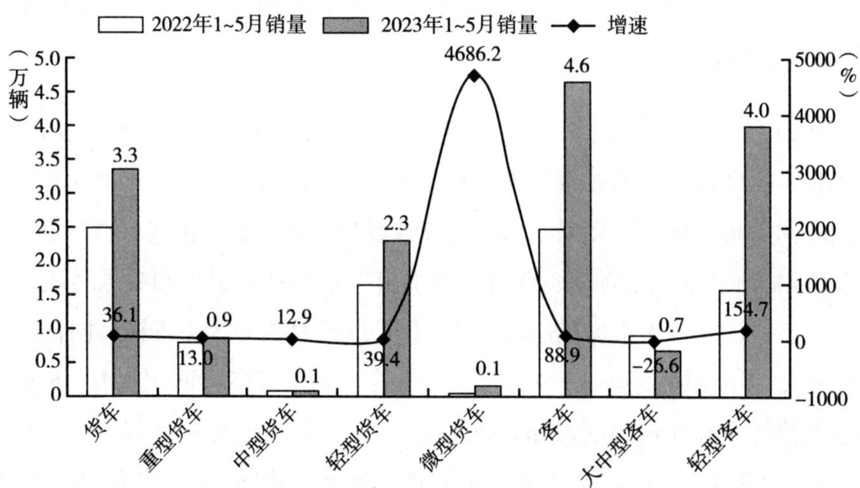


**图 7　2023 年 1~5 月新能源商用车销量表现与上年同期对比**

资料来源：中汽数据有限公司终端零售数据。

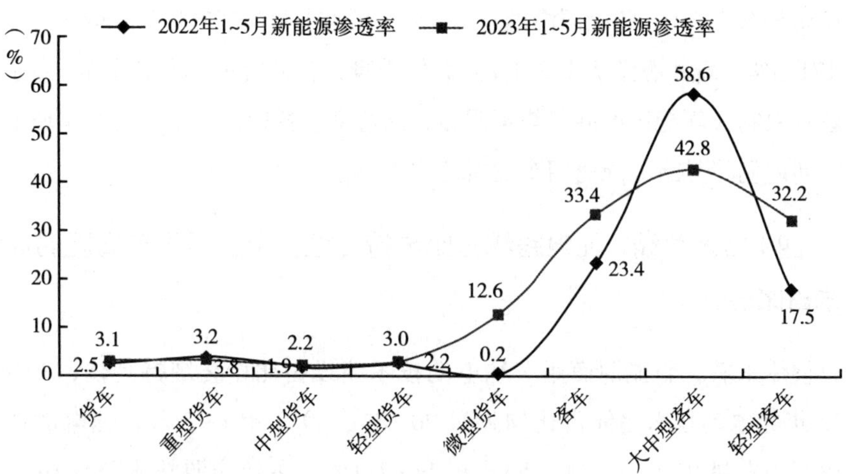


**图 8　2022 年 1~5 月、2023 年 1~5 月商用车新能源渗透率变化情况**

资料来源：中汽数据有限公司终端零售数据。

## （三）场景结构：公共领域场景电动化加速上量，新能源皮卡、M1成为新增长点

2023 年，路权开放、车辆运营补贴等政策持续实施，新能源基础设施、应用技术、电池原材料成本下降以及商业模式创新等因素进一步推动新能源商用车向着市场化方向发展。从公共领域场景来看，城市物流车、环卫车保持较快增长，M3 城市客车、牵引车需求由于财政补贴退出和需求透支，销量有所下滑。其中城市物流运输车 2023 年 1~5 月销售 5.1 万辆，同比增长 131.9%，新能源渗透率 23.9%；环卫车销售 0.2 万辆，同比增长 16.6%，新能源渗透率 6.6%；M3 城市客车销售 0.7 万辆，同比下滑 31.0%，新能源渗透率 98.9%；牵引车销售 0.4 万辆，同比下滑 8.2%，新能源渗透率 3.3%，如图 9 所示。从非公共领域来看，皮卡、M1、其他作业车在低基数作用和用户接受度提升趋势下，销量涨幅较大，其中皮卡 2023 年 1~5 月销售 0.2 万辆，同比增长 455.8%，新能源渗透率 1.4%；M1 销售 0.1 万辆，同比增长 637.1%，新能源渗透率 1.4%；其他作业车销售 0.2 万辆，同比增长 171.8%，新能源渗透率 3.1%。总体来看，普通货车、皮卡及 M1 由于应用场景限制，新能源产品优势不明显，渗透率仍在较低水平。公共领域电动化短期内仍将是新能源商用车发展的主力场景。

## （四）技术路线：纯电路线占比维持高位，企业强化布局驱动插混路线占比增长

整体来看，新能源商用车纯电动技术路线占比始终维持高位，2018~2022 年纯电动技术路线占比均超过 90.0%，2023 年 1~5 月，纯电动技术路线商用车销售 7.7 万辆，同比提升 62.1%，在新能源技术路线中占比 95.87%，相较上年同期基本保持不变。从货车市场情况来看，2023 年 1~5 月，纯电动技术路线销售 3.2 万辆，同比提升 32.6%，占比 94.3%，相较 2018 年下滑了 5.6 个百分点，相较 2022 年下滑了 2.5 个百分点。燃料电池技术路线销售 945 辆，同比提升 339.5%，占比 2.8%。从客车市场情

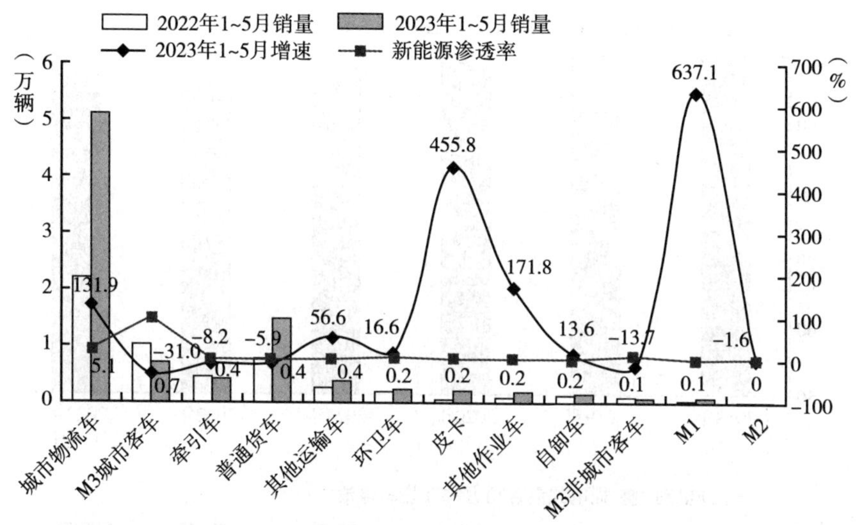


**图 9　2023 年 1~5 月新能源商用车分场景销量与上年同期对比**

资料来源：中汽数据有限公司终端零售数据。

况来看，2023 年 1~5 月，纯电动技术路线销量 4.5 万辆，同比提升 92.1%，占比 97.0%，相较 2018 年提升了 7.6 个百分点，相较 2022 年提升了 1.6 个百分点；燃料电池技术路线销售 545 辆，同比提升 78.7%，占比 1.2%，较 2018 年提升了 0.9 个百分点，相较 2022 年下滑了 0.1 个百分点。

插电式混动技术路线方面，江淮、福田、五菱等企业加强投入，推出了多款轻微卡插混车型，涉及 P1+P3 串并联、P2 并联、PS 双电机功率分流、增程式串联等多种技术路径，覆盖场景多样，驱动货车市场插电式混合动力技术车型销量上涨，2023 年 1~5 月，销售 953 辆，同比提升 66.6%，占比提升至 2.9%，提升了 0.5 个百分点，客车方面，插电式混合动力技术路径占比 1.9%，维持相对低位。

### （五）区域结构：经济发达省份新能源渗透率相对较高，其他省份新能源增长动能稍弱

在地方政策推广力度、车辆运营环境、气候地理、经济基础等因素影响

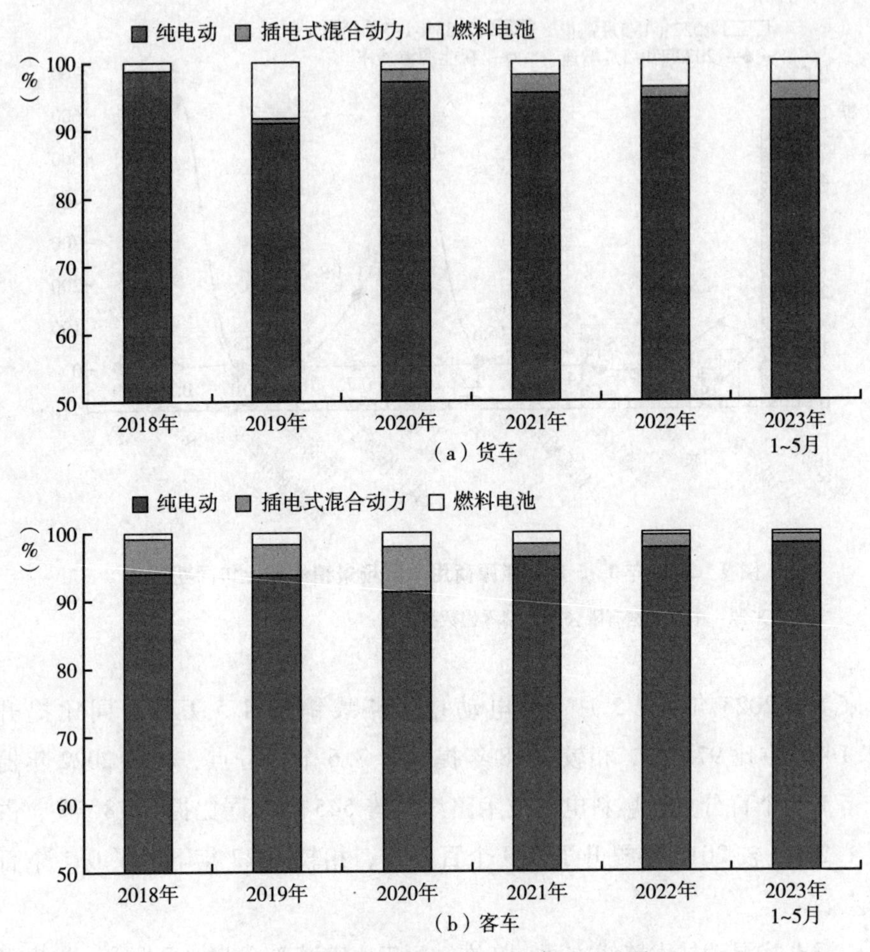


**图 10　新能源商用车分技术路线销量占比情况**

资料来源：中汽数据有限公司终端零售数据。

下，我国不同地区新能源发展进程差异较大。其中，华南地区 2023 年 1~5 月销售新能源商用车 2.1 万辆，新能源渗透率达到 18.8%，而东北与西北地区销量不足 4000 辆，新能源渗透率低于 4.0%，区域发展不均现象较为明显。

具体来看，北京、广东、海南经济基础较好且政府推广力度较大的省份，新能源渗透率分别达到 26.0%、21.1%和 27.6%，发展节奏引领全国，同时，上海、湖南、江苏等地在政策驱动下渗透率也超过 10%，新能源发展水平居全国前列。然而，受经济水平以及车辆运营环境等因素限制，西藏与新疆新能源渗透率仍不足1%。

新能源商用车发展需要带动上下游全链条产业协同，集群化是区域加快新能源商用车发展的有效手段，重点区域销量的增长对整体市场仍起到决定性作用，整合资源，统一规划和布局，可以有效降低发展成本，减少资源浪费，率先形成资源和技术合力，先进者带后进者，以优势区域带动周边城市，以主干线带动城市面，推动区域新能源产业快速发展。其中，TOP5省份市场销量占全国的47.1%，市场销量集中度处于较高水平且比上年提升2.2个百分点，区域均衡的市场化发展仍有较大提升空间。

## （六）竞争结构：新能源企业市场优势凸显，市场集中度进一步提升

2023年1~5月，新能源货车销量前十企业的销量集中度达到了57.5%，相较于2022年同期提升了2.5个百分点。其中，仅有华晨鑫源的累计销量出现了同比下降，降幅为31.2%，其排名从上年同期的第一名滑落至第七名，如图11所示。重庆瑞驰、江西吉利、唐骏欧铃、山东凯马的累计销量均实现了翻倍，其中唐骏欧铃的增幅高达1780.6%。重庆瑞驰排名从上年同期的第五名跃居至第一名，江西吉利排名从上年同期的第九名升至第二名。其中，重庆瑞驰、江西吉利、广西汽车三家企业的货车产品新能源渗透率均为100%，新能源商用车企业排名居前列。

2023年1~5月，新能源客车销量前十企业的销量集中度达到了84.0%，相较于2022年同期提升了11.0个百分点。其中，上汽大通、东风汽车的累计销量出现了同比下降，降幅分别为22.6%、51.7%，东风汽车的排名从上年同期的第一名滑落至第七名，如图12所示。保定长安客车、福田欧辉新能源汽车与潮州远程实现了净增长。除此以外，吉利商用车、奇瑞汽车、长安汽车、浙江新吉奥的累计销量均实现了翻倍。从产品结构上来看，吉利商用车、奇瑞汽车、浙江新吉奥、保定长安客车以及潮州远程五个企业的客车产品新能源渗透率均达到了100%。

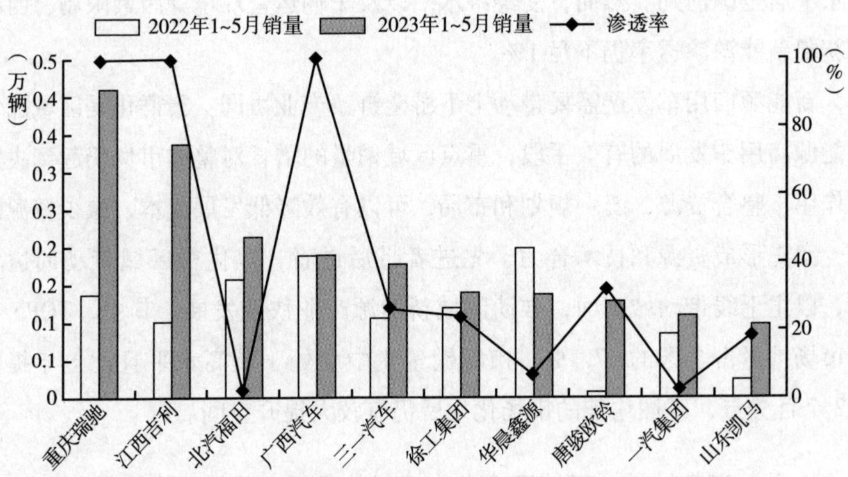


**图 11　2023 年 1~5 月新能源货车销量 TOP10 企业市场表现与上年同期对比**

资料来源：中汽数据有限公司终端零售数据。

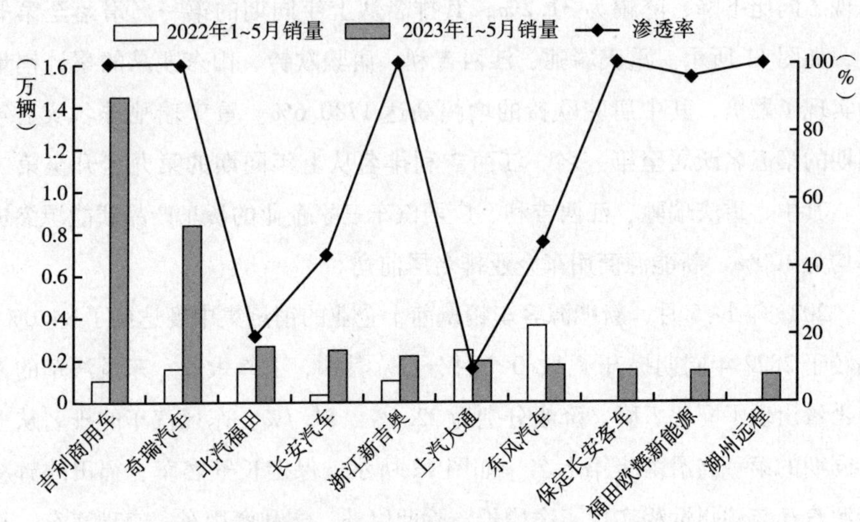


**图 12　2023 年 1~5 月新能源客车销量 TOP10 企业市场表现与上年同期对比**

资料来源：中汽数据有限公司终端零售数据。

## 三 中国商用车市场发展环境分析

### （一）经济环境：消费、基建将成为支撑市场修复的重要支柱

2023年上半年，中国经济呈现疫情过后的弱修复状态，内需对经济增长的驱动作用逐渐复苏，但动能仍维持较弱水平。一季度，前期稳经济一揽子政策发挥红利，基建、制造业投资以及消费尤其是线下消费明显回升，一季度经济增速4.5%，内需成为经济增量的主要来源。二季度以来，就业承压、市场信心不强仍对市场有一定负面影响，内需不足的矛盾仍然突出。叠加房地产一揽子政策措施下仍难扭转市场颓势，地产相关产业在经济规模中的占比以及地产链条带来的经济增长的贡献下降是必然趋势。此外，当前国际形势较为复杂，我国产业技术发展面临海外掣肘风险，产业增长极不确定性较强，下半年经济增长形势仍然严峻。

消费恢复、基建增长成为未来短期乃至中长期经济复苏的重要引擎，新制造产业的培育也将成为我国重点发展的新经济动能。尽管消费规模已经呈现恢复趋势，但基础消费、餐饮、出游增长高峰已过，基建投资对政策的依赖性也较强，下半年经济增长需要多措并举政策组合，货币政策、财政政策与社会政策组合缺一不可。货币政策方面，当前央行多次发布降利率决定，意在向市场充分释放流动性激发市场活性；财政政策方面，多种财政政策工具组合、保障债券供应，多渠道弥补投资资金缺口；社会政策方面，新能源汽车车辆购置税减免，将会对汽车消费起到一定促进作用，各地出台房地产组合宽松政策，或可逐步遏制房地产市场下滑趋势。

综合促进下，内生动力增强，一揽子政策组合促进社会预期以及经济结构改善，形成消费、投资作为主要支柱的内需合力，驱动经济稳步增长，全年经济增速预期或可达到5%~5.5%，基建、实物消费的恢复以及地产稳定器作用的发挥将对商用车市场形成良性支撑。

### （二）政策环境：政策驱动商用车市场基盘稳定、结构调整

政策作为商用车市场的首要驱动力之一，主要在环境优化、运输管理、节能降碳等方面加强对商用车的管理。

在环境优化方面，宏观经济政策主要通过调控与商用车行业强相关的基础设施建设、房地产、消费等产业，激发市场活力、刺激支出意愿、驱动内需，间接影响商用车市场。同时，延续多年的新能源汽车下乡、各项绿色消费政策以及 2022 年下半年多部门明确取消非营运二手车限迁，也对商用车市场流通起到直接积极作用。

在运输管理方面，国家持续支持货运枢纽补链强链，保障产业链畅通，为商用车市场运营提供稳定基盘。近年来治理大吨小标及超载超限、出台“蓝牌新规”等举措也加速市场更新换代、合规发展。在此基础上，市场实际需求也被纳入承运车型的管理思路中：一方面在国务院及相关部委多次发文强调下，2022 年进入皮卡解禁放开政策发布高峰期，大幅增强城郊区域个体私营、货物运输等场景的皮卡使用便利性以及经济性，从而带动皮卡需求增长；另一方面全国多地试点限行吨位放宽，改善中型货车通行限制，刺激这类车型特别是其新能源的增长。

在节能降碳方面，双碳背景下节能降耗法规及油耗标准推动企业端加快新能源产品与技术布局，突破传统燃料车型产品升级的技术瓶颈，增加新能源供给；同时随着严苛的排放标准施行，用户端“油换电”需求增加，助推新能源商用车快速发展。在当前阶段，补贴虽全面退坡，但延续了免征购置税，一定程度上缓解供需两端成本压力，同时结合区域及场景差异，公共领域先行推广、因地制宜，鼓励丰富低碳、零碳技术路线，促进智能网联新技术同电动化产品融合，以多种政策工具保障新能源市场稳定增长，防止回潮。

### （三）技术环境：技术路线多线并行，减排降耗为统一目标

（1）换电模式持续推进，确立团体标准发展再提速

2023 年 3 月，在中国商用车论坛上，中国汽车工业协会和一汽解放牵

头发布《电动中重卡共享换电车辆及换电站建设技术规范》系列团体标准，标准覆盖车端、站端关键技术 12 项，明确了接口尺寸、换电流程等五方面技术内容，进一步增强了换电重卡用户的使用积极性，加速换电模式在电厂、矿山、钢厂、港口等短距离运输场景的进一步应用。

（2）企业研发持续投入，纯电动技术路线续驶里程与平台化发展再升级

特斯拉、三一、奔驰以及吉利远程均公布了旗下长途纯电重卡产品具体参数，其中三一推出的“魔塔 1165”牵引车产品纯电续驶里程突破 800km，其余三家也打造了纯电续驶里程超过 500km 的长途牵引车产品，纯电动重卡正式进入跨省运输新时代；轻型商用车方面，以吉利远程超级 VAN 为代表的滑板底盘 VAN 车平台进入市场，该类平台按需定制，开发周期短的特点让其有望在多个场景同时发力，加速轻商电动化进展。

（3）氨、氢、甲醇等低/零碳内燃机技术产研加速，落地应用再推进

在新能源技术快速发展的同时，传统整车企业与内燃机企业为巩固地位、保持技术优势，加快了氨气、氢气、甲醇等低/零内燃机技术路径的研发推进，其中东风与一汽解放分别完成了重型商用车用氨柴发动机与氨氢融合直喷零碳内燃机的点火试验，吉利将其自研的 2.0L 直喷增压氢内燃机热效率提升至 46.1%，达到世界领先水平。

### （四）市场环境：经营环境明显向好，但用户购买力恢复仍需时日

2023 年，商用车市场发展环境改善，货运需求回暖、企业用户和个人用户经营信心提升，旅游、出行等需求增加，对商用车市场发展起到了一定促进作用。总体来看，2023 年商用车市场发展环境将呈现以下特征。

需求端，用户经营信心提升，但经营困难局面仍未明显改善，限制购车能力和购车意愿。疫情发生后，管控加严，导致工业生产阶段性停滞，公路运输通道受阻，货运经济发展困难；同时居民出行需求减弱，公共交通和长途客运需求降低，导致客车市场运力需求大幅下滑。2023 年，因疫情导致的经营收入减少状况短期难以缓解，用户购车能力和购车意愿大幅降低。在

经济发展温和复苏趋势下，用户经营信心有所提升，有助于货车和客车市场需求缓慢恢复。

供给端，企业积极推出新能源产品，刺激用户购车需求释放。相较2022年，整车企业和零部件企业研发和推出新产品积极性提高。尤其是迎合电动化趋势，轻型车企业仿照乘用车电动化产品特点，相继推出城市配送领域的新产品，如北汽雷驰MINI卡、欧玲“活越”MINI卡等，大货箱尺寸的轻客、微客，引领厢式货车发展。同时皮卡、中重卡等领域整车企业持续推动产品动力升级、混动技术应用等，满足用户多样化购车需求。供给端企业活跃程度提升，有利于促进市场发展信心进一步修复。

## 四 中国商用车市场发展趋势展望

### （一）整体市场：2023年销量预计285万辆，结构性机会带来市场增量

在整体商用车基盘增量动力走弱的环境下，商用车市场继续深度结构调整。从经济结构来看，我国经济将从投资拉动型向消费拉动型转变，消费品运输需求增长；同时，区域发展不全面、城乡发展不均衡的问题持续改善，商用车承担客货运的作用继续扩大，推动商用车市场格局向中西部深入并继续下沉。多重因素作用下，2023年商用车市场在同期低基数影响下达到10%左右的增长，销量规模预计285万辆。

货车市场总体呈现平稳增长态势。生产端货运需求复苏，消费端居民电商购物需求增长，均为货车市场发展带来较好修复空间，除微型货车受小卡市场挤压需求下滑外，重型、中型及轻型货车均保持增长。其中中重型货车由于2022年低基数影响，销量增幅较大，全年预计销售71万辆，同比增长32%。轻微型货车微幅增长，全年预计销售175.3万辆，同比增长3%。

客车市场稳定回升。随着2014~2016年高新能源补贴阶段集中采购的新能源公交车逐渐淘汰置换，车辆更新将成为刺激大中客市场销量的主要因素。此外，2023年疫情防控全面开放后，市场供需两端将逐步恢复，消费

者购买力和需求将逐渐恢复。同时，居民对线上购物的依赖程度仍保持较高水平，为轻客市场提供有力支撑。综上考虑，预计未来客车市场将呈现回升趋势，市场供需恢复双重推动，销量稳定增长。

### （二）新能源市场：2023年渗透率有望突破10%，公共领域发展引领市场

“双碳”目标驱动下，交通运输绿色化发展已经成为必然趋势。新能源商用车作为公路货运绿色化发展的关键一环，成为市场推动、企业发力的关键领域。从需求端来看，2023 年上半年在新能源国补退坡的压力下，市场销量仍有不俗表现，或反映出部分场景下的新能源商用车技术、成本等维度的应用痛点已经在逐步突破，市场自主增长趋势正在逐步形成。此外，政策起到重要驱动作用，公共领域电动化转型推广打开了邮政、环卫、公交等公共领域电动商用车的市场空间；老旧车淘汰配合新能源车辆路权放开，逐步驱动老旧柴油存量转化为新车需求。从供给端来看，商用车市场增速放缓，各大企业纷纷加快技术布局、推出新能源车型寻求新的市场突破，商业用车产品多样性与产品性能逐步提升；同时，企业配合开发包括绿色金融、换电模式、电池银行等金融后市场服务，有助于提升产品经济性与适应性。综合影响下，2023 年新能源商用车市场销量有望进一步增长，渗透率有望突破 10%。

全面市场化发展仍受到成本以及技术发展限制，环保政策引导、免征购置税、公共领域电动化推进以及换电模式发展将带动重点场景应用快速发展，短期内，市场整体呈现多点带面形式。公交、城市物流及环卫车属于关键公共领域用车场景，2022 年整体电动化水平提升较快，但与全面电动化目标差距较大，是后续发展的重要市场，尤其是生态文明试验区与大气污染防治区等重点区域，在公共领域电动化试点推进下，城市物流、环卫、重型短途运输等领域新能源增长空间将进一步释放，预计 2023 年渗透率会进一步提升。

## 参考文献

[1]《中国商用汽车产业发展报告（2022）》，《中国汽车工业协会》2022 年第 7 期。

[2] 帅石金、王志、马骁等：《碳中和背景下内燃机低碳和零碳技术路径及关键技术》，《汽车安全与节能学报》2021 年第 4 期。

[3] 张红莹：《宏观经济环境对施工企业的影响研究》，《中国产经》2023 年第 5 期。

[4] 郭丽梅、庞进喜：《换电商用车市场发展分析》，《商用汽车》2023 年第 2 期。

[5] 郑敏慧：《氢能源商用车市场应用加速》，《中国交通报》2022 年 4 月 21 日。

[6] 董庆森、柳洁：《商用车低碳发展路在何方》，《经济日报》2023 年 6 月 15 日。

B.4

# 大数据视角下中国乘用车市场发展特征及趋势研究

陈 川　潘建亮　刘春辉*

**摘　要：** 本报告以乘用车市场大数据为基础，首先简要阐述全球乘用车市场发展概况，接着从品牌、价格段、增换购、区域市场以及出口五个维度较深入地剖析中国乘用车市场发展特征，再从宏观经济、行业相关政策、市场变化角度对未来中国乘用车市场发展环境进行系统分析。基于上述综合分析，最后得出2023年中国传统能源乘用车将被加速替代，消费升级市场高端化与自主品牌向上突破均持续，同时2023年市场将稳中向好发展，实现低速正增长的趋势结论。

**关键词：** 乘用车市场　市场大数据　传统能源乘用车

## 一　全球乘用车市场整体概况

多重不利因素下全球乘用车市场先抑后扬，2022年艰难实现小幅增长。2018年开始受全球金融危机影响，贸易保护主义逐渐抬头，全球乘用车市场增长受阻、出现连续下滑的情况；2020年叠加疫情影响，全球经济受到重创，全球乘用车销量进一步下滑。2021年虽遭受疫情冲击、芯片短缺等威胁，但在往年低基数和全球经济缓慢复苏的推动下，全球乘用车行业表现

---

* 陈川，中汽数据有限公司产品与技术战略部乘用车研究室主任，高级工程师；潘建亮，中汽数据有限公司产品与技术战略部乘用车研究室高级工程师，研究方向为乘用车市场；刘春辉，中汽数据有限公司产品与技术战略部乘用车研究室资深主管，高级工程师，研究方向为乘用车市场。

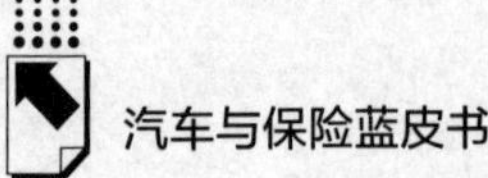


出较强韧劲，市场销量触底反弹。2022 年不利因素新增俄乌冲突，整体基本延续 2021 年发展态势，艰难实现小幅增长，全球乘用车销量达到 6210.3 万辆，具体如图 1 所示。

从国家层面看，全球乘用车市场集中度整体逐年提升，2022 年销量 TOP5 国家累计份额接近 70.0%。其中，中国乘用车销量保持领先，市场份额持续扩大至 37.0%；印度经济维持较好增长势头及单辆汽车生产所需芯片较少，推动其销量超过日本和德国，且涨幅领跑 TOP5 国家，具体如图 2 所示。

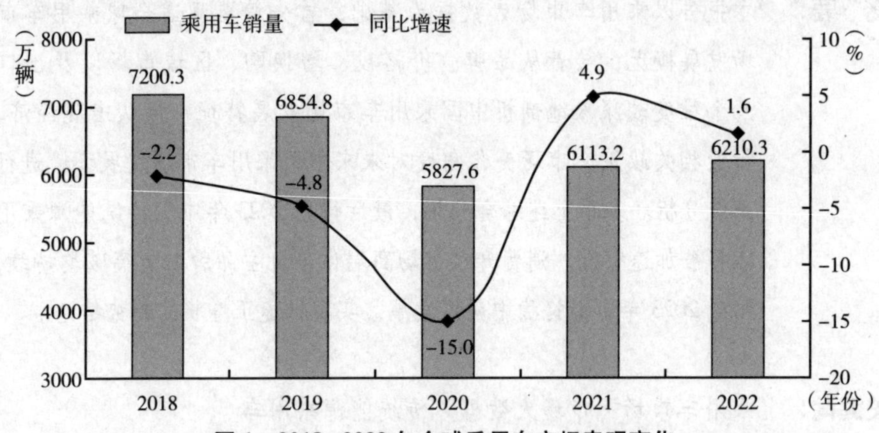


**图 1　2018~2022 年全球乘用车市场表现变化**

资料来源：Marklines 全球汽车产业平台。

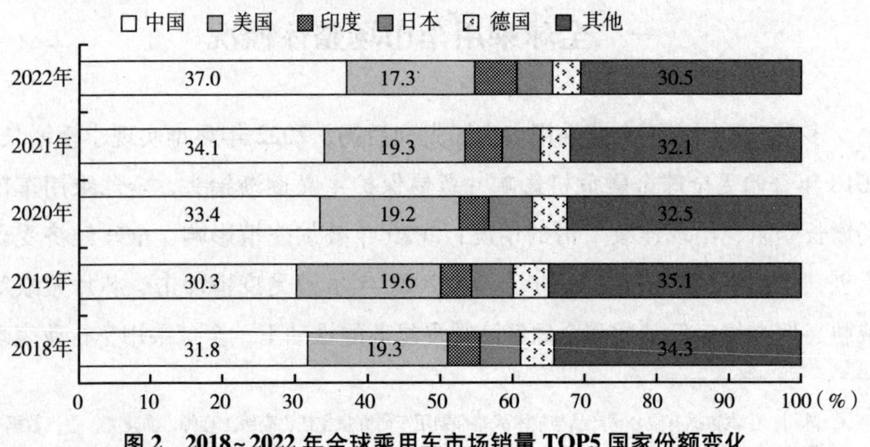


**图 2　2018~2022 年全球乘用车市场销量 TOP5 国家份额变化**

资料来源：Marklines 全球汽车产业平台。

# 二　中国乘用车市场发展现状分析

## （一）中国乘用车市场发展概述

政策强力推动下中国乘用车市场克服不利因素影响，缩小与疫情前销量的差距。中国乘用车市场销量在 2016 年达到历史峰值后，连续四年下滑，由增量市场转向存量市场趋势明显；2020 年受新冠肺炎疫情深度影响，销量降至阶段低点，2021 年在同期低基数下实现销量回升，具体如图 3 所示。

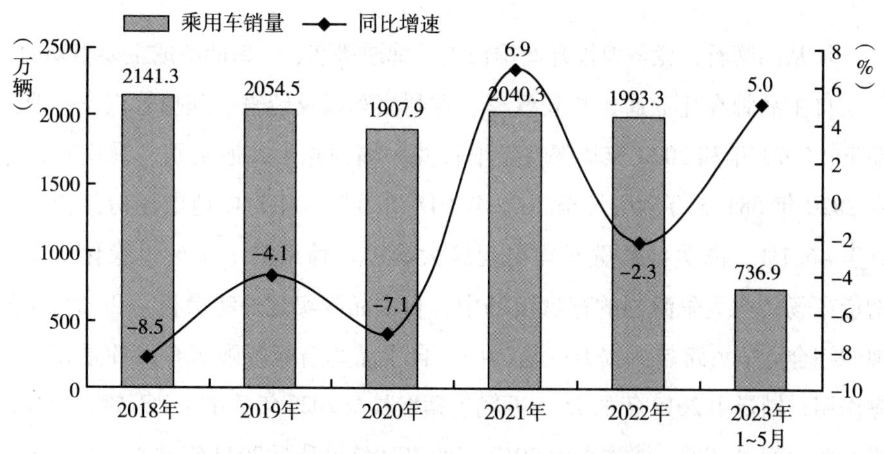


**图 3　2018 年至 2023 年 5 月中国乘用车市场表现变化**

资料来源：中汽数据有限公司终端零售数据。

2022 年，受疫情反复、宏观经济下行及芯片供应不足等不利因素影响，乘用车市场重回同比增速下滑通道，但销量保持高于 2020 年，稍微缩小与疫情前销量水平的差距。这主要得益于 2022 年 5 月 31 日财政部联合税务总局印发的《关于减征部分乘用车车辆购置税的公告》［简称“传统燃油车增值税减半政策”，核心内容：规定对购置日期在 2022 年 6 月 1 日至 12 月 31 日且单车价格（不含增值税）不超过 30 万元的 2. 0 升及以下排量乘用车，减半征收车辆购置税］与财政部等部委发布的《关于完善新能源汽车推广应用财政补贴政策的通知》（核心内容：规定新能源汽车购置补贴政策于2022 年 12 月 31 日终止，2022 年 12 月 31 日之后上牌的车辆不再给予补贴）两项政策对市场消费的鼓励和推动作用。

在宏观经济逐渐复苏和新能源乘用车保持较好增长势头的背景下，2023年 1~5 月中国乘用车市场销量达到 736. 9 万辆，在上年同期受上海、吉林等地疫情影响较低基数下同比增长 5. 0%，增速在近几年仅低于 2021 年，市场表现出日趋向好的发展态势。

## （二）中国乘用车市场发展特征

### 1. 从品牌看，竞争力提升助推自主品牌逆势增长，新能源成主要驱动力

自主品牌在比亚迪、长安汽车、吉利汽车以及蔚来、理想等汽车企业推动下，2021 年和 2022 年均保持正增长并大幅领先于其他系别，乘用车销量由 2020 年 681. 3 万辆增长至 2022 年 918. 5 万辆，相对应地市场份额快速提升至 46. 1%，欧美日系份额均出现较大萎缩，韩系进一步被边缘化。在由增量市场转向竞争激烈的存量市场中，自主品牌实现逆势增长，凸显自主品牌的综合竞争力跨越式提升。这当中，自主品牌新能源乘用车发挥重要的支撑作用，销量由 2019 年的 75. 5 万辆迅猛增长至 2022 年的 439. 7 万辆，年复合增长率达到 79. 9%，渗透率由 2019 年的 10. 0%提升至 2022 年的 47. 9%，为自主品牌乘用车发展提供了强大驱动力。具体如图 4 和图 5 所示。

2023 年 1~5 月，自主品牌乘用车销量为 362. 9 万辆，同比增长 12. 8%，增速在所有系别中领跑，市场份额进一步提升至 49. 3%，其中，新能源乘用车销售 187. 1 万辆，渗透率提升至 51. 6%，基本延续了 2022 年发展趋势。

### 2. 从价格段看，政策推动与消费升级叠加，20万元及以上价格产品份额持续扩张

2022 年 5 月 31 日，财政部联合税务总局发布传统燃油车增值税减半征收政策，规定对购置日期在 2022 年 6 月 1 日至 12 月 31 日且单车价格（不含增值税）不超过 30 万元的 2. 0 升及以下排量乘用车，减半征收车辆购置

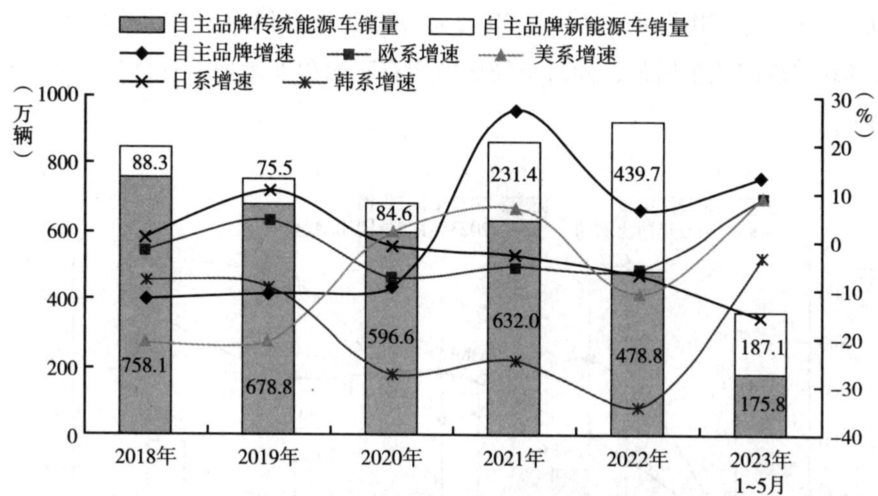


**图 4　2018 年至 2023 年 5 月自主品牌乘用车市场表现变化**

资料来源：中汽数据有限公司终端零售数据。

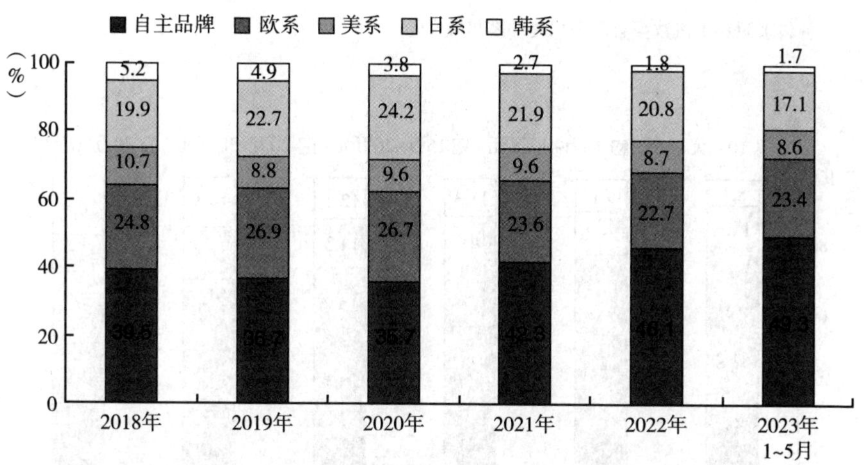


**图 5　2018 年至 2023 年 5 月中国乘用车市场分系别份额变化**

资料来源：中汽数据有限公司终端零售数据。

税，叠加消费升级大趋势、豪华车国产化及价格持续下探以及日益受市场青睐的新能源乘用车售价相对较高等因素，刺激中国中高端乘用车消费，驱动

2022 年 15 万～20 万元、20 万～30 万元、30 万元及以上三个价格段乘用车市场均实现同比正增长，同时市场份额均有不同程度增加。具体如图 6、图 7 所示。

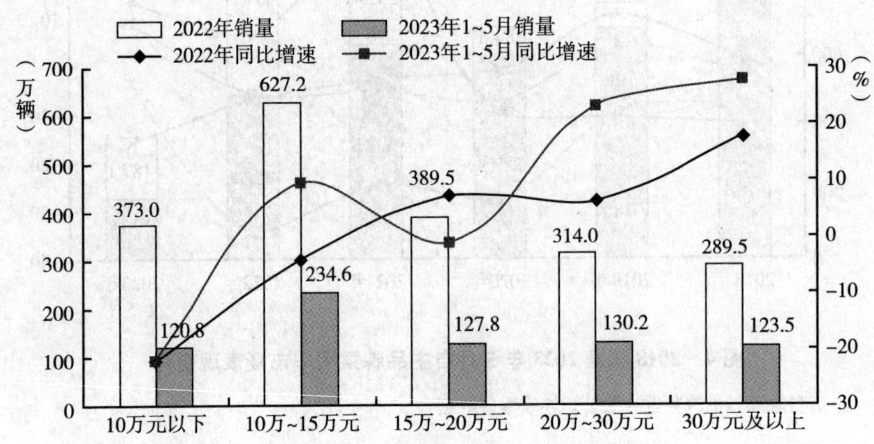


**图 6　中国乘用车市场分价格段表现**

资料来源：中汽数据有限公司终端零售数据。

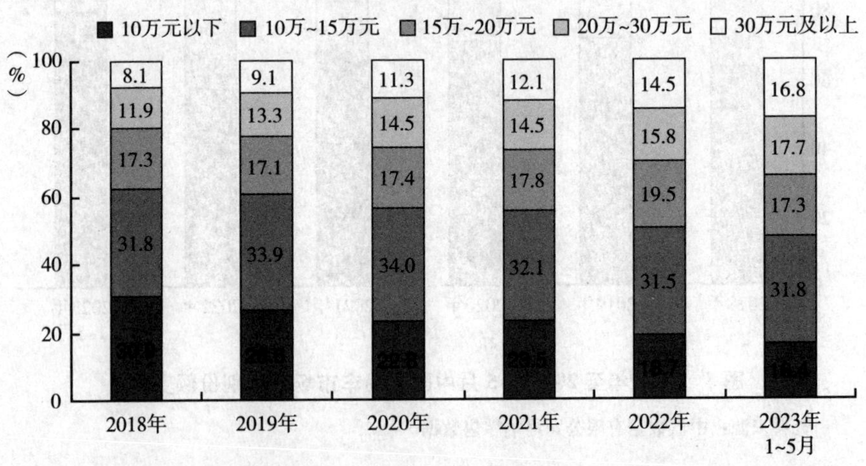


**图 7　2018 年至 2023 年 5 月中国乘用车市场分价格段份额变化**

资料来源：中汽数据有限公司终端零售数据。

2023 年 1~5 月，中国乘用车市场 20 万~30 万元、30 万元及以上价格段乘用车销量同比增速超过 20%，15 万~20 万元价格段受传统燃油车增值税减半政策退出影响较大，增速未能转正以及市场份额出现下滑，整体未能完全延续 2022 年发展态势。

3. 从增换购看，增换购规模持续扩大，对新车市场贡献度稳步提升

随着中国人口峰值即将到来与年轻人口逐步减少，乘用车市场进入新的发展时期，乘用车首购消费者数量呈逐年萎缩态势。在中产家庭快速增长与中老年消费群体扩大及其消费潜力逐渐释放的助推下，乘用车增换购用户群体快速崛起，增换购需求已经成为中国乘用车市场一股重要的推动力。乘用车增换购市场的规模从 2020 年 569. 8 万辆较快地增长至 2022 年 639. 8 万辆，2022 年在新车市场出现同比下滑 2. 3%的情况下，还难能可贵地实现微增长，增换购率从 29. 9%逐渐提升至 32. 1%。具体如图 8 所示。

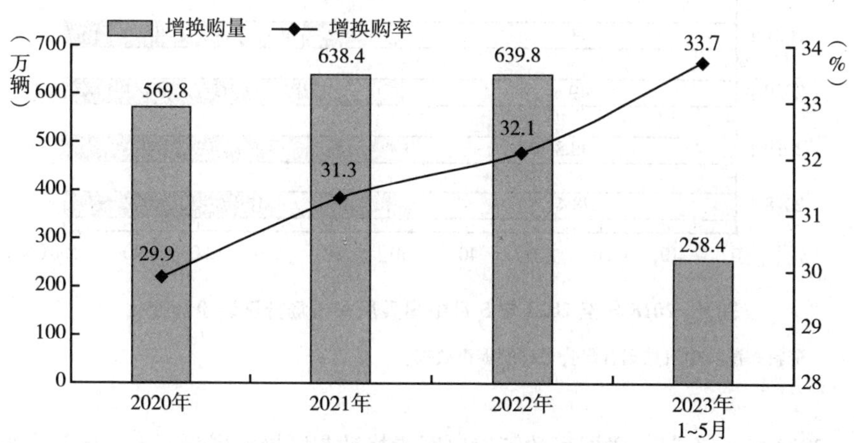


**图 8　2020 年至 2023 年 5 月中国乘用车增换购市场表现变化**

资料来源：中汽数据有限公司终端零售数据。

2023 年 1~5 月，中国乘用车增换购规模为 258. 4 万辆，增换购率进一步提升至 33. 7%，相当于中国每销售出三辆新的乘用车中，就有一辆是因增换购需求购买的，乘用车增换购市场整体延续了 2022 年发展趋势。

**4. 从区域看，受政策和地域经济影响各区域略有波动，东部保持一家独大**

受到更强的经济基础和增换购需求等积极因素推动，中国东部区域2022年乘用车销量同比增长1.8%，成为该年唯一正增长的区域市场，市场份额进一步提升至52.6%，西部、中部和东北区域份额均整体呈持续小幅下滑态势。东部成为一枝独秀及“一家独大”的区域市场，持续扩张明显，具体如图9所示。从省及直辖市角度看，2022年仅有7个省及直辖市实现同比正增长，分别是东部的浙江省、广东省、福建省、江苏省、上海市以及中部的安徽省、湖北省，其中，浙江省增速达12.3%，广东省、福建省与安徽省增速超过5%，保持较好发展态势。

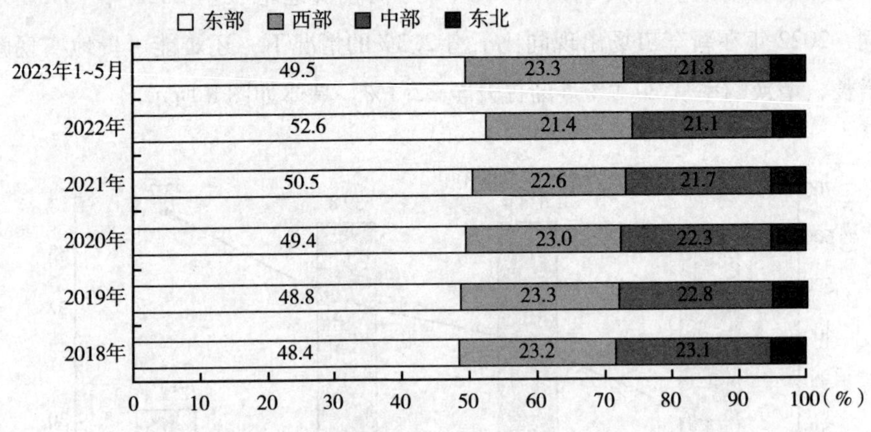


**图9 2018年至2023年5月中国乘用车市场分区域份额变化**

资料来源：中汽数据有限公司终端零售数据。

2023年1~5月，受国家政策退出因素扰动与区域发展步调不一致等影响，区域乘用车市场出现新的变化，东部、西部、中部同比增速为个位数，西部增速垫底，仅为1.2%，东部市场份额较2022年下滑明显；东北受同期疫情低基数和一汽举办的“旗惠吉林”限时惠民补贴活动推动，同比增长26.8%，份额升至近几年新高，市场恢复良好。

**5. 从出口市场看，车企愈发重视海外市场开拓，乘用车出口迅猛增长**

在中国汽车产业链较完善、受疫情影响较小、产品竞争力显著提升尤其是新能源具备全球竞争优势的背景下，从 2021 年开始，国内汽车企业愈发重视海外市场，纷纷发布海外发展战略，积极通过出口和建厂等方式进行开拓，推动中国乘用车出口高速发展，出口量连续两年跨越百万辆台阶，2022 年达到 252.9 万辆，攀升至全球乘用车出口国前三位置，同比增速为 56.7%，虽然增速相比 2021 年有所回落，但仍属高增长，呈现快速发展势头。具体如图 10 所示。

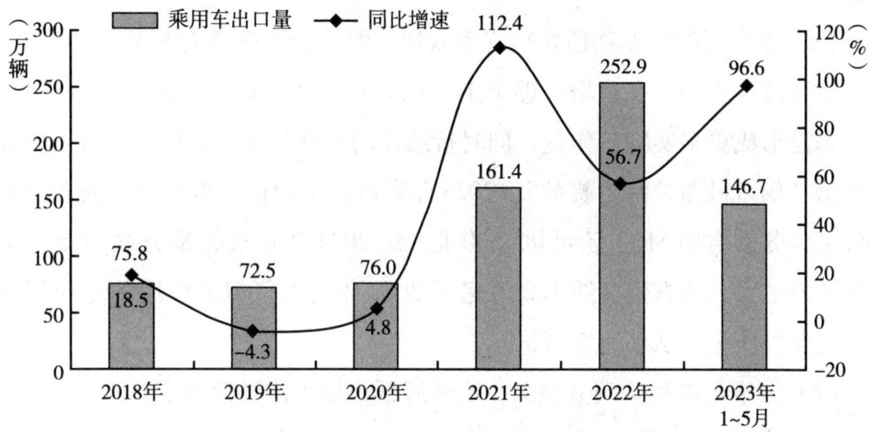


**图 10　2018 年至 2023 年 5 月中国乘用车出口市场表现变化**

资料来源：中国汽车工业协会、中国海关。

2023 年 1~5 月，中国乘用车出口 146.7 万辆，在上年同期较低基数下同比增长 96.6%，增幅扩大，延续 2022 年发展趋势。

## 三　2023年中国乘用车市场发展趋势分析

### （一）2023年中国乘用车市场发展环境

#### 1. 宏观经济：5.5%的经济增长目标下，稳增长政策将为市场发展注入原动力

2023 年 3 月 5 日，第十四届全国人民代表大会第一次会议在人民大会

堂开幕，国务院总理李克强作政府工作报告，明确 2023 年中国经济增长目标为5%左右，并对 2023 年提出包括着力扩大国内需求、加快建设现代化产业体系、切实落实“两个毫不动摇”、推动发展方式绿色转型在内的八项重点工作。整体基本延续 2022 年底中央经济工作会议定调：大力提振市场信心，把实施扩大内需战略同深化供给侧结构性改革有机结合起来，突出做好稳增长、稳就业、稳物价工作，有效防范化解重大风险，推动经济运行整体好转。

（1）赤字规模和专项债发行规模双增，财政政策稳增长诉求强烈。

财政政策方面，在稳增长诉求下，地方专项债发行节奏延续前置态势，助力基建形成更多实物工作量，同时持续拉动投资延续高增长。政府工作报告指出“财政政策要加力提效”，2023 年财政赤字规模和地方专项债发行规模较上年分别增加 5100 亿元和 1500 亿元。2023 年拟安排地方政府专项债券 3. 8 万亿元，地方仍有约 1. 2 万亿元 2022 年已发行但未使用的专项债余额，全年可使用专项债达 5 万亿元。

（2）降准与减税降费齐发力，有效降低市场主体经营成本。

货币政策方面，2023 年 3 月 17 日央行宣布 3 月 27 日起降准 0. 25 个百分点，在推动银行继续以较低成本向市场主体提供更多信贷支持的同时，也释放了引导经济较快回升的明确信号。在此背景下，3 月社融、信贷延续高增长，金融对实体经济的支撑作用持续显现。税费方面，3 月 24 日国常会提出将延续和优化部分阶段性税费优惠政策，预计年度可减负超 4800 亿元，稳预期强信心信号明显。进入 6 月，央行于 6 月 15 日宣布下调 1 年期中期借贷便利利率（MLF）10 个基点，6 月 20 日公布下调 1 年期和 5 年期贷款市场报价利率（LPR）10 个基点，为 2023 年首次下调。这反映 2023 年新一轮稳增长政策已经开始，后续年内二次降息、降准均可期。

（3）部委和地方政府陆续出台相关稳增长政策。

除此之外，全国人民代表大会和中国人民政治协商会议（以下简称“两会”）召开之后多个部委和地方政府陆续出台相关稳增长政策，释放积极信号。国家发改委将制定出台关于恢复和扩大消费的政策文件，以多措并举推动消费平稳增长，培育消费新增长点，大力倡导绿色消费、新型消费，支持住房改善、新能源汽车等重点领域的消费；财政部加强财政资源统筹，保持必要支出强度，以加大财政资金统筹力度，集中财力办大事，积极支持科技攻关、乡村振兴、区域重大战略、绿色发展等重点领域；安徽、青海、河北、甘肃等地方政府出台改善民营经济经营环境、提振信心及促进消费等政策。

在上述和后续稳经济增长的政策推动下，中国宏观经济形势将逐渐向好发展，这必将有利于乘用车市场需求扩大及持续释放。

2. 行业相关政策：多层面推动扩大汽车消费，乘用车市场发展获支撑

（1）国家政府层面，政府工作报告提出八项内容促进汽车行业发展。

政府工作报告提出八条与汽车行业发展息息相关的内容，首条是扩大汽车特别是新能源汽车消费，汽车产业作为国民经济发展的支柱性产业，已成为促消费、稳增长的重要领域；要持续推动汽车特别是新能源汽车消费，发挥其对稳增长的支撑作用。其他主要内容有促进汽车产业链高质量发展，围绕制造业重点产业链推进关键核心技术攻关；助力智能网联、自动驾驶技术发展；支持新能源汽车出口等。

（2）国家部委层面，多部委全方位举措促进汽车消费。

2023 年 1 月 6 日，商务部新闻发布会上表示，将会同相关部门多措并举，从抓政策落实、抓措施完善、抓环境优化、抓制度健全四个方面继续推动稳定和扩大汽车消费。接着，在 2 月 2 日国务院新闻办公室举行的新闻发布会上，商务部市场运行和消费促进司表示将重点从四个方面继续稳定和扩大汽车消费：一是稳定新车消费，推动汽车消费由购买管理向使用管理转变，开展形式多样的汽车促消费活动；二是支持新能源汽车消费，引导各地在牌照、充电、通行等各个方面，进一步优化新能源汽车使用环境；三是继续扩大二手车流通，促进汽车梯次消费；四是畅通汽车报废更新，鼓励有条件的地方开展汽车以旧换新，促进汽车循环消费。

2 月 13 日，中共中央、国务院发布中央一号文件《关于做好 2023 年全面推进乡村振兴重点工作的意见》，鼓励有条件的地区开展新能源汽车和绿

色智能家电下乡。2023 年 3 月 23 日，工信部召开重点行业协会座谈会，强调着力稳住汽车、消费电子等大宗消费，推动产业体系优化升级，加快改造升级传统产业，巩固新能源汽车等优势产业领先地位。6 月 16 日，工信部等五部门在江苏惠山、海南琼海、湖北荆门三地同时启动 2023 年新能源汽车下乡，首批下乡车型近 70 款，将覆盖全国十多个地市县；通过地方政府补贴、发放消费券、充电打折等方式，加大促进农村地区的汽车消费。

（3）地方政府层面，许多地方政府推出及延续汽车消费补贴政策。

从 2023 年初开始，上海、浙江、苏州、广东、重庆、湖北、河南等许多地方政府相继发布金额不等的汽车消费补贴政策，部分政策持续到 6 月底。地方财政补贴创造鼓励汽车消费的市场环境，将有力推动乘用车销量提升。

**3. 市场：价格战难持续扩大需求，新车型增添新动能**

（1）价格战负面影响渐显，相关政策或将出台引导市场健康向前。

本轮由特斯拉、比亚迪两个新能源龙头企业启动的价格战，短期实现了刺激购车需求、促进消费的目的，但由于波及范围广、降价激烈程度超前，破坏乘用车产品定价体系、大幅挤压产业链利润空间以及加重消费者观望情绪等负面影响逐渐显现，并且随着时间推移，若市场自我纠正过于迟缓或效果不佳，上述负面影响还可能进一步放大。因此，预计政府相关部门后续会根据情况出台相关政策，遏制龙头企业借助成本优势与财税政策开展过于激烈的价格战行为，引导乘用车市场健康稳定向前发展，有助于乘用车消费持续释放。

（2）新车型上市节奏加快，为市场带来新动力。

2022 年，中国乘用车全新车型上市数量在前两年明显下降的情况下回升至 136 个，其中新能源全新车型占比达 53.7%。2023 年 1~5 月，随着疫情对各方面影响显著减弱及合资品牌高度重视新能源发展，全新车型上市节奏明显加快；此外，4 月 18 日举办的 2023 第 20 届上海国际汽车工业展览会上，据不完全统计，参展的全新车型有 141 个，其中较大比例是新能源乘用车车型。新车型上市尤其是处于快速增长期的新能源乘用车市场的新车型，将为乘用车市场发展带来强大动力和更多增量，新能源车将继续承担乘用车市场主体增量贡献者的角色。

## （二）2023年中国乘用车市场发展趋势

### 1. 传统能源被替代持续提速，合资品牌尤其日系承压大

传统能源乘用车销量从 2018 年开始进入明显下降通道，每隔一年减少 200 万辆左右；与此同时，新能源乘用车市场份额整体呈逐年增长态势，具体如图 11 所示。到 2023 年 1~5 月，传统能源乘用车销量同比减少 32.9 万辆，而新能源乘用车销量同比增加 68.1 万辆，并且具体到畅销车型，传统能源乘用车更加颓势凸显。乘用车销量前六名车型分别是 Model Y、秦 PLUS、宋 PLUS、轩逸、朗逸、海豚，新能源车型占据前三位置，售价覆盖 10 万~35 万元，相比过去传统能源领跑车型集中在 10 万~15 万元更加多元化，传统能源乘用车被替代的速度和广度均超出预期。

时至今日，传统能源乘用车之所以被加速替代，主要是因为不仅纯电动车型，就连插电混动车型在经济性上几乎超越了传统能源车型。日系品牌在新能源领域转型缓慢，2023 年 1~5 月日系乘用车销量同比下滑 16.2%，相比自主品牌、欧系和美系已实现正增长以及韩系降幅不足 4%，日系表现低迷，日系汽车企业将成为传统能源乘用车被加速替代的主要承压者。

### 2. 消费升级市场高端化持续，自主品牌向上将有较好表现

消费升级驱动下，2019~2022 年，15 万~20 万元、20 万~30 万元、30 万元及以上三个价格段乘用车市场份额均逐年提升；2023 年 1~5 月，传统燃油车增值税减半政策于 2022 年底结束后，20 万~30 万元、30 万元及以上两个价格段份额不改，持续提升，中国乘用车市场高端化明显。自主品牌此前有红旗、蔚来、理想、高合等品牌相对较好的市场表现提振，2023 年又有比亚迪基于易四方技术平台新推出百万级高端品牌仰望的强势带动，在传统乘用车造车技术及质量提升与新能源先进技术加持下，预计自主品牌向上将在 2023 年收获较好的市场表现。

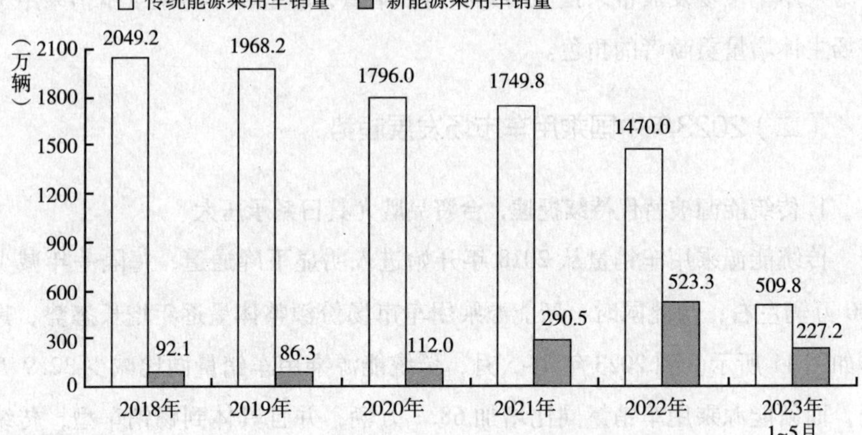


**图 11　2018 年至 2023 年 5 月中国乘用车分能源类型市场表现变化**

资料来源：中汽数据有限公司终端零售数据。

**3. 新能源车销量增幅收窄，畅销车型将贡献市场主体增量**

在 2021 年、2022 年连续两年增长 1 倍左右之后，2023 年 1~5 月新能源乘用车市场同比增速已降至 42.8%，增幅较明显收窄将成为大概率事件。具体如图 12 所示。但在传统能源乘用车加速被替代背景下，新能源乘用车将继续成为唯一贡献增量的细分市场，这种情况下新能源头部车型和爆款新车型将为乘用车市场贡献主体增量。

**4. 多方努力下市场将稳中向好发展，实现低速正增长**

2023 年，在全球性通胀、地缘政治冲突、自然灾害等因素冲击下，全球经济增速放缓。中国通过出台一系列政策措施，提振信心、扩内需、稳增长，预计到下半年中国宏观经济将进一步回暖，较显著地提高消费者的消费意愿和购买力。

汽车产业作为国民经济发展的支柱性产业，成为国内促消费、稳增长的“桥头堡”，各级政府高度重视汽车产业发展，将通过出台多种举措鼓励乘用车消费、推进新能源车发展；汽车企业则将加快新车型上市节奏及保持一定的促销优惠力度。综合作用下，乘用车市场活力将进一步被激发并释放消

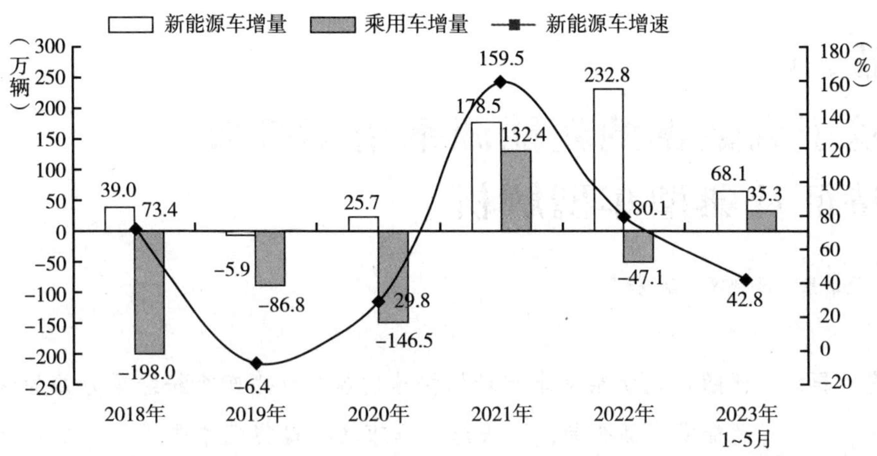


**图 12　2018 年至 2023 年 5 月中国乘用车分能源类型增量表现变化**

资料来源：中汽数据有限公司终端零售数据。

费，呈稳中向好发展态势。基于此，预计 2023 年中国乘用车市场有望实现正增长，同比增长 3%～5%。

## 参考文献


［1］王雪柠、翟媛、陈颢：《“十四五”时期我国汽车产业发展趋势简析》，《汽车工业研究》2021 年第 4 期。

［2］邱彬、王芳：《2023 年中国汽车行业发展趋势展望》，《汽车工业研究》2023 年第 1 期。

［3］陈琦：《展望 2023 年汽车产业发展趋势》，《汽车与配件》2023 年第 1 期。

# B.5

# 基于大数据的新能源乘用车投放特征及典型车型解析

王景景　田珈仪　李　杨*

**摘　要：** 伴随新能源乘用车市场的快速发展，众多车企纷纷聚力并加快新能源产品布局，以快速占据市场，赢得竞争先机。而企业新能源化进程的提速及持续的产品投放，也让新能源乘用车从投放规模到结构呈现出新的特点。总体来看，纯电动是企业电动化核心布局方向，插混车型迎来集中投放，燃料电池车型投放缓慢。全新车型仍是当前阶段企业布局重点，市场新车型投放数量稳步增长。企业车型投放在经历短期强化完善轿车布局后，又将SUV作为进一步发展重点，同时行业新能源乘用车产品投放大尺寸化、高端化及高里程化趋势显著。里程方面，受技术升级、补贴政策退坡、产品向上布局等多种因素影响，续航500km以上的纯电动产品投放加速，插混产品布局逐步向续航100km以上偏移。

**关键词：** 新能源乘用车　投放特征　产品力分析

* 王景景，中汽数据有限公司产品与技术战略部乘用车研究室主管，工程师，研究方向为汽车产品及消费者；田珈仪，中汽数据有限公司产品与技术战略部乘用车研究室产品工程师，助理经济师，研究方向为汽车产品及消费者；李杨，中汽数据有限公司产品与技术战略部乘用车研究室产品工程师，研究方向为汽车产品及消费者。

# 一　新能源乘用车投放特征

## （一）新能源乘用车新车投放规模

新能源乘用车成企业重点布局方向，布局步伐加快。

伴随政策鼓励、市场培育以及技术发展的推动，近年来新能源乘用车市场发展迅速，成为推动整体乘用车市场增长的黑马。企业电动化战略转型进程进一步提速，新能源产品已成为企业重点布局方向，以比亚迪、五菱为代表的自主品牌，以“蔚小理”为代表的新势力企业以及传统豪华及合资品牌纷纷全面布局新能源市场。具体到产品投放来看，企业新能源车型投放数量呈显著增长态势，新能源车型款型投放量由2018年的357款迅速提升至2022年的1177款，2023年1~5月新能源车型投放数量实现新突破，达到511款（见图1），整体投放占比也由2018年的10.8%提升至2023年1~5月的33.1%，新能源产品迎来集中、规模化投放（见表1）。

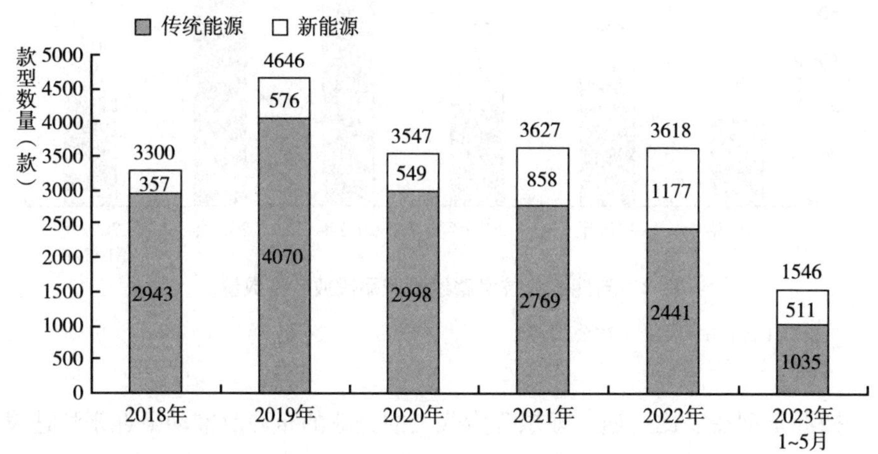


图1　2018年至2023年5月分能源类型新产品投放款型情况

资料来源：中汽数据有限公司。

**表 1　2018 年至 2023 年 5 月分能源类型新产品投放款型占比情况**

单位：%

| | 2018 年 | 2019 年 | 2020 年 | 2021 年 | 2022 年 | 2023 年 1~5 月 |
|---|---|---|---|---|---|---|
| 新能源占比 | 10.8 | 12.4 | 15.5 | 23.7 | 32.5 | 33.1 |
| 传统能源占比 | 89.2 | 87.6 | 84.5 | 76.3 | 67.5 | 66.9 |

资料来源：中汽数据有限公司。

纯电动车型是企业电动化转型核心方向，插混车型于近年来迎来快速发展，燃料电池车型受技术不成熟、产业配套不完善等因素制约，发展缓慢。

中汽数据车款型统计数据显示，经过多年的技术布局、平台开发及供应链构建与完善，企业自 2021 年起进入纯电动车型快速布局阶段，2021 年企业投放纯电动车型 718 款，2022 年达到 983 款，2023 年 1~5 月累计投放 397 款（见图 2）。

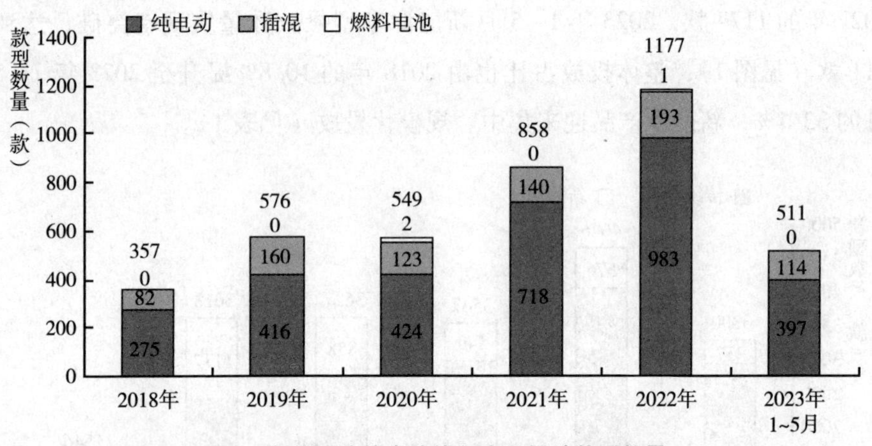


**图 2　新能源分技术路线新产品投放款型数量**

资料来源：中汽数据有限公司。

插混车型在以比亚迪、理想等为代表的企业的布局及推动下迎来快速发展，2022 年投放 193 款，2023 年 1~5 月累计投放量实现新突破，达到 114 款，其投放款型占新能源新产品投放款型的比例再次突破 20%（见表 2），预计伴随企业电动化转型的提速以及对插混市场发展前景的积极预判，插混车型在未来一定时期仍会迎来投放量的集中释放。

**表 2　2018 年至 2023 年 5 月新能源分技术路线新产品投放款型占比情况**

单位：%

| | 2018 年 | 2019 年 | 2020 年 | 2021 年 | 2022 年 | 2023 年 1~5 月 |
|---|---|---|---|---|---|---|
| 纯电动车型占比 | 77.0 | 72.2 | 77.2 | 83.7 | 83.5 | 77.7 |
| 插混车型占比 | 23.0 | 27.8 | 22.4 | 16.3 | 16.4 | 22.3 |
| 燃料电池车型占比 | 0.0 | 0.0 | 0.4 | 0.0 | 0.1 | 0.0 |

资料来源：中汽数据有限公司。

从新产品投放款型类型来看，新能源全新车型款型投放数量呈逐年稳步增长趋势。全新车型投放款型数由 2018 年的 104 款提升至 2022 年的 244 款，且 2023 年 1~5 月累计投放达到 110 款（见图 3）。伴随新能源市场产品布局的逐步完善，年型及增补类车型投放及产品力提升亦成为企业新能源产品布局的重要任务，2023 年 1~5 月年型款型数量达到 198 款，增补车型达到 179 款。

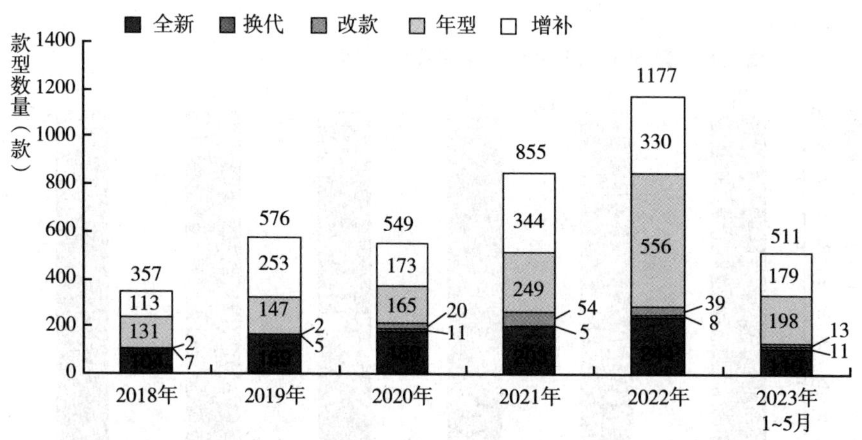


**图 3　2018 年至 2023 年 5 月上市新能源车型款型数量分布**

资料来源：中汽数据有限公司。

## （二）分细分市场新车投放特点

SUV 重归企业新能源车型布局重点，新产品投放整体呈大尺寸、高端化趋势。

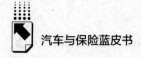

新能源乘用车市场发展早期，受电池成本影响，新能源车型价格较传统燃油车明显偏高，各车企普遍倾向于优先推出具备更高溢价的 SUV 车型作为新能源化转型的先头兵。在连续多年大规模布局 SUV 后，2021 年行业加速新能源轿车投放，蔚来 ET7、小鹏 P5、奔驰 EQS、海豚、大众 ID. 3 等多款全新轿车陆续投入市场，轿车投放占比显著提升，如图 4 所示。2022 年至 2023 年 5 月，以“蔚小理”为代表的企业进一步强化 SUV 产品向上布局策略，同时通过多产品组合出击进一步巩固其在中高端新能源市场地位，代表车型如小鹏 G9、蔚来 ES7、理想 L7/L8/L9 等。传统豪华、合资品牌通过进一步的 SUV 产品布局继续强化其新能源产品阵营。以阿维塔、问界、智己等为代表的传统自主新创品牌亦率先布局 SUV 产品进军新能源市场，代表车型有阿维塔 11、飞凡 R7、问界 M5/M7、智己 LS7 等。

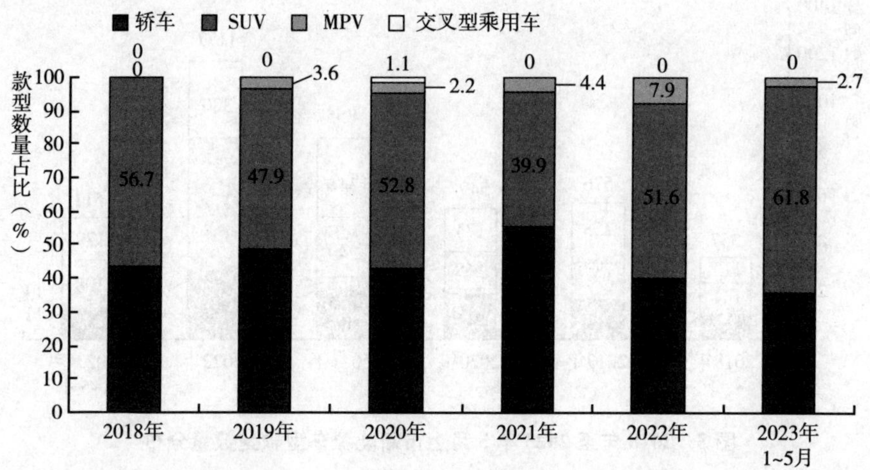


**图 4　2018 年至 2023 年 5 月新能源产品投放“全新车型”车型类别分布**

资料来源：中汽数据有限公司。

从车型投放级别来看，基于市场由增量向存量转换、消费升级等背景，以及企业自身战略定位，以蔚小理、比亚迪、BBA、大众、问界等为代表的企业产品投放重心逐步向中型及以上市场转移，整体产品投放呈现大尺寸、高端化趋势。2022 年到 2023 年 5 月，中大型产品投放比例大幅提升，主要得益于蔚来 ES7、小鹏 G9、理想 L8、奥迪 Q5 e-tron、阿维塔 11、智己 L7、智己 LS7、哪吒 S、零跑 C01、飞凡 F7、蓝山等车型的投放。伴随补贴退坡等因素影响，微型及小型全新车型投放份额整体来看呈下降趋势，目前微型及小型以下新品的投放主要受五菱、比亚迪等传统自主优势企业产品投放及以云度等为代表的部分新势力品牌入场驱动。

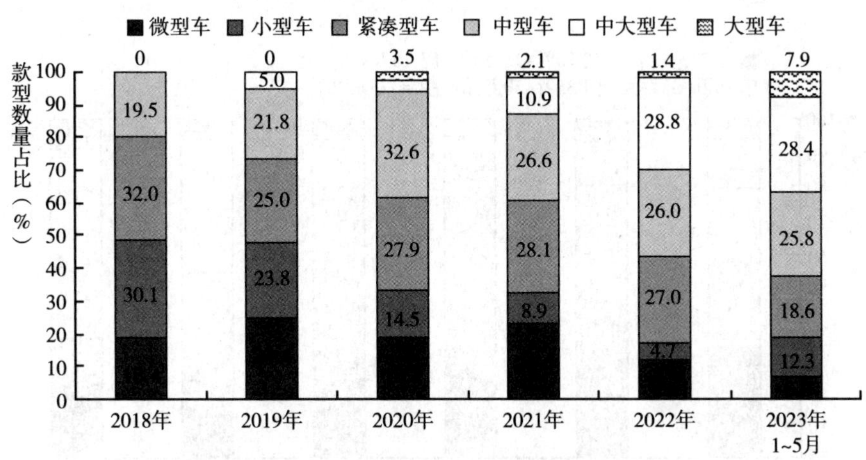


**图 5　2018 年至 2023 年 5 月新能源产品投放“全新车型”车型级别分布**

资料来源：中汽数据有限公司。

## （三）分价格段新车投放特点

新能源产品作为企业实现品牌向上突围关键，产品价格投放持续上移，25 万~50 万元区间新产品投放占比持续提升。

在消费升级、品牌持续向上布局等多个因素驱动下，企业纷纷谋求通过借助新能源产品在智能网联、智能驾驶方面的领先优势突破品牌溢价天花板，实现产品向上突围。因此，在经历早期对 15 万~25 万元传统核心市场充分布局后，车企将新能源乘用车全新产品投放重点聚焦在中高端市场，如图6所示，产品投放价格带分布连续多年上移，其中25万~35万元及35万~50万元区间占比提升最为显著，分别由2018年的7.7%和6.7%提升至2023年1~5月的17.4%和21.7%。

10万元以下新能源乘用车产品投放，早期主要聚焦在以五菱、宝骏、长城为代表的传统车企，核心目的是通过产品投放应对政策积分要求，近两年以枫叶、江南、云度等为代表的新势力企业则将低价位小车作为进入新能源市场的通行卡。

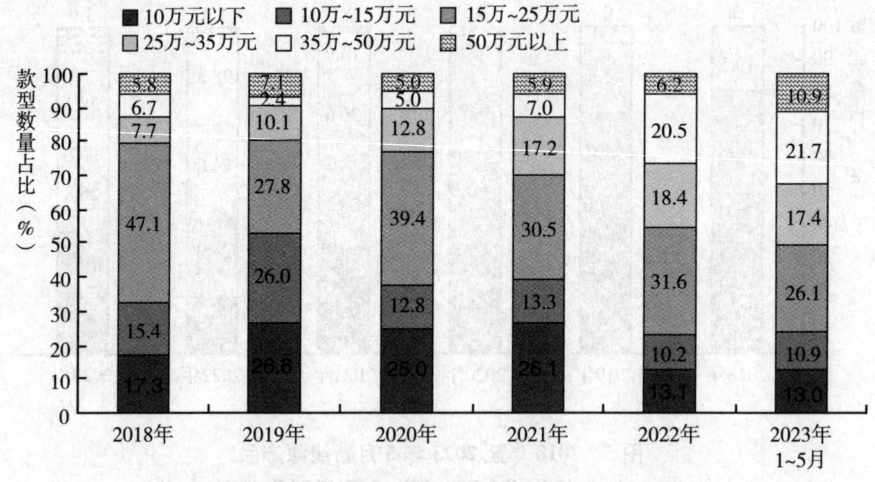


**图6　新能源产品投放“全新车型”价格带分布**

资料来源：中汽数据有限公司。

## （四）分续航里程新车投放特点

新能源乘用车产品整体呈现高续航里程布局趋势，续航500km以上纯电动产品投放加速，部分车型纯电里程已超越1000km，插混产品布局亦逐步向100km以上偏移。

受补贴政策影响，近年来纯电动中、短续航车型投放占比逐步萎缩。同时，受电池技术快速发展、企业产品高端化布局策略的驱动，以及市场基于对用户纯电里程痛点的考量，纯电动产品投放逐步呈长续航布局趋势，500km 以上产品成为企业布局重点，车型投放比例稳步提升（见图 7）。同时，以传祺、小鹏、哪吒、零跑、极氪、长城、比亚迪、奔驰等为代表的企业已着力布局续航 700km 以上产品。在电池技术发展的赋能下，以极氪 001、传祺 AION LX 为代表的车型纯电续航里程已突破 1000km。

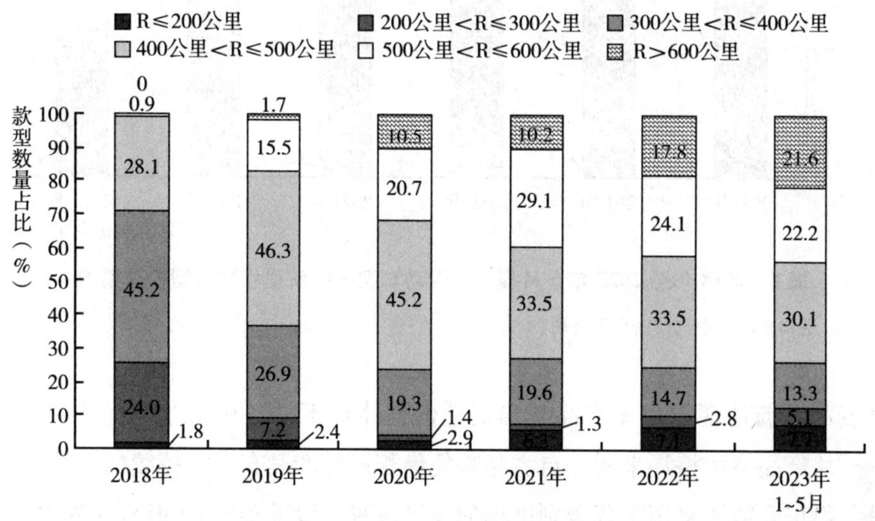


**图 7　纯电动车型分续航里程车型投放情况**

资料来源：中汽数据有限公司。

从插混车型分续航里程车型投放占比情况来看，插混市场主流投放产品纯电续航里程进一步向上偏移，续航 100km 以上产品成为企业插混产品纯电续航布局新方向，其中续航 100km～120km 成为 2023 年 1～5 月车企重点投放里程区间（见图 8）。此外，为进一步提升产品竞争力，缓解用户里程顾虑，以护卫舰 07、创维 HT-i、理想 L7/L8、哪吒 S、深蓝 SL03、汉等为代表的车型已推出纯电续航 200km 以上的插混车型。

## （五）新能源乘用车产品竞争格局

自主品牌产品占据市场主力，新势力品牌产品高端化，豪华及传统

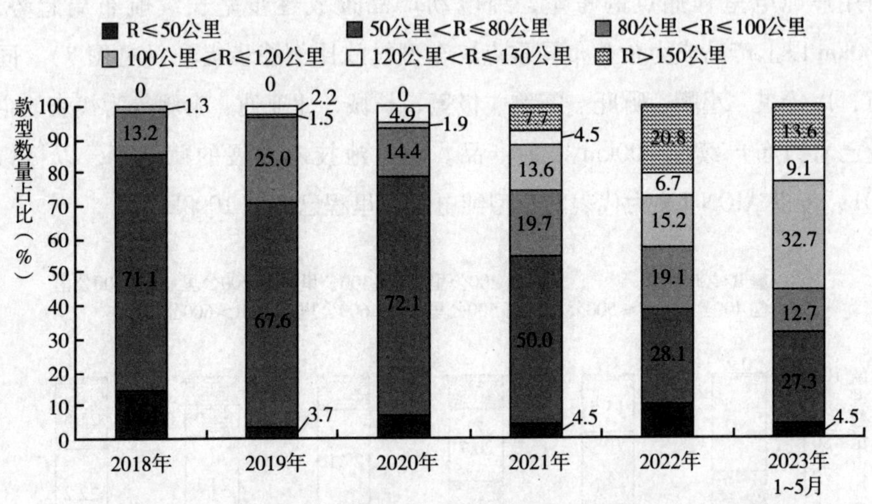


**图 8　2018 年至 2023 年 5 月插电式混动车型分续航里程车款型投放情况**

资料来源：中汽数据有限公司。

合资品牌新能源乘用车产品布局提速但整体仍不具备显著竞争优势。

从产品竞争格局来看，自主品牌凭借积极的产品布局、持续的产品力提升，稳居新能源乘用车各级别市场的主导位置，以五菱宏光 MINI、奇瑞 QQ 冰激凌为代表的车型凭借精准定位及低价优势成功入局微型纯电动车市场并实现规模化增长；比亚迪、广汽、长安等传统自主品牌借助优势产品布局占据中端纯电市场，同时比亚迪通过领先的技术优势及多年产品力、口碑积累等成为推动中端插混市场增长的黑马（见图 9）。

特斯拉、理想等新势力产品以革新的产品、服务及理念打开高端化通道并赢得市场偏好；豪华及传统合资品牌逐步加速新能源化产品布局及迭代，但目前整体产品表现相对中庸，纯电动车型中仅宝马 ix3、宝马 i3、精灵#1 在 2023 年 1~5 月月均销量超 3000 辆，插混车型中仅奔驰 E 级月均销量超过 2000 辆，整体看豪华及合资品牌新能源产品力仍有待进一步提升。

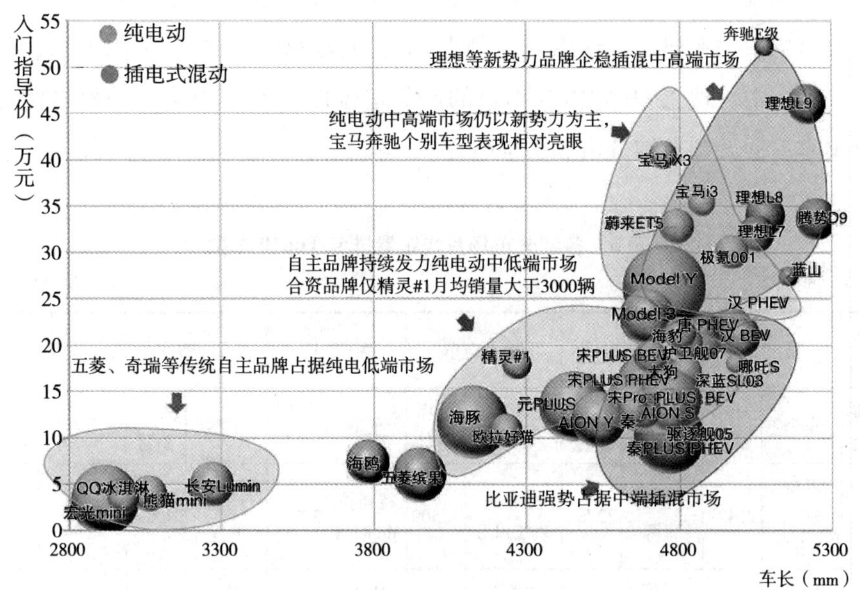


**图 9　新能源产品竞争格局**

说明：①气泡大小反映各车型 2023 年 1~5 月月均销量多寡；②本图选取 BEV 月均销量>3000 辆、PHEV 月均销量>2000 辆车型。

资料来源：中汽数据有限公司。

## 二　各细分市场典型车型解析

### （一）各细分市场销量排名 Top10车型

五菱宏光 Mini 凭借精准定位稳居微型车市场销量榜首，其市场销量表现远超该细分市场其他车型；以比亚迪海豚为代表的自主纯电动小型车凭借高性价比及越级用户体验，成功激活小型车市场；在紧凑型车细分市场中，比亚迪秦 PLUS、宋 PLUS 凭借其较高的产品竞争力以及极致的性价比，在与合资产品对垒中逐渐占据上风；中型车细分市场 TOP10 车型中目前仍然以合资及豪华产品为主，目前特斯拉仅有 Model Y、Model 3 可以通过品牌及产品等综合优势打入其中；随着自主新能源产品竞争力不断提升，中大型车细分市场中比亚迪汉、理想 L8、理想 L7、极氪 001 已进入 TOP10；大型车细分市场中，理想 L9 凭借其出色的产品定位以及低于豪华车的价格优势，已牢牢占据大型车细分市场头部位置。

**表 3　各细分市场月均销量排名 Top10 车型**

单位：辆

| 级别 | 微型车 | | 小型车 | | 紧凑型车 | | 中型车 | | 中大型车 | | 大型车 | |
|---|---|---|---|---|---|---|---|---|---|---|---|---|
| 排名 | 车型 | 月均销量 | 车型 | 月均销量 | 车型 | 月均销量 | 车型 | 月均销量 | 车型 | 月均销量 | 车型 | 月均销量 |
| 1 | 五菱宏光 mini | 21429 | 比亚迪海豚 | 22785 | 比亚迪秦 PLUS | 30509 | 特斯拉 Model Y | 30745 | 比亚迪汉 | 14865 | 理想 L9 | 6817 |
| 2 | 长安 Lumin | 8680 | 五菱缤果 | 10678 | 比亚迪宋 PLUS | 26814 | 传祺 AION. S | 16937 | 理想 L8 | 7103 | 红旗 E-HS9 | 236 |
| 3 | 熊猫 mini | 5730 | 比亚迪海鸥 | 8467 | 比亚迪元 PLUS | 20870 | 特斯拉 Model 3 | 13498 | 理想 L7 | 6098 | 奔驰 EQS 级 | 133 |
| 4 | 奇瑞 QQ 冰淇淋 | 4592 | 欧拉好猫 | 4716 | 传祺 AION Y | 13186 | 比亚迪唐 | 11526 | 极氪 001 | 4969 | Panamera | 132 |
| 5 | 奇瑞 eQ1 | 2205 | 精灵#1 | 3903 | 比亚迪秦 | 6501 | 深蓝 SL03 | 5474 | 哪吒 S | 1921 | — | — |
| 6 | 上汽 Clever | 1520 | 哪吒 V | 3223 | 驱逐舰 05 | 4282 | 蔚来 ET5 | 5462 | 理想 ONE | 1715 | — | — |
| 7 | 零跑 T03 | 1078 | 几何 E | 1569 | 北汽 EU 系列 | 3817 | 护卫舰 07 | 5054 | 奔驰 E 级 | 1705 | — | — |
| 8 | 奔奔 | 1018 | 风神 EX1 | 573 | 几何 A | 2783 | 比亚迪海豹 | 4614 | 阿维塔 11 | 1288 | — | — |
| 9 | 思皓 E10X | 709 | 领克 06 | 313 | 哪吒 U | 2616 | 宝马 iX3 | 3479 | 小鹏 G9 | 1214 | — | — |
| 10 | 五菱晴空 | 628 | 本田 M-NV | 276 | 别克 Velite 6 | 2577 | 宝马 i3 | 3319 | 智己 LS7 | 1067 | — | — |

说明：数据为各车型 2023 年 1~5 月月均销量，其间上市新车型月均销量以截至 2023 年 5 月车型累计销量/实际上市月份数核算得出。

资料来源：中汽数据有限公司。

## (二)各细分市场TOP1车型定位及关键产品力分析

(1)微型车TOP1车型定位及关键产品力分析——五菱宏光Mini

精准的市场定位、极致的成本控制能力是核心竞争力。

五菱宏光Mini是上汽通用五菱旗下的首款双门四座纯电动汽车,指导价为3.28万~9.99万元,定位微型代步车,主要聚焦短途便捷出行场景,重点瞄准四线、五线等消费水平较低的城市用户。从市场表现来看,五菱宏光Mini上市以来,牢牢占据着该细分市场的销量榜首位置,目前在微型车细分市场中占到40%左右的市场份额。

产品力方面,精准的产品定位是其破局的关键,五菱宏光Mini准确找到了低线城市短途出行痛点,并以“好开,好停、好省钱”的用户体验迅速赢得用户青睐;低廉的价格大大降低了入门门槛,五菱宏光Mini通过大幅度对产品配置/性能做减法,严格控制采购成本,减少整车装备制造成本等策略,将整车指导价压缩到了极低的区间,极致的成本控制能力有效保证了产品竞争力;以跨界营销为主的整合营销策略助力其提升话题度,五菱宏光主要采用了跨界营销、事件营销、活动营销与社群营销等多种手段,精准定位当代年轻人的产品诉求,有效推进五菱宏光Mini品牌形象化、时尚化与代步化,最终对年轻人情感需求和出行需求实现了精准收割。

(2)小型车TOP1车型定位及关键产品力分析——比亚迪海豚

依靠高配置、长轴距及高性价比,确立错位竞争优势。

比亚迪海豚为比亚迪e平台3.0打造的首款车型,定位为纯电小型轿车,指导价为11.68万~13.68万元,续航里程在400km以上。比亚迪海豚主要瞄准女性用户和增换购用户,定位为精致、高性价比、大空间的增换购女性用车。从市场表现来看,2023年月均销量达到两万辆以上,市场表现远超同级别其他车型。

产品力方面,比亚迪海豚独特的内外饰造型引发消费者关注,主要通过对海豚形象进行复现,强化“海洋美学”主题,为消费者呈现了一种全新的海洋生物造型美感;比亚迪凭借最新纯电平台优势打造越级体验,通过比亚迪平台三电系统高度集成、空间侵占小、电池一体化等优势，实现同级别轴距最长、空间最大、续航最长的车型，整体空间达到紧凑型车水平，具备错位竞争优势；此外，比亚迪海豚拥有同级最大的中控显示屏，并且是十万级价位唯一装备热泵空调的纯电动产品，同时天窗、自动空调、无钥匙启动等舒适便利类配置的装备也充分满足了目标用户对便利和舒适的需求，丰富的配置搭载在小型车市场形成碾压性优势。

（3）紧凑型车 TOP1 车型定位及关键产品力分析——比亚迪秦 PLUS 凭借低廉价位、超高性价比及混动技术赋能成功破局。

比亚迪秦 PLUS 于 2021 年 4 月上市，定位紧凑型轿车细分市场，2023 年 2 月"冠军版"上市，进一步拉低了车型售价，目前新款市场指导价为 9.98 万~17.98 万元，包含纯电动、插电式混合动力两种动力类型；比亚迪秦 PLUS 自上市以来，尤其"冠军版"上市后，以月销 3 万辆的优异表现实力碾压同级别车型，成为推动紧凑型车市场增长的一匹黑马。

产品力方面，秦 PLUS 延续比亚迪家族式设计语言，整体造型年轻动感，高度契合年轻消费者的造型审美偏好；同时，秦 PLUS 在油耗、动力等方面丝毫不逊色于日系混动产品，配置装备更加齐全，完全满足消费者对紧凑型轿车实用、代步以及省油的需求；低廉的价格是其实现销量领跑的重要原因，在合资及自主产品中均展现了更高的性价比。用户体验方面，比亚迪秦 PLUS 搭载的 DM-i 超级混动系统，拥有动力响应快、NVH 优秀等特性，同时馈电油耗低，驾乘体验接近于纯电动车，深得市场认可与青睐。

（4）中型车 TOP1 车型定位及关键产品力分析——特斯拉 Model Y 品牌影响力及产品溢价能力是构建其产品竞争力的重要基础。

特斯拉 Model Y 于 2021 年初正式登陆国内市场，目前市场指导价为 26.39 万~36.39 万元，定位于中高端新能源纯电 SUV 细分市场，主打有一定消费能力、渴望尝试新鲜科技产品的年轻用户群体。Model Y 自上市以来，月销量受到交付周期的影响波动较大，目前月均销量已稳定在中型车细分市场头部位置。产品力方面，Model Y 的成功路径无法脱离特斯拉品牌价值的建立，特斯拉借助高端产品 Model S 树立了高端、科技、豪华的形象，同时借助马斯克个人英雄主义光环以及特斯拉激进的自动驾驶能力，进一步以高热度的互联网话题提高了品牌形象，与用户有效建立了早期的情感连接；具体到产品方面，Model Y 科技智能领先的基因在国内新能源汽车发展早期便已占领用户心智，且其极简轻奢的造型风格逐渐成为国内新能源造型发展的标杆；同时，特斯拉重软件不重硬件的理念有效降低其单车制造成本，拥有较强的溢价能力，可以通过降价策略来维持产品竞争力。

（5）中大型车 TOP1 车型定位及关键产品力分析——比亚迪汉

以比亚迪“技术”为基础，凭借差异化产品竞争力实现产品突围。

比亚迪汉为比亚迪 2020 年 7 月推出的一款重磅车型，定位为比亚迪王朝系列全新中大型智能旗舰级轿车，包含插电式混动和纯电动两种动力类型。比亚迪汉 2020 年底即实现销量破万，2023 年月均销量接近 15000 辆，“冠军版”上市以后进一步蚕食了雅阁、凯美瑞等老牌合资车型的市场份额。

产品力方面，比亚迪汉搭载了比亚迪最新技术成果，纯电动车型是全球首款搭载“刀片电池”的新能源汽车，这种新型动力电池兼具长寿命和长续航优势，并且重新定义了新能源汽车的安全标准，技术水平同样居行业前列；插混车型搭载比亚迪最新 DM-i 超级混动系统，动力及能耗方面均优于同级别竞品，为用户带来了全新的用车体验。此外，比亚迪全产业链优势筑起技术“高墙”，持续的高研发投入，为比亚迪带来了全产业链优势，巨大的成本优势使比亚迪汉中大型车卖到中型车价格，价格优势令其他车企望尘莫及。总体来看，比亚迪汉是比亚迪在新能源技术领域深耕多年“厚积薄发”的代表产品，传递着新能源汽车安全、运动、高效的外延诉求，在同级别车型中具备较强的差异化竞争力，助力比亚迪品牌向上。

（6）大型车 TOP1 车型定位及关键产品力分析——理想 L9

精准定位 & 极致场景打造是其成功实现“破局”的关键。

理想 L9 作为理想汽车品牌推出的第二款车型，定位全新家庭大型智能旗舰 SUV，全面对标宝马 X7、奔驰 GLS、路虎揽胜等高端豪华车型；理想 L9 于 2022 年 6 月上市，9 月实现批量交付后，销量快速爬坡破万并远超该

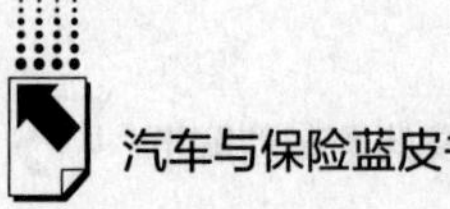


细分市场其他车型，2023 年继续领跑该细分市场。产品力方面，理想 L9 主打用户家庭出行场景，重点围绕驾驶舒适娱乐、便捷舒心等核心要素进行家庭出行场景深入挖掘，解决家庭出行痛点问题，以全面贴心的细节设计打造极致出行体验，与该细分市场豪华车形成差异化竞争力；智能座舱是其构建家庭出行场景的关键，理想 L9 凭借其首创的五屏三维空间交互、3D ToF 传感器和 6 颗阵列式麦克风、手势/语音/触控多重交互手段，以及丰富的车机生态，充分满足了家庭出行场景所需的智能化需求；此外，增程式技术路线也确保其为用户提供纯电动汽车驾驶体验，解决了家庭出行长途行驶所面临的里程焦虑问题；理想 L9 精准的产品定位以及主打家庭出行场景的产品设定，与该细分市场传统豪华车产品形象形成差异化，为新时代注重家庭出行体验的用户提供更多选择。

**B**.6

# 面向汽车企业的人车大数据数字化服务

赵子豪　刘 非　陈亚西*

**摘　要：** 随着中国汽车千人保有量的提升，叠加疫情三年、经济下行、人口下滑等因素导致的消费端需求不足，汽车行业存量争夺愈演愈烈，在这种环境下，车企的产品研发和市场营销更加需要依赖大数据支持来降本增效，实现高效、有效决策。而随着汽车与保险产业数据融合建设，人车数据体系创新发展，为车企提供了更加有效的研究资源。本报告通过对人车大数据数字化服务的落地场景进行研究，锁定了竞品用户画像数据研究、竞争战败分析、用户画像研究支持产品定义三大研究场景，最终形成了对应的人车大数据数字化服务的研究方法论。

**关键词：** 汽车大数据　人车大数据　数字化

在汽车行业存量竞争重要性大幅提升的今天，借力汽车大数据的应用可以帮助车企打通分散运行的业务模块，疏通从产品研发到消费者终端的全链条，提升对消费者的服务能力，进而提升品牌竞争力。对于各种不同的场景，人车大数据都可以提供有效的解决方案。例如，在产品设计阶段，大数据可以提供消费者的使用习惯和需求信息，帮助车企进行精准的产品定位。在市场营销阶段，随着用车需求逐步细化，地域属性逐渐增强，人车大数据则可以提供市场趋势和消费者行为的深度分析，帮助车企提升营销工作的精

* 赵子豪，中汽数据有限公司数据开发室高级经理；刘非，中汽数据有限公司数据开发室产品经理；陈亚西，中汽数据有限公司数据开发室数据分析师。

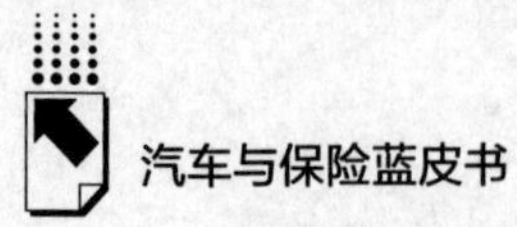


准化、多样化和定制化水平，降低获客成本，提升营销效率。

通过调查研究，面向汽车企业的人车大数据数字化服务能够在以下几个关键的应用场景中发挥重要作用。

一是竞品用户画像数据研究。通过收集和分析竞品用户的行为数据，车企可以深入了解竞品客群定位、竞品用户评价及需求。帮助车企在产品设计和市场营销策略上进行有效的打法调整，打造差异化竞争优势。

二是竞争战败分析。通过对市场上失败的竞争案例进行深入研究，车企可以从中吸取失败的教训，提升本产品竞争力，避免在未来的竞争中重蹈覆辙。

三是用户画像研究支持产品定义。通过用户画像研究，车企可以了解消费者对于汽车产品的真实需求和期望，从而在产品定义上做出更符合市场需求的决策。

## 一　竞品用户画像数据研究

### （一）需求沟通与确认

在需求锁定阶段，应注重请客户重点描述当前问题，并给予有效的问题拆解逻辑。具体来看，积极引导企业提出他们的需求和期望，包括请客户描述当前问题、期望的远景，细分要重点对标的要素，如品牌、车型、价格段等，此外也要了解客户的习惯思维和内部标准与定义，同步在内部寻找可复用的研究方案或相似的研究逻辑，基于此高效拆解新的研究问题。

在这个过程中，不仅要把握车企本品、竞品品牌、车型、价格段等信息，也应深入探讨车企的产品定义、新车研发、市场营销策略制定等相关计划和战略，以确保全面理解车企需求，提供最适合的研究方案。此外，通过这种深度沟通，也能在项目初期就预见并解决可能出现的问题，从而确保项目的顺利进行。

需求沟通与确认阶段还包括确定研究的具体内容和方法。这涉及讨论和确定数据收集的具体方法、数据处理和分析的流程、报告的编写和提交的形式等。在这个过程中，会考虑到企业的具体需求和限制，以及相关的专业能力和资源，以确保服务的可实施性。

### （二）数据收集与整理

需求沟通与确认阶段结束后，将开始数据收集与整理阶段。在这个阶段，将根据企业的需求和研究计划，从各种渠道收集数据。数据收集的渠道可能包括企业的内部数据、公开的市场数据、第三方的调研数据等。将根据数据的特性和需求，选择合适的数据收集方法，如调查问卷、深度访谈、网上爬取等。

数据收集的过程中，将遵循数据科学的原则和实践，以确保数据的准确性、完整性和可靠性。这包括确保数据的质量（如无误差、无偏差等）、确保数据的完整性（如无遗漏、无重复等）、确保数据的可靠性（如可复制、可验证等）。这些数据将包括车主的基本信息和行为数据，将为研究提供丰富的信息。在数据收集的同时，将严格遵循数据安全和隐私保护的法律法规，确保数据的安全和合规性。

此外，还可使用运营商的电信大数据，获取车主的详细信息。这些信息包括车主的基本画像信息（如年龄、性别、职业、偏好等），也包括车主的行为数据（如购车理由、购车前的考虑因素、车主对车辆的使用习惯和满意度等）。这些数据将为构建用户画像提供丰富的信息。

数据收集完成后，将开始数据清洗和整理。这个过程包括删除无效或错误的数据、处理缺失值、进行数据转换和归一化等。将使用先进的数据处理工具和方法，包括各种数据清洗工具、数据处理语言和库等，以确保数据的质量和一致性。

### （三）用户画像构建

在数据收集和整理的基础上，开始用户画像构建。这个过程涉及大量的

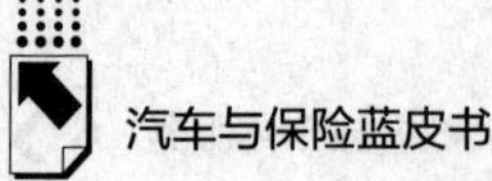


数据分析工作，包括数据分类、数据聚类、特征提取等。其目标是从大量的数据中提取出有价值的信息，构建出准确的用户画像。用户画像将全面反映车主的基本特征和行为模式，将为企业的产品定义、新车研发、市场营销策略制定提供重要的参考。

首先，将根据车主的基本信息，如年龄、性别、职业、偏好等，进行基础统计学数据分类。这将帮助了解车主的基本特征，并为进一步的数据分析提供依据。此外，还会根据车主的行为数据，如购车理由、购车前的考虑因素、车主对车辆的使用习惯和满意度等，进行数据聚类。这将帮助了解车主的行为模式和消费习惯。

接下来，将进行特征提取。这个过程将帮助从大量的数据中提取出对研究有价值的信息，即通过各种特征提取算法，如主成分分析（PCA）、线性判别分析（LDA）等，来提取数据中的关键特征。这些特征可能包括车主对于车辆性能和售后服务的重视程度，车主对于品牌声誉和车型设计的偏好等。

在构建用户画像的过程中，还会使用各种数据可视化工具，如图表、图像、地图等，来直观地展示数据和结果。这将帮助企业更好地理解数据和用户画像。

### （四）用户画像分析

在用户画像构建完成后，将进行详细的用户画像分析。这个过程包括数据解读、模式识别和趋势预测等。目标是从用户画像中发现规律和模式，预测未来的市场趋势。分析将为企业的决策提供有力的数据支持，帮助企业更好地理解市场和用户，更准确地把握市场的发展方向。

首先，将对用户画像进行详细的数据解读。这包括对数据的基本描述性统计分析，如均值、中位数、方差等，也包括对数据的关联性和因果性分析，如相关性分析、回归分析等。这将帮助从数据中提取出有价值的信息，理解数据的含义和规律。其次，将进行模式识别。这个过程将帮助从数据中发现规律和模式。

此外，还可使用各种模式识别算法，如聚类分析、关联规则挖掘、序列分析等，来发现数据中的模式和规律。例如，可能会发现某一年龄段的车主更喜欢某一种车型，或者某一职业的车主更关注车辆性能等。在模式识别的过程中，还会使用各种数据可视化工具，如图表、图像、地图等，来直观地展示模式和规律。这将帮助企业更好地理解数据和模式。

最后，将进行趋势预测。这个过程将帮助预测未来的市场趋势。会使用各种趋势预测方法，如时间序列分析、回归分析、机器学习等，来预测未来的市场趋势。例如，可能会预测在未来一段时间内，哪些品牌或车型可能会更受欢迎，或者消费者的购车偏好可能会有何变化等。在趋势预测的过程中，还会使用各种数据可视化工具，如图表、图像、地图等，来直观地展示趋势和预测。这将帮助企业更好地理解市场的未来趋势。

### （五）报告编写与提交

在所有的数据分析和用户画像构建工作完成后，将开始报告的编写和提交工作。报告将详细记录研究过程、方法、结果和结论，以及对于市场和用户画像的理解和见解。

报告的编写将遵循科学研究的原则和实践，确保报告的客观性、准确性和可信度。详细记录的研究方法包括如何收集数据、如何处理和分析数据、如何构建用户画像、如何进行模式识别和趋势预测等。详细记录的研究结果，包括发现的模式和规律、预测和推断等。对研究结果要进行深入的解读和讨论，包括结果意味着什么、结果如何解释、结果对于企业有何意义等。

研究结论方面，应从企业独特的需求和挑战出发，为企业设计和实施最合适的高度定制化研究方案。撰写过程应始终与企业保持紧密的沟通和合作，确保服务能够满足企业需求，有效解决企业问题，帮助企业实现特定的业务目标。

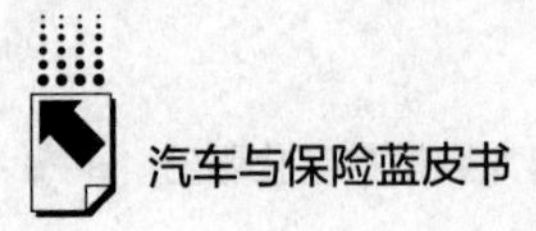



## 二 竞争战败分析

在竞争战败分析方面，重点是深入研究消费者在购车前后的行为，并综合考虑与友商竞争失败的原因。将进行两个方面的研究，首先是对竞争战败结果的验证，其次是对战败客群及战败原因的详细分析。通过这两方面研究能够更好地厘清消费者的购车决策过程和偏好，进而确认与竞争对手之间的差距。这样的分析有助于发现问题、改进服务，并制定更具针对性的策略，以提高竞争力。

### （一）战败结果校验

在今日的汽车销售市场中，市场竞争日趋激烈，消费者的需求和行为模式也变得更加多元和复杂。在这样的环境下，对潜在客户的行为和需求进行深入、准确的洞察，对汽车企业在市场中立足甚至获得优势具有重大意义。所谓的“战败”客户，是指那些本有可能成为购买者，但最终未能成功购买本企业产品，或转向购买其他品牌车型的潜在消费者。对这类客户的深度洞察和理解，能够帮助企业更准确地评估自身产品与服务的市场表现，调整优化策略，以期在未来的市场竞争中取得优势。因此，战败结果校验，旨在为企业提供全面而准确的战败客户信息，从而助力企业进行精准的市场决策。

1. 场景逻辑

场景逻辑概括了服务过程和目标。竞争战败分析研究服务旨在帮助企业核实其意向消费者的流失情况，并将真实结果反馈到企业。这一过程涉及复杂的数据收集、处理、分析和解读，需要运用先进的数据科技能力和丰富的行业经验，以确保提供给企业的信息准确且全面。

本场景下的服务基于一个重要的前提，即企业对战败结果真实性的高度需求。任何误报或漏报都可能对企业的战略决策产生负面影响，进一步影响企业的市场表现和品牌声誉。因此，对数据的准确性和完整性有着极高的要

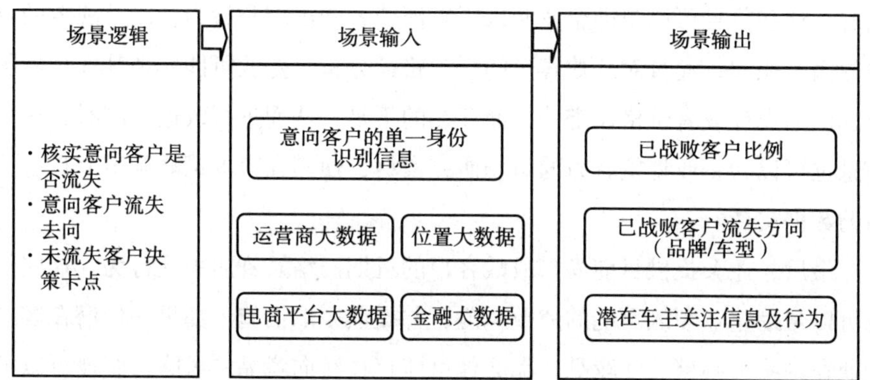


**图1　战败结果校验研究方法模型**

资料来源：中汽数据有限公司。

求。为了实现这一目标，数据团队会进行多重校验和分析，运用复杂的数据模型和算法，以确保数据的准确性和可靠性。

2. 场景输入

在提供服务的过程中，需要企业提供一些关键信息作为场景输入。这主要包括到店客户单一身份识别信息。这些信息是进行战败结果校验的基础，可以帮助精准追踪和识别战败客户，从而对他们的行为和需求进行深入的分析。所有的数据处理流程严格遵守相关的数据保护法规和标准，也会与企业签订严谨的保密协议，保证企业数据的安全性。此外，还拥有一套完善的数据安全管理系统，以进一步确保数据的安全。

3. 场景输出

服务过程会产生三类主要的场景输出。

首先，提供竞争已战败客户最终选择的品牌和车型。这部分信息对于企业分析其产品在市场上的竞争地位、消费者的品牌和车型偏好具有重要价值。企业可以依据这些信息，优化其产品设计和营销策略，进一步提升市场竞争力，甚至调整长期的品牌战略。通过这样的信息反馈，企业能更好地理解市场态势，把握市场动向，制定出更具针对性和前瞻性的策略。

其次，提供已战败客户的画像和战败分析所需的位置、行为路径等相关

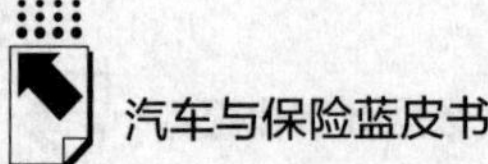



内容。这些信息可以帮助企业深入了解消费者的需求和行为，以及战败的具体原因。比如，通过对战败客户的行为路径分析，企业可能发现其在售后服务、产品设计或者价格设定等方面存在的不足，从而进行改进。同时，这些信息也可以为企业提供有力的市场研究素材，使其在市场策略制定上具有更强的数据支持。

最后，还会提供目前尚未战败客户的近期网络及到店关注行为。这些信息可以帮助企业预测可能的战败风险，并提前采取措施。如果一位潜在客户近期在网络上频繁关注竞品，那么他可能存在转向竞品的风险。企业可以根据这些信息，及时调整其服务和营销策略，以防止潜在的战败。

## （二）战败客群分析

在汽车行业中，了解和分析战败客群是至关重要的一环。战败客群指的是那些在一段时间内，对某一品牌或车型有过购买意向，但最终选择了其他品牌或车型的潜在客户。他们的决策背后隐藏着丰富的信息，是提升产品竞争力、优化市场策略的重要依据。通过对战败客群的深度分析，可以理解他们的需求和偏好，揭示战败的原因，从而为车企提供有力的决策支持。

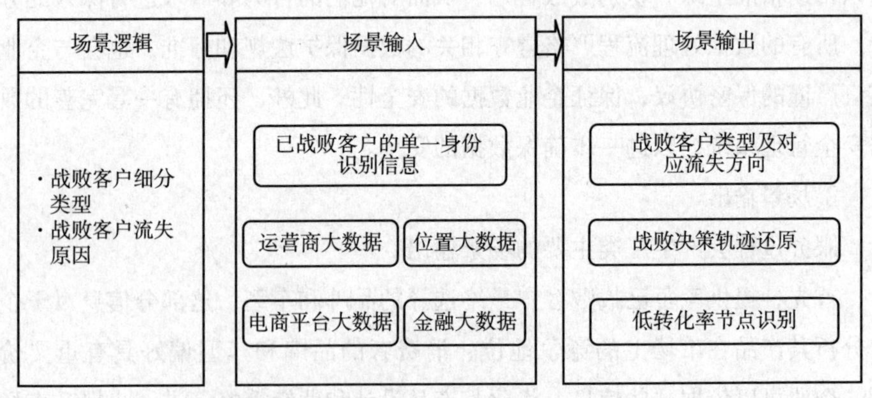


**图2　战败客群分析研究方法模型**

资料来源：中汽数据有限公司。

1. 场景逻辑

通过战败客群分析，可以帮助汽车企业对竞争战败的人群进行精准的分析。这样的分析主要包括对战败原因的深入研究，比如产品的竞争力不足或市场策略的不当。具体来说，会根据战败客户的各种信息，如购买决策过程中的行为轨迹，以及他们的人口统计信息，如年龄、性别、职业等，进行多维度的分析。这样，可以为车企揭示那些可能导致客户流失的关键因素，帮助他们在更多的维度上理解和满足客户需求，提升产品和服务的竞争力。

2. 场景输入

为了进行有效的战败客群分析，需要获取一些关键信息。首先，车企需要提供战败客户的联系信息，如手机号或身份证号。这些信息对于追踪客户的购车行为路径至关重要，同时也能帮助确认客户的身份，并进行精确的客户画像分析。保护客户隐私是十分重要的，因此在处理这些信息时，会严格遵守相关的隐私保护法规和政策。

3. 场景输出

通过对输入的数据进行深度分析，将输出以下内容。

（1）战败客户类型及对应流失方向。可用于理解目标客户偏好、需求，进而和竞争品牌及竞品进行对标分析。

（2）战败决策的流程还原。涉及具体的消费者位置、行为路径等相关内容，帮助车企理解客户的购车过程。

（3）低转化率节点识别。在决策链路上分层找出转化率不及预期的细分场景，进而和内部运营部门同步，优化市场策略，提升产品竞争力。

此外，战败分析并非只关注战败的客户群体，也会考虑到弃选客户。弃选客户是指在购车过程中完全不考虑某品牌的客户，他们与战败客户、购车客户一起构成了汽车企业面向的全部有购车需求的客户群体，形成了完整的购车漏斗。

通过人车大数据进行战败分析能够帮助车企更全面地理解消费行为的影响因素，帮助汽车企业更全面地了解品牌在消费者心目中的形象，进而有针对性地调整产品设计、品牌营销等策略，从而降低弃选客户比例，扩大潜在客户规模，保证售前、销售和交车过程中经销商在各环节的优势最大化，最终实现成交率和销量的提升。

## 三 用户画像研究支持产品定义

传统上汽车企业习惯从厂家角度直接定位产品、定义市场、定义消费和定义消费者。然而，如今的市场格局已经发生了巨大的变化，消费者正在成为决定产品、市场和营销时代的主导力量。在这个新的市场环境中，汽车企业必须认真思考消费者对于产品策略的接受程度。

为了应对这一挑战，可以提供消费者画像研究和用户偏好研究等重要资源，以帮助汽车企业从消费者的视角来定义产品。消费者画像研究可以帮助企业深入了解不同消费者群体的需求和喜好，包括他们的生活方式、价值观、购买决策因素等。这种深入的了解可以帮助企业更准确地定位产品，满足消费者的需求。

通过将消费者置于产品定义的核心位置，汽车企业可以更好地适应变化的市场环境，并开发出更受消费者欢迎的产品和营销策略。同时，这种消费者导向的方法也可以帮助企业与消费者建立更紧密的关系，增强品牌忠诚度和口碑传播效应。

### （一）主要竞品与车型的用户特征研究

首先，需要对竞争对手的主要用户群体进行研究。这包括用户的年龄、性别、职业、收入等基本信息，以及用户的购车动机、购车渠道、购车时间等购车行为信息。此外，还需要探究用户的消费观念和生活方式，以及他们对车辆性能、外观设计、舒适度、安全性等因素的重视程度。

然后，将研究目标转向竞争对手的主要车型。这包括车型的设计风格、性能参数、配置水平、售价等基本信息，以及车型在市场上的销售状况、用户评价等实际情况。通过对这些信息的分析，可以发现竞争对手的优势和弱点，以及他们的产品策略和市场策略。

这种类型的用户画像研究需要运用各种数据采集和分析方法，如调查问卷、深度访谈、在线数据挖掘等。同时，由于用户特征和市场环境是不断变化的，所以需要定期进行更新和修正，以保持数据的时效性和准确性。

在得到研究结果后，可以将其运用到产品定义中。如果发现竞争对手的用户主要是高收入的中年男性，那么可以在产品设计中更多考虑这个群体的需求，如更强的动力性能、更严格的安全标准等。同样，如果发现竞争对手的某款车型在市场上的销售表现不佳，那么可以分析其失败的原因，以避免在自己的产品中重复相同的错误。

### （二）本品用户研究及品牌忠诚度提升

对于汽车企业来说，高忠诚度用户不仅对品牌的好感度高，更可能在购车选择、维修保养、口碑推荐等多个环节持续为企业带来收益。

研究高忠诚度用户画像，需要从多个维度深入了解用户。首先是用户的基本信息，包括年龄、性别、收入、教育背景等。然后是用户的消费行为，包括购车频次、购车渠道、车型选择、维修保养习惯等。此外，还需要研究用户的态度和价值观，包括对品牌的认知、对汽车的需求和期望、生活方式和消费观等。

通过对这些信息的分析，可以了解到高忠诚度用户的特点和需求。例如，他们可能更倾向于购买高配版车型，更重视车辆的安全性和舒适性，更倾向于在官方渠道进行维修保养，更愿意为优质的产品和服务付出高价，等等。这些信息对于理解用户的真实需求，提供符合他们期望的产品和服务，提高他们的满意度和忠诚度，都具有非常重要的指导意义。

同时，对于高忠诚度用户的研究也可以帮助车企发现品牌的优势和弱点。通过用户的反馈，可以了解到品牌在哪些方面做得好，哪些方面需要改进。如果大部分用户认为品牌的售后服务质量高，那么这就是品牌的一个优势，应该保持并进一步加强。如果一些用户反映品牌的新车型设计不够吸引人，那么这就是一个需要改进的地方，应该在未来的产品设计中给予更多关注。

### （三）主力消费者需求及期望研究

随着社会的变化，消费者的需求也在不断发生改变。因此，理解当前阶段主力消费者的用车需求以及他们对硬件配置的期望，对于汽车企业制定策略、优化产品和提升竞争力都有着至关重要的作用。

首先，必须明确当前阶段的主力消费者是谁，可通过年龄、收入、职业、地理位置和文化背景等多个标签锁定主力人群。目前随着中国经济的发展和消费水平的提高，中产阶级家庭、Z时代单身人群共同承担了汽车市场的主力消费。

然后，需要深入了解这些主力消费者的用车需求。这包括他们对汽车的功能、性能、舒适性、安全性、燃油经济性、环保性等方面的需求。此外，还需要了解他们的驾驶习惯、购车预算、对新技术和新概念的接受度等信息。

接下来，是针对主力消费者对硬件配置期望的研究。这可能包括对引擎性能、车身材料、刹车系统、座椅舒适性、娱乐系统、安全系统等硬件配置的期望。在这个过程中，需要注意哪些配置是消费者最看重的，哪些配置是他们愿意为之支付额外费用的，哪些配置是他们觉得可以省略的。

### （四）人机交互与智能网联用户满意度及需求

电动化、智能化汽车加速发展背景下，用户对人机交互、智能网联新技术的满意度和需求，直接影响汽车产品的市场表现和企业的发展前景。

研究方法上，首先需要了解用户对现有人机交互和智能网联车机的满意度。这包括他们对这些技术的使用体验，如操作便利性、功能实用性、稳定性、安全性等方面的评价。同时，还需要关注他们在使用过程中遇到的问题和困扰，这可能包括系统的复杂性、反应速度、兼容性等问题。

然后，需要探究用户对人机交互和智能网联车机的需求。这可能包括他们希望这些技术能提供哪些功能，比如导航、音乐播放、语音控制、车辆诊断等。此外，他们可能还有对这些技术的特定期望，比如希望系统的操作更简单直观，希望系统的反应更快，希望系统能更好地与手机和其他设备配合工作等。

## 四　未来研究展望

在一个高度数字化、信息化的时代，大数据成为企业决策的重要依据，除了以上提到的几个场景外，人车大数据还可以在很多方面为汽车企业提供支持。例如，通过对市场动态的实时追踪，大数据可以帮助车企及时调整市场策略，快速响应市场变化。通过对消费者行为的深度挖掘，大数据可以帮助车企精细化市场营销，提高营销效率。

在未来，随着大数据技术的进一步发展和应用，人车大数据的潜力将会进一步得到释放。除了企业加速落地应用提供更多人车大数据应用案例外，政府和主管部门也可通过人车大数据加强行业监管，帮助行业健康高效运行。

**参考文献**

［1］葛雨明、韩庆文、王妙琼等：《汽车大数据应用模式与挑战分析》，《计算机科学》2020 年第 6 期。

［2］万亚飞、徐国强、杨立阳：《大数据在汽车行业中的应用研究》，《汽车实用技术》2020 年第 20 期。

［3］胡志伟：《大数据汽车营销浅谈》，《丝路视野》2017 年第 12 期。

［4］辛宇、郑鑫：《大数据驱动与客户生命周期——基于汽车行业的分析》，《河南社会科学》2014 年第 3 期。

**B**.7

# 基于 GLM 回归分析的新能源车辆售价与售后零配件定价影响关系研究

薛 冰　丁首辰　祖天丽　汤佳音*

**摘　要：** 随着新能源汽车渗透率逐步提升，新能源汽车产业进入快速发展期。本研究旨在深入研究新能源车辆售价与售后零配件定价之间的相关性和影响因素，助力产业链洞悉车辆定价背后的市场逻辑。基于中汽数据自建数据资源体系，深入研究不同品牌、级别、车身结构的新能源整车售价与不同品类装车配件的价格相关性，采用多元线性回归分析方法，为产业链相关主体提供有价值的市场分析和决策参考。

**关键词：** 新能源汽车　价格　配件　线性回归

## 一　新能源汽车市场发展现状分析

### （一）利好政策频发，新能源产业进入快速发展期

#### 1. 车辆购置税减免政策延续

2023 年 6 月 21 日，财政部、税务总局、工业和信息化部等三部门发布《关于延续和优化新能源汽车车辆购置税减免政策的公告》。对购置日期在

* 薛冰，中汽数据有限公司数据生态室数据研究经理；丁首辰，中汽数据有限公司数据生态室数据分析师；祖天丽，中汽数据有限公司数据生态室数据分析师；汤佳音，中汽数据有限公司数据生态室数据分析助理。

2024 年 1 月 1 日至 2025 年 12 月 31 日的新能源汽车免征车辆购置税，对购置日期在 2026 年 1 月 1 日至 2027 年 12 月 31 日的新能源汽车减半征收车辆购置税。这意味着，原定于 2023 年底到期的新能源汽车免征车辆购置税政策再度延续，新能源车再度迎来重大利好。

2. 多部委积极推动新能源车下乡

2023 年 5 月 17 日，国家发改委、国家能源局正式发布《关于加快推进充电基础设施建设更好支持新能源汽车下乡和乡村振兴的实施意见》（以下简称《实施意见》），涵盖对于农村地区充电基础设施建设、农村地区购买新能源汽车政策、农村地区新能源汽车宣传等多个方面，这有利于新能源车企进一步开拓农村市场以及鼓励农村消费者购买新能源汽车。

3. 燃油车禁售推动全面实现新能源化

欧盟 2035 年禁售燃油汽车议案的通过，将更利好国内自主品牌。未来 5 年，中国新能源汽车市场和全球新能源汽车市场必然会形成持续的强增长态势。

**表 1　车企燃油车停产停售时间**

| 车企类别 | 车企品牌 | 停燃时间 | 公告内容 |
| --- | --- | --- | --- |
| 自主品牌 | 比亚迪 | 2022 | 2022 年 4 月 3 日，发布公告称正式停产燃油车 |
| 自主品牌 | 海马 | 2025 | 2025 年正式停售燃油车 |
| 自主品牌 | 长安 | 2025 | 2025 年停产停售传统能源汽车 |
| 自主品牌 | 北汽 | 2025 | 2020 年北京停售燃油车，2025 年全面停产停售 |
| 自主品牌 | 长征 | 2022 | 2022 年 6 月 5 日全面停产燃油车 |
| 自主品牌 | 汉马科技 | 2025 | 2025 年 12 月停止传统燃油车整车生产 |
| 进口品牌 | 宾利 | 2030 | 2030 年实现全系产品电动化 |
| 进口品牌 | MINI | 2030 | 2030 年实现全系产品电动化 |
| 进口品牌 | 戴姆勒 | 2022 | 2022 年停产停售传统燃油车 |
| 进口/合资品牌 | 兰博基尼 | 2022 | 2022 年推出最后一款燃油车 |
| 进口/合资品牌 | 捷豹路虎 | 2025 | 2025 年正式停产燃油车，实现所有产品电气化 |
| 进口/合资品牌 | 奥迪 | 2033 | 除中国市场外，2026 年全面停产燃油车，2033 年全面停售燃油车 |

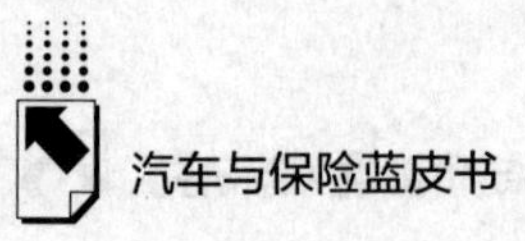



续表

| 车企类别 | 车企品牌 | 停燃时间 | 公告内容 |
|---|---|---|---|
| 进口/合资品牌 | 梅赛德斯-奔驰 | 2030 | 2030 年前在条件允许的市场实现全面电动化 |
| 进口/合资品牌 | 沃尔沃 | 2030 | 2030 年销售全面电动化 |
| 进口/合资品牌 | 福特 | 2030 | 2030 年欧洲市场销售全面电动化 |
| 进口/合资品牌 | 菲亚特 | 2030 | 2030 年全面停产燃油车 |
| 进口/合资品牌 | 宝马 | 2030 | 2030 年欧盟市场停售燃油车 |
| 进口/合资品牌 | 大众 | 2035 | 2035 年欧洲市场停售燃油车 |
| 进口/合资品牌 | 雷克萨斯 | 2035 | 2035 年全面停售燃油车 |
| 进口/合资品牌 | 现代 | 2035 | 2035 年欧洲市场停售燃油车,2040 年全球范围停售燃油车,仅售电动车 |
| 进口/合资品牌 | 起亚 | 2035 | 2035 年欧盟市场停售燃油车,2040 年前除韩国市场外实现全面电动化 |
| 进口/合资品牌 | 通用 | 2035 | 2035 年全面停售燃油车 |
| 进口/合资品牌 | 本田 | 2040 | 2040 年全面停售燃油车 |
| 进口/合资品牌 | 日产 | 2025 | 2025 年后停售燃油车 |
| 进口/合资品牌 | 丰田 | 2025 | 2025 年前停产纯燃油汽车 |
| 进口/合资品牌 | Jeep | 2021 | 2021 年车型全部采用电动版本 |

资料来源：根据公开资料整理。

#### 4. 产量销量持续提升

近年来，中国新能源汽车市场经历了快速发展。自 2010 年起，随着政府政策的支持和财政全力引导，新能源汽车逐步扩大至全国范围。2023 年上半年，中国新能源乘用车销量达到 294.5 万辆，同比增长 39.9%，渗透率约为 28.3%。新能源汽车保有量已达 1467.8 万辆，同比增长 46.6%。

新能源汽车市场整体产销量增长趋势稳健，政策支持、技术进步共同促进了新能源汽车保有量的提升。同时，充电基础设施的完善也推动了新能源汽车渗透率的升高。在政府政策、技术创新、消费者需求等多方面的推动下，市场规模不断扩大，保有量持续增加，市场贡献不断攀升。

### （二）新能源汽车售后领域现状

随着新能源汽车由“补贴时代”进入“市场时代”，新能源汽车售后服

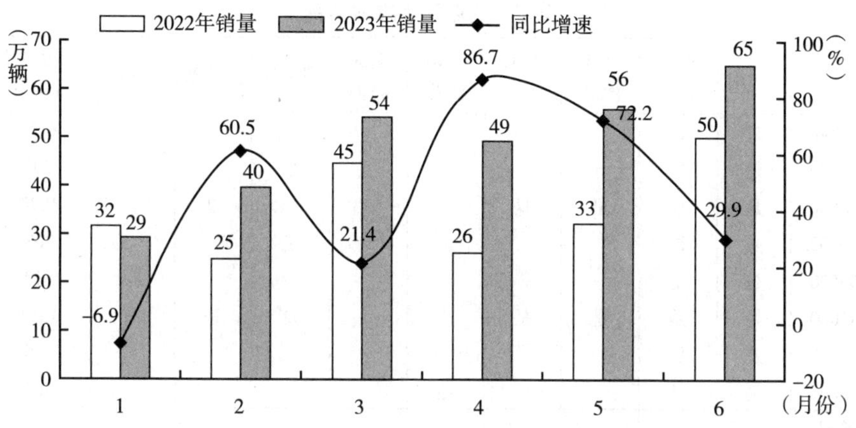


**图 1　2023 年 1~6 月新能源乘用车市场月度表现**

资料来源：中汽数据有限公司。

务需求愈发旺盛，新能源汽车售后领域也成为各汽车制造商和售后服务机构关注的焦点。与传统燃油车相比，因其技术特点，在售后维保过程中新能源汽车的常用配件范围与定价策略、维修方法与技术均存在相应变化，呈现出新特点，也面临新的挑战。

1. 常用配件变化

新能源汽车与传统燃油车在常用配件上存在显著的变化，造就了不同的维保重点。首先，新能源汽车采用电池组和电动驱动系统作为动力来源，而传统燃油车则采用内燃机，这导致两者在关键配件上有很大的区别。其次，纯电动汽车拥有更少的维保项目与更长的维保周期。在纯电动汽车的日常维保过程中，免除了机油、机滤、空滤、汽滤、火花塞等发动机常用养护配件更换，且电机与电控几乎免维护。以比亚迪唐为例，唐燃油版首保里程数为 3500 公里，其后每 7500 公里进行维保，维保项目多为配件（含辅料）更换，6 万公里维保费用约在 5500 元；唐新能源每 12000 公里进行维保，维保内容多为常规检查与空调滤芯更换，6 万公里维保费用在 2300 元左右。

**表 2　唐燃油版维保项目**

| 里程（公里） | 机油 | 机油滤芯 | 空气滤芯 | 汽油滤芯 | 空调滤芯 | 变速箱油 | 刹车油 | 火花塞 | 防冻液 | 含税价格（元） |
|---|---|---|---|---|---|---|---|---|---|---|
| 3500 | 是 | 是 |  |  |  |  |  |  |  | 免费 |
| 11000 | 是 | 是 |  |  | 是 |  | 是 |  |  | 703 |
| 18500 | 是 | 是 | 是 | 是 |  |  |  | 是 |  | 1030 |
| 26000 | 是 | 是 |  |  | 是 |  | 是 |  |  | 703 |
| 33500 | 是 | 是 |  |  |  |  |  |  | 是 | 620 |
| 41000 | 是 | 是 | 是 | 是 | 是 |  | 是 | 是 |  | 1348 |
| 48500 | 是 | 是 |  |  |  |  |  |  |  | 385 |
| 56000 | 是 | 是 |  |  | 是 |  | 是 |  |  | 703 |
| 合计 |  |  |  |  |  |  |  |  |  | 5492 |

注：统计时间为 2023 年 6 月。

资料来源：根据公开资料整理。

**表 3　唐新能源维保项目**

| 里程（公里） | 机油 | 机油滤芯 | 空气滤芯 | 汽油滤芯 | 空调滤芯 | 变速箱油 | 刹车油 | 火花塞 | 防冻液 | 常规检查 | 含税价格（元） |
|---|---|---|---|---|---|---|---|---|---|---|---|
| 12000 |  |  |  |  | 是 |  |  |  |  | 是 | 免费 |
| 24000 |  |  |  |  | 是 |  |  |  |  | 是 | 320 |
| 36000 |  |  |  |  | 是 | 是 | 是 |  |  | 是 | 864 |
| 48000 |  |  |  |  | 是 |  |  |  |  | 是 | 320 |
| 60000 |  |  |  |  | 是 |  |  |  | 是 | 是 | 809 |
| 合计 |  |  |  |  |  |  |  |  |  |  | 2313 |

注：统计时间为 2023 年 6 月。

资料来源：根据公开资料整理。

新能源汽车拥有更少的装车配件与更高的配件零整比。首先，受成本控制与零配件产品集成化影响，新能源汽车实际装车配件为 800~1200 件，较传统燃油汽车 1500~3000 件配件数量大幅降低，售后利润点更为集中。其次，新能源汽车通常具备科技化、智慧化的市场定位，应用技术相对更为尖端、先进，使得配置类配件价格相对较高。最后，由于新能源汽车市场起步时间较短，电池等核心部件的供应链相对封闭且有限，因此少数大型供应商存在相关技术和配件供应垄断，影响了新能源汽车配件的价格。

2. 维修方式变化

新能源汽车在售后过程中，所需检测维修技术门槛高、壁垒强。与传统燃油汽车相比，在维修保养和配件更换时，新能源汽车需要更专业的技术支持。我国当前新能源售后端市场中，具备新能源汽车检测维修专业技术能力的企业数量较少，且严重依赖于汽车主机厂、三电配件生产商。在实际维修过程中，零配件、技术支持被少数大型企业高度垄断，传统售后企业无法承接新能源汽车核心维修，仅可支撑日常保养、钣喷等低技术密度服务。

新能源汽车主机厂面向售后端创新打造“维修+钣喷”的双轨道服务模式。区别于传统 4S 店的售后服务模式，新能源车企拆分 4S 店功能，独立建设针对核心部件维修的区域性维修中心，以有限的售后服务力量集中于高技术含量工作，将利润率较低的日常保养转至独立售后企业。在新能源浪潮下，独立售后企业也在积极谋求转型，随着新能源汽车服务连锁企业的出现，新能源汽车售后服务必将建立一个全新的良性循环。

## 二 研究内容与方法

### （一）研究目的与意义

在整车价格研究领域，当前多为基于制造成本的定价策略研究，缺乏与售后端产品定价关联性研究。本研究旨在深入研究新能源车辆售价与售后零配件定价之间的相关性和影响因素，助力产业链洞悉车辆定价背后的市场逻辑。通过深入研究不同品牌、级别、车身结构的新能源整车售价与不同品类装车配件的价格相关性，促进新能源汽车市场的健康发展，为市场参与者提供有价值的市场分析和决策。总体而言，这项研究旨在提升新能源汽车市场竞争力，推动产业进步以及满足消费者需求。

### （二）数据收集与整理

本研究数据均来源于中汽数据“整车-配件”数据资源体系，数据收集范围包含品牌分类数据、车型车参数据、整车价格数据、级别数据、配件适配数据、配件分类数据、配件包含数据、配件价格数据等，具体数据收集原则如下。

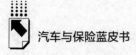

（1）可靠性与权威性原则。中汽数据作为中国汽车技术研究中心（中汽中心）的附属数据资源中心，是以汽车大数据为基础的汽车产业智库，致力于为汽车产业链相关主体提供数字智驱的产品服务与决策支撑。

（2）标准化原则。高度标准化的数据资源可以提供更准确和可靠的分析结果。新能源汽车市场数据涵盖不同品牌、车型、结构等内容，中汽数据自研的“整车-配件”标准化数据体系，通过对整车数据、配置参数、零配件三个方向的数据标准建设，形成了打通不同品牌、不同车型的统一数据处理标准方案，可支撑消除不同指标间的量纲差异，有利于各个变量在模型中的权重比较，揭示指标间关系，提高模型的收敛性和稳定性。

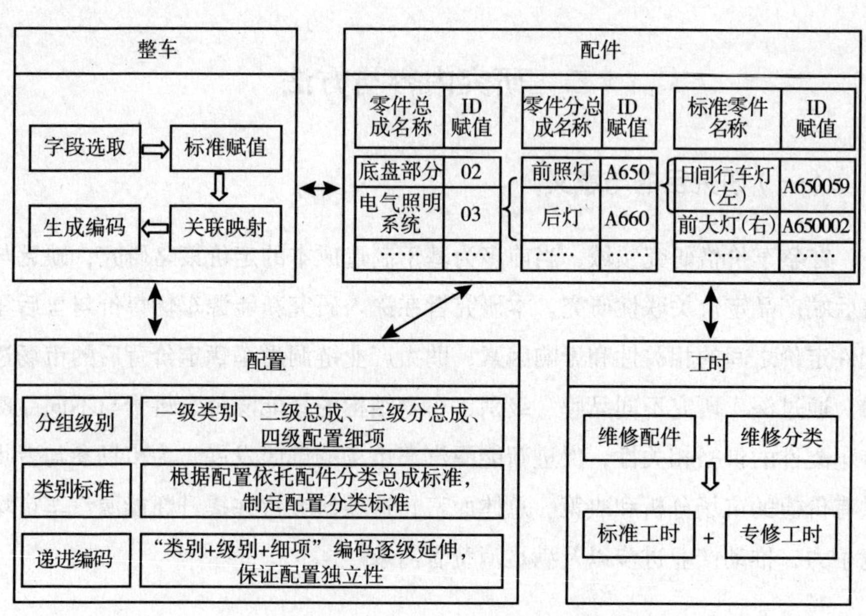


**图2　中汽数据汽车“整车-配件”标准化数据体系**

资料来源：中汽数据有限公司。

（3）完整性与有效性原则。基于中汽数据标准体系，已具备覆盖日产、丰田、大众等传统主流汽车品牌，以及比亚迪、特斯拉、广汽埃安等新能源新势力品牌的数据资源池，覆盖乘用车（含新能源）VIN 码定型数据 2.83 亿条，具备超 45000 市场发售款型的整车数据及 6600 万以上的汽配数据资源。中汽数据自有汽配数据库可提供全量装车数据的精准适配与价格查询，同时具备快速监测与高频率更新的数据处理能力。

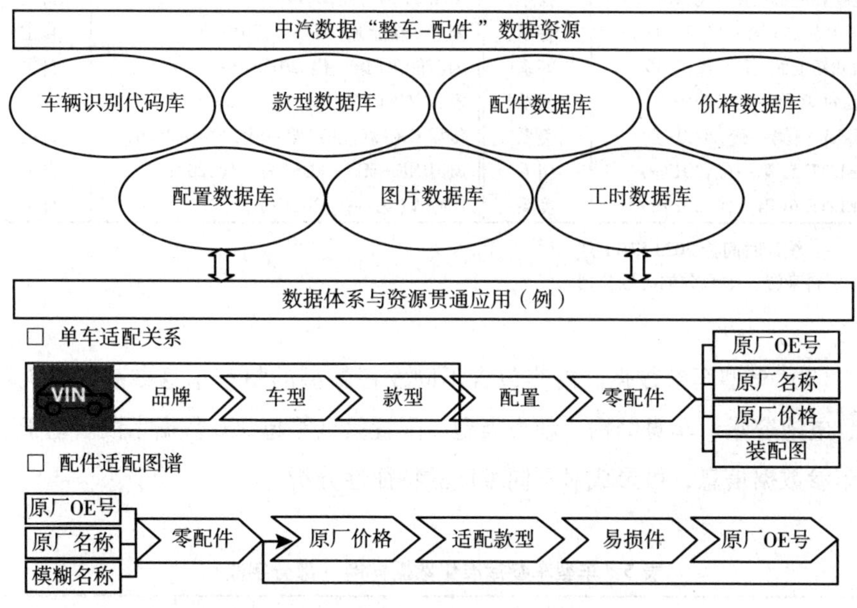


**图 3　中汽数据“整车-配件”数据资源及应用示意图**

资料来源：中汽数据有限公司。

在本次研究过程中，所收集与使用的各数据资源的具体内容与应用方向如下。

（1）品牌分类数据。内容包含不同车型归属品牌数据，并在此基础上进一步细分，细分类别包含但不限于日系、韩系、德系、美系、自主等品牌分类。品牌分类数据可直观比较不同品牌、分类整车价格与售后配件定价影响关系。

表 4　车系品牌分类数据样例

| 车系 | 品牌分类 | 车系 | 品牌分类 |
|---|---|---|---|
| ID. 4 CROZZ（第一代，2021-） | 德系 | Ariya 艾睿雅（第一代，2022-） | 日系 |
| ID. 4 X（第一代，2021-） | 德系 | e:NP1 极湃 1（第一代，2022-） | 日系 |
| ID. 6 CROZZ（第一代，2021-） | 德系 | RAV4 荣放双擎 E+（第一代，2021-） | 日系 |
| ID. 6 X（第一代，2021-） | 德系 | 一汽丰田 bZ4X（第一代，2022-） | 日系 |
| 大众 ID. 3（第一代，2021-） | 德系 | 广汽丰田 bZ4X（第一代，2022-） | 日系 |
| 朗逸纯电（第一代，2019-） | 德系 | Aion LX（第一代，2019-） | 自主 |
| 迈腾新能源（第一代，2020-） | 德系 | Aion S（第一代，2019-） | 自主 |
| 伊兰特 EV（第一代，2017-） | 韩系 | 宋 Pro 新能源（第一代，2019-） | 自主 |
| 领动新能源（第一代，2019-） | 韩系 | 宋新能源（第一代，2017-） | 自主 |
| Model 3（第一代，2019-） | 美系 | 宏光 MINI EV（第一代，2020-） | 自主 |
| Model Y（第一代，2020-） | 美系 | 传祺 GA5 新能源（第一代，2015~2016） | 自主 |
| VELITE 5（第一代，2017-） | 美系 | BEIJING-EU5 PLUS（第一代，2021-） | 自主 |
| VELITE 6（第一代，2019-） | 美系 | 哪吒 V（第一代，2021-） | 自主 |

注：统计时间为 2023 年 11 月。
资料来源：中汽数据有限公司。

（2）车型车参数据。内容包含不同发售款型的整车车身参数、电机功率、电池容量、车身结构、动力类型与配置信息等超 300 数据字段。基于车型车参数据信息，可形成对不同维度的特征性分析。

表 5　车型车参标准化数据样例（部分字段）

| 车型名称 | 发动机信息 | 燃料形式 | 座位数（个） | 前雾灯 | 大灯清洗装置 | 氙气大灯 | 日间行车灯 | 近光灯光源 | 远光灯光源 |
|---|---|---|---|---|---|---|---|---|---|
| 蓝电 E5 2023 款 1.5L DE-i 100KM 畅享型 7 座 | 1.5L 110 马力 L4 | 插电式混合动力 | 7 | 0 | 0 | 0 | 1 | LED | LED |
| 蓝电 E5 2023 款 1.5L DE-i 110KM 旗舰型 7 座 | 1.5L 110 马力 L4 | 插电式混合动力 | 7 | 0 | 0 | 0 | 1 | LED | LED |
| 问界 M5 2023 款 增程后驱标准版 | 1.5T 152 马力 L4 | 增程式 | 5 | 0 | 0 | 0 | 1 | LED | LED |
| 问界 M5 2023 款 增程四驱标准版 | 1.5T 152 马力 L4 | 增程式 | 5 | 0 | 0 | 0 | 1 | LED | LED |

注：统计时间为 2023 年 11 月。
资料来源：中汽数据有限公司。

（3）整车价格数据。内容包含整车款型在市场发售过程中的官方指导价格、停产停售时间等。整车价格数据是本次研究的核心价格数据之一，中汽数据整车价格数据可实现按照官方指导价 T+1 更新维护，确保数据及时有效。

**表 6　整车价格数据样例（部分字段）**

| 车型 | 款型名称 | 生产状态 | 销售状态 | 上市属性 | 上市厂商指导价含税(元) | 最新厂商指导价含税(元) | 指导价价格区间含税(元) | 燃料种类 |
| --- | --- | --- | --- | --- | --- | --- | --- | --- |
| 北汽 ARCFOX αT | 北汽 ARCFOX αT 2023 款 森林型 EV 480E 160kW | 在产 | 在售 | 年型 | 205800 万 | 205800 万 | 20 万~25 万元 | 纯电动 |
| DS9 | DS9 2021 款 1.6T AT 歌剧院型 PHEV E-TENSE | 在产 | 在售 | 全新 | 399900 万 | 404900 万 | 35 万~50 万元 | 插电式混合动力 |
| 上汽大通 EUNIQ 7 | 上汽大通 EUNIQ 7 2021 款 豪华型 燃料电池 | 在产 | 在售 | 全新 | 299800 万 | 299800 万 | 25 万~35 万元 | 燃料电池 |
| 上汽大通 MIFA 氢 | 上汽大通 MIFA 氢 2022 款 EV 豪华型 氢燃料 | 在产 | 在售 | 全新 | 793800 万 | 793800 万 | 75 万~100 万元 | 氢燃料 |

注：统计时间为 2023 年 11 月。

资料来源：中汽数据有限公司。

（4）级别数据。内容为整车市场定位，可具体区分为低端、中低端、中端、中高端、高端等。通过选取不同级别数据，能够更好地分析在不同市场定位下整车与售后配件定价影响关系。

（5）配件适配数据。内容为以款型为最小维度的实际装车配件情况，覆盖配件标准名称、配件原厂名称、配件原厂编码、装车用量、备注与参数信息等。精准的配件适配数据是售后配件价格查询的核心基础，确保配件价格数据有效。

（6）配件分类数据。内容为依据不同配件的属性特征、竞争性特征、使用频率、安装位置等进行配件归属划分。本研究中，重点研究动力系统、常用维保件、安全件、外观件、内饰件及配置件的定价与整车定价间的影响关系。

**表 7 配件适配数据样例（部分字段）**

| 车系 | CATARC 标准零件名称 | 配件方位 | 原厂零件名称 | 原厂编码 | 原厂零件备注 | 用量 | 零件材质 |
|---|---|---|---|---|---|---|---|
| 迈腾新能源 | 行李箱开启控制单元 I | 3 | 后杠脚踢感应模块 | L3GD962243C |  | 1 | 2 |
| 迈腾新能源 | 行李箱盖自动开启识别单元传感器导线 | 3 | 后杠模块线束 | L3GD962239A |  | 1 | 1 |
| 迈腾新能源 | 后保险杠饰条(右) | 2 | 后杠右后亮圈 | L3GD853842A2ZZ | 镀铬 | 1 | 1 |
| 迈腾新能源 | 后保险杠饰条(中) | 3 | 后杠亮条上 | L3GD853835A2ZZ |  | 1 | 1 |
| 迈腾新能源 | 后保险杠饰条(中) | 3 | 后杠亮条中 | L3GD8530792ZZ |  | 1 | 1 |

注：统计时间为 2023 年 11 月。

资料来源：中汽数据有限公司。

**表 8 配件分类数据样例**

| 配件分类 | 配件名称 | 适用动力类型 | 备注 |
|---|---|---|---|
| 动力系统 | 驱动电机总成 | 纯电,混动 | 单电机 |
| 动力系统 | 驱动电机总成(前)/驱动电机总成(后) | 纯电,混动 | 双电机 |
| 动力系统 | 多合一控制器 | 纯电,混动 |  |
| 动力系统 | 动力电池总成 | 纯电,混动 |  |
| 动力系统 | 短发动机 | 混动 |  |
| 动力系统 | 气缸体 | 混动 |  |
| 常用维保件 | 空气滤清器芯 | 纯电,混动 |  |
| 常用维保件 | 蓄电池 | 纯电,混动 |  |
| 常用维保件 | 机油滤清器 | 混动 |  |
| 常用维保件 | 空调滤清器芯 | 纯电,混动 |  |
| 安全件 | 驾驶员安全气囊 | 纯电,混动 |  |
| 安全件 | 气囊电脑 | 纯电,混动 |  |
| 安全件 | A 柱外板(左) | 纯电,混动 |  |
| 安全件 | ABS 泵 | 纯电,混动 |  |
| 外观件 | 前保险杠皮 | 纯电,混动 |  |
| 外观件 | 发动机盖 | 纯电,混动 |  |
| 外观件 | 后保险杠皮 | 纯电,混动 |  |
| 外观件 | 外尾灯(左) | 纯电,混动 |  |
| 外观件 | 前大灯(左) | 纯电,混动 |  |
| 内饰件 | 驾驶员座椅总成 | 纯电,混动 |  |
| 内饰件 | 仪表台壳 | 纯电,混动 |  |

续表

| 配件分类 | 配件名称 | 适用动力类型 | 备注 |
|---|---|---|---|
| 内饰件 | 中央控制台总成 | 纯电,混动 | |
| 内饰件 | A柱内衬(左) | 纯电,混动 | |
| 内饰件 | 前门内饰板(左) | 纯电,混动 | |
| 配置件 | 前保险杠雷达(左外) | 纯电,混动 | |
| 配置件 | 后摄像头 | 纯电,混动 | |
| 配置件 | 天窗玻璃 | 纯电,混动 | |
| 配置件 | 中控台显示屏 | 纯电,混动 | |

注：统计时间为2023年11月。

资料来源：中汽数据有限公司。

（7）配件价格数据。内容包含品牌、配件编码、配件价格等数据字段，依托中汽数据高频迭代数据维护，可确保配件价格数据准确，提升模型分析结果可信度。

**表9　配件价格数据样例**

| 品牌 | 款型名称 | 标准名称 | 原厂备件编码 | 指导售价含税(元) |
|---|---|---|---|---|
| 特斯拉中国 | Model Y 2023款高性能全轮驱动版 | 前保险杠泡沫内衬 | 1487605CNA | 262 |
| 特斯拉中国 | Model Y 2023款高性能全轮驱动版 | 前保险杠下导流板 | 161357900C | 1500 |
| 特斯拉中国 | Model Y 2023款高性能全轮驱动版 | 前保险杠骨架 | 148760100F | 2200 |
| 特斯拉中国 | Model Y 2023款高性能全轮驱动版 | 前保险杠格栅 | 149375900A | 605 |
| 特斯拉中国 | Model Y 2023款高性能全轮驱动版 | 倒车镜壳(左) | 149559300A | 300 |
| 特斯拉中国 | Model Y 2023款高性能全轮驱动版 | 外尾灯(左) | 150208699D | 2150 |
| 特斯拉中国 | Model Y 2023款高性能全轮驱动版 | 充电口门盖板 | 150551500B | 1430 |
| 特斯拉中国 | Model Y 2023款高性能全轮驱动版 | 后排座椅安全带(左) | 1493804C1B | 1600 |
| 特斯拉中国 | Model Y 2023款高性能全轮驱动版 | 副驾驶员座椅总成 | 1754639C1A | 6892 |

注：统计时间为2023年11月。

资料来源：中汽数据有限公司。

## （三）数据处理

整车细分配件的整体数据体量平均约为3000件，若提取每个款型的全量配件数据则会导致模型过于冗长、结论无法明确获取等问题，且过程十分繁复。通过数据清洗，最终确定建模数据以车型维度进行分析，配件价格数据以动力系统、常用维保件、安全件、外观件、内饰件分组，取各车型每组数据算平均价格，车型结构、车型级别、品牌分类字段进行虚拟变量处理。同时对各组配件价格取对数，削减极值对回归结果的影响，并使模型数据满足线性相关、正态分布等基本假设。

经数据处理，拟选定自变量21个，其中自变量前5项为配件分组价格数据；第6~15项为车型结构数据；第16~17项为车型级别数据；第18~21项为品牌分类数据。从描述性统计结果可知，变量数据处理后，平均数、最小值、最大值减小，数据范围有效压缩；标准差显著降低，数据分布相对集中（见图4）。

| Variable name | Variable meaning | Obs | Mean | Std. Dev. | Min | Max |
|---|---|---|---|---|---|---|
| log_nsjpjj | 内饰件组平均价对数 | 422 | 7.970293 | 1.229167 | 4.19268 | 11.04628 |
| log_dlxtpjj | 动力系统组平均价对数 | 422 | 10.39454 | 1.006145 | 6.945436 | 12.40726 |
| log_wgjpjj | 外观件组平均价对数 | 422 | 7.013579 | 0.9175657 | 3.89182 | 8.938427 |
| log_cywbjpjj | 常用维保件组平均价对数 | 422 | 5.123163 | 0.6028114 | 3.931826 | 6.461078 |
| log_pzjpjj | 配置件组平均价对数 | 422 | 7.000355 | 1.475628 | 3.57655 | 9.576025 |
| MPV | MPV型 | 422 | 0.0165877 | 0.1278721 | 0 | 1 |
| zxSUV | 中型SUV | 422 | 0.021327 | 0.1446435 | 0 | 1 |
| zdxMPV | 中大型MPV | 422 | 0.0308057 | 0.172996 | 0 | 1 |
| zdxSUV | 中大型SUV | 422 | 0.0663507 | 0.2491896 | 0 | 1 |
| zdxc | 中大型车 | 422 | 0.021327 | 0.1446435 | 0 | 1 |
| xxSUV | 小型SUV | 422 | 0.0876777 | 0.2831613 | 0 | 1 |
| xxc | 小型车 | 422 | 0.0521327 | 0.2225584 | 0 | 1 |
| wxc | 微型车 | 422 | 0.1800948 | 0.3847225 | 0 | 1 |
| jcxSUV | 紧凑型SUV | 422 | 0.1966825 | 0.397962 | 0 | 1 |
| jcxc | 紧凑型车 | 422 | 0.2843602 | 0.4516446 | 0 | 1 |
| zdd | 中低端 | 422 | 0.6137441 | 0.4874683 | 0 | 1 |
| zgd | 中高端 | 422 | 0.1540284 | 0.3614045 | 0 | 1 |
| rx | 日系 | 422 | 0.0236967 | 0.152283 | 0 | 1 |
| mx | 美系 | 422 | 0.0592417 | 0.2363567 | 0 | 1 |
| zz | 自主 | 422 | 0.6943128 | 0.4612447 | 0 | 1 |
| hx | 韩系 | 422 | 0.0023697 | 0.0486792 | 0 | 1 |

**图4　拟定变量描述性统计**

## （四）模型设定与自变量选择

### 1. GLM 模型介绍

广义线性模型（GLM）假设条件概率分布属于指数分布族：

$$f_\theta(y) = \exp(\theta_y - c(\theta))h(y)$$

指数分布族满足性质 $E[y \mid x] = c'(\theta)$，$Var(y \mid x) = c''(\theta)$，而 GLM 的联系函数 g：$R \to R$ 用来将条件期望转为 $x$ 的线性函数：

$$g(E[y \mid x]) = \beta^T x$$

标准线性回归模型是 GLM 的一种，它假设 $y$ 给定 $x$ 的条件概率分布是正态分布 $y \mid x \sim N(E[y \mid x], \sigma^2)$，这里联系函数是恒等函数 $g=id$，即 $E[y \mid x] = \beta^T x$。

### 2. 模型设定

根据整车价格的影响因素，考虑选取的各自变量之间影响关系，本文拟采用多元线性回归模型作为研究模型，本例预建立模型：

$$VP = \text{Cons} + \beta_1 \log\_dlxtpjj + \beta_2 \log\_cywbjpjj + \beta_3 \log\_pzjpjj + \beta_{4-12}\{Veh\_Type\} + residual$$

其中 $VP$ 为整车价格，Cons 为常数项，*residual* 为模型残差，$\beta$ 为各自变量系数，其余均为自变量。

### 3. 自变量选择

模型建立前对 21 组自变量进行相关性分析，其中价格分组数据具有较强相关性。初次模型建立将拟定的自变量均纳入模型计算，但 $F$ 检验中的 $p$ 值较大，且存在共线性等问题。为进一步优化模型，我们采用前进逐步回归，逐步引入变量，观测模型拟合优度变化，$R^2$ 提升则保留新引入变量，反之排除该变量，直至确定最优模型。

## （五）模型建立

以配件分组价格变量为例，log_ dlxtpjj（动力件组平均价格）引入模

| | log_ns~j | log_dl~j | log_wg~j | log_cy~j | log_pz~j |
|---|---|---|---|---|---|
| log_nsjpjj | 1.0000 | | | | |
| log_dlxtpjj | 0.4376 | 1.0000 | | | |
| log_wgjpjj | 0.4351 | 0.3963 | 1.0000 | | |
| log_cywbjpjj | 0.2924 | 0.2887 | 0.5171 | 1.0000 | |
| log_pzjpjj | 0.4231 | 0.2950 | 0.4742 | 0.3994 | 1.0000 |

**图 5　配件分组价格相关性检验结果**

型，给定显著水平 0.05 下，各价格变量均显著，且 $R^2$ 为 0.8151，拟合度提升 0.0033，具有较好的拟合效果（见图 6），保留该变量。当引入 log_nsjpjj（内饰件分组价格）后，给定显著水平 0.05 下，log_nsjpjj 不显著，且拟合度未见明显提升（见图 7），因此模型排除内饰件分组价格变量。

| Source | SS | df | MS | | | |
|---|---|---|---|---|---|---|
| Model | 2.8799e+12 | 19 | 1.5157e+11 | Number of obs | = | 422 |
| Residual | 6.5337e+11 | 402 | 1.6253e+09 | F(19, 402) | = | 93.26 |
| | | | | Prob > F | = | 0.0000 |
| Total | 3.5333e+12 | 421 | 8.3925e+09 | R-squared | = | 0.8151 |
| | | | | Adj R-squared | = | 0.8063 |
| | | | | Root MSE | = | 40315 |

| AUTO_PRICE | Coef. | Std. Err. | t | P>\|t\| | [95% Conf. | Interval] |
|---|---|---|---|---|---|---|
| log_pzjpjj | 4899.886 | 1720.579 | 2.85 | 0.005 | 1517.43 | 8282.342 |
| log_cywbjpjj | 13931.98 | 5596.599 | 2.49 | 0.013 | 2929.724 | 24934.24 |
| log_dlxtpjj | 6262.429 | 2351.672 | 2.66 | 0.008 | 1639.317 | 10885.54 |
| MPV | 89148.65 | 22442.79 | 3.97 | 0.000 | 45028.76 | 133268.5 |
| zxSUV | 35478.05 | 17033.81 | 2.08 | 0.038 | 1991.586 | 68964.51 |
| zdxMPV | 170881.8 | 17339.72 | 9.85 | 0.000 | 136794 | 204969.7 |
| zdxSUV | 66522.12 | 16415.32 | 4.05 | 0.000 | 34251.53 | 98792.71 |
| zdxc | 98951.24 | 19667.85 | 5.03 | 0.000 | 60286.54 | 137615.9 |
| xxSUV | -57233.29 | 15834.31 | -3.61 | 0.000 | -88361.69 | -26104.9 |
| xxc | -47840.52 | 16342.86 | -2.93 | 0.004 | -79968.66 | -15712.38 |
| wxc | -87709.01 | 14722.26 | -5.96 | 0.000 | -116651.2 | -58766.77 |
| jcxSUV | -2916.011 | 14140.56 | -0.21 | 0.837 | -30714.7 | 24882.68 |
| jcxc | -42374.06 | 13629.88 | -3.11 | 0.002 | -69168.8 | -15579.31 |
| zdd | -11239.03 | 13490.48 | -0.83 | 0.405 | -37759.74 | 15281.68 |
| zgd | 61608.49 | 13288.31 | 4.64 | 0.000 | 35485.24 | 87731.74 |
| rx | 55317.51 | 14079.21 | 3.93 | 0.000 | 27639.44 | 82995.58 |
| mx | 13577.08 | 15894.03 | 0.85 | 0.393 | -17668.72 | 44822.89 |
| zz | -10134.38 | 11608.78 | -0.87 | 0.383 | -32955.88 | 12687.12 |
| hx | 39924.65 | 41068.67 | 0.97 | 0.332 | -40811.53 | 120660.8 |
| _cons | 43005.59 | 42094.42 | 1.02 | 0.308 | -39747.1 | 125758.3 |

**图 6　log_dlxtpjj 变量引入模型回归结果**

经过逐步回归，最终确定变量 15 个，对变量进行多重共线性检验，从 VIF 结果可以看出，变量不存在多重共线性，排除虚拟回归可能（见图 8）。

| Source | SS | df | MS | | | |
|---|---|---|---|---|---|---|
| Model | 2.8812e+12 | 20 | 1.4406e+11 | Number of obs | = | 422 |
| Residual | 6.5204e+11 | 401 | 1.6260e+09 | F(20, 401) | = | 88.60 |
| | | | | Prob > F | = | 0.0000 |
| | | | | R-squared | = | 0.8155 |
| | | | | Adj R-squared | = | 0.8063 |
| Total | 3.5333e+12 | 421 | 8.3925e+09 | Root MSE | = | 40324 |

| AUTO_PRICE | Coef. | Std. Err. | t | P>\|t\| | [95% Conf. | Interval] |
|---|---|---|---|---|---|---|
| log_pzjpjj | 4519.936 | 1771.367 | 2.55 | 0.011 | 1037.611 | 8002.261 |
| log_cywbjpjj | 13679.76 | 5604.775 | 2.44 | 0.015 | 2661.346 | 24698.17 |
| log_dlxtpjj | 5353.587 | 2557.34 | 2.09 | 0.037 | 326.1185 | 10381.06 |
| log_nsjpjj | 2154.509 | 2379.071 | 0.91 | 0.366 | -2522.499 | 6831.518 |
| MPV | 90143.94 | 22474.7 | 4.01 | 0.000 | 45960.99 | 134326.9 |
| zxSUV | 36155.21 | 17054.02 | 2.12 | 0.035 | 2628.756 | 69681.66 |
| zdxMPV | 171524 | 17358.1 | 9.88 | 0.000 | 137399.8 | 205648.3 |
| zdxSUV | 66290.62 | 16420.98 | 4.04 | 0.000 | 34008.65 | 98572.59 |
| zdxc | 97931.17 | 19704.48 | 4.97 | 0.000 | 59194.19 | 136668.2 |
| xxSUV | -54531.16 | 16116.47 | -3.38 | 0.001 | -86214.49 | -22847.84 |
| xxc | -45231.95 | 16598.36 | -2.73 | 0.007 | -77862.62 | -12601.28 |
| wxc | -86487.71 | 14787.18 | -5.85 | 0.000 | -115557.8 | -57417.64 |
| jcxSUV | -3058.773 | 14144.61 | -0.22 | 0.829 | -30865.62 | 24748.07 |
| jcxc | -41951.39 | 13640.92 | -3.08 | 0.002 | -68768.03 | -15134.75 |
| zdd | -12857.76 | 13611.38 | -0.94 | 0.345 | -39616.34 | 13900.81 |
| zgd | 59775.93 | 13444.44 | 4.45 | 0.000 | 33345.54 | 86206.32 |
| rx | 54889.79 | 14090.28 | 3.90 | 0.000 | 27189.75 | 82589.84 |
| mx | 10759.64 | 16199.14 | 0.66 | 0.507 | -21086.21 | 42605.5 |
| zz | -10236.19 | 11611.92 | -0.88 | 0.379 | -33064.03 | 12591.66 |
| hx | 45128.17 | 41477.77 | 1.09 | 0.277 | -36412.88 | 126669.2 |
| _cons | 40045.04 | 42230.57 | 0.95 | 0.344 | -42975.92 | 123066 |

**图 7　log_nsjpjj 变量引入模型回归结果**

| Variable | VIF | 1/VIF |
|---|---|---|
| wxc | 2.01 | 0.498103 |
| log_cywbjpjj | 1.92 | 0.519723 |
| jcxc | 1.64 | 0.608569 |
| zgd | 1.60 | 0.625339 |
| log_pzjpjj | 1.50 | 0.666641 |
| xxSUV | 1.48 | 0.673486 |
| zz | 1.45 | 0.690268 |
| log_dlxtpjj | 1.42 | 0.702782 |
| zxSUV | 1.33 | 0.751070 |
| xxc | 1.32 | 0.755461 |
| MPV | 1.27 | 0.785040 |
| zdxSUV | 1.27 | 0.787945 |
| zdxc | 1.23 | 0.811465 |
| zdxMPV | 1.20 | 0.835900 |
| rx | 1.12 | 0.894314 |
| Mean VIF | 1.45 | |

**图 8　变量多重共线性检验结果**

## 三　模型结果与数据分析

### （一）模型结果展示

| Source | SS | df | MS | | | |
|---|---|---|---|---|---|---|
| Model | 2.8761e+12 | 15 | 1.9174e+11 | Number of obs | = | 422 |
| Residual | 6.5715e+11 | 406 | 1.6186e+09 | F(15, 406) | = | 118.46 |
| | | | | Prob > F | = | 0.0000 |
| | | | | R-squared | = | 0.8140 |
| | | | | Adj R-squared | = | 0.8071 |
| Total | 3.5333e+12 | 421 | 8.3925e+09 | Root MSE | = | 40232 |

| AUTO_PRICE | Coef. | Std. Err. | t | P>\|t\| | [95% Conf. | Interval] |
|---|---|---|---|---|---|---|
| log_dlxtpjj | 6071.923 | 2324.647 | 2.61 | 0.009 | 1502.074 | 10641.77 |
| log_cywbjpjj | 12219.64 | 4511.912 | 2.71 | 0.007 | 3350.01 | 21089.26 |
| log_pzjpjj | 5509.47 | 1627.441 | 3.39 | 0.001 | 2310.208 | 8708.732 |
| MPV | 90374.92 | 17306.39 | 5.22 | 0.000 | 56353.6 | 124396.2 |
| zxSUV | 37693.75 | 15641.88 | 2.41 | 0.016 | 6944.569 | 68442.93 |
| zdxMPV | 172574.4 | 12396.95 | 13.92 | 0.000 | 148204.2 | 196944.6 |
| zdxSUV | 68508.84 | 8864.422 | 7.73 | 0.000 | 51082.95 | 85934.73 |
| zdxc | 100374.8 | 15048.53 | 6.67 | 0.000 | 70792.03 | 129957.6 |
| xxSUV | -56120.55 | 8437.812 | -6.65 | 0.000 | -72707.8 | -39533.29 |
| xxc | -45007.36 | 10136.27 | -4.44 | 0.000 | -64933.49 | -25081.24 |
| wxc | -88238.16 | 7221.396 | -12.22 | 0.000 | -102434.2 | -74042.16 |
| jcxc | -39215.56 | 5565.143 | -7.05 | 0.000 | -50155.66 | -28275.47 |
| zgd | 73888.63 | 6860.831 | 10.77 | 0.000 | 60401.44 | 87375.82 |
| rx | 54710.65 | 13615.44 | 4.02 | 0.000 | 27945.09 | 81476.21 |
| zz | -21753.15 | 5116.677 | -4.25 | 0.000 | -31811.64 | -11694.66 |
| _cons | 47778.58 | 32123.94 | 1.49 | 0.138 | -15371.43 | 110928.6 |

**图 9　多元回归结果**

经过调整，最终的多元线性回归方程为：

$$
\begin{aligned}
VP = {} & \underset{(2.61)}{6071.923}\log\_dlxtpjj + \underset{(2.71)}{12219.64}\log\_cywbjpjj + \underset{(3.39)}{5509.47}\log\_pzjpjj + \\
& \underset{(5.22)}{90374.92}MPV + \underset{(2.41)}{37693.75}zxSUV + \underset{(13.92)}{172574.4}zdxMPV + \underset{(7.73)}{68508.84}zdxSUV \\
& + \underset{(6.67)}{100374.8}zdxc - \underset{(-6.65)}{56120.55}\,xxSUV - \underset{(-4.44)}{45007.36}xxc - \underset{(-12.22)}{88238.16}wxc \\
& - \underset{(-7.05)}{39215.56}jcxc + \underset{(10.77)}{73888.63}zgd + \underset{(4.02)}{54710.65}rx - \underset{(-4.25)}{21753.15}zz + \underset{(1.49)}{47778.58}
\end{aligned}
$$

$$\_cons = 422 \qquad R^2 = 0.8151$$

从上述模型 $R^2$ 的值为 0.8151 可以看出，该模型较好地拟合了变量之间的关系，模型的解释程度超过 80%。$F$ 检验的 $p$ 值小于 0.01，因此该多元线性回归模型中被解释变量整车价格与解释变量之间线性关系在总体上显著。同时，观察各个解释变量系数的 $t$ 检验结果可知，除常数项大于 0.05 外，其余解释变量对应的 $t$ 检验 $p$ 值均小于 0.05，通过了 $t$ 检验，因此在 5%的显著水平下，其余解释变量与被解释变量呈现显著关系。

## （二）结果讨论与解释

### 1. 售后零配件终端价格与整车价格的关系

经多元线性回归分析，配置件、常用维保件和动力系统配件价格与整车价格之间表现出显著正相关性。具体而言，配置件价格波动对整车价格的影响显著，其对整车价格的影响弹性最高，均价每变化 1%，整车价格波动为 55 元；常用维保件均价每波动 1%，整车价格波动 122 元；动力系统均价每波动 1%，整车价格波动约 61 元。研究结果充分证明零配件的价格水平与整车定价的直接关系，进一步强调了二者的关联性。

### 2. 车型类别及车辆级别与整车价格的关系

考虑其他条件保持不变的情况下，车型类别与整车价格呈现正相关关系。其中中大型 MPV 的相对价格最高，比相对价格最低的微型车平均高出约 260812 元。值得注意的是，除了紧凑型 SUV 回归趋势不明显，其他类型（中大型、中型、紧凑型、小型和微型车）的整车价格均呈递减趋势。同时，车辆级别与整车价格呈正相关关系，中高端车的整车价格较中低端车平均高出约 73889 元。

### 3. 其他可能影响关系的因素

本模型未纳入市场环境、车辆定位、政策环境等因素，这些因素也可能是影响整车价格的关键因素，但未在本报告中进行研究。未来中汽数据将持续研究探索这些因素与整车价格之间的关系，形成更全面、深入的认识。

### 4. 总结

本报告基于中汽数据自建数据资源体系，通过多元线性回归分析多款车型数据，深入探究了新能源汽车整车价格的影响因素。实证研究结果表明，售后零配件终端价格、车型类别和车辆级别均对整车价格产生显著影响，且表现出正相关关系，这与行业普遍观点一致。在后续研究过程中，中汽数据将通过对市场环境、车辆定位和政策环境等与整车、售后产品定价相关性分析，为汽车产业提供更精准的定价策略支撑。

## 参考文献

［1］王永超：《中国新能源汽车发展现状评析》，《新能源科技》2022 年第 11 期。

［2］许杰、陈富坚、马刘听、王静雅、王智：《前景理论视角下新能源汽车推广政策三方演化博弈分析》，《科技管理研究》2022 年第 11 期。

［3］栾志强：《基于特征价格模型的汽车定价策略研究》，中国矿业大学（北京）博士学位论文，2009。

［4］宋晓彤、张桂涛、王广钦：《B2C 共享模式下产品定价和经营决策研究》，《山东大学学报》（理学版）2021 年第 7 期。

［5］桂宏：《成熟市场中产品定价的多变量线性回归模型分析》，《上海大学学报》（自然科学版）2004 年第 2 期。

［6］李晓楠：《基于特征价格理论的国内汽车价格影响因素分析》，《价格月刊》2018 年第 4 期。

［7］Welfare Analysis of Government Subsidy Programs for Fuel-Efficient Vehicles and New Energy Vehicles in China［J］. Ziying Yang; Manping Tang. Environmental and Resource Economics, 2019.

［8］Strategies for Applying Carbon Trading to the New Energy Vehicle Market in China: An Improved Evolutionary Game Analysis for the Bus Industry［J］. Nie Qingyun; Zhang Lihui; Tong Zihao; Hubacek Klaus. Energy. 2022.

［9］Promoting New Energy Vehicles Consumption: The Effect of Implementing Carbon Regulation on Automobile Industry in China［J］. Xiaoxi Zhu; Minglun Ren; Guangdong Wu; Jun Pei; Panos M. Pardalos. Computers & Industrial Engineering, 2019.

# B.8

# 智能驾驶时代我国汽车保险发展研究

刘英男　吴学宁　朱倩倩*

**摘　要：** 智能驾驶技术的快速发展正在深刻影响着汽车保险行业。本报告旨在探讨智能驾驶时代我国汽车保险的发展趋势和挑战，并提出相应的研究思路和建议。本报告首先介绍了智能驾驶技术的背景和应用，分析了我国智能驾驶技术发展的现状和趋势；其次，探讨了智能驾驶所带来的风险和安全问题，分析了智能驾驶对传统汽车保险模式的影响；最后，结合我国汽车保险市场的特点，提出了适应智能驾驶时代的保险产品创新和风险管理策略，对智能驾驶时代我国汽车保险的未来发展进行展望，并提出进一步的研究方向。

**关键词：** 智能驾驶　汽车保险　保险创新

## 一　智能网联汽车特征分析

### （一）智能网联车概念

智能网联车辆是以车载传感器、控制系统、执行器等为核心，集成了现

* 刘英男，中汽数据有限公司后市场数据室主任，工程师，研究方向为汽车后市场保险产业；吴学宁，中汽数据有限公司后市场数据室研究经理，研究方向为汽车后市场保险产业；朱倩倩，中汽数据有限公司后市场数据室研发主任，高级工程师，研究方向为汽车后市场保险产业。

代通信与互联网技术的智能网联车辆。完成了车与车、人与人、车与路的交互，实现车辆和云端的智能化数据交互和共享，实现对复杂环境的感知、智能决策和协作，具有安全性、有效性、舒适性和经济性。

智能网联汽车涉及智能型车辆、车联网两个技术层面。智能型车辆是通过电控系统、大数据技术、云计算、人工智能等实现车辆的半自动或全自动驾驶。其分级对应地按照智能型车、车联网两个层面区分。在智能型车辆方面，以目前普遍接受的 SAE 分级定义为基础，并考虑我国道路交通情况的复杂性，当前，国内 IGBT 技术的智能发展大致可划分为三个阶段：辅助阶段、半自动阶段和有条件阶段，具体有六个级别（见表 1）。在车联网层面分为三个等级，划分为网联辅助信息交互、网联协同感知、网联协同决策与控制（见表 2）。

**表 1　我国智能网联汽车智能化分级**

| 级别 | 等级名称 | 等级定义 | 驾驶操作 | 周边监控 |
|---|---|---|---|---|
| L0 | 无自动化 | 有驾驶员全权驾驶汽车，在行驶过程中可以得到警告 | 人 | 人 |
| L1 | 驾驶员辅助 | 在方向盘的加速和减速过程中，在行驶环境中为方向盘的一个动作进行辅助，而其他动作则是由司机来完成的 | 人/系统 | 人 |
| L2 | 部分自动化 | 在行驶环境下，辅助司机进行加速、制动等操作，其他动作则是由司机来完成的 | 系统 | 人 |
| L3 | 有条件自动化 | 由无人驾驶系统完成所有的驾驶操作，根据系统要求，驾驶员提供适当的应答 | 系统 | 系统 |
| L4 | 高度自动化 | 所有的驾驶操作是由无人驾驶系统来完成的，按照系统的要求，驾驶员不可能对其进行全部的回复，因此需要对其进行限定 | 系统 | 系统 |
| L5 | 完全自动化 | 所有的驾驶动作是通过自动驾驶来实现的，如果可以的话，让司机来接手，对路况和环境没有任何限制 | 系统 | 系统 |

资料来源：根据公开资料整理。

表 2　我国智能网联汽车车联网分级

| 网联化等级 | 等级名称 | 等级定义 | 控制 |
| --- | --- | --- | --- |
| 1 | 网联辅助信息交互 | 通过车-路、车-车-车的通信,实现了对车载系统中各种辅助信息的收集,并将车载系统中的各种参数如行驶参数、驾驶员的操纵参数等进行实时更新 | 驾驶员 |
| 2 | 网联协同感知 | 在车-车、车-路、人-人、车-后台通信的基础上,采集到周围环境信息,并将其与车上的传感器进行组合,实现对周围环境信息的采集和分析,给自动驾驶汽车的决策和控制系统提供一个输入 | 驾驶员与系统 |
| 3 | 网联协同决策与控制 | 基于车-车、车-路、车-人、车-后台的信息,实现车-车、车-路等多 Agent 的交互和融合,建立车-车-路、车-路等 Agent 间的协同决策和控制系统 | 驾驶员与系统 |

资料来源：根据公开资料整理。

## （二）智能网联车功能

功能技术是在智能网络联车系统设计的基础上，对人的驾驶行为进行进一步的学习和模拟，以辅助人的驾驶，从而对人的驾驶进行最终的替代。所以功能技术主要是通过汽车、设施、信息交互的关键技术，以及基础支撑技术来进一步研究。

1. 汽车、设施关键技术

汽车及设施关键技术包括三个方面：感知、决策和控制。

感知技术：通过了解驾驶环境状况来获取车辆行驶状态和周围环境的信息，包括以单车为基础的自主感知技术，以网联通信为基础的协同感知技术，以感知信息为基础的环境认识技术等。

决策技术：以安全、高效等目标为基础，对环境感知中收集到的数据进行处理，并对驾驶行为和轨迹进行规划。

控制技术：控制车辆执行器以车辆动力学模型为基础，对计划结果进行稳态追踪。

2. 信息交互关键技术

信息交互关键技术主要是汽车信息传递、处理和相关安全方面的内容，包括大数据、平台技术、信息安全方面的技术。

大数据：汽车中产生的大量数据、汽车行驶的性能数据。在数据交互上，非相关数据库技术、相关分析和数据挖掘技术等被采用。

平台技术：不仅是国家的一项关键的情报业务，同时也是国家安全和能源政策制定的一个平台。

信息安全：主要含有车载终端信息安全技术、手持终端信息安全技术、路测终端汽车安全技术等。

3. 基础支撑技术

其中包含导航与地图技术、基础设施的建设、车载硬件平台、车载软件平台、人因工程、整车安全架构并需要符合各个城市的相关法律和标准。

## （三）智能网联车市场整体发展情况

1. 全球智能网联汽车发展分析

智能网联汽车将成为汽车市场的主流，因为消费者对汽车的需求正在发生变化。随着智能网联汽车技术和产品开发工作不断改进升级，越来越多地与传统汽车竞争的智能网联汽车上市销售。目前全球汽车智能化进程不断加快，从整体数据来看，2016~2022 年，全球智能网联汽车销量持续增加，在 2022 年全球智能网联汽车销量达到 6590 万辆（见图 1）。这标志着智能网联汽车的发展已成为全球共识，随着国内外市场对智能网联汽车的要求越来越高，转型的进程也将提速。

2. 中国智能网联汽车市场分析

根据国汽智联数据，2022 年 1 月，国内 L2 级乘用车市场渗透率达到 34. 9%，较 2021 年全年增长 11. 4 个百分点；其中 12 月渗透率达到 37. 3%，自 2022 年 3 月以来持续 10 个月超过了 30%，国内智能网联汽车市场规模持续扩张，国内智能化进程保持高速发展，消费者接受度提升，产业发展受市场驱动明显（见图 2）。

## （四）智能网联汽车相对于传统汽车的风险变化

随着智能互联时代的到来，汽车越来越多的功能被智能化、网络化。从

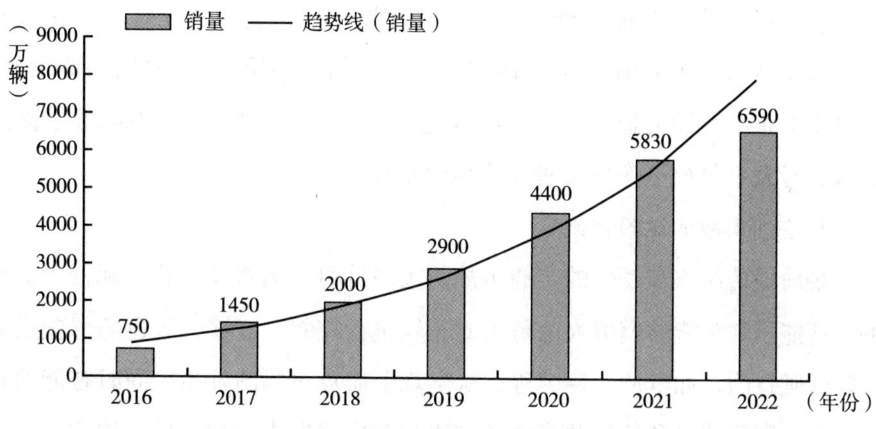


**图 1　2016~2022 年全球智能网联汽车销量**

资料来源：根据公开资料整理。

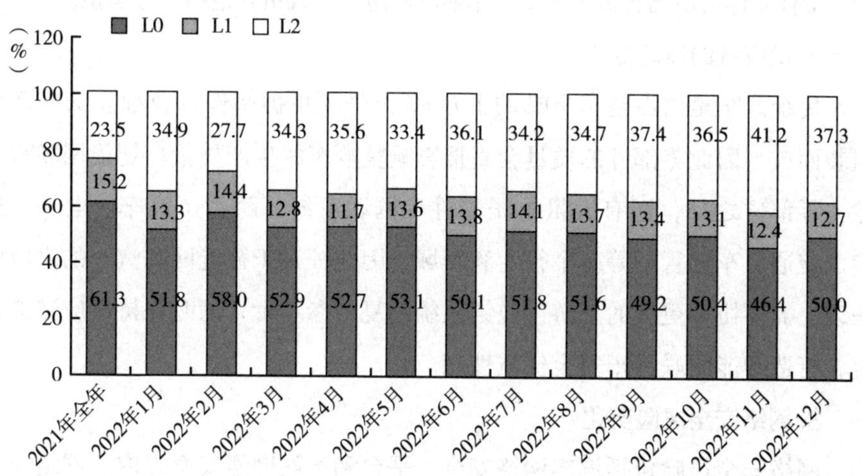


**图 2　2021 年及 2022 年各月份我国智能网联汽车乘用车各等级占比**

资料来源：国汽智联。

外部环境感知到内在设备系统间的交互逐渐增加，打破了汽车控制系统原有的封闭生态，实现了车联万物的智能交互体验，为人们开启更加智能便捷的移动出行新生活。

从“硬件为主”的传统汽车，向“软硬兼备”的智能化终端转化过程中，汽车的驾驶主体由“人”转变为“自动驾驶系统”，车联网功能增加，信息交互量大，同时监管对象、内容更加复杂。而这些新技术和网联功能的引入，导致智能网联车的多种安全风险增加。

1. 交通事故的风险变化

现阶段传统汽车发生的交通事故，大多是因车辆驾驶员的主观行为引起的。智能网联车能够模拟人的行为对车辆进行控制，能够有效避免驾驶员的危险驾驶行为，如醉酒、疲劳等，从主观上避免车祸的发生。同时智能网联汽车依托网联技术和信息共享能够在事故突发状况中找到最佳解决方案，减少甚至消除交通事故及人身财产损失。但在这个过程中，交通事故的责任主体会随着网联化发生变化。智能网联汽车与传统车的不同就是在交通事故当中，责任主体可由驾驶员本人变为车辆的制造者，或由其他第三方承担。

2. 供应链的风险变化

传统汽车是由占整车 90%的 1 万~3 万件不可拆卸件以及独立的外部件组装而成。因此零部件的质量会直接影响整辆车的生产质量。智能网联汽车除去零部件之外，还有大量电子器件和网联系统，跨越了汽车、电子、通信、交通、车辆管理等多个行业和领域。因此，对于智能网联汽车的供应商来说，需要协调更多的上游供应链系统的复杂参与者，同时保持供应链的稳定，打造智能网联汽车安全优质性能。

3. 网络安全风险变化

网络安全风险包括汽车网络安全、平台和基站网络安全在内，网络安全是目前智能网联汽车的重要风险点。智能网联汽车通过采用“感知 - 决策 - 控制”三个系统来代替人对机械部分的直接控制，其带来的信息安全威胁，不仅会导致人身伤害及经济损失，还可能引发社会问题。网络安全风险等级可分为严重、高、中、低四个级别。不同级别的典型安全风险见表 3。

表 3　不同级别的典型安全风险

| 风险等级 | 典型安全风险 |
| --- | --- |
| 严重 | 后端云台被利用、仿冒节点、网络数据劫持等敏感信息泄露或非法控制车辆 |
| 低 | GPS 定位偏移，误导自动驾驶和导航 |
| 中 | WIFI 连接导致数据泄露 |
| 低 | 相应的功能失效 |
| 中 | 非法获取车端数据 |
| 高 | 敏感信息泄露 |
| 高 | 网络安全监控与事件管理 |

资料来源：根据公开资料整理。

### 4. 数据安全风险变化

随着汽车的电动化、网联化以及智能化发展，智能网联汽车产业的发展过程中交融了较多车辆数据，比如驾驶员个人信息、智能网联汽车重要数据、智能网联汽车座舱数据、智能网联汽车车外数据等。在智能网联汽车生产制造、设计、流通各个环节也会集成较多影响国家安全的重要敏感信息。在智能网联的背景下，智能网联汽车的运行和控制过多地依赖于操作系统，可能会导致车辆控制数据被“黑客”恶意攻击、篡改，导致汽车的动力、转向系统被非法控制，对路侧基础设施或其他行驶车辆进行恶意攻击，对个人安全和道路交通秩序造成危害。保障相关数据安全是智能网联汽车中的重要一环。

## （五）车企在智能网联车领域发展情况

“十四五”时期，我国要把汽车产业的发展推进到一个新的台阶。智能网联汽车是我国汽车工业转型升级的重要方向，也是目前汽车行业发展的主要方向，其网络化、电动化、智能化已经成为汽车行业的代名词。

全球汽车市场在过去的几年里都面临着严峻的考验，而中国汽车行业面对电动化、网联化、智能化等快速演进的产业结构仍然具有很大的韧性，汽车企业也抓住了新一轮科技革命的契机，将新的动力注入汽车行业。随着智能网联汽车技术持续改进，相比传统燃油车，智能网联汽车逐渐显露出竞争优势。在2022年我国智能网联汽车品牌市场中，特斯拉市场渗透率最高，如特斯拉旗下主力车型 Model 3 和 Model Y，一汽丰田和广汽丰田产品渗透率紧随其后。广汽本田、长城汽车、比亚迪的产品均占据显著的市场份额（见表4）。

总之，智能网联汽车是未来汽车行业发展的重要方向之一，各大汽车企业将在这个领域展开激烈的竞争。随着技术的不断进步和市场需求的不断增加，智能网联汽车将成为汽车行业的新风口，为人们带来更加智能、安全、便捷的出行体验。

**表4　2022年我国智能网联汽车品牌市场渗透率**

单位：%

| | 渗透率 | 代表车型 |
|---|---|---|
| 比亚迪 | 50.8 | 宋 PLUS 新能源、汉 |
| 广汽丰田 | 71.8 | 凯美瑞、雷凌 |
| 一汽丰田 | 75.6 | 卡罗拉、亚洲龙 |
| 特斯拉 | 100 | Model Y、Model 3 |
| 广汽本田 | 55 | 雅阁、皓影 |
| 长城汽车 | 51.4 | 坦克 300、哈弗 H6、欧拉好猫 |
| 上汽通用 | 36.3 | 威朗、昂科威、五菱宏光 MINI |
| 吉利汽车 | 25 | 星越 L、吉利星瑞 |
| 东风本田 | 38.7 | 本田 CR-V、艾力绅 |
| 一汽大众 | 13.9 | ID.4 CROZZ、奥迪 A3 |

资料来源：国汽智联。

## 二　智能网联车辆保险

### （一）智能网联车辆保险的定义

智能网联车险是指保险公司根据车联网收集车主驾驶行为数据建立风险

模型，通过“因人定费”的方式，对车主进行不同的风险评估评分，从而实现保费价格的差异化，对车险进行定价。智能网联车险的本质是通过将移动设备装载到汽车上，连接互联网，对汽车进行实时管理，将车联网技术融入车险经营中，通过车载移动设备，实现信息数据在网络平台上的采集、共享和有效利用，打造车险业务新模式。从而多元化地提供相关的服务。

### （二）国内智能网联车辆相关政策支持

随着产业和政策的加速推进，在加快完善的同时，对智能网联汽车而言，保险也需要相应的改进。与智能网联车险相关的政策法规主要涉及道路交通管理、网络安全管理和个人信息保护三个方面。其中，道路交通管理将车辆上路行驶规定、事故责任认定与分担规定、购买保险条款等内容纳入其中。

（1）《道路交通安全法（2021 年修订）》规定，依据有关法律法规认定机动车发生道路交通安全违法行为或者交通事故，具有自动驾驶功能，且具有人工直接操作方式的，对驾驶人、无人驾驶系统开发单位应当予以相应处罚。对在公路上行驶的机动车，按照国家有关部门的要求，给予相应保护。

（2）2022 年 8 月 8 日，交通运输部运输服务司组织起草了《自动驾驶汽车运输安全服务指南（试行）》（征求意见稿）并向社会公开征求意见。文件围绕运营单位、车辆、人员、安全体系等核心要素，从事前安全条件、事中安全保障、事后监督管理等环节，提出了使用自动驾驶汽车参与运输服务活动、从事实际市场经营的基本要求，分场景明确了相关的发展导向，其目的是在确保运输安全的前提下，有序引导自动驾驶汽车在运输服务领域规范化推广应用，全力做好预防交通事故工作、保障人民群众生命财产安全。

（3）《深圳经济特区智能网联汽车管理规定》于 2022 年 6 月颁布，是我国首部针对智能网联汽车管理颁布的地方性法规，针对产品质量问题造成的损害，规定消费者应当依法向生产者和销售者主张赔偿。该规定鼓励保险企业开发涵盖设计、制造、使用、运营、数据和算法服务等环节的保险产品，应对智能网联汽车产品的全链条风险。开展路试、示范应用或上路行驶，智能网联汽车应按有关规定投保商业保险。

（4）目前还没有针对智能网联汽车细分领域的法规，主要涉及数据安全和网络安全领域，如数据安全法、个人信息保护法等。《车联网网络安全与数据安全标准体系建设指南》是工业和信息化部办公厅于2022年2月印发的，对行业网络安全与数据安全标准建设具有指导作用。上述相关政策指出，测试、应用和商业化推广，都要购买智能网联汽车的相应保险产品。由于责任险的保障和赔付主要依据法律法规对主要责任的认定，涉及自动驾驶功能的政策法规尚待研究，对于车辆在特定应用场景下导致的事故责任认定，以及未来对相关保险产品的研发，都将产生重要影响。

### （三）对标国外智能网联车险政策，取长补短开拓创新

**表5　国外智能网联车险政策**

| 国家 | 车险内容 |
|---|---|
| 英国 | 明确自动驾驶汽车范围<br>为保险人和车辆所有人设置共同过失条款<br>法案扩大了保险责任范围 |
| 日本 | 对自动驾驶汽车实行强制性保险 |
| 加拿大 | 涵盖驾驶员过失和自动驾驶技术的单一保险框架 |
| 澳大利亚 | 完善机动车意外伤害保险计划（MAII）以涵盖自动驾驶车辆 |
| 德国 | 规定了智能汽车技术监督人的职责<br>明确生产人的安全保障义务<br>扩大了机动车保险的被保险人范围 |

资料来源：根据公开资料整理。

各国智能汽车保险制度对我国有借鉴意义，其智能汽车保险经验也具有一定参考价值。

英国通过《自动与电动汽车法案》建立了一种注重快速赔偿意外受害

人的智能型车辆保险架构，强调个人赔偿途径的保险框架，而不是针对制造商的产品责任保险框架，在难以认定车辆故障或难以确定驾驶人责任时，受害者也能及时获赔。

日本对智能网联汽车实行强制保险制度，主要是为事故受害方提供全额的赔偿，同时允许车主有条件地为自动驾驶的智能汽车投保。L2、L3 等级的汽车，保险是车主出，L4、L5 等级的汽车出了意外，则是厂商出钱赔付。

加拿大联邦医疗保险委员会提议为司机疏忽及无人驾驶技术建立一个统一的保险架构。建立这个架构的目的是在自动驾驶车相撞的情况下，保证无人车相撞的受害人获得公平和快速的补偿。一是在加拿大普遍采用的“无过失”和“违法”相结合的“统一”的保险策略可以同时存在，以便将“无人驾驶汽车”的赔偿过程同“常规汽车”相结合。二是过失判决原则允许保险公司对技术原因造成的损害承担一定的赔偿责任。三是使汽车生产企业和承保企业之间能够进行信息交流。汽车生产商为用户和承保人提供特定的资料，以便判断出事故的起因，是迅速处理赔偿请求的关键。

澳大利亚正在努力改进对无人驾驶汽车事故保险方案。一是澳大利亚全国交通理事会决定对《机动车意外伤害保险计划》进行修订，以使各种不相同的无人驾驶法规在国内得到协调。二是一般情况下，《机动车意外伤害保险计划》的目的是赔偿因人因过失而引起的损害，而非因生产缺陷而引起的损害。当前，澳大利亚关于自动驾驶的法规存在着一个问题，那就是为无人驾驶的轿车配备一个司机，这个司机必须为所有的事故承担责任。

2021 年，德国颁布了《自动驾驶法》，对《道路交通法》及《机动车强制保险法》的条款进行了重新修正，从 2022 年起，允许具备高度自动驾驶功能的汽车在全国范围内的公共道路以及指定区域内行驶，形成了极具特色的智能网联汽车保险框架。一是该法规定了智能汽车技术监督人的职责。在明确机动车保有人有维护智能汽车系统功能和道路交通安全责任的基础上，要求保有人必须指定一名自然人担任专业技术监督员。监督员负责远程监控车辆，承担与指令、车况、环境相关的技术监督义务，有权干预自动驾驶系统。二是该法明确生产人的安全保障义务，主要包括面向消费者的驾驶培训、技术监督培训、提供车辆使用说明的义务，向运输局上报异常驾驶操作行为、提供安全保障证明和证据的义务。三是该法扩大了机动车保险的被保险人范围。规定智能汽车保有人应当为技术监督人购买强制责任保险，为监督人未履行或未适当履行监督职责引起的交通事故受害方提供保险赔付。

## 三 面向行业发展和市场需求，机遇与挑战并存

### （一）智能网联车辆保险面临的难题

#### 1.智能网联汽车保险责任主体需厘清

与传统汽车相比，智能网联汽车事故除了与驾驶员有关，还涉及自动驾驶系统，随之车辆行驶的过程中所面临的风险和风险的责任主体发生变动。目前 L2 级别及以上智能网联车辆，具备辅助驾驶功能，对于网络、车辆系统故障等问题引发的事故，事故责任主体方面就由单一的驾驶员向主机厂、设备供应商、算法供应商等扩展。并且事故发生后，责任厘清鉴定周期较长，影响理赔时效。按照《民法典》及《道路交通安全法》的相关规定，应当由有过失的机动车的承保人、使用人或者车辆的拥有者承担相应的责任。但智能网联汽车技术涉及的责任主体数量较多，导致责任鉴定划分的难度加大。同时，在责任认定上缺乏统一标准，也缺乏相关法律法规的指引。

#### 2.智能网联汽车保险定价困难

传统汽车保险定价，主要依赖承保理赔信息建立模型定价，将保单、赔款和车型相关等数据作为因子解释赔款，量化不同因子对赔款的影响。但智能网联汽车保险定价则不同，需要考虑驾驶场景、承保范围、服务对象、风险特征等，这些变化因素也需相应地反映到定价模型上。二是现有数据积累较少，风险场景相对单一，目前智能网联汽车均在封闭场所或指定道路内进行行驶测试，缺乏拥堵路段、高速路段等其他驾驶场景的测试以及承保记录，相关风险数据不具有普遍性和广泛性。三是赔付成本高，智能网联汽车

保险赔付高于传统车辆，其原因是安装了大量先进电子设备和软件系统，相对于传统车辆维修成本更高，赔付成本也更高。

### （二）智能网联车辆保险未来发展建议

#### 1. 对智能网联汽车进行产品强化

积极研发保险产品，与智能网联汽车相配套，大力推进产品创新，不断提升保险服务质量，建立基于车载自动诊断系统装置记录的行车数据，将保险产品融入智能网联汽车。设置车载电池、车载系统等有别于传统汽车的特殊保险条款。基于相关数据和定价，保险公司可以对车险产品进行进一步细分，以满足智能网联汽车的大背景下消费者的更多需求。针对保险责任主体，需要区别不同的驾驶行为，创新保险产品及相应的保障范围，有针对性地开发保障预期功能安全的保险产品，并需根据风险评估重新定价，理赔定责时也需重新厘定专属保险产品所采用的数据和方式。由于智能网联汽车的相关责任从司机延伸到生产者、销售者、信息服务商等，保险产品形态可能从车险、交强险、三者险扩展到安全责任险、产品责任险、质量保证险、网络安全险等。随着智能网联汽车技术和使用的场景的变化，保险产品需要进行差异化定制，并随着技术变化不断调整和升级。

#### 2. 建立适应智能网联汽车的服务体系

从传统服务来看，除了常规的定损理赔外，智能网联汽车还缺乏安全认证、风险监测、责任认定、网络数据安全等风险服务体系。对于风险管理来说，更多的还是要建立在事前防范的基础上，即在提高保险可靠性方面运用技术手段。因此，不仅要提供新的保险方案，还要有效整合多方面资源，如检测鉴定、安全评估、科技研发等，建立与新型风险管理相适应的一整套服务体系。同时，可以由具有监管部门代表性的主体协同进行，也可以充分调动行业组织和专业机构的力量，通过市场运作，选择具体场景进行产品的落地应用，不断总结经验，探索商业模式，制定标准、培育生态、形成行业规范。

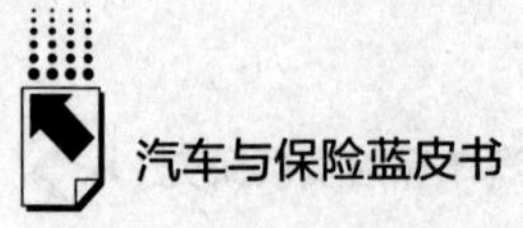



## 参考文献

[1]《汽车驾驶自动化分级》国家推荐标准（GB/T 40429-2021）。

[2] 赵明蕾:《智能网联汽车政策法规现状及保险产品需求探究》,《上海保险》2023 年第 1 期。

[3] 刘轶:《智能网联汽车保险路径规划》,《区域金融研究》2022 年第 9 期。

[4]《中国智能网联乘用车市场分析报告》,《国汽智联》2023 年 3 月 1 日。

[5]《智能网联车辆保险：新技术、新风险与新保险》,“上海保险”微信公众号，2023 年 2 月 8 日。

# B.9
# 基于用户调研数据的健康汽车技术研究

朱振宇　王秀旭　庄梦梦*

**摘　要：** 随着我国消费者健康意识的增强，车内环境的健康水平受到社会的广泛关注。经过十余年的发展，我国健康汽车技术取得了长足的进步，一定程度上满足了消费者健康出行的需求。本报告通过对我国消费者开展车内健康性能感知调研，获取了消费者对健康汽车的真实需求。同时，结合行业发展现状，制定了健康汽车技术规则。依据技术规则，对2022年的市售主流车型进行测试分析，摸清了我国健康汽车技术的行业现状，并对未来的发展给出了建议，我国汽车的健康水平可以满足消费者的基本健康需求，但在VOC、SVOC、气味性能等指标上有待提升。

**关键词：** 健康汽车　数据调研　消费者

## 一　中国健康汽车技术发展路径分析

随着我国消费者健康意识的增强，车内环境的健康水平受到社会的广泛关注。通过分析十余年来行业发展路径，本报告将我国健康汽车技术发展分为四个阶段。第一阶段，消除有害物质。21世纪初，由于室内装修材料引发的健康危害事件频发，人们开始关注车内空气质量问题。随着

* 朱振宇，中汽数据有限公司回收利用室咨询主任研究员；王秀旭，中汽数据有限公司综合管理部部长；庄梦梦，中汽数据有限公司回收利用室主任。

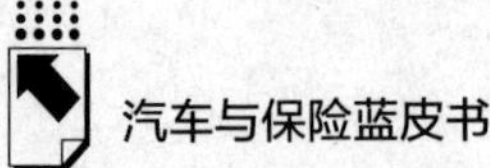



《GB/T 27630-2011 乘用车内空气质量评价指南》的出台，对车内甲醛、苯等挥发性有机化合物（VOC）浓度做出限制，车用低 VOC 材料及相关工艺得到快速发展。第二阶段，抵御外部污染。2013 年全国出现了严重的雾霾天气，对民众健康构成严重威胁。汽车企业关注重点开始转向以细颗粒物（$PM_{2.5}$）为代表的车外污染源，车载空气净化技术及相应的配套装置开始兴起和应用。第三阶段，主动清洁保护。2020 年新冠肺炎疫情发生后，人们更加注重出行的健康安全。汽车行业关注重点转为防病毒杀菌，既要阻止外部细菌病毒进入车内，又要配备车内杀菌消毒装置，保障健康出行。因此，高效过滤器、抑菌抗菌材料、中药香氛等主动杀毒技术等迅速发展。第四阶段，健康管家服务。随着汽车行业向智能化、网联化转型，健康汽车技术越来越多地与健康、医疗领域结合，从而实现汽车与大健康行业的跨界融合。用智能交互与网联的思维对车内乘员健康进行实时监测与分析，并提供全面、专业的健康管家服务，是健康汽车技术未来的发展方向。

## 二　中国消费者车内健康性能感知调研结果

### （一）调研目的及主要内容

为多维度了解、分析我国消费者对于车内健康问题的感知，包括对车内气味、过敏反应、空气净化、抗菌抑菌、智能健康配置等的了解与使用情况；同时，为健康汽车技术开发提供数据支持，中汽数据联合互联网平台开展中国消费者车内健康性能感知调研。对 2022 年在互联网上有过车内健康问题投诉的 477 位消费者开展电话调研，车主所在地覆盖一线、二线、三线等共计 184 个城市，覆盖除港澳台和海南省外的全部省份。调研的车辆覆盖自主、德系、日系、美系、韩系、法系等主流汽车品牌，可代表中国消费者对车内健康性能的真实感知情况。

## （二）调研结果分析

（1）消费者对车内健康问题的关注点

超过53.0%的消费者对车内健康问题比较关注，排名前三的健康问题分别为致癌风险、颗粒物污染和噪声污染，关注度分别为34.0%、13.4%、12.8%。其中，致癌风险主要来源于车内苯和甲醛等物质，颗粒物污染主要来源于车外环境，噪声污染主要来源于风噪、胎噪、发动机噪声等。此外，消费者也会关注外部有害气体对座舱环境的污染、过敏反应、细菌病毒感染、电磁辐射、重金属污染、二氧化碳浓度偏高等健康问题。

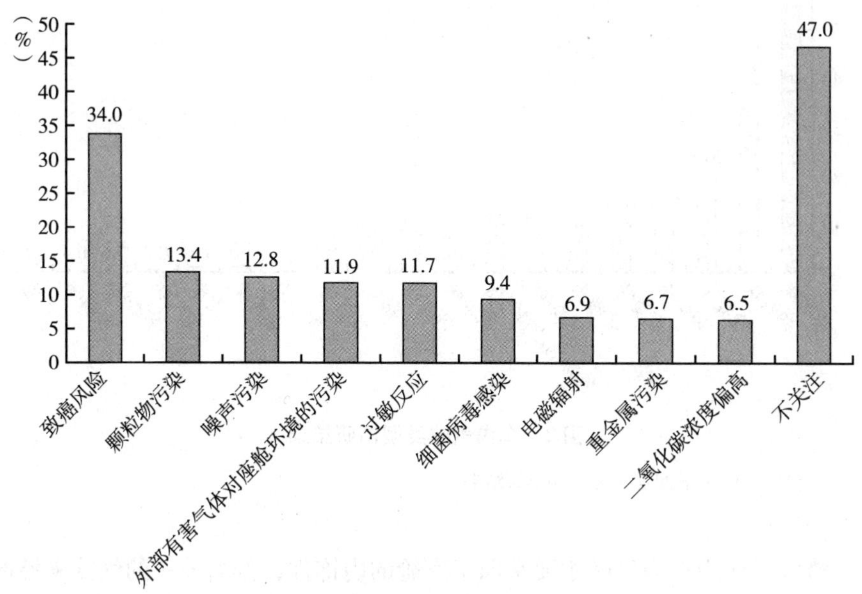


**图1　消费者对车内健康问题关注情况**

资料来源：中汽数据有限公司调研结果。

（2）车内气味调研结果分析

车内气味是消费者嗅觉对车内空气的主观体验，影响因素繁多。本报告从气味类型、气味来源、气味出现时间及场景等方面对消费者进行调研，力求准确真实地反映消费者对车内气味的感知情况。

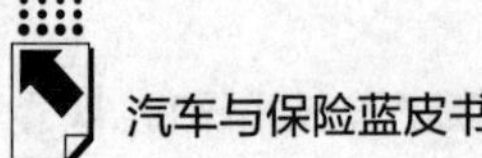


车内出现频率最高的三种气味类型依次为皮革味、塑料味和橡胶味，占比分别为58.7%、38.8%和20.3%。这三种气味在车内往往无法避免，例如高端车型内饰件使用皮质材料较多，经济型车型内饰件采用塑料制品较多，都会产生相应类型的气味。相比较而言，消费者比较反感的气味类型是腐臭味、刺激味、焦煳味、鱼腥味、农药味等，当车内出现这些类型气味时，消费者对该车型的投诉量就会升高，这是车企在进行车内气味性能开发时需要极力避免出现的气味类型。

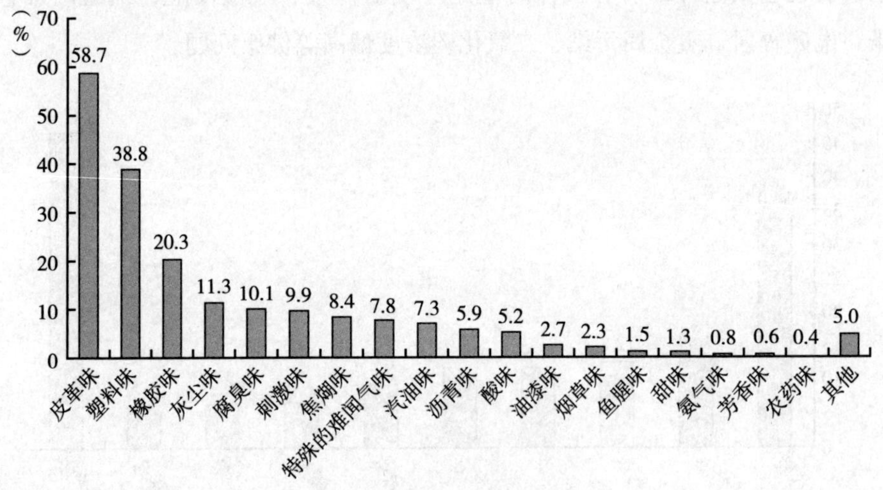


**图2　车内气味类型调研结果**

资料来源：中汽数据有限公司调研结果。

消费者认为车内气味主要来源于座舱的内饰件，排名前三的气味来源部位为座椅、仪表板和空调，占比分别为25.7%、14.4%、14.3%，这是因为座椅和仪表板在内饰中用料占比较大，而空调在车内使用的频率较高。进一步对座椅表皮材料进行调研，发现座椅表皮主要由皮革材料组成，目前行业内的座椅皮革主要使用PVC人造革，该人造革在生产过程中需要添加大量增塑剂、抗氧剂、表面处理剂等，很容易产生气味。此外，从气味来源部件数量来看，近一半的用户认为车内气味来源于两个及以上的部件，这表明车内气味来源的部件较多，影响因素复杂。

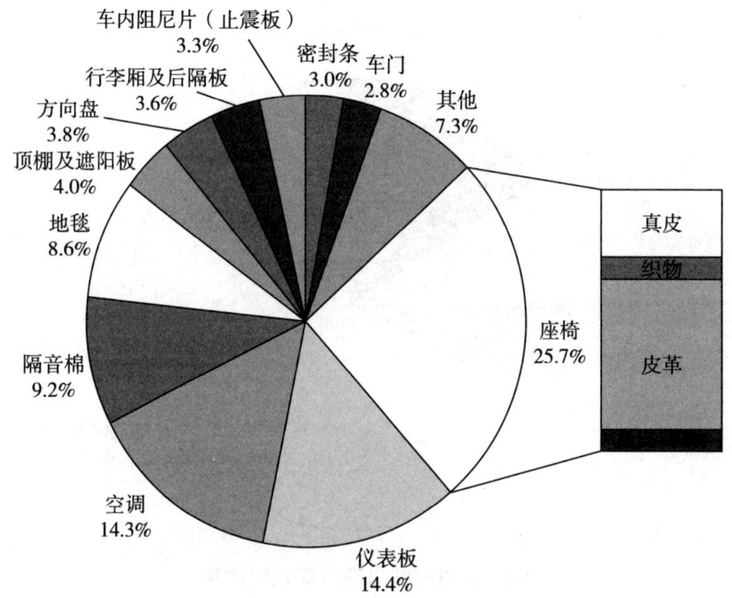


**图 3　车内气味来源调研结果**

资料来源：中汽数据有限公司调研结果。

67.9%的消费者反映在购车时车内就已经存在气味，这表明，新车气味仍然是行业面临的共性难题，需要车企加大管控力度，保证新车的气味水平。此外，有 4.9%的消费者表示，在车辆使用 3 年以后，车内仍然存在明显的气味，出现这种情况将极大影响消费者对品牌的好感度，需要引起相关企业的高度重视。

消费者普遍认为车内气味会对身体健康、驾乘体验等造成影响，并认为对乘客及驾驶者的健康、心情、驾驶感受的影响较大，占比分别为 58.3%、39.2%、31.9%。可以看出，消费者对车内气味的最大担忧仍然是健康问题，普遍认为有气味就等于不健康。需要指出的是，目前关于车内气味的综合健康风险评估研究尚未有文献报道，研究者只是针对车内的某一项或几项污染物开展健康风险研究工作。因此，关于车内气味的健康危害问题，只是消费者的主观猜测，尚缺乏权威的研究结果支撑。

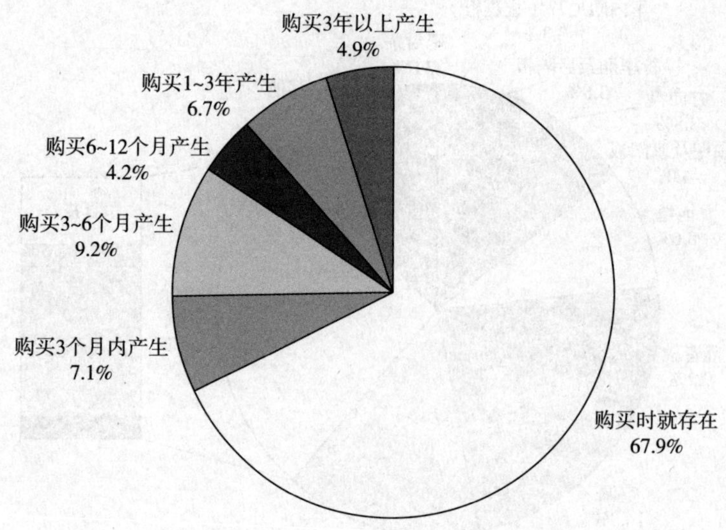


**图 4　车内气味出现时间调研结果**

资料来源：中汽数据有限公司调研结果。

（3）过敏反应调研结果分析

6.5%的消费者反映曾在车内出现过身体过敏情况，比例虽然不高，但考虑到我国庞大的汽车消费群体，出现过敏的人数依然很庞大。此外，成人、老人、孕妇和儿童都存在过敏情况，且成人占比最高。人们通常认为儿童、老人和孕妇为易过敏人群，而调研结果显示，成人出现过敏情况反而较高，这可能是由于成人的用车时间较长，过敏暴露的风险也较高。

（4）抗菌抑菌调研结果分析

43.4%的消费者认为只需要对车辆进行定期清洗消毒就可以，不需要采取其他的抗菌措施。28.9%的消费者会购买具有空调杀菌功能的汽车，15.7%的消费者会购买使用了抗菌材料的汽车，13.0%的消费者会购买具有紫外线杀菌功能的汽车，还有17.0%的消费者认为车内环境不需要抗菌抑菌。调研结果表明，消费者对汽车的抗菌抑菌功能关注度较低，可能是由于细菌看不见、摸不着，消费者对抗菌抑菌功能缺乏直观的认知。

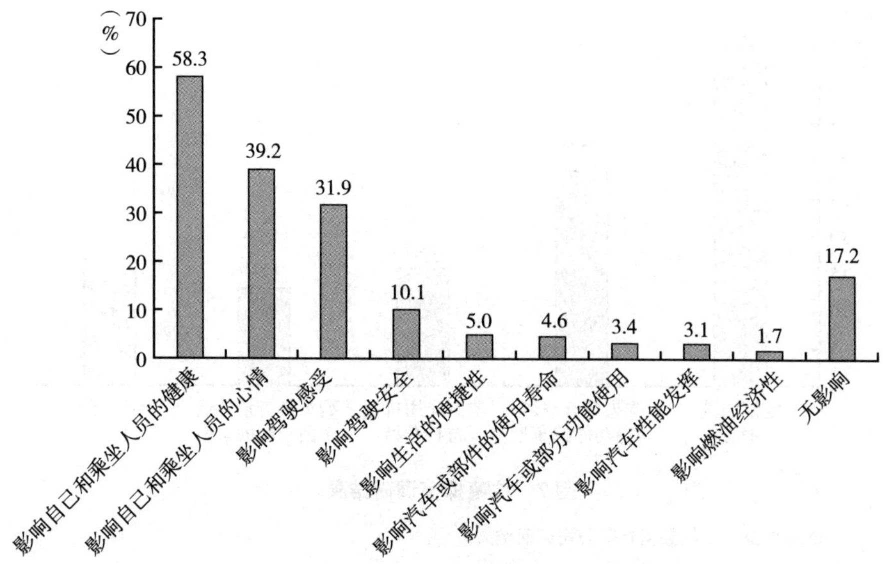


**图 5　车内气味问题对消费者影响调研结果**

资料来源：中汽数据有限公司调研结果。

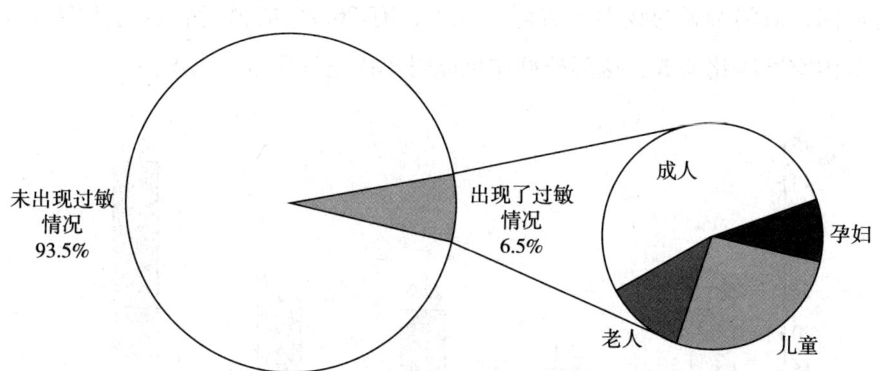


**图 6　车内气味问题对消费者造成过敏反应调研结果**

资料来源：中汽数据有限公司调研结果。

（5）空气净化调研结果分析

42.6%的消费者选用高效空调滤芯对车内空气进行净化，使用自清洁空调、负离子净化器、等离子净化器进行车内空气净化的消费者占比分别为

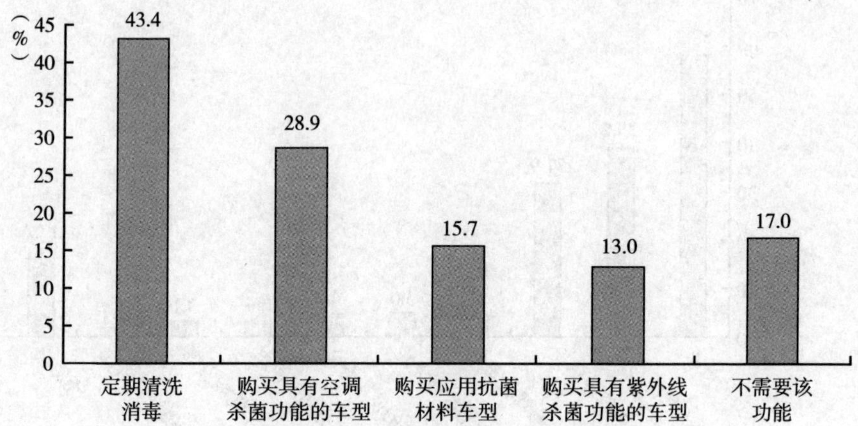


**图 7　抗菌抑菌调研结果**

资料来源：中汽数据有限公司调研结果。

24.7%、22.9%、15.1%。可以看出，高效空调滤芯仍然为消费者最容易接受的空气净化方式，其他如负离子、等离子净化等由于技术复杂、成本较高等原因，对消费者的吸引力有限。此外，有 26.2%的消费者认为不需要加装车内空气净化装置，这部分群体可能对车内空气质量要求不高。

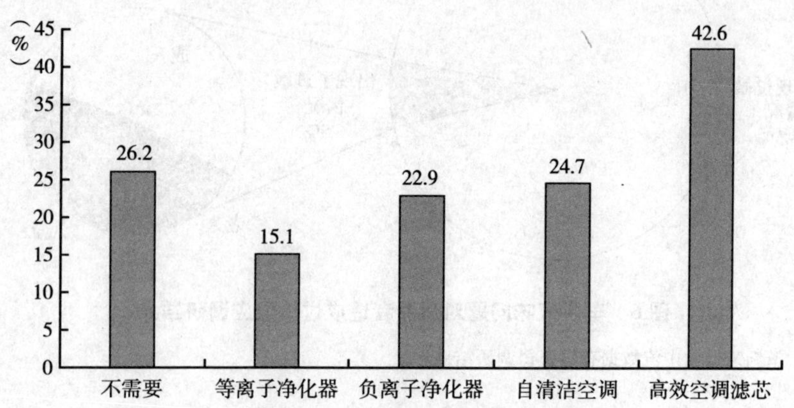


**图 8　空气净化调研结果**

资料来源：中汽数据有限公司调研结果。

（6）智能健康配置调研结果分析

消费者对于“车内生命体征监测系统”和“空气质量管理系统”的需求明显高于其他功能，整体占比分别达到 38.8% 和 37.3%，同时“远程净化”和“健康关怀服务”等新兴配置也受到了消费者的关注。从性别角度看，“车内生命体征监测系统”和“远程净化”两个功能对于男性消费者的吸引力明显高于女性消费者，这可能是由于男性更愿意尝试新功能。

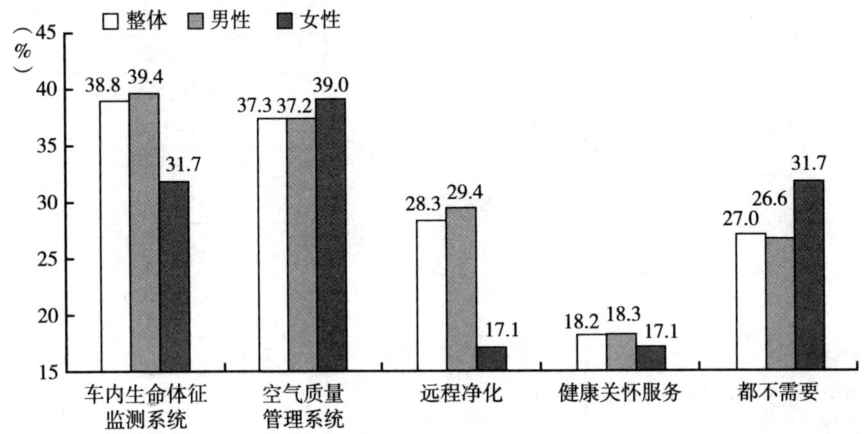


**图 9 智能健康配置调研结果**

资料来源：中汽数据有限公司调研结果。

## 三 中国健康汽车技术规则研究

### （一）健康汽车技术规则制定

依据中国消费者车内健康性能感知调研结果，结合行业发展现状，本报告制定了健康汽车技术规则，包含车内 VOC 散发、SVOC 散发、气味及空气致癌风险 4 类被动健康指标，以及抗菌抑菌、空气净化及智能配置 3 类主动健康指标。

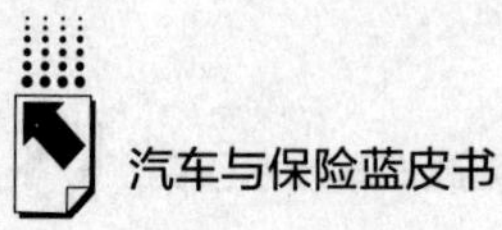


**表 1　健康汽车技术规则指标设置**

| 一级指标 | 二级指标 | 三级指标 | 四级指标 |
|---|---|---|---|
| 被动健康指标 | 车内 VOC 散发 | 8 项国标管控物质 | 苯 |
| | | | 甲苯 |
| | | | 二甲苯 |
| | | | 乙苯 |
| | | | 苯乙烯 |
| | | | 甲醛 |
| | | | 乙醛 |
| | | | 丙烯醛 |
| | | 致敏物质 | 甲基丙烯酸甲酯 |
| | | | 2-丁酮肟 |
| | | | D-苎烯 |
| | | | α-蒎烯 |
| | | | 丙烯酸正丁酯 |
| | | | 双戊烯 |
| | | | 1,5-环辛二烯 |
| | | 高风险气味污染物 | 阈稀释倍数>1 的气味物质 |
| | | 17 种典型车内气味污染物 | 丙醛 |
| | | | 壬醛 |
| | | | 乙醛 |
| | | | 丁醛 |
| | | | 己醛 |
| | | | 辛醛 |
| | | | 庚醛 |
| | | | 2-乙基己醇 |
| | | | 2,6-二叔丁基对甲基苯酚 |
| | | | 八甲基环四硅氧烷 |
| | | | 1-甲基十氢萘 |
| | | | 十氢-2,6-二甲基萘 |
| | | | 2-甲基十氢萘 |
| | | | 癸醛 |
| | | | 苯并噻唑 |
| | | | 乙酸丁酯 |
| | | | 2-甲基萘 |

续表

| 一级指标 | 二级指标 | 三级指标 | 四级指标 |
| --- | --- | --- | --- |
| 被动健康指标 | 车内 SVOC 散发 | 邻苯二甲酸酯 | 邻苯二甲酸二甲酯 |
| | | | 邻苯二甲酸二乙酯 |
| | | | 邻苯二甲酸二异丁酯 |
| | | | 邻苯二甲酸二丁酯 |
| | | | 邻苯二甲酸丁苄酯 |
| | | | 邻苯二甲酸二(2-乙基己基)酯 |
| | | | 邻苯二甲酸二正辛酯 |
| | 车内气味 | 气味客观强度 | \ |
| | | 臭气浓度 | \ |
| | | 气味类型 | 溶剂味、刺激味、鱼腥味、油漆味、烟味、氨臭味、焦糊味 |
| | | 气味愉悦度 | \ |
| | 车内空气致癌风险 | 苯 | \ |
| | | 甲醛 | \ |
| 主动健康指标 | 抗菌抑菌 | 抗菌材料 | \ |
| | | 紫外线杀菌 | \ |
| | 空气净化 | $PM_{1.0}$高效空调滤芯 | \ |
| | | 负离子净化器 | \ |
| | | 等离子净化器 | \ |
| | | 自清洁空调 | \ |
| | 智能配置 | 远程净化 | \ |
| | | 空气质量管理系统 | \ |

资料来源：中汽数据有限公司。

（1）被动健康指标

被动健康属于健康防护范畴，汽车内饰材料所引起的车内空气污染给驾乘人员身心健康带来不良影响，包括车内 VOC 散发、车内 SVOC 散发、车内气味、车内空气致癌风险。

车内 VOC 散发是指由汽车内饰材料散发出的气态挥发性有机物，包括四类。①8 项国标管控物质：依据 GB/T 27630-2011 规定的车内空气中苯、甲苯、二甲苯、乙苯、苯乙烯、甲醛、乙醛、丙烯醛 8 种物质。②致敏物

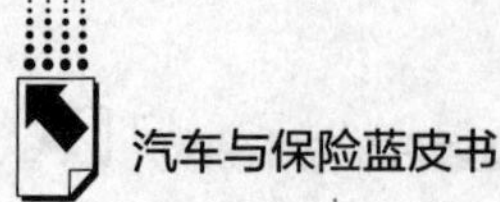


质：依据《危险化学品目录（2015 版）》中提出的确定致敏物质清单，包含以下 7 种有机物：甲基丙烯酸甲酯、2-丁酮肟、D-苎烯、α-蒎烯、丙烯酸正丁酯、双戊烯、1，5-环辛二烯。③高风险气味污染物：阈稀释倍数（气味物质浓度与嗅阈值的比值）大于 1 的气味物质。④17 种典型车内气味污染物：依据 T/CAS 598-2022 中规定的丙醛、壬醛、乙醛、丁醛、己醛、辛醛、庚醛、2-乙基己醇、2，6-二叔丁基对甲基苯酚、八甲基环四硅氧烷、1-甲基十氢萘、十氢-2，6-二甲基萘、2-甲基十氢萘、癸醛、苯并噻唑、乙酸丁酯、2-甲基萘 17 种物质。

车内 SVOC 散发是指根据世界卫生组织（WHO）对室内有机物的分类原则，指沸点在 240～400℃范围内、蒸汽压在（0.1～10-7）×133.322 Pa 的有机物。本报告中的 SVOC 主要指邻苯二甲酸酯类物质，包含以下 7 种物质：邻苯二甲酸二甲酯、邻苯二甲酸二乙酯、邻苯二甲酸二异丁酯、邻苯二甲酸二丁酯、邻苯二甲酸丁苄酯、邻苯二甲酸二（2-乙基己基）酯、邻苯二甲酸二正辛酯。

车内气味是指由汽车零部件散发到车内空间的挥发性化学物质引起，通过人的嗅觉器官产生响应，可使人愉悦、无感或反感，包含以下 4 项指标：①气味客观强度：依据 T/CAS 406-2020，通过气味评价小组感官分析和光离子化检测仪分析两种手段，耦合计算得到的气味的强弱。②臭气浓度：用洁净空气或氮气对气体样品进行连续稀释，达到评价员嗅阈值时的稀释倍数。③气味类型：表达气味相似性的一个或一组描述词，每个描述词与一种气味参比样品对应。④气味愉悦度：评价员对某种气味的喜好或反感程度。

车内空气致癌风险是指基于美国环保署（US EPA）建立的健康风险评估模型及我国生态环境部编制的《中国人群暴露参数手册》，计算车内空气中苯和甲醛对驾乘人员的致癌风险。

（2）主动健康指标

主动健康属于健康监测范畴，改善车内空气质量或对车内驾乘人员体征状态进行实时监测并做出相应决策的功能性装置，包括抗菌抑菌、空气净化、智能配置。抗菌抑菌是指车内应用了抗菌材料或具有紫外线杀菌等功效的配置。空气净化是指车内配置有 $PM_{1.0}$ 高效空调滤芯、负离子净化器、等离子净化器或自清洁空调等功能性装置。智能配置是指车内配置有远程净化、空气质量管理系统等功能性装置。

## （二）健康汽车行业现状分析

2022 年，通过对 30 余款市售主流车型进行健康性能测试，研究了我国健康汽车的行业现状。由于主动健康指标不涉及客观检测，因此只分析被动健康指标的达标情况。

（1）车内 VOC 散发

VOC 八项目标管控物质方面，经过行业多年的努力，国标管控的 VOC 八项物质整体管控水平良好。常温条件下，部分车型的乙醛浓度超标，除此之外各物质均已达标；高温条件下，部分车型的甲醛、乙醛存在超标情况，除此之外各物质均已达标。

致敏物质数量方面，有 33% 车型在常温和高温条件下均没有检测出致敏物。常温条件下，有 5 款车型检出 1 个或 2 个致敏物质；高温条件下，67% 车型检测出致敏物质，致敏物质数量为 1 个的车型有 16 款、2 个的车型有 7 款、3 个的车型有 1 款。

高风险气味污染物方面，常温条件下，高风险气味污染物数量不超过 4 个的车型占比为 47%，有 3 款车型检出高风险气味污染物数量超过 8 个；高温条件下，高风险气味污染物数量不超过 10 个的车型占比为 22%，高风险气味污染物数量超过 20 个的车型有两款。高风险气味污染物指的是阈稀释倍数（物质浓度/嗅阈值）大于 1 的物质，该值大于 1 表示会引起嗅觉刺激，数值越高刺激越大，高风险气味物质数量越多，说明该车型气味管控难度越大。

（2）车内 SVOC 散发

由于邻苯二甲酸酯类物质沸点较高，因此只对高温条件进行测试。车内邻苯二甲酸酯浓度超过指标要求的车型占比为 53%，最大值达到指标要求的 5.9 倍。研究表明，邻苯二甲酸酯在人体内发挥着类似雌性激素的作用，

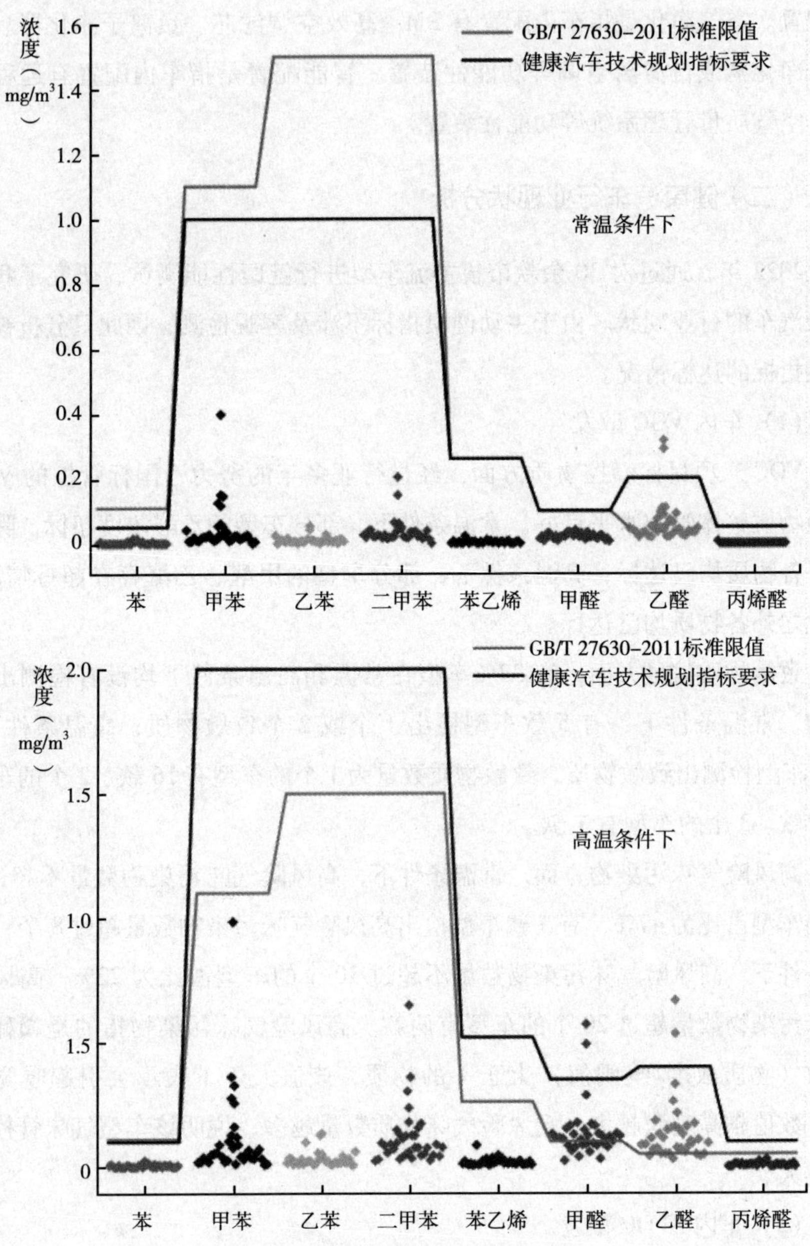


**图 10　VOC 八项物质行业现状**

资料来源：中汽数据有限公司调研结果。

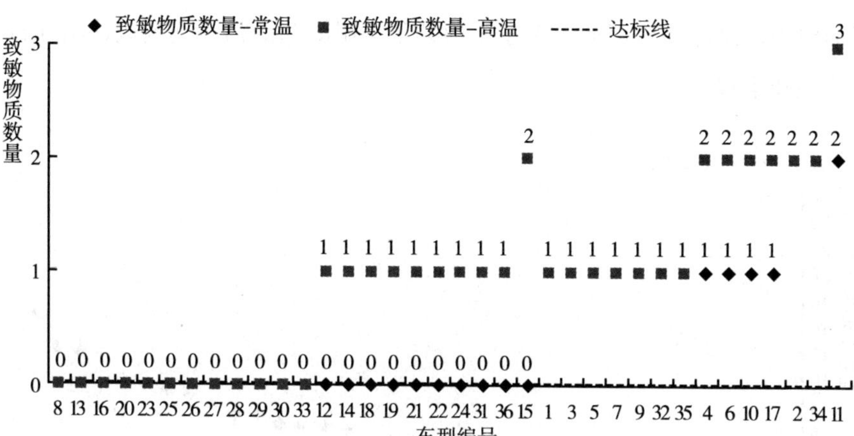


**图 11　致敏物质行业现状**

资料来源：中汽数据有限公司调研结果。

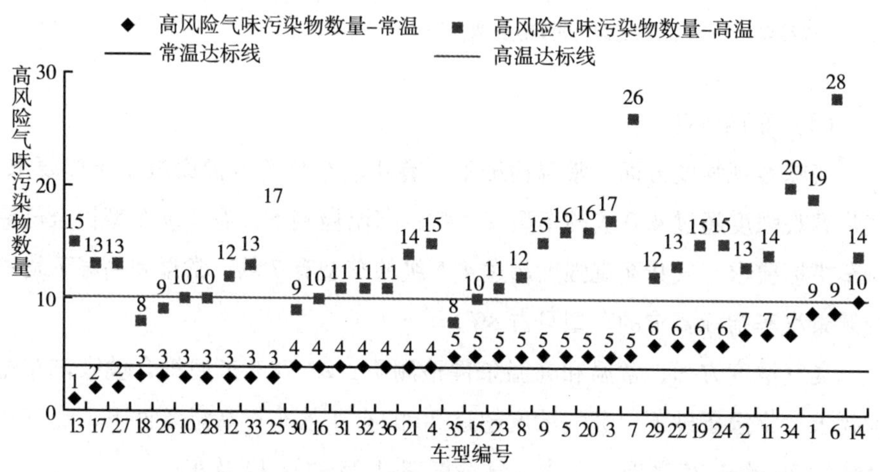


**图 12　高风险气味污染物行业现状**

资料来源：中汽数据有限公司调研结果。

可干扰内分泌，使男子精液量和精子数量减少，精子运动能力低下，精子形态异常，严重的会导致睾丸癌，邻苯二甲酸酯是造成男子生殖问题的罪魁祸首。邻苯二甲酸酯主要作为增塑剂来提高塑料的可塑性能，增塑剂普遍应用

于塑料内饰制品中。因此，关于车内邻苯二甲酸酯的污染问题应该引起行业的关注和重视。

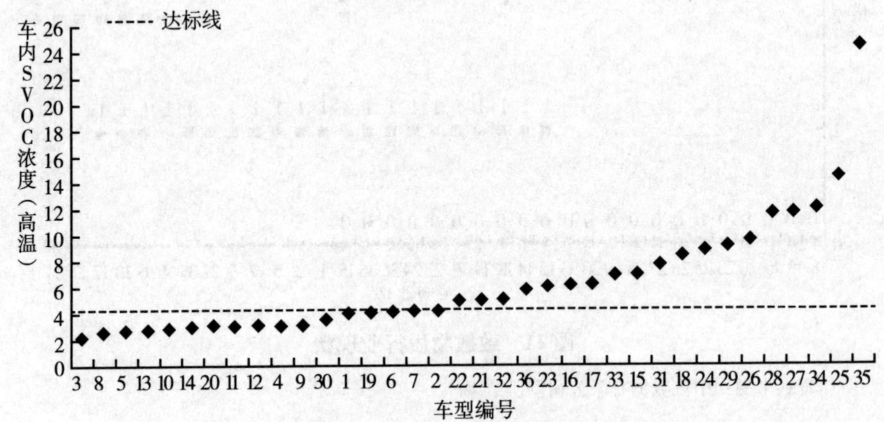


**图 13　车内 SVOC 行业现状**

资料来源：中汽数据有限公司调研结果。

（3）车内气味

气味客观强度方面，常温检测下，有 4 款车型符合健康汽车指标要求，气味客观强度超过 4.0 级的车型有 2 款；高温检测下，有 3 款车型符合健康汽车指标要求，气味客观强度超过 4.5 级的车型有 7 款，常温和高温下均符合健康汽车指标要求的车型只占 8%。

臭气浓度方面，常温和高温条件检测下，27.78%车型符合健康汽车指标要求；常温条件下，臭气浓度超过 20 的有 4 款车；高温条件下，臭气浓度超过 20 的有 25 款车，其中臭气浓度超过 25 的有 12 款车。

气味愉悦度方面，常温检测下，94%的车型符合健康汽车指标要求；高温检测下，所有车型符合健康汽车指标要求，此项指标行业管控较好。

（4）车内空气致癌风险

基于美国环保署建立的健康风险评估模型及我国生态环境部编制的《中国人群暴露参数手册》，计算车内空气中苯和甲醛对驾乘人员的致癌风险。当某个物质的致癌风险大于 $10^{-4}$时，认为该物质对驾乘人员存在致癌风

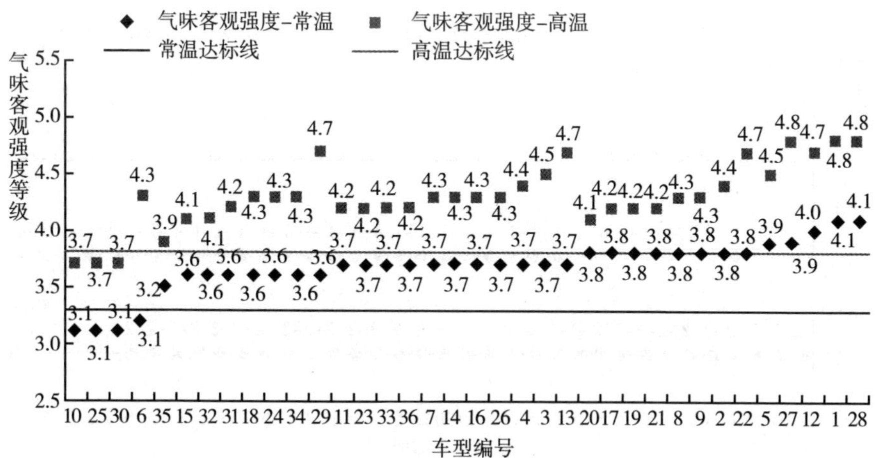


**图 14　气味客观强度行业现状**

资料来源：中汽数据有限公司调研结果。

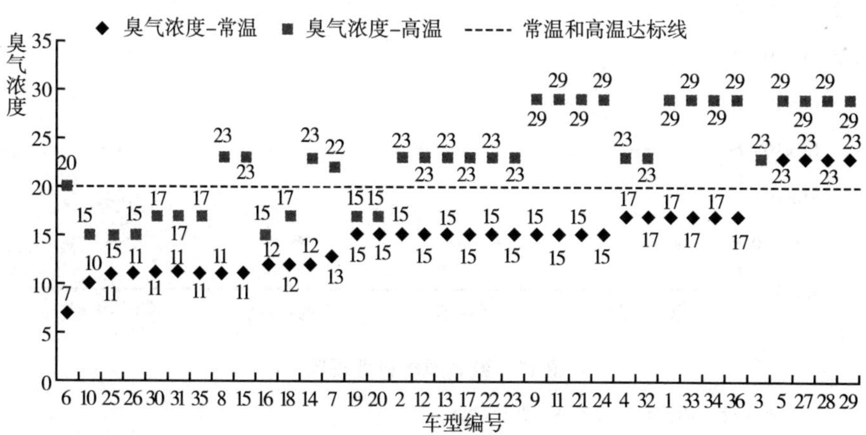


**图 15　臭气浓度行业现状**

资料来源：中汽数据有限公司调研结果。

险。对于苯来说，常温和高温条件下，所测车型均符合健康汽车技术规则指标要求，表明行业对苯的管控效果较好。对于甲醛来说，常温条件下，均符合指标要求；高温条件下有两款车的甲醛超过指标要求。

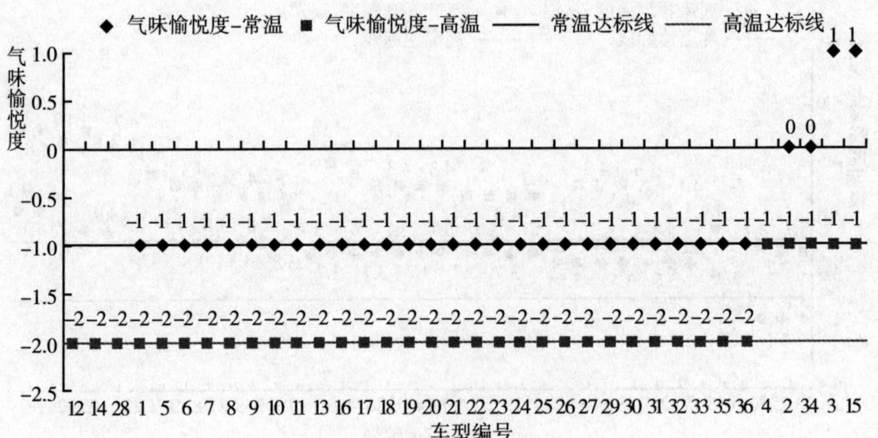


**图 16　气味愉悦度行业现状**

资料来源：中汽数据有限公司调研结果。

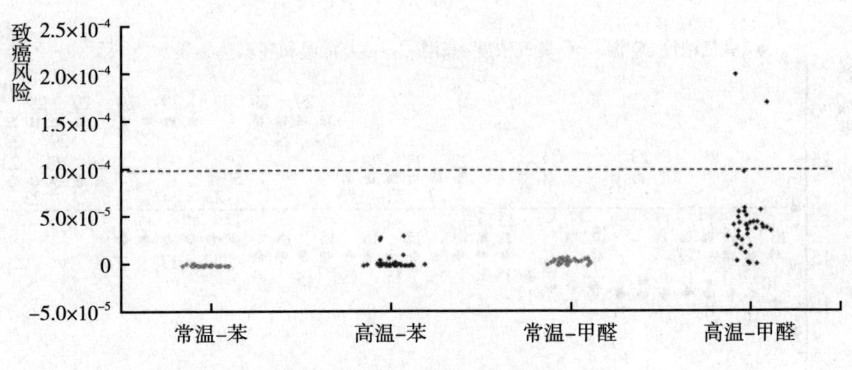


**图 17　致癌风险行业现状**

资料来源：中汽数据有限公司调研结果。

# 四　结论

1. 车内健康性能感知调研

第一，车内气味方面，消费者认为车内气味对乘客及驾驶者的健康、心情以及驾驶感受影响较大。第二，过敏反应方面，部分消费者在车内出现过身体过敏情况，需要引起行业的关注。第三，空气净化方面，高效空调滤芯是消费者最接受的净化方式，其他净化方式还需要加大市场培育和普及力度。第四，抗菌抑菌方面，消费者对具有抗菌功能的汽车有一定需求。第五，智能健康配置方面，消费者对车内生命体征监测系统和空气质量管理系统的需求较高。

2. 健康汽车行业现状

我国汽车的健康水平可以满足消费者的基本健康需求，但部分技术指标有待提升。第一，VOC 方面，行业对苯和甲醛的管控效果较好，个别车型的甲醛、乙醛存在超标现象；致敏物质和高风险气味污染物数量达标率较低，需要加大管控力度。第二，SVOC 方面，行业对邻苯二甲酸酯散发控制较好，个别车型存在明显差距。第三，气味性能方面，行业对气味类型和气味愉悦度管控效果较好，气味客观强度和臭气浓度指标有待提升。

# B.10

# 汽车智能座舱屏幕交互的安全性研究

朱观宏　郁淑聪　李亚楠*

**摘　要：** 随着人民生活水平的提升和对汽车智能化功能需求的提升，在智能座舱的中控区域采用屏幕交互替代传统的按键交互进行操作的车型逐渐增加。针对市场和用户提出的屏幕操作的安全性是否比按键操作低的问题，本报告选取六个车型，基于驾驶虚拟仿真台架采集到的客观数据，对屏幕的交互安全性进行比较和分析。通过研究，得出HMI设计合理时，屏幕交互可以比按键交互更高效、安全的结论。

**关键词：** 智能座舱　屏幕交互　交互安全性

## 一　绪论

随着汽车技术的发展和人民生活水平的提升，人们已经不满足于将汽车作为一个简单的移动工具，消费者对于汽车的科技感、创意性有了更高的需求，市场需求推动了车机的智能化。围绕智能化程度日益提高的车机系统，娱乐、导航等驾驶外的功能逐渐成为消费者选购汽车的考虑项。汽车的智能化趋势之一，便是座舱内的中控区域人机交互方式从传统的无屏幕或小屏幕加多按键，逐渐趋向于利用一个大屏或数个连屏来集成各个功能操作。[1][2]

* 朱观宏，中汽智联研究专员；郁淑聪，中汽智联高级主管；李亚楠，中汽智联研究专员。

汽车作为代步工具，智能座舱的设计需要遵循便利性、简洁性和互动性原则，[3]而在追求设计性之前，交互过程的安全性是一切的基础。因此在智能座舱交互技术变革的潮流中，有部分用户对汽车功能操作向屏幕集成的方案提出了质疑，因为按键区分性好的汽车中控按键，可以容许驾驶员在不低头观察的前提下实现常用操作的盲操，而屏幕化操作可能会占用驾驶员更多注意力，影响交互的效率和安全性。本报告将围绕主流汽车市场的车型的智能座舱屏幕安全性展开研究，在场景中进行模拟驾驶，进行驾驶功能外的常用操作，基于眼动仪和计时工具采集得到的客观数据，比较屏幕和按键交互的用时和注意力分散差距，探讨用屏幕交互取代按键交互对安全性的影响。

## 二　研究现状

在之前的研究中，有很多文章对于中控区域的设计方案对于安全性的影响开展了分析。江小浦[4]对中控设计方案的安全性原则开展了调研，并讨论了屏幕取代按键的设计对易用性的影响。杨镇源[5]从行为操作习惯和心理认知习惯分析，认为老龄用户更倾向于在中控台设计中保留方便操作的按键。

另外，亦有很多研究人员基于客观数据，针对汽车座舱的交互效率和交互安全展开了研究，但主要集中在对于屏幕本身的交互体验进行研究。杨镇源[6]等通过眼动仪数据分析特斯拉的 Model 3 车型的屏幕交互，分析该车型的使用体验，同时认为基于客观数据的方法可以更直观地评价用户的行为习惯。陈晓华[7]基于各个场景的屏幕交互眼动数据，通过眼跳距离和回视次数判断交互页面的用户体验，基于此进行页面设计优化。孙博文[8]通过眼动仪数据，分析用户通过汽车屏幕操作多媒体功能的视线注意力情况。从前文的研究中可以看出用户的一部分感受，对于智能座舱的用户体验评估有很好的指导作用。

## 三　主流市场车型屏幕的设计形式

主流市场车型中常见的屏幕设计方式主要有以下三种。

1. 单屏幕集成所有操作

整个中控区域只有一个大屏幕，该屏幕即是智能座舱中所有常用操作的交互载体，中控区域的按键等全部予以取消，该设计的典型代表车型是特斯拉 Model Y，Model Y 甚至取消了传统意义上的仪表屏，将速度等显示功能集成到中控大屏左上角。在国产车上，采用该设计的代表车型主要有小鹏 P7、小鹏 P5 等。但是大部分国产车型还是会保留仪表屏，车速等信息都会在仪表屏上显示，同时仪表屏上也集成了更多显示的功能，如导航等。

2. 单屏幕加少量按键

中控区域除了有一个大屏幕外，还保留了一些按键，按键以多媒体和空调操作的用途为主。此种设计是目前市场上应用最广泛的，根据具体的设计细节，主要分为以下三类。

（1）镶嵌式大屏+环绕式按键。该设计形式是将大屏镶嵌安装在中控台上部，周围环绕按键。采用此类设计的车型多见于较传统的车型，如大众途安等。

（2）独立式大屏+屏底部按键。该设计形式是在中控台顶部设有屏幕，在许多品牌车型上都很常见，如蔚来 ES8、蔚来 ES6、飞凡 F5 等。

（3）独立式大屏+中控台分布按键。该设计形式是中控台上方有独立大屏，中控台靠下的地方分布有按键。该设计也属于常见设计，如比亚迪汉。

3. 组合屏

组合屏是现在非常流行的设计形式，整个中控部位由多块液晶屏幕组成，除了中控屏幕外，仪表也采用与中控屏连接的大屏幕形式，部分车型还配置有副驾娱乐屏和后排娱乐屏等。屏幕替代了原本在中控区域的所有按键的功能，搭载组合屏的座舱非常具有科技感和现代感。采用此种设计的车型有理想 L9、WEY 蓝山等多款车型。

## 四　常用操作选取

笔者对主流市场带有智能座舱的车型用户进行了智能座舱内常用操作的调研。调研的方法采用问卷调查形式，列举每个功能板块的所有操作，让500名用户勾选此功能板块下最常用的若干个操作，然后对最常用功能进行统计，统计某操作在某板块中用户选择的占比。在多媒体、车控、通信、导航这四个最常用的功能板块上，得出结果如表1所示。在进行后续研究时，将取其中的高频操作进行研究。

**表1　常用功能板块中用户选择的高频操作**

单位：%

| 操作项目 | 占比 | 操作项目 | 占比 | 操作项目 | 占比 | 操作项目 | 占比 |
|---|---|---|---|---|---|---|---|
| 多媒体 | | 车控 | | 通信 | | 导航 | |
| 调节音量 | 70.88 | 调节温度 | 93.68 | 接电话 | 84.29 | 输入目的地 | 82.38 |
| 搜索音乐 | 63.03 | 开启/关闭空调 | 87.74 | 拨打号码 | 81.42 | 查看路线全览 | 71.26 |
| 暂停/播放音乐 | 58.43 | 调节风量 | 84.67 | 打电话给通信录联系人 | 76.82 | 查看剩余里程 | 67.43 |
| 上/下一曲 | 56.90 | 切换内/外循环 | 79.31 | 短信语音播报 | 22.22 | 开/关导航语音 | 66.09 |
| 切换蓝牙音乐 | 56.70 | 调节风向 | 76.44 | 查看通话记录 | 19.16 | 查看到达时间 | 62.84 |

资料来源：中汽数据有限公司调研结果。

## 五　基于客观数据的屏幕化安全性研究

本次研究中，对市面上的十款车型中控区域可实现的操作功能和交互操作的形式进行统计。统计的时候，物理触碰形式的固定交互装置，包括按钮、旋钮、触摸滑动式按键均被统称为按键交互。经过统计，常用操作功能

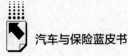

中有五项，包括开关空调、空调风量调节、空调风速调节、切换内外循环、音量调节，在设计上既可以由按键交互完成，也可以集成到屏幕交互中。从统计结果可看出，小鹏 P7、理想 L9 和特斯拉 3 款新势力智能车型用屏幕操作彻底取代了按键操作，别克 GL6 等相对比较传统的车型则有所有的操作按键，其他大部分车型在屏幕化的同时依然保留了一部分按键操作，其中，传统车中智能化程度较高的长安 UNI-T 和领克 06 也保留了较多的按键。本报告将围绕表 2 中统计的五项操作，研究按键屏幕化的操作体验及其对操作高效性、安全性的影响。本报告仅针对触碰式操作，语音操作、手势操作等非触碰式操作不在本报告研究的范围内。

**表 2　功能-交互方式对应**

| | 屏幕交互 | | | | | 按键交互 | | | | |
|---|---|---|---|---|---|---|---|---|---|---|
| | 空调开关 | 风速调节 | 温度调节 | 切换内外循环 | 音量调节 | 空调开关 | 风速调节 | 温度调节 | 切换内外循环 | 音量调节 |
| 理想 L9 | ○ | ○ | ○ | ○ | ○ | × | × | × | × | × |
| 特斯拉 Model Y | ○ | ○ | ○ | ○ | ○ | × | × | × | × | × |
| 小鹏 P7 | ○ | ○ | ○ | ○ | ○ | × | × | × | × | × |
| 大众途安 | × | × | × | × | × | ○ | ○ | ○ | ○ | ○ |
| 大众嘉旅 | × | × | × | × | ○ | ○ | ○ | ○ | ○ | ○ |
| 别克 GL6 | ○ | ○ | ○ | ○ | × | ○ | ○ | ○ | ○ | ○ |
| 吉利嘉际 | ○ | ○ | ○ | ○ | ○ | ○ | ○ | ○ | ○ | ○ |
| 长安 UNI-T | ○ | ○ | ○ | ○ | ○ | ○ | ○ | ○ | ○ | × |
| 领克 06 | ○ | ○ | ○ | ○ | ○ | ○ | ○ | ○ | ○ | ○ |
| 蔚来 ES6 | ○ | ○ | ○ | ○ | ○ | × | × | × | × | ○ |
| 大众 ID. 4 CROZZ | ○ | ○ | ○ | ○ | × | × | × | ○ | × | ○ |
| 比亚迪汉 | ○ | ○ | ○ | ○ | ○ | ○ | × | × | × | ○ |
| 飞凡 MARVEL R | ○ | ○ | ○ | ○ | × | × | × | × | × | ○ |

## （一）车型选取

围绕车辆中控操作的高效性和安全性，选取比较有代表性的六辆车进行测试，包括单中控大屏的代表车型理想 L9、小鹏 P7，中控大屏加少部分按键的代表车型大众 ID. 4 CROZZ、飞凡 MARVEL R，中等大小屏幕加较多按键的车型代表领克 06、长安 UNI-T。

### （二）测试方法

本报告要验证的是驾驶动态场景下的高效性和安全性，高效性将基于操作时间进行研究，而安全性则基于眼动数据进行研究。本报告目的是基于客观数据对比和分析，对两种不同交互形式的效率和驾驶员视线分散情况进行分析。为了收集眼动数据，测试员要佩戴头戴式眼动仪进行驾驶操作，出于测试员安全考虑，测试将在沉浸式虚拟仿真台架上进行。

台架采用环幕投影的方法打造沉浸式场景，由五台投影仪在 180°的半环幕上投影道路场景，实车停在环幕前，车与环幕轴心重合。转向信号的采集则由角度传感器完成，实车前轮停在带角度传感器的圆盘上，圆盘可实时将车轮转向信号传输到虚拟环境运行的主机上。同时，出于安全考虑，在车上额外配置一套虚拟油门刹车踏板，替代真实踏板，输出加速和刹车信号给主机，主机处理后，在虚拟场景的车辆模型中做出加减速和转弯反馈。

每场测试由一名位于驾驶座上的测试员和一名位于副驾上的测试助手共同进行。测试员通过虚拟踏板驱动车辆在虚拟场景中行进，控制车辆分别在 40km/h、60km/h、80km/h 的时速下匀速前进，根据测试助手的提示，驾驶员进行对应的交互操作。

本研究中，数据的采集分别通过计时程序和眼动仪完成。计时程序基于 Python 编写而成，由测试助手操作平板，在念完指令后开始计时，操作完成后停止计时，程序将自动记录和计算操作时间。测试人员需要佩戴眼动仪进行所有交互操作，眼动仪可以记录测试员眼睛离开挡风玻璃落到中控处的视线次数，平均每次视线的用时（平均视线时间），以及注视中控区域超过 0.5s 的次数（注视点数）。

为了减少测试数据误差和测试员个人表现对最终结果的影响，每辆车采用相同的 3 名测试员进行测试，对每个人的最终结果进行粗大误差筛除后，取 3 名测试员在 3 种时速测试下的客观数据平均值作为该交互方式下对应操作的数据，作为对比分析的依据。

## （三）测试结果与分析

经过测试与数据处理，获取了选定的六辆车的交互操作数据，基于数据可以对交互操作进行分析。

### 1. 操作效率分析

操作效率将基于操作完成的时间进行分析，时间越短，效率越高。以下时间数据来源于试验台架采集，即三个测试员在指令下完成某操作的平均时间。

**表 3 六车型操作时间统计结果**

| 操作时间（单位：s） | | 屏幕交互 | | | | | 按键交互 | | | | |
|---|---|---|---|---|---|---|---|---|---|---|---|
| | | 风速调节 | 温度调节 | 切换内外循环 | 关闭空调 | 音量调节 | 风速调节 | 温度调节 | 切换内外循环 | 关闭空调 | 音量调节 |
| 第 1 组 | UNI-T | 7.17 | 6.77 | 5.66 | 5.89 | 5.34 | 3.33 | 2.79 | 2.34 | 2.49 | × |
| | 领克 06 | 6.28 | 6.38 | 5.10 | 5.02 | 6.00 | 3.17 | 2.45 | 2.57 | 2.92 | 2.26 |
| 第 2 组 | ID.4 CROZZ | 3.49 | 3.52 | 2.94 | 3.13 | × | × | 2.87 | × | × | 2.73 |
| | MARVEL R | 3.75 | 4.25 | 3.65 | 3.40 | 3.27 | × | × | × | × | 2.75 |
| 第 3 组 | 理想 L9 | 2.37 | 1.77 | 2.00 | 0.57 | 2.21 | × | × | × | × | × |
| | 小鹏 P7 | 4.59 | 3.03 | 4.36 | 3.63 | 3.40 | × | × | × | × | × |

资料来源：中汽数据有限公司。

操作时间数据代表从开始操作到操作成功完成的时间。通过对表 3 中的操作时间数据进行对比分析可得出以下结论。

（1）在屏幕与多个按键共存的车型，即第 1 组的数据对比中，在 UNI-T 中控区域进行同种功能操作时，用屏幕进行操作比用按键进行操作时间多 115%以上，而在领克 06 上进行屏幕操作比按键操作多 72%以上。经过分析，原因可能是车型的屏幕比较小且 HMI 排布不合理，导致操作起来比较费时间。

（2）在屏幕与少量按键共存的车型，即第 2 组的数据对比中，在 ID. 4 CROZZ 上进行温度调节操作时，用屏幕进行操作比用按键进行操作时间多 22. 6%，在 MARVEL R 上进行音量调节操作，屏幕操作比按键操作时间多 19%。二者差距相对比较小。经过分析，原因可能是这两个车型的按键设计不够合理，ID. 4 CROZZ 的按键界线不明显，不容易分辨，而 MARVEL R 按键靠下，不方便交互。

（3）在屏幕基本替代按键的车型中，理想 L9 的表现很好，操作效率很高，不仅比小鹏 P7 的对应操作时间少 35%以上，而且温度调节、关闭空调等操作时间，低于其他车型通过按键进行交互的时间。

将所有车型的数据放在一起对比，可知在不同的车型中，屏幕的交互效率表现也存在差异，保留了很多按键但屏幕较小的车型，在用屏幕进行操作时，操作时间普遍比较长，减少或去除了按键交互的车型，如果 HMI 设计比较合理，操作需要的时间是有可能比按键交互更少的。

### 2. 操作安全性分析

操作安全性将基于操作时的眼动数据进行分析，视线次数、平均视线时间、注视点数越少，安全性越高。以下所有眼动数据来源于试验台架采集，即三个测试员在指令下完成某操作的过程中，眼动仪采集到的眼动情况的平均值。

表 4　六车型视线次数统计结果

| 视线次数（单位:次） | | 屏幕交互 | | | | | 按键交互 | | | | |
|---|---|---|---|---|---|---|---|---|---|---|---|
| | | 风速调节 | 温度调节 | 切换内外循环 | 关闭空调 | 音量调节 | 风速调节 | 温度调节 | 切换内外循环 | 关闭空调 | 音量调节 |
| 第 1 组 | UNI-T | 2. 00 | 2. 67 | 2. 67 | 2. 00 | 1. 67 | 1. 17 | 1. 00 | 1. 17 | 0. 83 | × |
| | 领克 06 | 1. 67 | 2. 33 | 2. 00 | 1. 00 | 1. 67 | 1. 00 | 1. 33 | 1. 00 | 1. 00 | 1. 33 |
| 第 2 组 | ID. 4 CROZZ | 2. 00 | 1. 50 | 1. 20 | 1. 17 | × | × | 1. 17 | × | × | 1. 50 |
| | MARVEL R | 1. 25 | 2. 00 | 1. 40 | 2. 00 | 2. 50 | × | × | × | × | 1. 00 |
| 第 3 组 | 理想 L9 | 1. 00 | 1. 00 | 1. 00 | 1. 00 | 1. 00 | × | × | × | × | × |
| | 小鹏 P7 | 2. 33 | 1. 25 | 2. 40 | 1. 25 | 1. 25 | × | × | × | × | × |

资料来源：中汽数据有限公司。

视线次数代表驾驶员视线从挡风玻璃（驾驶安全区域）上移开落到中控交互区域的次数。通过对表 4 中的视线次数进行对比分析可得出以下结论。

（1）在屏幕与多个按键共存的车型，即第 1 组的数据对比中，在 UNI-T 中控区域进行同种功能操作时，用屏幕进行操作比用按键进行操作视线次数高 71%以上，而在领克 06 上，除了关闭空调外，进行屏幕操作均比按键操作视线次数高 25%以上。在这两辆车上，用按键进行空调操作，明显是比用屏幕操作占用视线少的。

（2）在屏幕与少量按键共存的车型，即第 2 组的数据对比中，在 ID. 4 CROZZ 上进行温度调节操作时，用屏幕进行操作比用按键进行操作视线次数高 28%，而在 MARVEL R 上进行音量调节操作，屏幕操作比按键操作视线次数高 150%。经过分析，原因可能是 ID. 4 CROZZ 按键位置界线不明显，不好辨认，需要认真看着才能操作，而 MARVEL R 音量按键虽然位置较低，但因为只有一个按键，可以伸手直接盲操。

（3）在屏幕基本替代按键的车型中，理想 L9 的表现很好，对注意力的占用比较少，不仅比小鹏 P7 的对应操作视线次数少 20%以上，而且风速调节等操作的视线次数，低于部分车型通过按键进行交互的次数。

将所有车型的数据放在一起对比，同样用屏幕进行操作，每个车型上的操作对视线的占用都是不一样的，有部分车型可以做到用屏幕操作也比用按键操作对视线的占用少，这取决于屏幕的位置、大小、HMI 的设计等因素。

**表 5　六车型平均视线时间统计结果**

| 平均视线时间（单位:ms） | | 屏幕交互 | | | | | 按键交互 | | | | |
|---|---|---|---|---|---|---|---|---|---|---|---|
| | | 风速调节 | 温度调节 | 切换内外循环 | 关闭空调 | 音量调节 | 风速调节 | 温度调节 | 切换内外循环 | 关闭空调 | 音量调节 |
| 第 1 组 | UNI-T | 1503 | 1131 | 808 | 1445 | 2475 | 731 | 659 | 524 | 413 | × |
| | 领克 06 | 1876 | 1672 | 1358 | 1816 | 1865 | 321 | 927 | 1041 | 1010 | 447 |
| 第 2 组 | ID. 4 CROZZ | 1105 | 1420 | 761 | 1144 | × | × | 1106 | × | × | 937 |
| | MARVEL R | 1144 | 728 | 1665 | 1137 | 894 | × | × | × | × | 568 |
| 第 3 组 | 理想 L9 | 1679 | 399 | 2000 | 216 | 883 | × | × | × | × | × |
| | 小鹏 P7 | 1219 | 752 | 852 | 1210 | 1109 | × | × | × | × | × |

资料来源：中汽数据有限公司。

平均视线时间代表驾驶员每次视线从挡风玻璃（驾驶安全区域）上移开落到中控交互区域的平均时间。通过对表5中的平均视线时间数据进行对比分析可得出以下结论。

（1）在屏幕与多个按键共存的车型，即第1组的数据对比中，在UNI-T中控区域进行同种功能操作时，用屏幕进行操作比用按键进行操作平均视线时间高64%以上，而在领克06上，进行屏幕操作比按键操作高30%以上，甚至风速调节和音量调节两个操作的平均视线时间，屏幕操作比按键操作分别高484%和317%，差距非常明显。由此可见，小屏幕的车中，用按键进行功能操作，比用屏幕操作对驾驶员的注意力占用是有明显减少的。

（2）在屏幕与少量按键共存的车型，即第2组的数据对比中，在ID.4 CROZZ上进行温度调节操作时，用屏幕进行操作比用按键进行操作平均视线时间高28%，而在MARVEL R上进行音量调节操作，屏幕操作比按键操作高57%。两者的差距不明显。经过分析，原因可能是ID.4 CROZZ按键位置界线不明显，比之HMI，需要的辨认时间并没有减少太多，而MARVEL R的屏幕HMI上的音量调节条位于比较高的位置，可以比较方便地辨识出来，不一定比按键方便操作性差。

（3）在屏幕基本替代按键的车型中，理想L9的表现不太好，比起其他可以用按键进行调节的车型，平均视线时间较长。经过分析，可能是因为理想L9的HMI上，相关操作的显示色差不够明显，需要占用多一些视线时间。

注视点数代表驾驶员视线从挡风玻璃（驾驶安全区域）上移开落到中控交互区域并在某个小范围点停留超过0.5s的次数。通过对表6中的注视点数进行对比分析可得出以下结论。

（1）在屏幕与多个按键共存的车型，即第1组的数据对比中，在UNI-T中控区域进行同种功能操作时，用屏幕进行操作比用按键进行操作注视点数高49%以上，而在领克06上，进行屏幕操作比按键操作高26%以上。

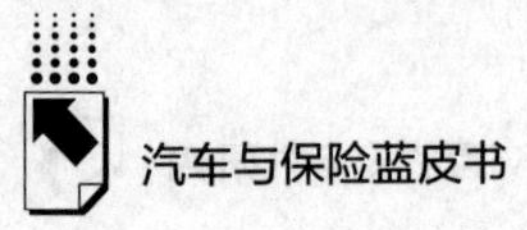



**表6　六车型注视点数统计结果**

| 注视点数（单位：次） | | 屏幕交互 | | | | | 按键交互 | | | | |
|---|---|---|---|---|---|---|---|---|---|---|---|
| | | 风速调节 | 温度调节 | 切换内外循环 | 关闭空调 | 音量调节 | 风速调节 | 温度调节 | 切换内外循环 | 关闭空调 | 音量调节 |
| 第1组 | UNI-T | 2.00 | 1.00 | 1.00 | 2.00 | 1.33 | 0.50 | 0.17 | 0.67 | 0.00 | × |
| | 领克06 | 2.00 | 4.00 | 2.00 | 2.00 | 1.67 | 0.67 | 1.00 | 1.33 | 1.00 | 1.33 |
| 第2组 | ID.4 CROZZ | 2.00 | 1.83 | 1.33 | 1.20 | × | × | 0.67 | × | × | 1.17 |
| | MARVEL R | 1.00 | 1.40 | 1.20 | 2.00 | 1.00 | × | × | × | × | 0.83 |
| 第3组 | 理想L9 | 1.00 | 1.00 | 1.33 | 1.00 | 2.00 | × | × | × | × | × |
| | 小鹏P7 | 1.00 | 1.00 | 1.80 | 1.25 | 1.25 | × | × | × | × | × |

资料来源：中汽数据有限公司。

（2）在屏幕与少量按键共存的车型，即第2组的数据对比中，在ID.4 CROZZ上进行温度调节操作时，用屏幕进行操作比用按键进行操作注视点数高173%，而在MARVEL R上进行音量调节操作，屏幕操作比按键操作高20%。经过分析，原因可能是ID.4 CROZZ按键位置界线虽然不够明显，但是一旦认出就不需要再仔细观看，而MARVEL R按键比较低，需要先低头寻找，占用了一些注意力。

（3）在屏幕基本替代按键的车型中，理想L9和小鹏P7都表现尚可，产生的注视点不多，其中理想L9的表现稍微好一些，但整体而言，产生的注视点数还是高于其他车型的按键操作注视点数。

将所有车型的数据放在一起对比，可以分析得到，按键操作产生的注视点数明显是比屏幕操作少的，因为按键有时可以盲操，而且一旦辨认完成，不需要太多的注意力也能进行操作。

## （四）结论

本报告通过对市面上几款主流的车型进行屏幕和按键操作测试，采集完成了座舱交互的一系列常用功能的操作时间和视线偏移情况，并对数据进行整理，综合对前文的数据进行分析，可以得到如下结论：在同款车上，除极少部分功能外，通过按键完成同款功能比通过屏幕完成耗时高72%以上，视线次数多25%以上，平均视线时间长30%以上，注视点数多26%以上。但是，通过理想L9对比UNI-T和领克06的数据结果可以看出，屏幕比较大，HMI设计合理的屏幕操作用时和视线占用，是可能比按键操作用时更短、视线占用更少的。

综上所述，对于车型中控交互，尤其是屏幕的设计，可以提出以下两方面建议。

（1）建议采用尺寸较大一些的屏幕，同时将HMI的图标、字体等尺寸、颜色等合理化，可以提升交互的效率，减少视线的占用。

（2）建议在设计智能座舱的交互布置时，保留部分按键交互方式，并赋予按键不同的触感差距，增加驾驶员盲操的便利性，提升操作的效率和整体的驾驶安全。

## 参考文献

[1] 叶楠：《浅析车载屏幕技术与造型趋势》，《汽车实用技术》2021年第11期，第199~201页。

[2] 金鑫、李黎萍、杨逸凡等：《基于汽车人机界面评测的中控触屏按键研究》，《包装工程》2021年第18期，第151~158页。

[3] 任昌玮：《汽车人机交互的设计研究》，《时代汽车》2020年第15期，第110~111，114页。

[4] 江小浦、幸翔、胡书可：《汽车中控台设计中的安全性原则研究》，《包装工程》2020年第12期。

[5] 杨镇源：《汽车中控系统的适老性体验设计研究》，西华大学硕士学位论文，2021。

[6] 杨镇源、李娟：《基于眼动追踪的汽车中控信息界面可用性研究》，《西部皮革》2020年第24期。

[7] 陈晓华：《基于用户体验的汽车智能中控HMI设计研究》，上海交通大学硕士学位论文，2020。

[8] 孙博文：《面向复杂交互情景下的车载信息系统界面层级设计研究》，北京理工大学博士学位论文，2018。

# B.11
# 面向典型事故工况场景的汽车安全技术研究

李晓虎　郑宝成　王鹏*

**摘　要：** 汽车安全技术的研究依赖于特定的工况场景，车辆相关参数、环境要素、驾驶人因素、道路因素都会对汽车安全技术的作用效果产生影响。汽车安全技术研究的宗旨是避免交通事故的发生和最大限度地降低交通事故对于交通参与者的伤害。因此，针对真实交通事故中提取的典型事故工况场景来研究汽车安全技术是十分必要的。本报告通过对中国交通事故深度调查数据（CIDAS）深入分析，探究车辆间碰撞事故、弱势交通参与者事故两个典型工况场景下的关键交通安全问题和研究趋势，并提取二轮车事故工况下的典型参数，提出基于安全距离的主动避撞策略并进行仿真验证。

**关键词：** 交通安全　事故场景　汽车安全技术

## 一　车辆间碰撞的典型事故工况场景风险研究

车辆间的碰撞事故是所有道路交通事故中最常见的一种形态，目前大多数主被动安全技术主要聚焦于预防车辆间碰撞事故的发生和减少碰撞事故对于车内乘员的伤害。研究车辆间碰撞事故的典型事故工况场景和乘员损伤情

* 李晓虎，中汽数据有限公司安鉴所交通安全数据部数据分析师；郑宝成，中汽数据有限公司安鉴所交通安全数据部副部长；王鹏，中汽数据有限公司安鉴所交通安全数据部研发主任工程师。

况对于改善交通安全具有极大的作用。

1. 面向汽车安全技术的典型场景分析

车辆自动紧急制动（AEB）系统作为前方碰撞预警（FCW）系统的补充，是一种会根据实时驾驶危险情况调节车辆动力系统及制动系统进行紧急制动的主动安全技术，已被证明可以在一定程度上降低交通事故的发生，将逐渐成为乘用车的标配系统。表 1 和表 2 对比了是否装配 AEB 条件下的事故场景，相比于未装配 AEB 的车辆，装配 AEB 的车辆追尾事故降低了，并且对于未装配 AEB 车辆的切入事故也降低了，新增占比较高的事故类型主要表现为对向冲突。

**表 1　未装配 AEB 事故场景类型**

| 事故类型 | TOP 场景类型 | | | | |
|---|---|---|---|---|---|
| 未装配 AEB | C2-穿行遇从左侧来的目标物 | C1-穿行遇从右侧来的目标物 | L1-遇前方正常直行的目标物 | T3-车辆左转遇从对向来的目标物 | L2-碰撞前方的目标物（目标物从右侧强行变道而来） |
| | C2 O E | C1 O E | L1 O E | T3 O E | L2 E O |
| | 20.9% | 18.9% | 10.1% | 6.4% | 4.9% |
| | T1-车辆右转遇从后方来的目标物 | On1-遇同一车道的对向目标物 | T5-车辆左转遇从后方来的目标物 | T10-车辆右转遇从左侧来的目标物 | T4-车辆左转遇从左侧来的目标物 |
| | T1 E O | On1 O E | T5 O E | T10 O E | T4 O E |
| | 5.65% | 5.44% | 2.06% | 1.94% | 1.41% |

资料来源：CIDAS。

**表 2　装配 AEB 事故场景类型**

| 事故类型 | TOP 场景类型 | | | | |
|---|---|---|---|---|---|
| 装配 AEB | C1-穿行遇从右侧来的目标物 | C2-穿行遇从左侧来的目标物 | On1-遇同一车道的对向目标物 | T1-车辆右转遇从后方来的目标物 | L1-遇前方正常直行的目标物 |
| | C1 | C2 | On1 | T1 | L1 |
| | 14.35% | 10.77% | 10.52% | 10.08% | 6.61% |
| | T10-车辆右转遇从左侧来的目标物 | T3-车辆左转遇从对向来的目标物 | L2-碰撞前方的目标物（目标物从右侧强行变道而来） | L3-碰撞前方的目标物（目标物从左侧强行变道而来） | T4-车辆左转遇从左侧来的目标物 |
| | T10 | T3 | L2 | L3 | T4 |
| | 4.55% | 4.34% | 2.56% | 1.98% | 1.45% |

资料来源：CIDAS。

2. 面向汽车安全技术的前排乘员保护分析

表 3 为车辆间碰撞事故中，车辆乘员受伤情况分布。数据分析表明，车辆前排乘员在交通事故中承受的伤害更多，其中轿车驾驶员和副驾驶员占车辆内全部受伤人数的 48%，货车驾驶员和副驾驶员受伤人数占车辆内全部受伤人数的 21.4%，因此针对前排乘员相应保护措施研究尤为重要。

表 3 受伤乘员分布

单位：%

| 人员类型 | 占比 | 人员类型 | 占比 |
|---|---|---|---|
| 轿车驾驶员 | 29.50 | 轿车第三排右乘客 | 0.70 |
| 轻微受伤 | 17.80 | 轻微受伤 | 0.50 |
| 死亡 | 6.30 | 死亡 | 0.10 |
| 严重受伤 | 5.40 | 严重受伤 | 0.10 |
| 轿车副驾驶员 | 18.50 | 轿车第三排中乘客 | 0.30 |
| 轻微受伤 | 12.40 | 轻微受伤 | 0.10 |
| 死亡 | 2.80 | 死亡 | 0.00 |
| 严重受伤 | 3.30 | 严重受伤 | 0.10 |
| 轿车副驾驶员抱着的乘客 | 0.30 | 货车或大客车内受伤乘客 | 4.70 |
| 轻微受伤 | 0.10 | 轻微受伤 | 3.30 |
| 死亡 | 0.00 | 死亡 | 0.50 |
| 严重受伤 | 0.00 | 严重受伤 | 0.90 |
| 轿车右后座(第二排)乘客 | 9.10 | 货车前排中间乘客 | 0.30 |
| 轻微受伤 | 6.00 | 轻微受伤 | 0.00 |
| 死亡 | 1.30 | 死亡 | 0.20 |
| 严重受伤 | 1.80 | 严重受伤 | 0.10 |
| 轿车中后座(第二排)乘客 | 3.10 | 货车睡床上的乘客 | 2.30 |
| 轻微受伤 | 1.80 | 轻微受伤 | 1.50 |
| 死亡 | 0.40 | 死亡 | 0.30 |
| 严重受伤 | 0.90 | 严重受伤 | 0.50 |
| 轿车左后座(第二排)乘客 | 9.00 | 货车或大客车驾驶员 | 15.20 |
| 轻微受伤 | 5.70 | 轻微受伤 | 7.80 |
| 死亡 | 1.70 | 死亡 | 4.80 |
| 严重受伤 | 1.70 | 严重受伤 | 2.60 |
| 轿车第三排左乘客 | 0.80 | 货车副驾驶员 | 6.20 |
| 轻微受伤 | 0.50 | 轻微受伤 | 2.80 |
| 死亡 | 0.40 | 死亡 | 2.00 |
| 严重受伤 | 0.00 | 严重受伤 | 1.40 |

资料来源：CIDAS。

表 4 对前排乘员的人体损伤进行了分析，结果表明前排乘员伤亡的主要部位为胸部、头部、下肢、上肢，分别占比 19.7%、16.5%、16.5% 和 15.8%。车内针对前排乘员的安全防护措施已有安全带、安全气囊、头枕

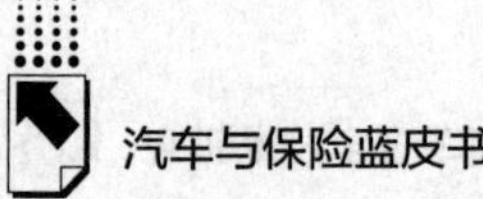



等，应当综合考虑各种安全防护设施的布置形式和触发条件来加强对前排乘员的保护效果。

**表 4　前排乘员人体损伤分布**

单位：%

| 损伤严重度_头部 | 驾驶员 | 乘员 | 总计 | 损伤严重度_下肢 | 驾驶员 | 乘员 | 总计 |
|---|---|---|---|---|---|---|---|
| 极度(目前不可救治) | 0.0 | 0.0 | 0.0 | 极度(目前不可救治) | 0.0 | 0.0 | 0.0 |
| 较重 | 3.1 | 0.8 | 3.9 | 较重 | 3.1 | 0.8 | 3.9 |
| 轻度 | 6.3 | 2.4 | 8.7 | 轻度 | 6.3 | 2.4 | 8.7 |
| 中度 | 2.8 | 1.0 | 3.8 | 中度 | 2.8 | 1.0 | 3.8 |
| 重度 | 0.1 | 0.0 | 0.1 | 重度 | 0.1 | 0.0 | 0.1 |
| 总计 | 12.3 | 4.2 | 16.5 | 总计 | 12.3 | 4.2 | 16.5 |
| 损伤严重度_盆骨 | 驾驶员 | 乘员 | 总计 | 损伤严重度_上肢 | 驾驶员 | 乘员 | 总计 |
| 较重 | 0.4 | 0.1 | 0.5 | 极度(目前不可救治) | 0.0 | 0.0 | 0.0 |
| 轻度 | 0.1 | 0.0 | 0.1 | 较重 | 0.5 | 0.3 | 0.7 |
| 危重 | 0.0 | 0.0 | 0.0 | 轻度 | 6.5 | 2.9 | 9.4 |
| 中度 | 0.7 | 0.3 | 1.0 | 中度 | 4.0 | 1.6 | 5.7 |
| 重度 | 0.2 | 0.0 | 0.2 | | | | |
| 总计 | 1.4 | 0.4 | 1.8 | 总计 | 11.0 | 4.8 | 15.8 |
| 损伤严重度_腹部 | 驾驶员 | 乘员 | 总计 | 损伤严重度_胸部 | 驾驶员 | 乘员 | 总计 |
| 极度(目前不可救治) | 0.1 | 0.0 | 0.1 | 极度(目前不可救治) | 0.7 | 0.1 | 0.8 |
| 较重 | 0.9 | 0.3 | 1.1 | 较重 | 4.2 | 2.0 | 6.2 |
| 轻度 | 3.4 | 1.3 | 4.7 | 轻度 | 4.0 | 2.1 | 6.1 |
| 危重 | 0.1 | 0.0 | 0.1 | 危重 | 0.6 | 0.2 | 0.8 |
| 中度 | 1.7 | 0.6 | 2.3 | 中度 | 2.8 | 1.0 | 3.8 |
| 重度 | 0.5 | 0.0 | 0.5 | 重度 | 1.5 | 0.5 | 2.0 |
| 总计 | 6.5 | 2.3 | 8.8 | 总计 | 13.8 | 5.9 | 19.7 |
| 损伤严重度_颈部 | 驾驶员 | 乘员 | 总计 | | | | |
| 极度(目前不可救治) | 0.2 | 0.0 | 0.3 | | | | |
| 较重 | 0.4 | 0.3 | 0.7 | | | | |
| 轻度 | 1.5 | 1.0 | 2.4 | | | | |
| 危重 | 0.1 | 0.1 | 0.2 | | | | |
| 中度 | 0.8 | 0.5 | 1.3 | | | | |
| 重度 | 0.1 | 0.0 | 0.1 | | | | |
| 总计 | 3.2 | 1.9 | 5.1 | | | | |

资料来源：CIDAS。

针对面向汽车安全技术的事故工况场景风险研究可以采用以下思路：先对总体事故样本进行分析，提取面向不同安全技术的典型工况，由事故重建方法提取典型事故工况下的相关参数信息，针对乘员保护相关参数，利用 CAE 仿真模型进行反事实估计，分析该种主动安全技术存在条件下是否可以降低前排乘员伤害严重程度。从而实现从事故数据大样本到汽车安全技术研究的论证过程。

因此，针对车辆间碰撞事故的研究应当从以下三个方面入手。

（1）汽车安全技术的开发是一项系统工程，应结合交通事故数据大样本评判某种汽车安全技术的加入对于车辆间碰撞事故形态整体的影响，本报告以是否装配 AEB 安全技术为例，评估了该安全技术下的车辆间事故形态分布，针对乘员保护等相关标准测评工作，以前排乘员损伤情况评判不同技术下的不同场景的风险。

（2）针对前排乘员的保护应当重点关注胸部、头部、上肢、下肢，采用合理的安全防护设施布置形式。

（3）典型事故工况场景的关键参数可用于汽车主被动安全技术的研发过程中，可以结合反事实仿真的结果论证汽车安全技术的有效性。

## 二　弱势交通参与者的典型事故工况场景风险研究

相对乘用车驾驶员和乘员来说，行人和二轮车/三轮车骑乘人员在发生交通事故时更易遭受严重伤害，属于道路交通系统中的弱势交通参与者（vulnerable road user，vru）。我国涉及弱势交通参与者的事故发生频率高，关于弱势交通参与者典型事故工况场景下的汽车安全技术研究具有重要的意义。本报告结合 CIDAS 数据和 C-NCAP 中行人保护部分评价方法，选取乘用车与弱势交通参与者发生碰撞的事故进行分析。乘用车对 VRU 的事故形态分布如图 1 所示。

乘用车碰撞行人事故占比达到了 25.84%。同时，乘用车碰撞二轮车/三轮车的事故也不可忽视，乘用车碰撞二轮/三轮电动车和乘用车碰撞二轮/三轮摩托车的事故占比分别为 38.28% 和 29.27%。此外，在乘用车碰撞 VRU 事故中，导致 VRU 受伤的部位也值得重点关注（见图 2）。

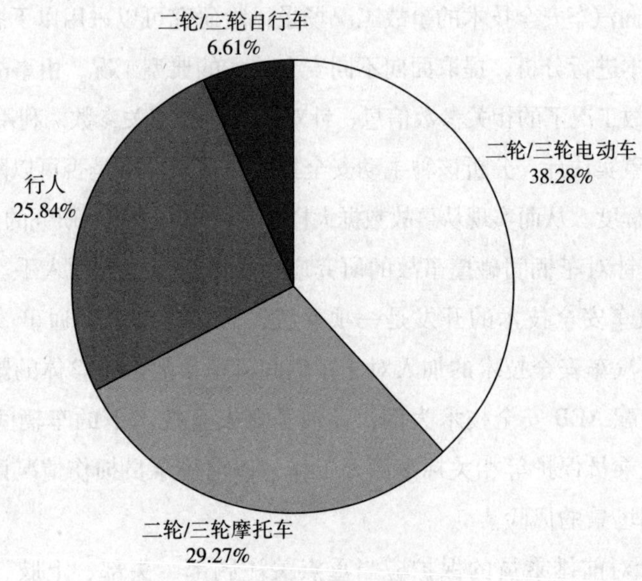


**图 1　VRU 事故形态分布**

资料来源：CIDAS。

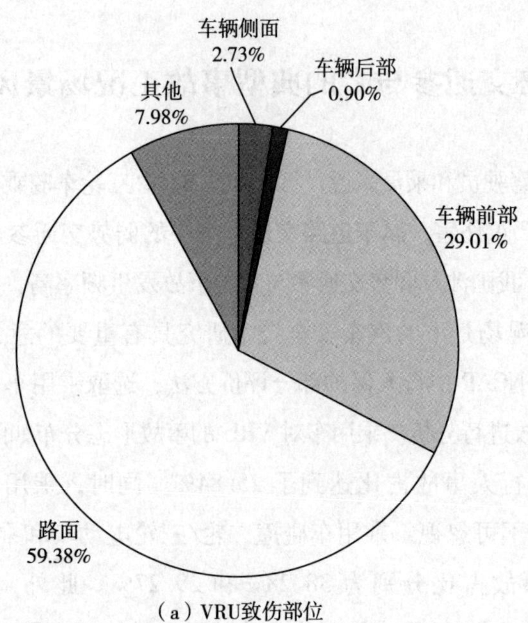


（a）VRU致伤部位

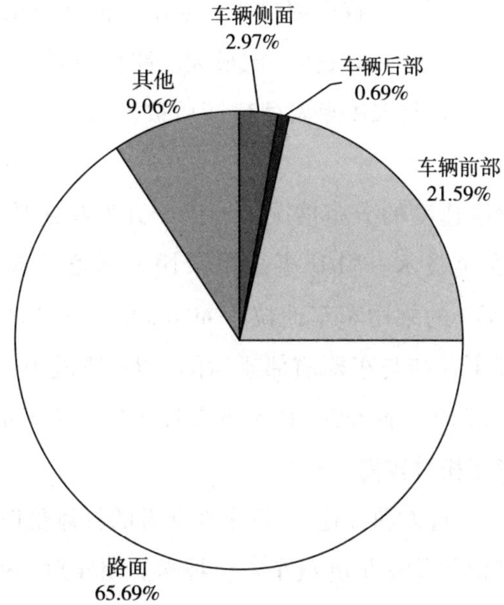


（b）二轮车/三轮车致伤部位

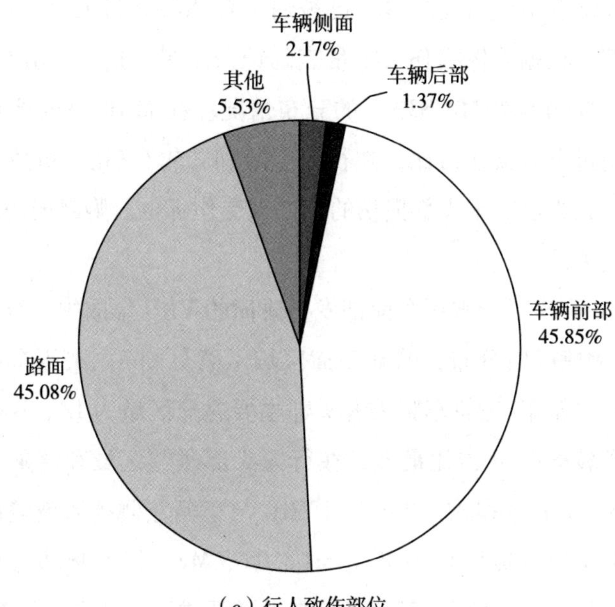


（c）行人致伤部位

**图 2　VRU 事故中的致伤部位**

资料来源：CIDAS。

图 2 显示，在整体 VRU 致伤部位中，乘用车前部致伤较多；在行人事故的致伤部位中，乘用车前部致伤占比最大。路面也是导致 VRU 受伤的主要部位，这是由于 VRU 与乘用车发生碰撞后被抛出，与路面发生接触带来二次伤害。

分析乘用车碰撞速度的分布情况，有助于开发特定速度区间下的针对 VRU 的汽车主动安全技术。VRU 事故中乘用车速度分布见图 3。在全部 VRU 事故中，70.63%的乘用车车速位于 40km/h（C-NCAP 中行人保护试验设定速度）及以下；在与车辆前部碰撞的 VRU 事故中，车速 40km/h 及以下的乘用车占 57.04%，而车速 50km/h 及以下的占 71.74%，VRU 事故中前部碰撞乘用车速度相对较高。

研究 VRU 事故中行人和二轮/三轮车骑乘者的具体受伤部位分布，有利于开发针对身体特定部位保护的汽车安全技术。图 4 对交通事故中 VRU 的受伤部位进行了统计。在全部 VRU 事故和与乘用车前部碰撞的 VRU 受伤部位分布中，头部和下肢占比最多（已被纳入 C-NCAP 行人保护测评），其次是上肢和胸部。根据人体损伤 AIS 量表的记录结果，进一步分析了 VRU 身体各部位最大损伤等级 MAIS3+下的分布情况。在 MAIS3+的严重事故中胸部损伤占比超过下肢损伤占比，在行人事故和二轮/三轮车事故中分别占比 21%和 19%，成为仅次于头部损伤的第二大受伤部位。胸部损伤跟头部损伤一样值得重点关注。

表 5~表 8 列出了与乘用车前部发生碰撞的 VRU 事故中，行人和骑乘者的头部/胸部碰撞区域分布，前部碰撞区域示意见图 5。乘用车前部碰撞事故中，行人和二轮车/三轮车骑乘者头部主要碰撞区域为 L4、R4 和 M4，此处为车辆挡风玻璃；L4 占比最多，在行人头部碰撞区域和骑乘者头部碰撞区域中分别为 30.72%和 31.42%，即 VRU 与车辆左侧挡风玻璃碰撞风险最大；行人胸部主要碰撞区域为 R1、M1、R2、M2，行人胸部与车辆右侧前部的碰撞占比最多；二轮车/三轮车骑乘者胸部碰撞区域主要为 M1，易于车辆前部中间位置发生碰撞。

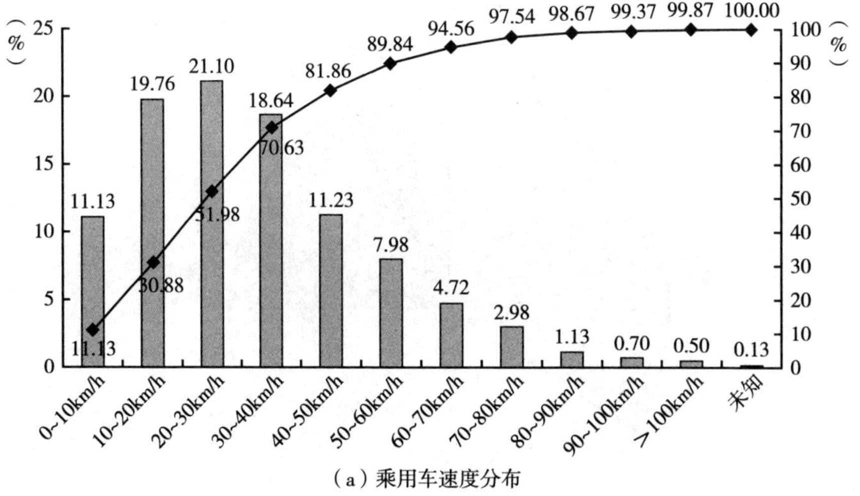


（a）乘用车速度分布

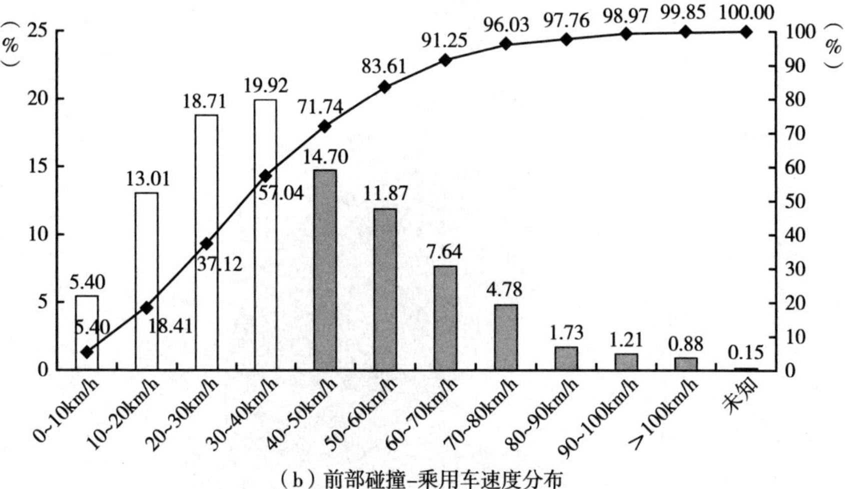


（b）前部碰撞-乘用车速度分布

**图 3　VRU 事故中乘用车速度分布**

资料来源：CIDAS。

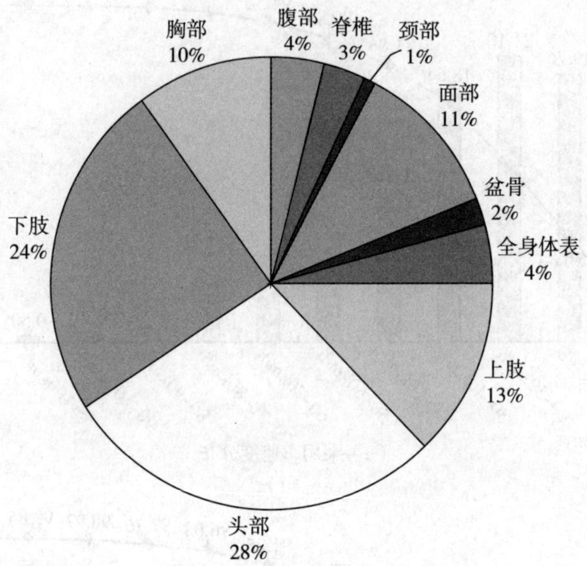

VRU受伤部位分布
胸部 10%
腹部 4%
脊椎 3%
颈部 1%
面部 11%
盆骨 2%
全身体表 4%
上肢 13%
头部 28%
下肢 24%


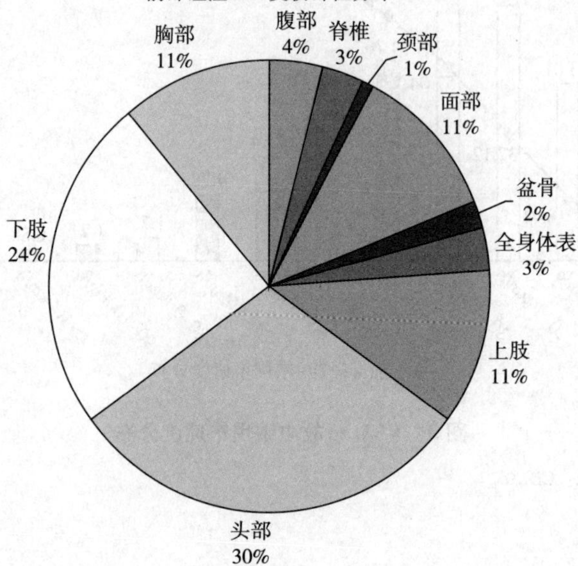

前部碰撞VRU受伤部位分布
胸部 11%
腹部 4%
脊椎 3%
颈部 1%
面部 11%
盆骨 2%
全身体表 3%
上肢 11%
头部 30%
下肢 24%

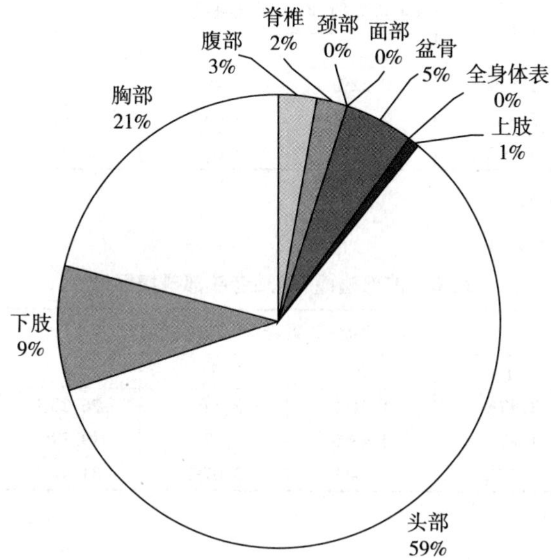


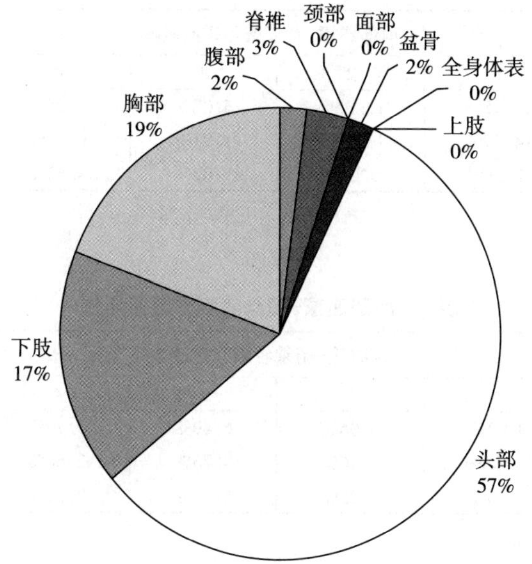


**图 4　VRU 受伤部位分布**

资料来源：CIDAS。

**表 5　前部碰撞-行人头部碰撞区域**

| 前部碰撞-行人头部碰撞区域 | | | | | |
|---|---|---|---|---|---|
| | 1 | 2 | 3 | 4 | 5 |
| R | 1.82% | 2.52% | 4.49% | 22.72% | 1.12% |
| M | 3.37% | 2.38% | 4.63% | 16.97% | 0.14% |
| L | 3.09% | 1.96% | 3.65% | 30.72% | 0.42% |

资料来源：CIDAS。

**表 6　前部碰撞-骑乘者头部碰撞区域**

| 前部碰撞-骑乘者头部碰撞区域 | | | | | |
|---|---|---|---|---|---|
| | 1 | 2 | 3 | 4 | 5 |
| R | 1.47% | 1.34% | 2.54% | 26.20% | 1.47% |
| M | 1.87% | 3.48% | 3.07% | 19.39% | 0.40% |
| L | 1.47% | 1.74% | 3.07% | 31.42% | 1.07% |

资料来源：CIDAS。

**表 7　前部碰撞-行人胸部碰撞区域**

| 前部碰撞-行人胸部碰撞区域 | | | | | |
|---|---|---|---|---|---|
| | 1 | 2 | 3 | 4 | 5 |
| R | 18.15% | 12.36% | 5.02% | 6.95% | 0.00% |
| M | 14.29% | 11.20% | 1.93% | 0.39% | 0.00% |
| L | 9.65% | 9.27% | 5.02% | 4.63% | 1.16% |

资料来源：CIDAS。

**表 8　前部碰撞-骑乘者胸部碰撞区域**

| 前部碰撞-骑乘者胸部碰撞区域 | | | | | |
|---|---|---|---|---|---|
| | 1 | 2 | 3 | 4 | 5 |
| R | 9.09% | 6.06% | 6.49% | 7.79% | 0.87% |
| M | 19.05% | 8.66% | 4.76% | 2.60% | 0.00% |
| L | 8.66% | 8.23% | 8.66% | 8.23% | 0.87% |

资料来源：CIDAS。

对此，在面向弱势交通参与者事故场景的汽车安全技术研究中，应当重点关注以下四个方面。

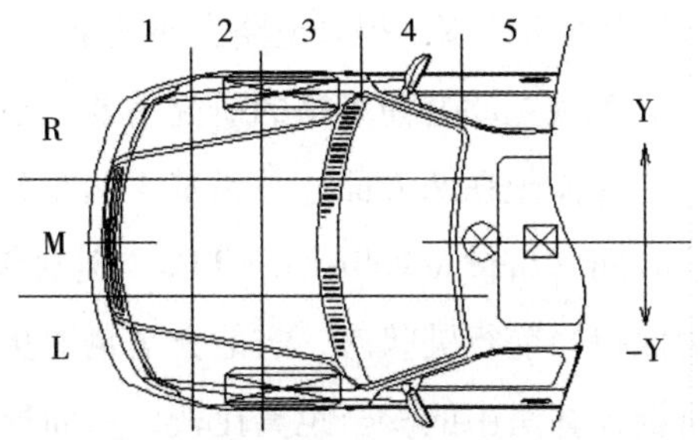


图 5　前部碰撞区域示意

（1）在 C-NCAP 碰撞试验中，增加对于二轮/三轮车骑乘者保护的测试项目，优化试验方案设计以适用多种 VRU 事故场景。

（2）加强乘用车前端的结构设计，最大限度降低挡风玻璃、保险杠、发动机罩等对于弱势交通参与者的伤害。

（3）车辆主动安全技术开发阶段应当增强对不同车速下主动安全技术的适用性，并优化传感器参数设置提升对于 VRU 的识别能力。

（4）对于交通事故中弱势交通参与者胸部的防护和头部一样值得重点关注，应当制定相应的防护措施。

## 三　基于 CIDAS 数据的车辆与二轮车主动避撞策略研究

随着技术的不断发展，汽车保有量在不断提升，随之带来了严峻的道路交通安全形势。作为减少事故次数、降低事故严重程度的重要手段，汽车主动安全技术近年来成为汽车制造厂商研究的重点。高级别的先进辅助驾驶系统（ADAS）能够在车辆运行的过程中捕获到更多的信息，从而保证行车安全。一些传统的汽车主动安全技术，例如防抱死制动系统（ABS）、电子稳定控制系统（ESC）已经在市场中被大量使用并受到广泛好评。针对追尾碰撞以及机非碰撞的汽车自动紧急制动系统（AEB）能够辅助驾驶人快速察觉潜在风险，避免交通事故的发生，因此也被越来越多的学者研究。如何设计和优化主动避撞策略对降低交通事故率、提升道路交通安全水平具有重大的意义。

目前，国内外针对车辆主动避撞策略的研究主要以道路参与方时空接近程度作为衡量标准，主要体现在两方面，一是基于两车相对安全距离的避撞策略，二是基于碰撞时间（time to collision，TTC）避撞策略[1]。

前者是以主车辆保持当前行驶状态，与前方车辆避免碰撞所需最小安全距离作为指标，与所设计算法中的安全距离比较，从而控制主车发出预警并做出主动制动等操作。其主要包括马自达公司、本田公司和美国高速公路安全管理局提出的 Mazda、Honda 和 NHTSA 等车辆主动避撞策略。在基于安全距离的主动避撞策略中，主车辆的行驶速度、与前方车辆的相对速度以及两个车辆之间的实时间距可以分别由连接到主车辆前方的速度传感器和雷达传感器感测和获取。然而，与制动主车辆时的最大减速、制动前方车辆时的最大减速度、驾驶员的反应时间等相关的参数很难测得。因此在通过许多实际车辆测试后，汽车公司和相关研究机构将其简化为基于相对安全距离的主动碰撞解决方案，并且相对安全距离本质上被改变为仅与主车辆的行驶速度和两个车辆之间的相对速度相关的函数[2]。

后者是指与驾驶员在危险情况下的判断与认知相符的条件下，从时间的尺度来将主车辆的当前位置与前方车辆发生碰撞所剩余的时间（TTC）作为衡量行车是否会发生碰撞的指标。已有较多汽车公司、组织和高校，如福特汽车公司、美国宾夕法尼亚道路安全中心、英国拉夫堡大学，针对 TTC 碰撞策略做了优化并且将其应用到了主动避撞系统当中[3-5]。相关具体研究如表 9 所示。

**表 9　主动避撞策略研究**

| 研究策略 | 研究机构 | 研究方法/创新点 |
|---|---|---|
| 基于两车相对安全距离 | 马自达公司 | 通过一系列参数计算紧急制动所需保持安全车距 |
| | 本田公司 | 两级预警算法对驾驶员进行预警 |
| | 美国高速公路安全管理局 | 划分不同碰撞类型并分别计算安全车距 |

续表

| 研究策略 | 研究机构 | 研究方法/创新点 |
| --- | --- | --- |
| 基于碰撞时间:TTC | 美国宾夕法尼亚道路安全中心 | 提出早期驾驶员危险认知模型,引入 TTC 理论概念 |
| | 英国拉夫堡大学 | 提出速度补偿的 TTC 算法 |
| | 福特汽车公司 | 提出扩展 TTC 主动避撞算法,可适应驾驶员个性化操作 |
| | 密歇根大学 | 提出使用碰撞时间 TTC 的逆 $TTC^{-1}$ 表示“隐现”效果 |
| | 北京理工大学 | 建立了以碰撞时间 TTC 的逆 $TTC^{-1}$ 为评价指标的驾驶风险估计算法,并确定了适合中国道路特性的标准阈值 |
| | 华中汽车研发中心 | 使用横向和纵向动态车辆模型的轮胎模型,提高了在不同天气和道路条件下的稳定性 |

资料来源：根据公开资料整理。

综上所述，关于汽车主动避撞策略的研究成果较为丰富，但不难发现，现有研究大多集中于机动车与机动车避撞策略，而关于机动车与非机动车碰撞这一典型工况避撞策略研究较少。同时，相关测试场景较为简单，场景搭建参数缺乏更为科学的现场事故数据，不能很好体现真实危险情况下相关算法的实用性。此外，传感器技术的不断发展也使得车辆在行驶的过程中能获得更多的交通信息，单一的策略无法应对复杂的驾驶场景变化。

因此，本报告基于 CIDAS（China In-depth Accident Study）数据库中汽车与二轮车碰撞事故数据，确定机动车与二轮车碰撞过程中相关参数，搭建典型事故场景，提出一种以相对距离为评判指标的主动避撞策略，并将其集成在相应的仿真软件中进行测试，获取相应的仿真动画及数据结果，以此作为提升汽车主动安全性能参考依据。

交通事故场景的构成要素可分为静态要素与动态要素两部分，其中静态要素主要指特定交通事故场景中在短时间内无法发生明显改变的环境因素，如天气条件、道路类型等；动态要素主要指事故参与方相关运动参数等非固定因素。

本研究基于 CIDAS 数据库中 2014~2018 年共 2707 例汽车-二轮车碰撞事故进行统计分析，确定其事故场景静态要素，主要包括路段类型、路域环

境、现场风力、降水量、事故时间等。

（1）路段类型

图 6 表示所采用 CIDAS 数据库中 2707 起汽车-二轮车事故发生地路段类型占比情况。较大比重事故发生在交叉口，占事故总次数的 67.2%，其余路段事故发生率相对较低。因此，本报告中以交叉口作为典型事故场景因素。

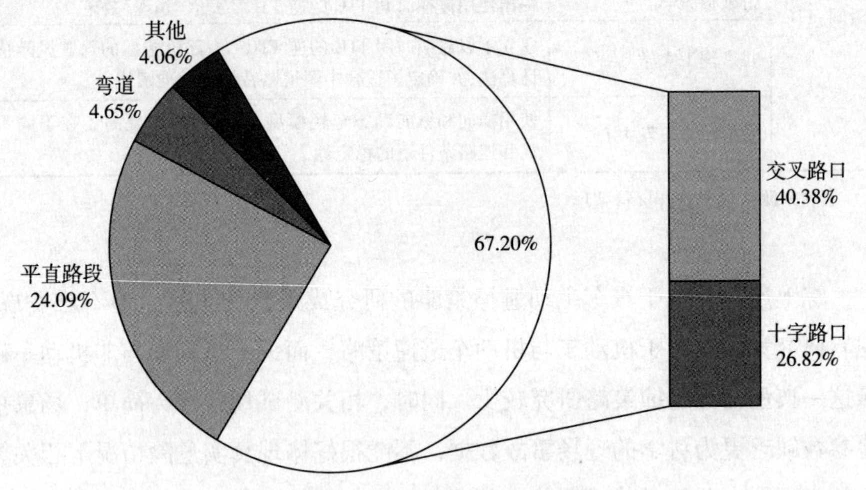


**图 6　汽车-二轮车事故发生路段类型占比**

资料来源：CIDAS。

（2）路域环境

由图 7 可知，近半数的汽车-二轮车事故发生在城市中，其次较多发生的路域环境是郊区和村庄，占比分别为 29.22%和 15.88%。城市区域中人员更加密集，特别是在中国大多数城市道路结构下，机非混行状况较为严重，因此研究路域环境设置为城市区域。

（3）现场风力

由图 8 可知，数据库中汽车与二轮车事故集中发生在无风条件下，大风条件因其本身罕见性，发生事故所占比例较少，本报告只是对汽车主动避撞策略做初步的优化与设计，因而暂不考虑风力参数对试验结果的影响。

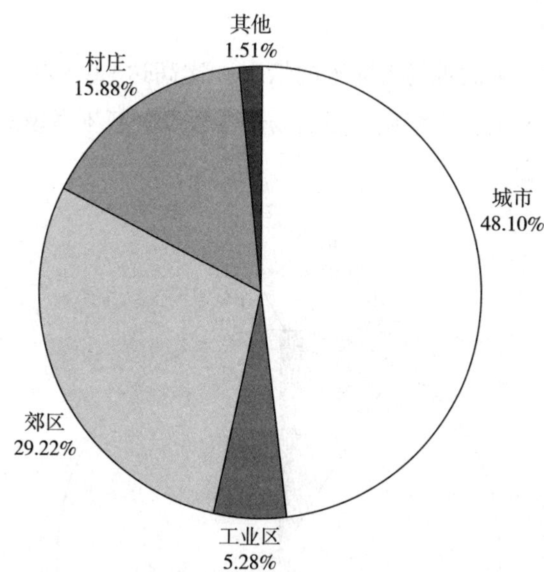


**图 7　汽车-二轮车事故发生路域环境对比**

资料来源：CIDAS。

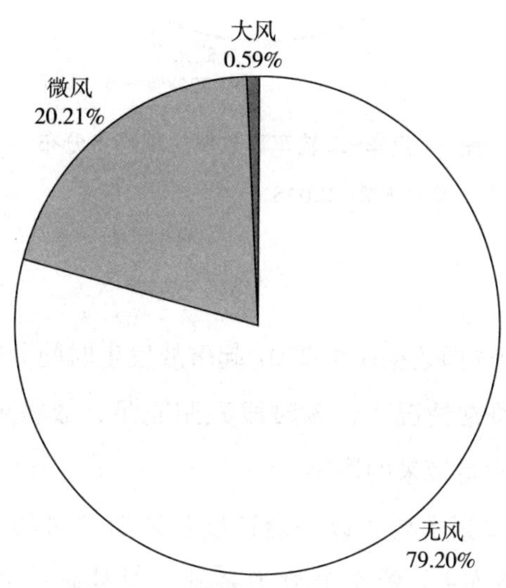


**图 8　汽车-二轮车事故发生地现场风力分布**

资料来源：CIDAS。

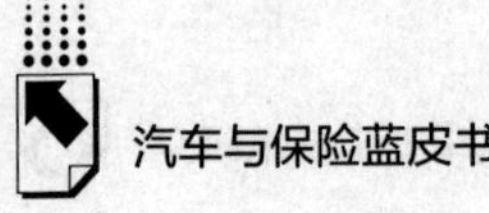


（4）降水量

由图 9 可知，事故现场无降水的情况占比高达 91.32%，同现场风力类似，大降水量情况也较为罕见，因而场景参数设置暂不考虑降水对试验参数和测试算法的影响。

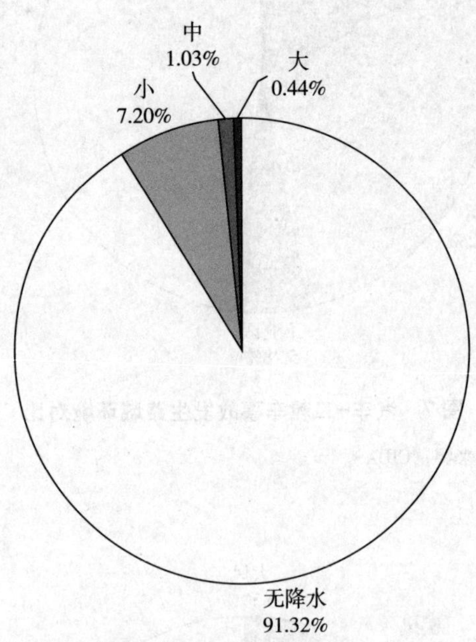


**图 9　汽车-二轮车事故发生地降水分布**

资料来源：CIDAS。

（5）事故时间

图 10 反映了所选择数据库中 2707 起事故发生时间分布情况，多数事故发生在 6~18 时，通常情况下，该时段光照充足，故将试验场景设置在白天，暂不考虑光照不足带来的影响。

本研究中动态要素主要为以一定速度从路口穿过的二轮车，以 CIDAS 数据库中 2707 例汽车-二轮车事故为基础，对其碰撞时速度进行统计分析，其分布如图 11 所示。二轮车碰撞速度分布较为分散，难以直接确定典型速度。因此需对其进行插值操作，在对其进行线性插值后，取其

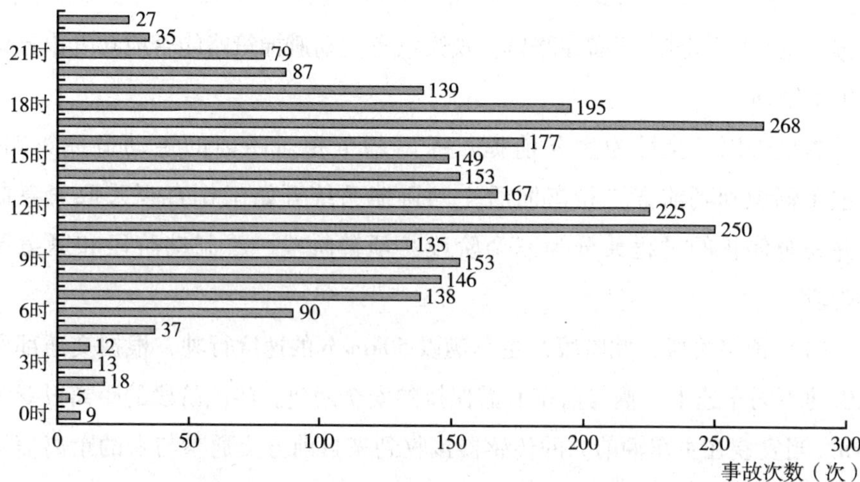


**图 10　汽车-二轮车事故发生时间分布**

资料来源：CIDAS。

20%、50%、80%分位数，分别为 14.95km/h、24.48km/h、34.72km/h。为方便试验设计，最终取 15km/h、25km/h、35km/h 作为场景设置中二轮车三个速度值。

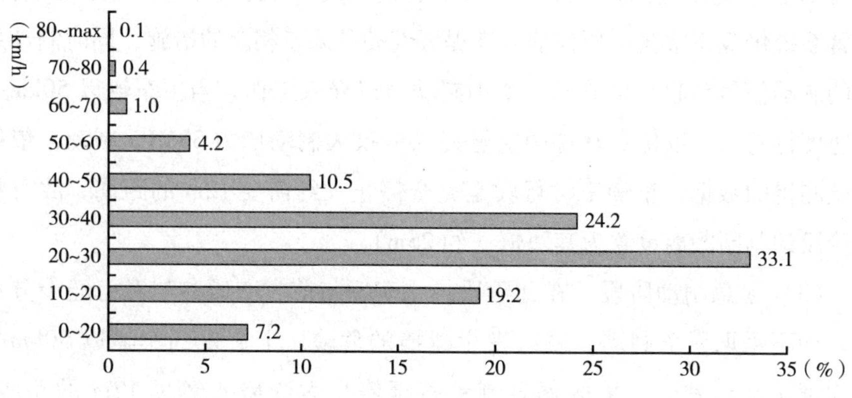


**图 11　汽车-二轮车事故发生时二轮车碰撞速度分布**

资料来源：CIDAS。

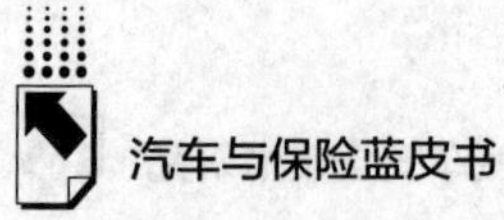



综上所述，试验背景为城市道路交叉口，白天、无降水、无风条件下，前方二轮车以不同速度横穿路口，观察汽车主动避撞策略能否成功发出预警并主动制动。

本报告以安全性为主要前提，提出基于相对距离的主动避撞策略，将主车辆识别到前方二轮车而后主动避撞系统开始工作直到采取紧急制动并完全停止的过程共分为三个阶段：预警阶段、小制动阶段和紧急制动阶段。

（1）预警阶段：此阶段，主车辆以 50km/h 的速度行驶，根据交通部所提供的不同车速下车辆与前车所需保持的安全距离，将此阶段的距离设置为 50m。当安装在主车辆前方的传感器接收到来自前方交通参与者的距离信号并将其传回行车电脑时，行车电脑会判断此距离是否小于预警距离，并且根据结果执行相应的操作。如果主车辆与前方车辆的实时距离小于预警距离，那么主动避撞系统就会输出预警信号，具体形式为显示红色“Warning”字样，并发出特定频率的蜂鸣声，以此来提醒驾驶员保持安全车距，在此阶段时制动系统并不需要介入工作。

（2）小制动阶段：在此阶段时，车辆与前方车辆的距离进一步缩小，此时如果驾驶员不采取行动，那么继续行驶就会有碰撞的风险。故在此阶段预警系统仍应正常输出预警信号来提醒驾驶员采取相应的措施，同时制动系统的制动信号亮起并会输出一个小制动力以介入工作。当主车辆以 50km/h 的速度行驶时，以仿真软件中能够提供的最大制动压力 30MPa 制动，依据实验测得的数据，车辆正常行驶至完全停止大约需要 12m 的距离，故可将此阶段的判断距离设置为其两倍（约 25m）。

（3）紧急制动阶段：在此阶段，主车辆与前方交通参与者已经十分接近，如不采取紧急制动，就有发生碰撞的危险。上文提到车辆以 50km/h 的速度正常行驶时，采取紧急制动直至停止大约需要经过 12m 的路程，故可将此阶段的判断范围设置为 15m 以预留 3m 的停车间距。当主车辆的传感器信号接收到前方交通参与者的距离信息并将其传输回行车电脑，行车电脑做出判断并执行相应的操作，此时预警信号仍应正常输出，制动信号亮起并且制动系统会输出 30MPa 的制动压力来使车辆紧急制动直至停止。

同时，当车辆行驶到特定位置时会触发二轮车运动，在预计冲突点放置一个隐形球体并在这个球体上加装传感器，传感器探测方向为测试车辆一侧，通过获得测试车辆到路口预计冲突点的距离和测试车辆实时车速并进行相除计算出 T 值，同时传感器还可以获取来车的 ID。当传感器计算得到的 T 值小于某一特定值且监测到测试车辆 ID 时，就能触发二轮车按照既定路线和速度运动。具体逻辑示意如图 12 所示。

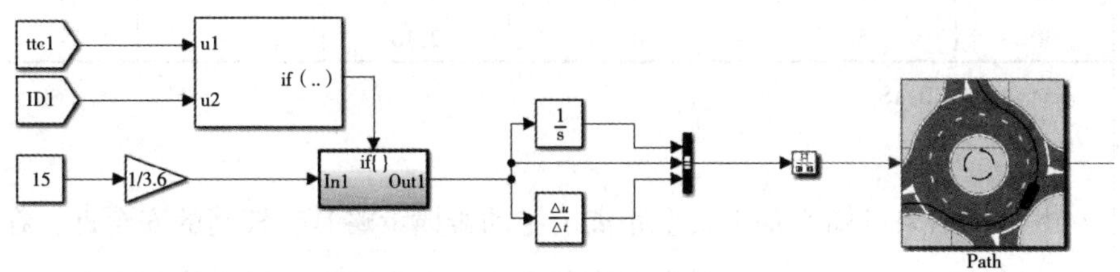


图 12　二轮车运动触发示意图

综上所述，根据所列场景要素，设计试验，图 13 为仿真过程示意图，试验结果如表 10 所示。

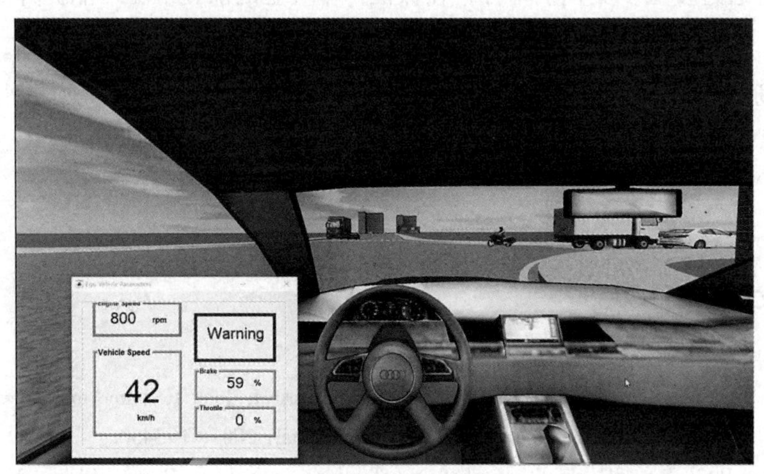


图 13　仿真过程示意图

表 10　主动避撞策略仿真结果

| 主车车速(km/h) | 二轮车车速(km/h) | 主车到冲突点距离(安全距离)(m) | 二轮车触发运动 T 值(s) | 是否预警 | 碰撞与否 |
|---|---|---|---|---|---|
| 50 | 15 | 50 | 3.6 | 是 | 否 |
| 50 | 25 | 30 | 2.16 | 是 | 否 |
| 50 | 35 | 10 | 0.72 | 是 | 是 |
| 50 | 15 | 30 | 2.16 | 是 | 否 |
| 50 | 25 | 10 | 0.72 | 是 | 是 |
| 50 | 35 | 50 | 3.6 | 是 | 否 |
| 50 | 15 | 10 | 0.72 | 是 | 否 |
| 50 | 25 | 50 | 3.6 | 是 | 否 |
| 50 | 35 | 30 | 2.16 | 是 | 否 |

资料来源：CIDAS。

由仿真结果可知，基于安全距离的主动避撞策略具有较高的安全性，在二轮车以较高速度通过路口时也能避免碰撞。发生碰撞的场景原因主要体现在二轮车自身行驶速度较快，同时设置安全距离较短。

上述策略存在以下不足：识别条件过于单一，仅采用了安全距离这一指标。在未来的研究中可以考虑将安全距离和碰撞时间两个因素统一在同一指标下，通过多层多类判别指标，在保证行车安全的前提下尽可能提升驾驶舒适性。同时，基于丰富的 CIDAS 数据库，可以搭建更多的机动车与二轮车事故场景，如极端条件下的事故场景、路段行驶下的事故场景等，进行试验模拟，以此为建立更为科学、准确的主动避撞策略提供数据支撑。

## 参考文献


［1］Hirai S，Hatakenaka H，Manabe Y. Public-private Joint Research to Realization of Advanced Road Services［J］：SAE International，2007，1-3450.

［2］PAN Jie，SHI Li. Study of Target Tracking in Vehicle Rear Collision Avoidance System［J］. Computer Engineering and Applications，2010，46（22）：245-248.

[3] Altendorfer Richard Wirkert-Sebastian Heinrichs-Bartscher-Sascha. Sensor Fusion as an Enabling Technology for Safety: Critical Driver Assistance Systems [J]. SAE International Journal of Passenger Cars-Electronic and Electrical Systems, 2010, 3: 183-192.

[4] Minh V T, Pumwa J. Feasible Path Planing for Autonomous Vehicles [J]. Mathematical Problems in Engineering, 2014, 20 (4): 1-12.

[5] Ji J, Khajepour A, Melek W W, et al. Path Planning and Tracking for Vehicle Collision Avoidance Based on Model Predictive Control With Multiconstraints [J]. IEEE Transactions on Vehicular Technology, 2017, 66 (2): 952-964.

# 保险大数据篇

The Insurance Big Data

## B.12 2022年全国车险市场业务情况分析报告

陈 珮　刘 彬*

**摘　要：** 机动车辆保险是与人民群众利益关系密切的险种，长期以来是财险领域第一大业务。本报告立足中国银保信全国车险信息平台数据，聚焦2022年交强险、商业险的市场规模状况与发展趋势分析，从多个不同维度开展中国车险行业研究分析。在承保方面，分别从新旧车、车辆种类等维度进行分析；在理赔方面，分析了案均赔款情况；最后针对交强险和商业险的区域经营情况进行分析。总体来看，2022年全国车险整体保费规模稳中有升，车险综合改革政策红利在逐渐向市场释放。

**关键词：** 车辆保险　承保　理赔

* 陈珮，中国银行保险信息技术管理有限公司数据与科技管理部；刘彬，中国银行保险信息技术管理有限公司数据与科技管理部数据分析二处副经理，中国精算师，研究方向为财产保险数据与精算分析。

# 一　业务情况概述

2022年，全国机动车辆保险签单保费[①]共计8753.59亿元，同比增长5.62%。2022年全国机动车险签单保费逐月变化情况如图1所示。

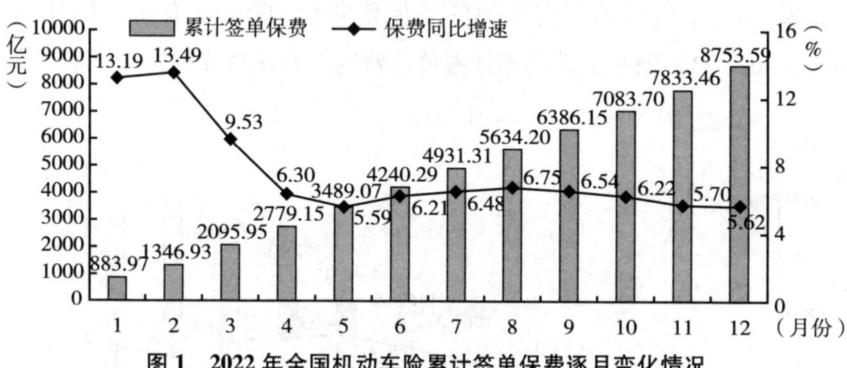


**图1　2022年全国机动车险累计签单保费逐月变化情况**

资料来源：全国车险信息平台。

从理赔来看，2022年机动车险案均赔款0.57万元，同比增长3.82%。2022年机动车险案均赔款逐月变化情况如图2所示。

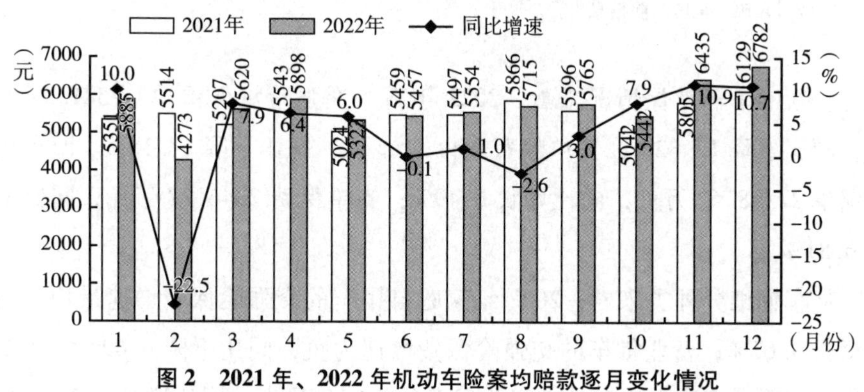


**图2　2021年、2022年机动车险案均赔款逐月变化情况**

资料来源：全国车险信息平台。

① 签单保费按保单起保口径的含税保费统计。

## 二　交强险业务基本情况

### （一）承保业务情况

2022 年，全国机动车交强险签单保费共计 2605.43 亿元，同比增长 3.82%。2022 年机动车交强险累计签单保费逐月变化情况如图 3 所示。

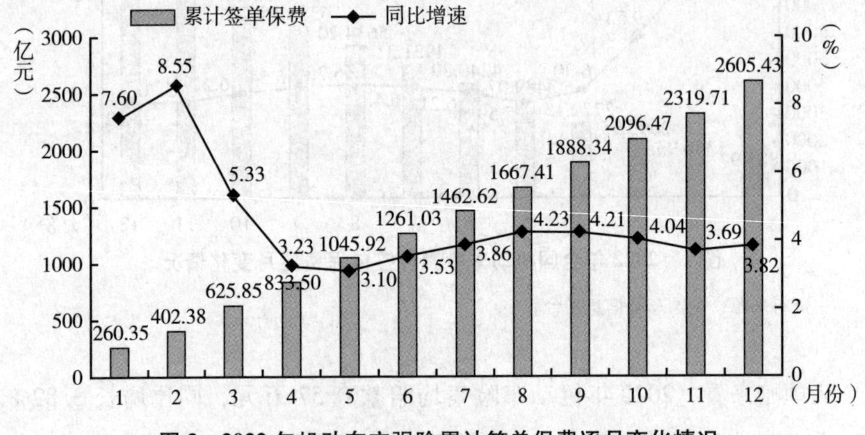


**图 3　2022 年机动车交强险累计签单保费逐月变化情况**

资料来源：全国车险信息平台。

从新旧车辆承保情况来看，2022 年新车交强险承保保单[①] 2581.35 万件，同比下降 12.82%；签单保费 259.21 亿元，同比下降 17.18%。旧车承保保单 27348.62 万件，同比增长 6.49%；签单保费 2346.22 亿元，同比增长 6.81%。

从车辆细分种类来看，2022 年家庭自用车的交强险保费增速最快，同比增长 5.61%；营业货车的交强险保费增速为负，同比下降 4.49%。从变化份额来看，家庭自用车的交强险保费份额变化最大，同比增长 1.20 个百分点。

① 保单件数统计口径为起保日期在统计期间内的有效保单数量。

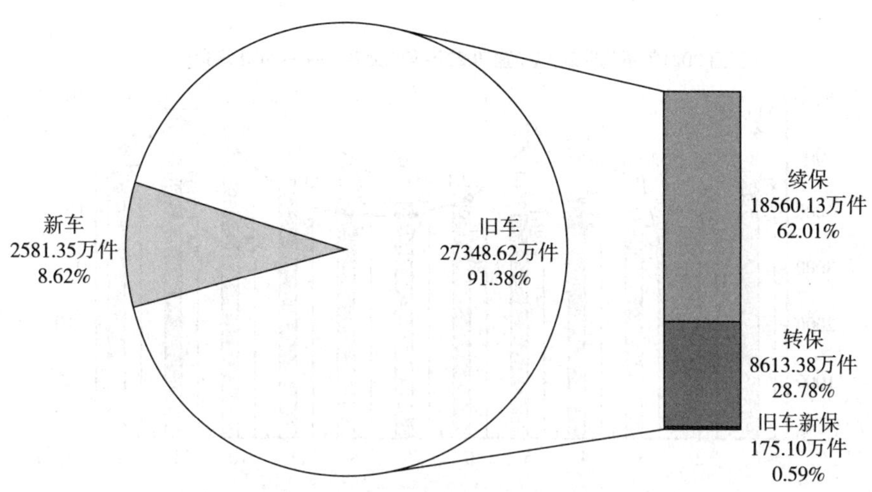


**图 4　2022 年交强险新旧车承保件数及占比**

资料来源：全国车险信息平台。

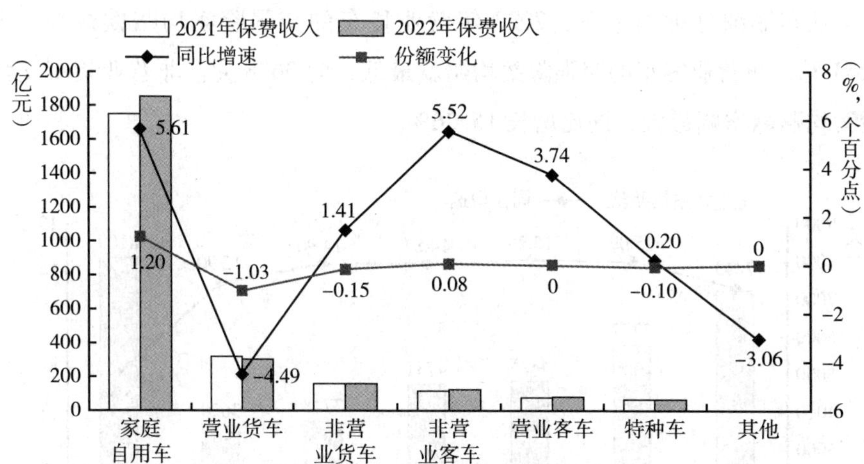


**图 5　2021 年、2022 年各车辆种类交强险保费收入、同比增速及份额变化**

资料来源：全国车险信息平台。

## （二）理赔业务情况

2022 年，机动车交强险案均赔款 0.42 万元，同比增长 14.48%。2022 年机动车交强险案均赔款逐月变化情况如图 6 所示。

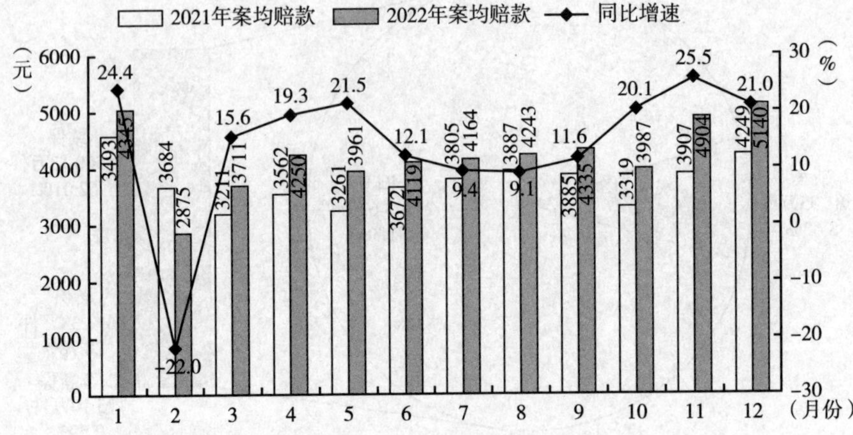


**图 6　2021 年、2022 年机动车交强险案均赔款逐月变化情况**

资料来源：全国车险信息平台。

从车辆细分种类来看，2022 年营业货车的交强险案均赔款最高，为 7243 元；非营业客车的交强险案均赔款最低，为 3628 元。非营业货车交强险案均赔款增幅最大，同比增长 15.26%。

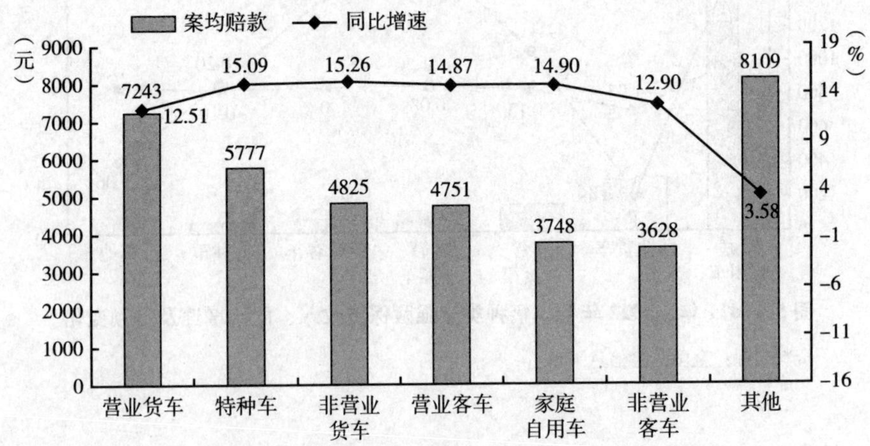


**图 7　2022 年交强险各细分种类车辆案均赔款及同比增速**

资料来源：全国车险信息平台。

# 三　商业险业务基本情况

## （一）承保业务情况

2022 年，全国机动车商业险签单保费共计 6148. 15 亿元，同比增长 6. 41%。2022 年机动车商业险签单保费逐月变化情况如图 8 所示。

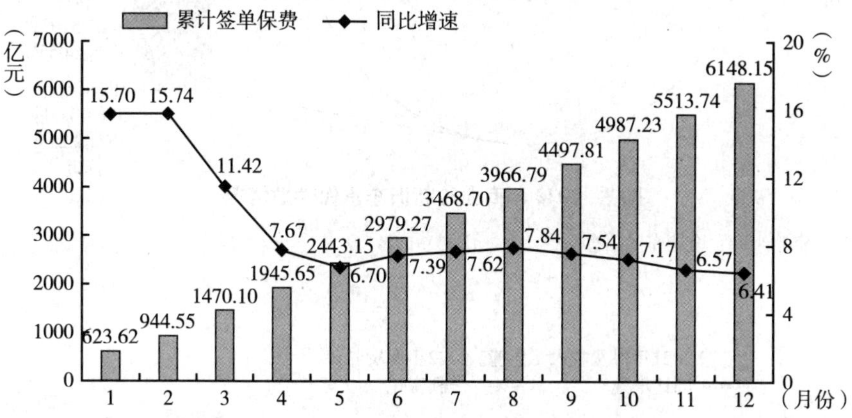


**图 8　2022 年机动车商业险累计签单保费及同比增速逐月变化情况**

资料来源：全国车险信息平台。

从新旧车辆承保情况来看，2022 年机动车新车商业险承保保单 2365. 42 万件，同比下降 10. 40%；签单保费 1061. 96 亿元，同比下降 8. 85%。旧车商业险承保保单 23721. 10 万件，同比增长 6. 29%；签单保费 5086. 20 亿元，同比增长 10. 26%。

从车辆细分种类来看，2022 年营业客车的商业险保费增速最快，同比增长 17. 45%；营业货车的商业险保费降幅最大，同比下降 4. 94%。从变化份额来看，营业货车的商业险保费份额变化最大，同比下降 1. 50 个百分点。

## （二）理赔业务情况

2022 年，机动车商业险案均赔款 0. 69 万元，同比下降 0. 82%。2022 年

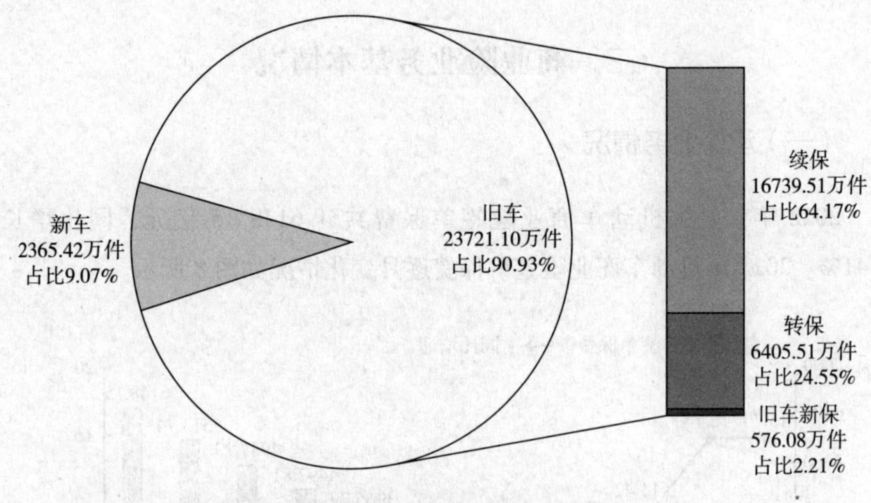


**图 9　2022 年商业险新旧车承保件数情况**

资料来源：全国车险信息平台。

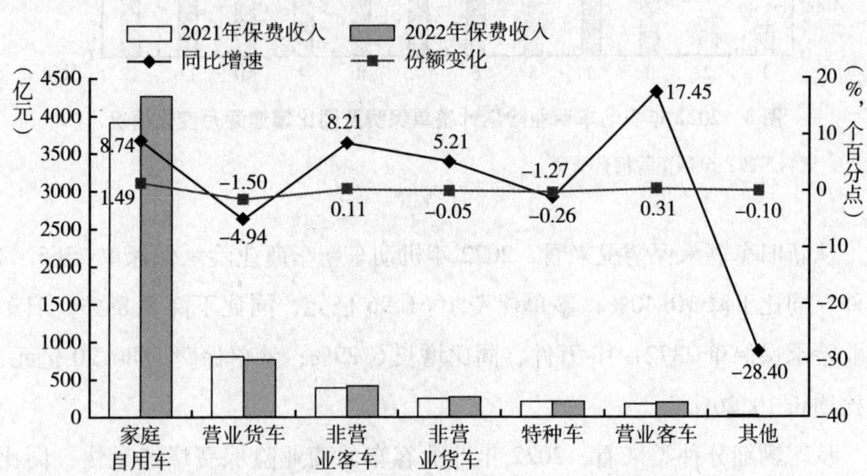


**图 10　2022 年商业险各车辆种类保费收入、同比增速及份额变化**

资料来源：全国车险信息平台。

机动车商业险案均赔款逐月变化情况如图 11 所示。

从车辆细分种类来看，2022 年营业货车的商业险案均赔款最高，为

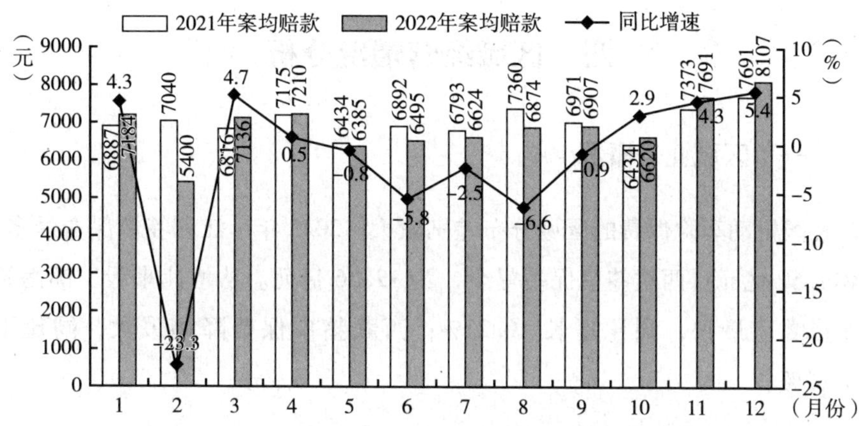


**图 11　2021 年、2022 年机动车商业险案均赔款逐月变化情况**

资料来源：全国车险信息平台。

1.73 万元；家庭自用车的商业险案均赔款最低，为 0.61 万元。非营业货车商业险案均赔款增速最大，同比增长 3.49%。

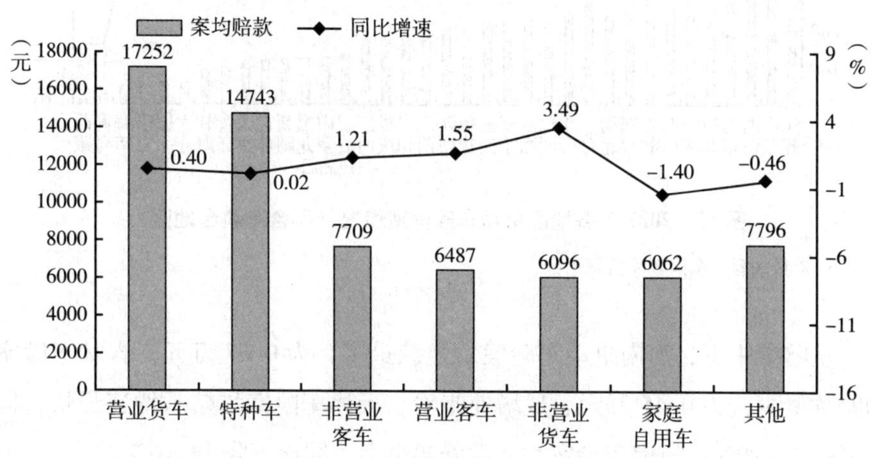


**图 12　2022 年商业险各细分种类车辆案均赔款及同比增速**

资料来源：全国车险信息平台。

## 四 区域经营情况分析

### （一）区域业务概况

我国机动车险保费的区域分布差别较大。2022 年，江苏签单保费最多，为 811.52 亿元；西藏签单保费最少，为 12.36 亿元。从增速来看，湖南签单保费增速最快，同比增长 10.21%；西藏签单保费降幅最大，同比下降 4.82%。

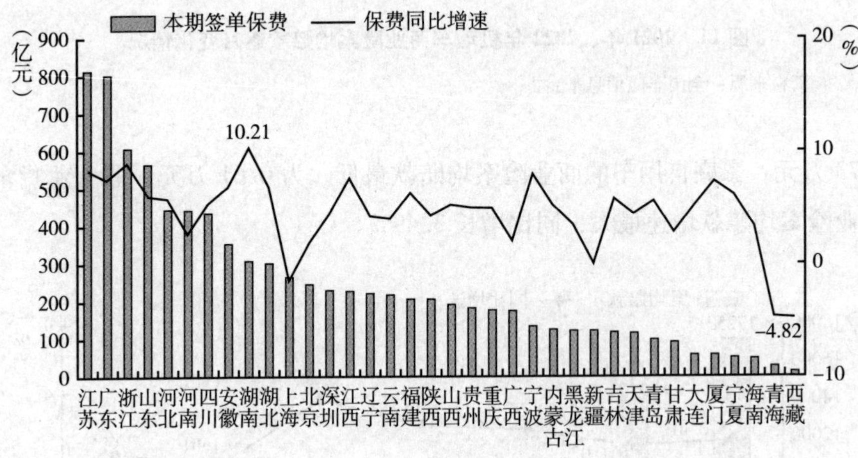


**图 13　2022 年各地区机动车险保费情况（不含港澳台地区）**

资料来源：全国车险信息平台。

从赔款来看，河南机动车险案均赔款最多，为 0.67 万元；吉林车险案均赔款最少，为 0.45 万元。从增速来看，天津车险案均赔款增速最快，同比增长 11.90%；河南车险案均赔款降幅最大，同比下降 14.76%。

### （二）交强险业务区域情况

从交强险承保理赔情况来看，2022 年，广东签单保费最多，为 213.30

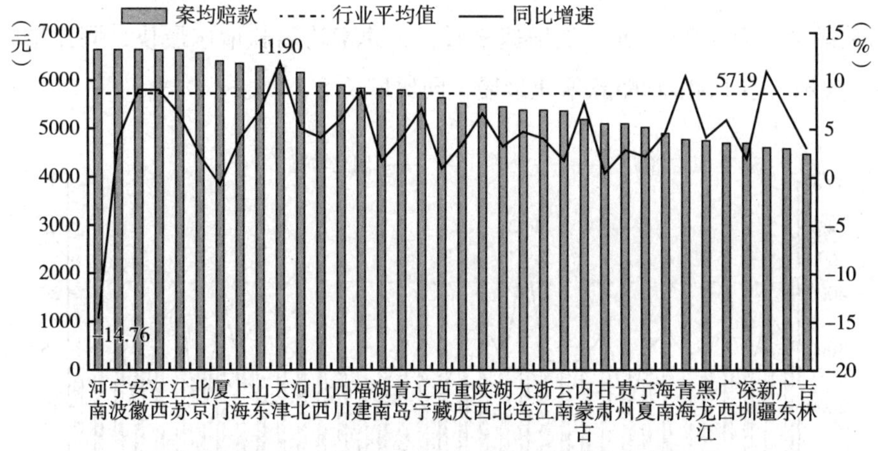


**图 14　2022 年各地区车险案均赔款情况**

资料来源：全国车险信息平台。

亿元；西藏签单保费最少，为 4.74 亿元。从增速来看，宁波签单保费增速最快，同比增长 6.69%，西藏签单保费降幅最大，同比下降 3.19%。

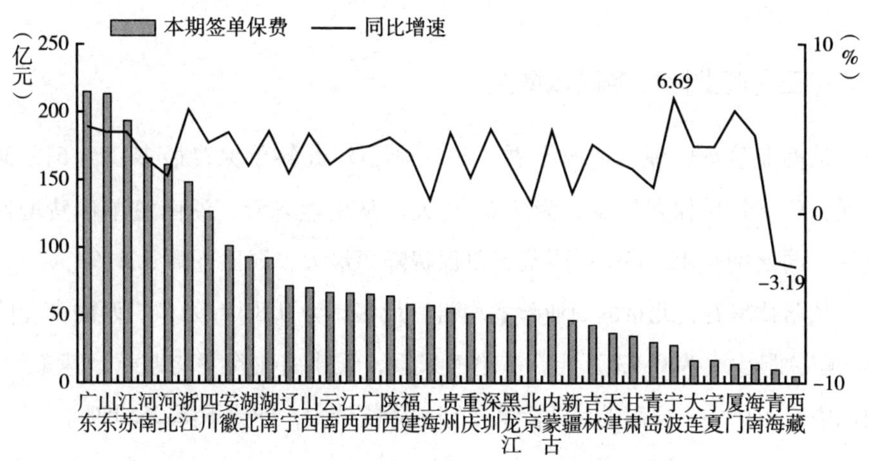


**图 15　2022 年各地区交强险签单保费情况**

资料来源：全国车险信息平台。

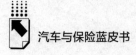

从赔款来看，河南的交强险案均赔款最多，为0.55万元；深圳的案均赔款最少，为0.25万元。从增速来看，天津案均赔款增速最快，同比增长24.23%；厦门的案均赔款增速最慢，同比增长5.11%。

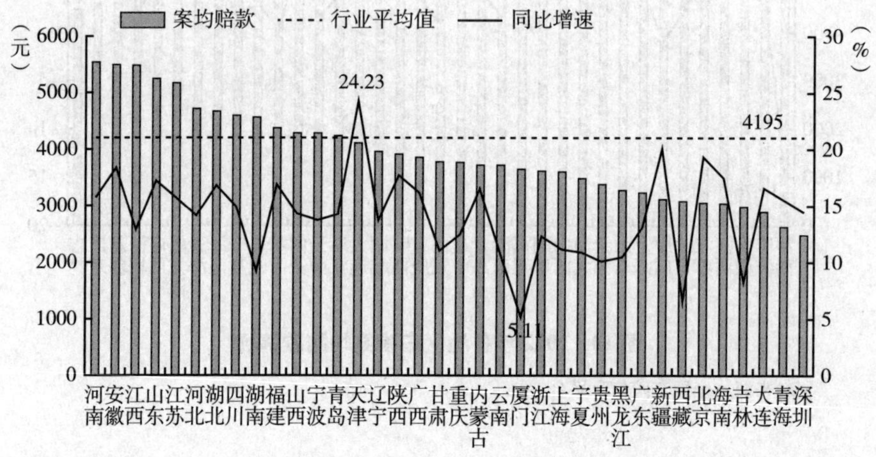


**图16　2022年各地区交强险案均赔款情况**

资料来源：全国车险信息平台。

## （三）商业险业务区域情况

从商业险承保理赔情况来看，2022年，江苏签单保费最多，为619.30亿元；西藏签单保费最少，为7.62亿元。从增速来看，湖南签单保费增速最快，同比增长12.66%；西藏签单保费降幅最大，同比下降5.81%。

从赔款来看，北京的商业险案均赔款最多，为0.87万元；广西的商业险案均赔款最少，为0.53万元。从增速来看，天津商业险案均赔款增速最快，同比增长7.03%；河南的商业险案均赔款降幅最大，同比下降26.05%。

# 五　结论与启示

2020年以来，受疫情和车险综合改革双重影响，车险行业整体保费规

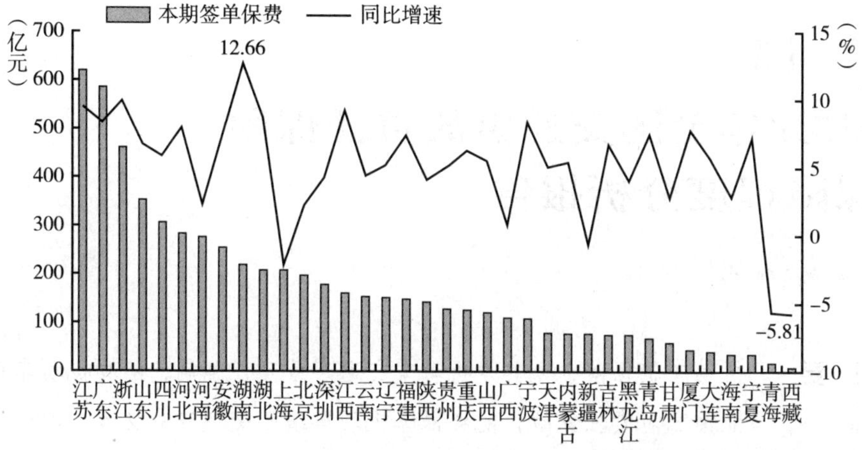


**图 17　2022 年各地区商业险签单保费情况**

资料来源：全国车险信息平台。

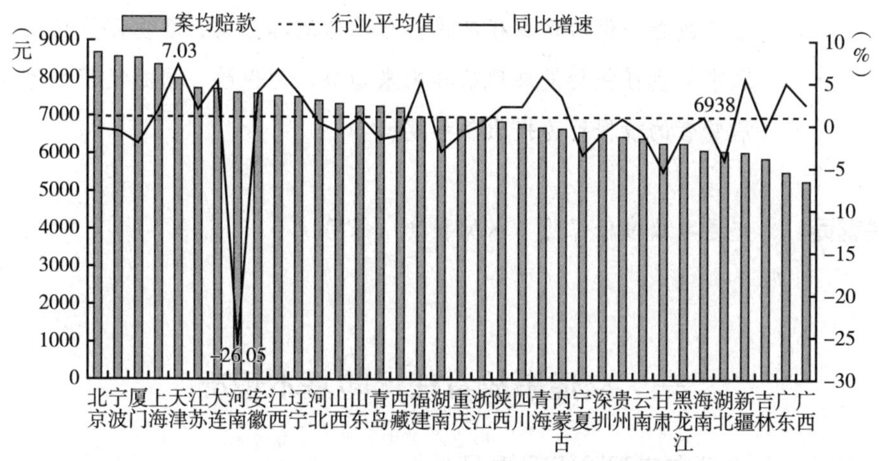


**图 18　2022 年各地区商业险案均赔款情况**

资料来源：全国车险信息平台。

模和案均赔款呈现一定波动趋势。总体来看，伴随着疫情影响的消退，2022年全国车险整体保费规模稳中有升，车险综合改革政策红利在逐渐向市场释放。未来，随着人们的用车方式和出行频率回归正常，车险出险率和案均赔款可能进一步增长，建议消费者结合实际情况合理配置商业车险。

# B.13
# 2022年全国交通事故责任保险保障程度分析报告

陈 珮 刘 彬*

**摘 要：** 机动车辆保险，尤其是机动车交通事故责任强制保险和机动车商业第三者责任保险，能够保障机动车道路交通事故受害人的合法权益，有效地促进道路交通安全。本报告充分利用中国银保信全国车险信息平台的保险大数据，从险种投保情况、地区风险覆盖度、足额投保率、死亡事故责任风险保障水平等角度，对全国交通事故责任保险保障程度进行跟踪监测和分析，客观评价我国交通事故责任保险发展现状和未来趋势，为保险公司的经营行为和消费者的投保行为提供参考建议。

**关键词：** 交通事故责任保险 保障程度 保险

## 一 交通事故责任保险基本情况

### （一）机动车交强险投保情况

根据全国车险信息平台（以下简称车险平台）交强险承保数据，2022年交强险保单件数①为2.99亿件。

* 陈珮，中国银行保险信息技术管理有限公司数据与科技管理部；刘彬，中国银行保险信息技术管理有限公司数据与科技管理部数据分析二处副经理，中国精算师，研究方向为财产保险数据与精算分析。

① 保单件数统计口径为起保日期在统计期间内的有效保单数量。

### （二）机动车三责险投保情况

2022 年，全国 31 个省（区、市）和 5 个计划单列市机动车商业第三者责任保险（以下简称“三责险”）的平均投保率为 86.1%，同比增长 0.2 个百分点。从地区分布情况可以看出，三责险投保率在区域间呈现显著差异（见图 1），主要呈现以下特点。一是经济发达地区的风险管理意识相对较强，保险保障程度需求和三责险投保率相对较高。二是东南沿海地区的三责险投保率明显高于内陆地区，如宁波、浙江在 95%以上，而西藏、黑龙江、青海地区不足 65%。从地区同比变化情况来看，有 20 个地区三责险投保率较上年下降，其中上海、厦门、深圳下降较明显，分别下降 8.1 个、2.8 个、1.9 个百分点；其余 16 个地区三责险投保率均比上年提高，其中湖北的三责险投保率涨幅最大，同比增长 9.4 个百分点。

从车辆种类来看，2022 年，家庭自用车保单件数在机动车中占 82.1%，其三责险投保率为 87.7%，同比增长 0.1 个百分点。与机动车整体情况相比，家庭自用车的三责险投保率高 1.6 个百分点，地区间差异与整体情况相似，进一步反映出各地车主保障意识和需求存在明显差异。

## 二　各地区三责险平均保额对风险的覆盖度

2022 年，全国三责险平均保额和单人死亡赔付费用平均水平分别是 201.2 万元和 127.5 万元①，比 2021 年的 165.5 万元和 116.9 万元分别提高

① 商业三责险的保险责任对应的是交通事故责任赔偿中交强险赔偿以外的部分，其赔偿限额（保额）统一包含了因交通事故造成的人员伤亡及物损。其中，导致人员死亡是严重事故中最为突出的风险责任。根据最高人民法院颁布的《关于审理人身损害赔偿案件适用法律若干问题的解释》，造成受害人死亡的赔偿义务人除应当根据抢救治疗情况赔偿相关费用外，还应当赔偿死亡补偿费、丧葬费、被扶养人生活费，以及受害人亲属办理丧葬事宜支出的交通费、住宿费和误工损失等其他合理费用。本文以交通事故中一名 60 岁以下，且有扶养责任的城镇成年居民死亡为例，根据国家统计局官网所发布的各地城镇居民人均可支配收入和城镇居民人均消费性支出额数据，对全国 31 个省（区、市）和 5 个计划单列市的商业三责险保额充足度进行计算分析。

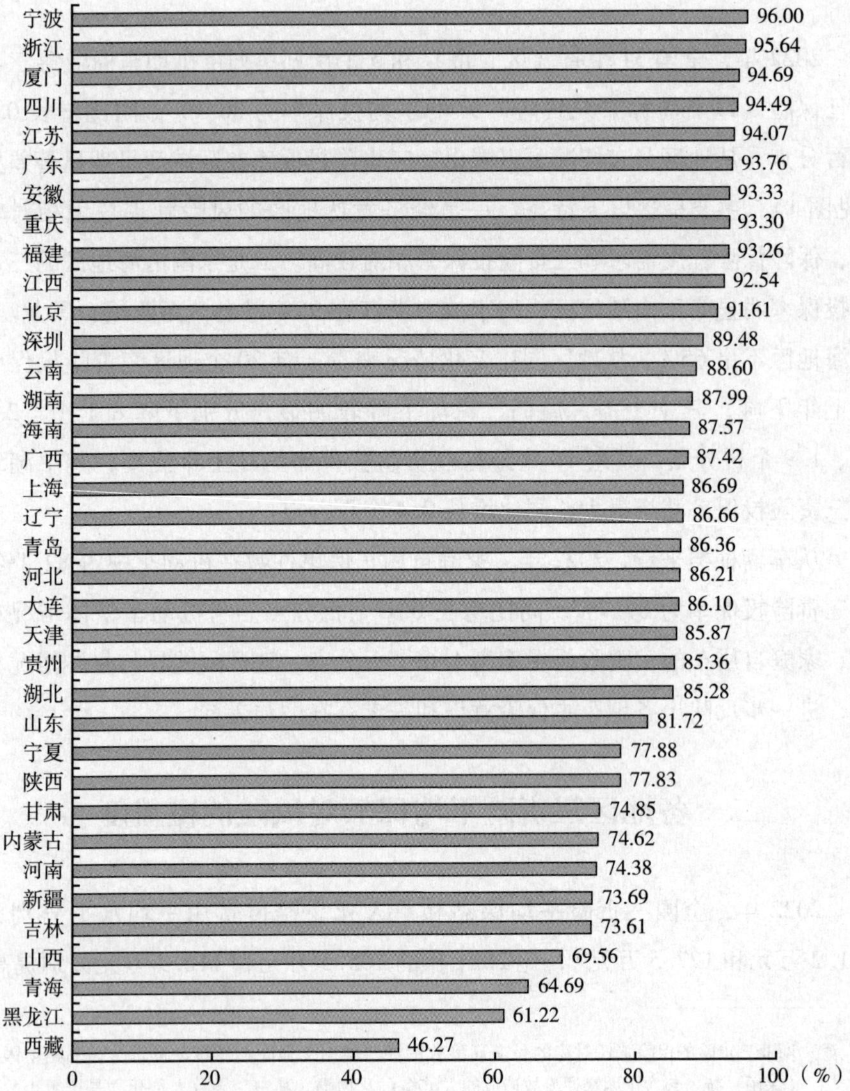

| 地区 | 投保率（%） |
|---|---|
| 宁波 | 96.00 |
| 浙江 | 95.64 |
| 厦门 | 94.69 |
| 四川 | 94.49 |
| 江苏 | 94.07 |
| 广东 | 93.76 |
| 安徽 | 93.33 |
| 重庆 | 93.30 |
| 福建 | 93.26 |
| 江西 | 92.54 |
| 北京 | 91.61 |
| 深圳 | 89.48 |
| 云南 | 88.60 |
| 湖南 | 87.99 |
| 海南 | 87.57 |
| 广西 | 87.42 |
| 上海 | 86.69 |
| 辽宁 | 86.66 |
| 青岛 | 86.36 |
| 河北 | 86.21 |
| 大连 | 86.10 |
| 天津 | 85.87 |
| 贵州 | 85.36 |
| 湖北 | 85.28 |
| 山东 | 81.72 |
| 宁夏 | 77.88 |
| 陕西 | 77.83 |
| 甘肃 | 74.85 |
| 内蒙古 | 74.62 |
| 河南 | 74.38 |
| 新疆 | 73.69 |
| 吉林 | 73.61 |
| 山西 | 69.56 |
| 青海 | 64.69 |
| 黑龙江 | 61.22 |
| 西藏 | 46.27 |

0 20 40 60 80 100（%）

**图 1　2022 年全国 31 个省（区、市）和 5 个计划单列市三责险投保率**

资料来源：全国车险信息平台。

了 21.6%和 9.1%。从死亡赔偿费用中扣除交强险死亡赔偿限额（18 万元）后，三责险整体平均保额充足度[①]为 183.8%，比上年增长 16.4 个百分点。交通事故责任保险保障程度整体已经超过 100%。

然而，各地区三责险保额充足度不平衡的状况依然存在。三责险保额充足度超过 100%的地区有 33 个，其中江西三责险保额充足度高达 252.7%；充足度低于 100%的 3 个地区分别是宁波（96.0%）、上海（93.8%）、北京（86.2%）（见图 2）。计划单列市投保率相对较高，但风险覆盖程度往往低于其所在省份的其他地区。

从车辆种类来看，2022 年，全国家庭自用车三责险平均保额充足度为 148.9%，同比下降 15.0 个百分点，充足度低于机动车整体水平。从地区增速来看，31 个省（区、市）和 5 个计划单列市同比都有所提升，其中山西家庭自用车三责险保额充足度增幅最大，比上年增长 45.9 个百分点。家庭自用车三责险保额充足度的地区差异与全车种基本一致。

## 三　各地区三责险足额投保比例

2022 年，全国部分车辆的三责险保单不能全面覆盖交通死亡事故责任风险，约有 87.0%的三责险保单实现了风险的充分覆盖，比上年同期增长 3.0 个百分点。大部分地区三责险足额保单占比[②]偏低（见图 3），并呈现如下特点。一是整体状况相对改善。全国有 29 个地区三责险足额保单占比不同程度提高，其中宁波增幅最大，同比增长 30.7 个百分点。二是少数地区三责险足额保单占比仍较低。26 个地区三责险足额保单占比超过 80%，但仍有 2 个省市不足 40%。三是三责险足额保单占比与当地经济发展状况存在

---

① 三责险平均保额充足度=三责险平均保额/（当地死亡事故责任赔偿费用−交强险死亡赔偿限额）。其中，三责险平均保额=三责险总保额/三责险签单车年，当地死亡事故责任赔偿费用=死亡赔偿金+丧葬费+被扶养人生活费=（当地上年城镇居民人均可支配收入×20 年）+（当地上年城镇居民人均可支配收入×0.5 年）+当地上一年度城镇居民人均消费性支出额×10 年。

② 足额保单占比是指足额投保保单在当地全部保单中的占比。

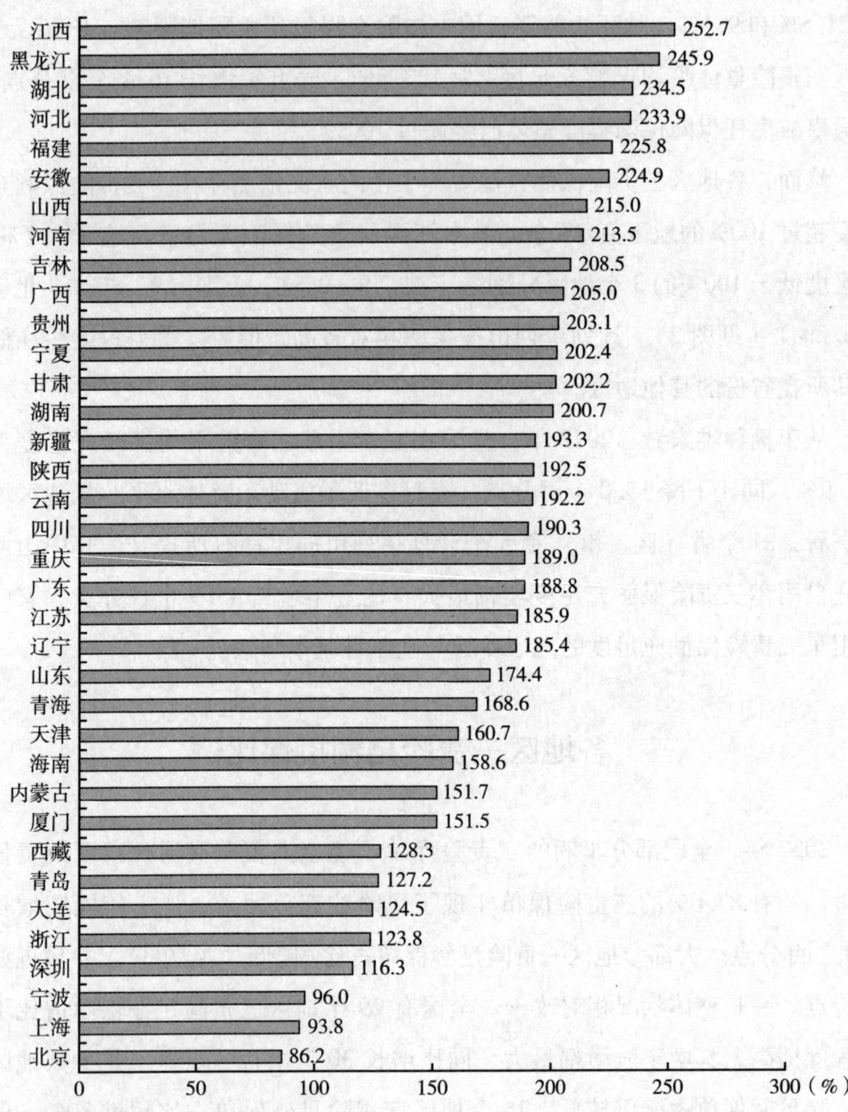

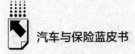

**图 2　2022 年全国 31 个省（区、市）和 5 个计划单列市三责险保额充足度**

资料来源：全国车险信息平台。

偏差。北京、上海、深圳等地经济水平位居全国前列，三责险足额保单占比的全国排名却比较靠后。四是各地区保额选择的分布不均衡，部分车主的高保额拉高了当地整体平均保额，实际上大部分车主并未投保充足的三责险。

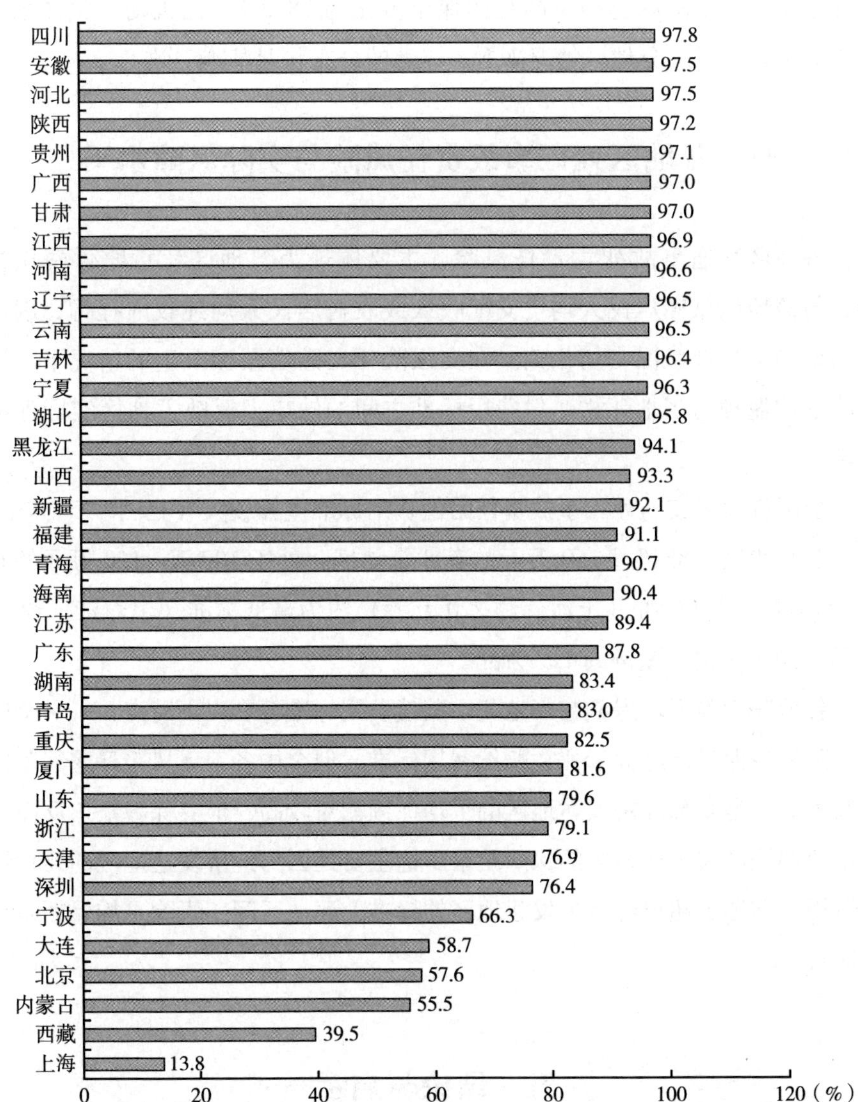


**图 3　2022 年全国 31 个省（区、市）和 5 个计划单列市三责险足额保单占比**

资料来源：全国车险信息平台。

如西藏地区三责险平均保额对责任风险的覆盖程度达 128.3%，但仅有 39.5%的保单可以完全覆盖责任风险。五是家庭自用车的足额保单占比略超整体水平。全国家庭自用车的足额保单占比为 88.2%，比机动车整体水平高 1.2 个百分点。分地区情况来看，二者的分布状况基本一致。

## 四　各地区死亡事故责任风险与实际保障水平

各地区交通事故死亡责任风险，主要体现为各地区死亡赔付费用标准，与该地区城镇居民人均可支配收入或农村居民人均纯收入挂钩，因此与当地经济发展状况密切相关。在交强险死亡赔偿限额既定的情况下，三责险平均保额与当地死亡赔付费用标准之间的缺口，反映了地区实际保障水平。

全国各地区交通死亡事故责任赔偿费用标准差异较大（见图 4）。其中，死亡赔偿费用标准超过 150 万元的有 8 个地区；处于 100 万~150 万元的有 23 个地区。最高标准（上海，约 220 万元）约为最低标准（黑龙江，约 93 万元）的 2.4 倍，差额约 127 万元。

各地三责险平均保额与当地死亡赔偿费用标准存在以下特点：一是全国三责险平均保额已经大于死亡赔偿费用标准，但全国各地区风险暴露程度差异较大。二是东部经济发达地区的平均保额相对较高，但其保障缺口反而大于中西部经济欠发达地区的保障缺口。这主要是因为经济发达地区的死亡赔付费用标准远远超出经济欠发达地区的标准，而地区间三责险平均保额差异相对较小。

## 五　结论与启示

### （一）交通事故责任保险保障程度显著提升

车险综合改革效应持续显现，2022 年商业险投保率稳中有升，总体上对消费者的交通事故责任风险覆盖更加充分，极大程度上填补了交通事故死亡赔付缺口（见表 1）。

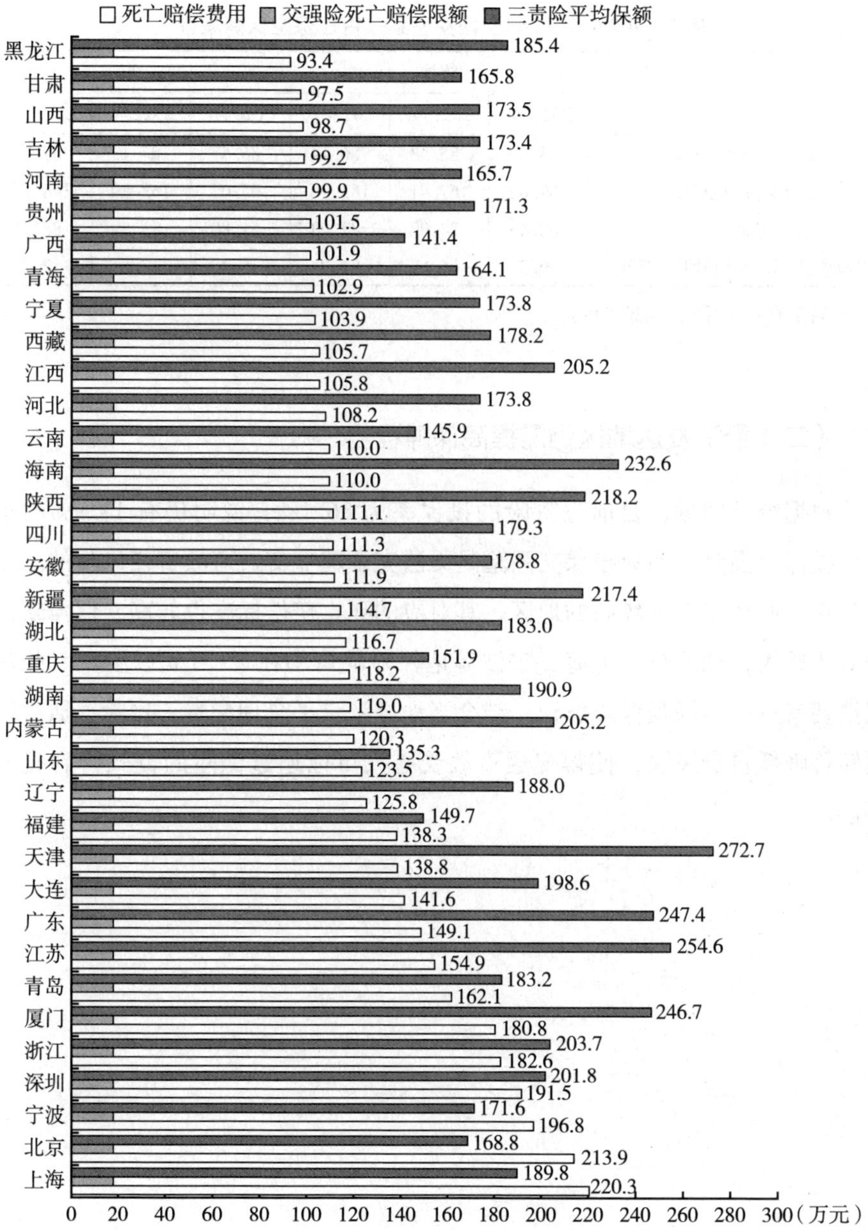

**图 4　2022 年全国 31 个省（区、市）和 5 个计划单列市死亡事故责任赔偿费用与三责险平均保额差异**

资料来源：全国车险信息平台。

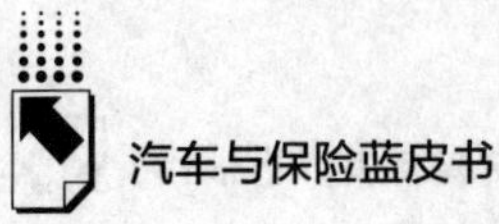


**表 1　2020~2022 年全国交通事故责任保险保障程度**

| 指标 | 整体 | | | 家用车 | | |
|---|---|---|---|---|---|---|
| | 2020 年 | 2021 年 | 2022 年 | 2020 年 | 2021 年 | 2022 年 |
| 交三共保比率(%) | 84.89 | 85.53 | 86.14 | 86.57 | 87.19 | 87.73 |
| 三责险保额充足度(%) | 109.64 | 167.41 | 183.76 | 105.05 | 163.89 | 148.92 |
| 三责险足额占比(%) | 60.45 | 84.02 | 87.03 | 57.80 | 83.59 | 88.24 |
| 交通事故死亡赔付缺口(万元) | -9.3 | -66.6 | -91.7 | -5.3 | -67.6 | -57.0 |

资料来源：全国车险信息平台。

### （二）经济发达地区仍需提高保障程度

根据统计数据，目前三责险的投保率为 86.1%，说明仍有 13.9%的车主仅投保交强险，而只投保交强险是无法完全覆盖交通事故责任风险的。尤其是在一些经济水平较高的地区，其对应的死亡赔偿标准也较高，保障缺口相对比较大，如北京、上海、宁波等地保障缺口均在 25 万元以上。因此建议消费者进一步增强保障意识，结合当地经济水平合理配置三责险，通过风险转移降低自身风险，使得交通事故受害人可以通过保险的方式得到充分补偿。

# B.14

# 2022年全国商业车险风险情况分析报告

陈莉欣　应艳萱*

**摘　要：** 2022年车险综合改革深入推进，“降价、增保、提质”的阶段性目标成效显著，叠加新冠肺炎疫情防控等多重因素影响，各地区商业车险的市场发展情况及赔付风险呈现不同的特征。依托全国车险信息平台的承保和理赔数据，本报告选取了5个承保指标和4个理赔指标对全国各地区的商业车险风险情况进行分析，指标包括保费规模、投保率、单均保费、单均保额、平均折扣系数、结案率、案均已结赔款、出险频度、满期赔付率，最终对商业车险的风险变化趋势进行初步研判并提出建议，为引导车险行业健康持续发展提供参考。

**关键词：** 商业车险　保费　风险

机动车辆商业保险（以下简称商业车险）是车险市场重要组成部分之一，中国银保信基于全国车险信息平台数据①连续8年编制全国商业车险风险情况分析报告，旨在为行业提供商业车险的区域风险情况参考依据。本报告针对2022年商业车险在全国31个省（区、市）和5个计划单列市的总体风险情况进行了分析，从多个指标维度编制了全国商业车险风险情况图。

---

* 陈莉欣，中国银行保险信息技术管理有限公司数据与科技管理部；应艳萱，中国银行保险信息技术管理有限公司数据与科技管理部。

① 本报告数据未包括摩托车和拖拉机数据，保费统计口径为起保日期在统计期间内的最新含税签单保费。因数据处于动态变化中且受统计时点影响较大等，本报告数据可能与车险数据分析系统披露的指标数值略有差异。

## 一 总体风险情况

2022 年，我国车险市场稳步发展，保费增速恢复正增长。截至 2022 年底，全国共有 66 家保险公司接入全国车险信息平台开展业务，本年车险保费规模为 8737 亿元，较上年同期增长 5.6%，保费增速同比提高近 10 个百分点。

### （一）保费规模

2022 年，全国商业车险签单件数共 2.57 亿件，较上年同期增长 4.6%，商业车险保费规模为 6132 亿元，较上年同期增长 6.4%。各地区商业车险的保费规模一般与当地经济发展水平和人口密度相关，从图 1 可以看出，东部地区和南部地区的商业车险保费规模高于西部地区和北部地区。其中，江苏、广东、浙江的商业车险保费规模排名前三，均在 400 亿元以上；西藏、青海、宁夏、海南等 6 个地区的保费规模在 50 亿元以下。

与 2021 年相比，2022 年各地区商业车险保费规模的数量级变化不大。商业车险保费规模超过 100 亿元的地区有 23 个，较上年增加了宁波。其中，保费规模超过 200 亿元的地区有 11 个，较上年增加了湖南和湖北。此外，2022 年大部分地区商业车险保费增速回归正增长，其中湖南、浙江、江苏保费增速排名靠前，分别增长了 12.8%、9.9%、9.5%。全国各地区中，仅西藏、青海、上海和新疆 4 个地区保费规模同比下降。

### （二）投保率

2022 年，全国商业车险投保率[①]为 86.1%，较上年同期提高 0.1 个百分点。从图 2 可以看出，商业车险投保率地区之间差异明显，东南沿海地区商业车险投保率普遍高于其他地区。宁波、浙江、厦门、四川等 11 个地区的商业

① 商业车险投保率=商业车险保单件数/交强险保单件数。

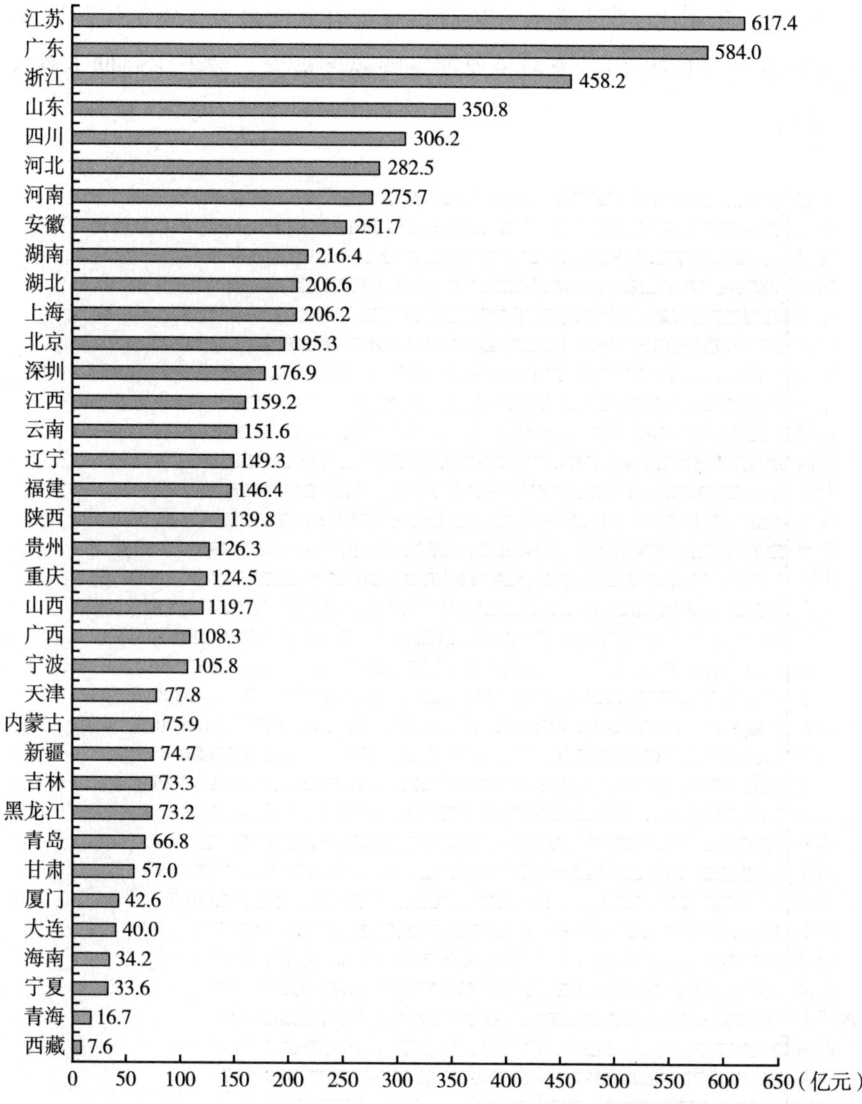


**图 1　2022 年 31 个省（区、市）和 5 个计划单列市商业车险保费**

资料来源：全国车险信息平台。

车险投保率较高，均在 90%以上，其中宁波和浙江投保率在 95%以上；西藏、黑龙江、青海、山西等 9 个地区的商业车险投保率较低，均在 75%以下，其中西藏投保率排名最末，为 46. 3%，但较上年同期提高 0. 8 个百分点。

与2021年相比，湖北商业车险投保率上升幅度最大，较上年同期提高9.4个百分点（见表1）；上海投保率下降幅度最大，较上年同期下降8.1个百分点。

| 地区 | 投保率（%） |
| --- | --- |
| 宁波 | 96.0 |
| 浙江 | 95.6 |
| 厦门 | 94.7 |
| 四川 | 94.5 |
| 江苏 | 94.0 |
| 广东 | 93.7 |
| 安徽 | 93.3 |
| 重庆 | 93.2 |
| 福建 | 93.2 |
| 江西 | 92.5 |
| 北京 | 91.5 |
| 深圳 | 89.9 |
| 云南 | 88.6 |
| 湖南 | 88.0 |
| 海南 | 87.6 |
| 广西 | 87.4 |
| 上海 | 86.7 |
| 辽宁 | 86.6 |
| 青岛 | 86.4 |
| 河北 | 86.2 |
| 大连 | 86.0 |
| 天津 | 85.8 |
| 贵州 | 85.3 |
| 湖北 | 85.2 |
| 山东 | 81.7 |
| 宁夏 | 77.9 |
| 陕西 | 77.8 |
| 甘肃 | 74.8 |
| 内蒙古 | 74.6 |
| 河南 | 74.4 |
| 新疆 | 73.7 |
| 吉林 | 73.6 |
| 山西 | 69.5 |
| 青海 | 64.7 |
| 黑龙江 | 61.2 |
| 西藏 | 46.3 |

**图2　2022年31个省（区、市）和5个计划单列市商业车险投保率**

资料来源：全国车险信息平台。

表 1　2022 年商业车险投保率增幅排名前十的地区

单位：%，个百分点

| 地区 | 商业车险投保率 | 投保率变动 | 增幅排名 |
| --- | --- | --- | --- |
| 湖北 | 85. 2 | 9. 4 | 1 |
| 青岛 | 86. 4 | 4. 4 | 2 |
| 江西 | 92. 5 | 1. 5 | 3 |
| 吉林 | 73. 6 | 1. 2 | 4 |
| 西藏 | 46. 3 | 0. 8 | 5 |
| 广西 | 87. 4 | 0. 8 | 6 |
| 河北 | 86. 2 | 0. 8 | 7 |
| 黑龙江 | 61. 2 | 0. 8 | 8 |
| 山西 | 69. 5 | 0. 8 | 9 |
| 山东 | 81. 7 | 0. 5 | 10 |

资料来源：全国车险信息平台。

## （三）单均保费

2022 年，全国商业车险单均保费为 2383 元，较上年同期上升 1. 7%。如图 3 所示，商业车险单均保费地区差异较为明显。北上深厦和宁波、江苏、浙江等地商业车险单均保费处于较高水平，其中深圳单均保费最高，为 4073. 3 元；广西、内蒙古、河北、山东等地商业车险单均保费处于较低水平，其中广西单均保费最低，为 1497. 1 元。

与 2021 年相比，2022 年全国各地区中有 11 个地区商业车险单均保费下降，25 个地区单均保费略有上升。其中，青海、西藏、广西为下降幅度最大的三个地区，较上年同期分别下降了 7. 1%、6. 7%、5. 8%。

## （四）单均保额

2022 年，全国商业车险单均保额为 216 万元，较上年同期增长 23. 9%。整体来看，东南部地区的商业车险单均保额普遍较高，这些地区的机动车辆保险保障程度相对充足；西北部地区的商业车险单均保额普遍较低，这些地

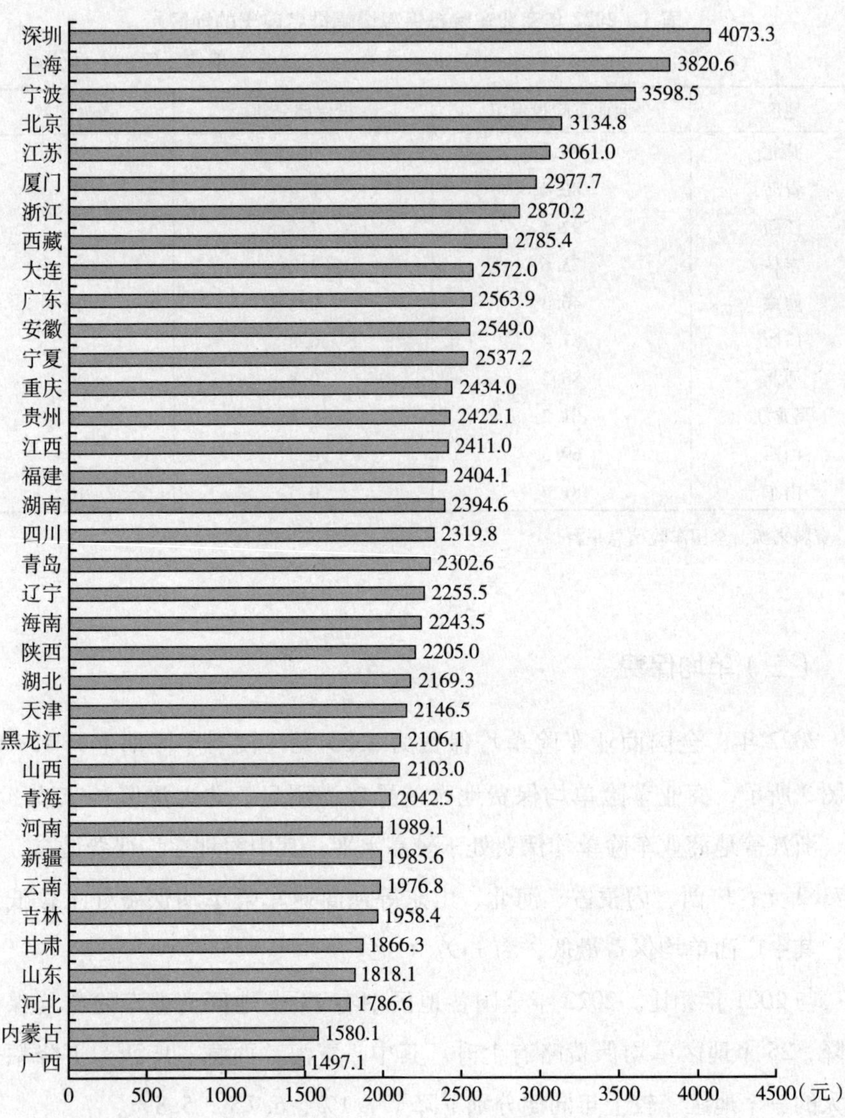


**图 3　2022 年 31 个省（区、市）和 5 个计划单列市商业车险单均保费**

资料来源：全国车险信息平台。

区的机动车辆保险保障程度有待提升。其中，福建单均保额最高，为 291.1 万元；海南单均保额最低，为 156.6 万元（见图 4）。

与2021年相比，2022年各地区商业车险单均保额均进一步提高，车险综合改革“增保”效应持续释放。全国各地区中商业车险单均保额最少增长12.4%，其中山西单均保额增长最多，较上年同期增长33.9%。

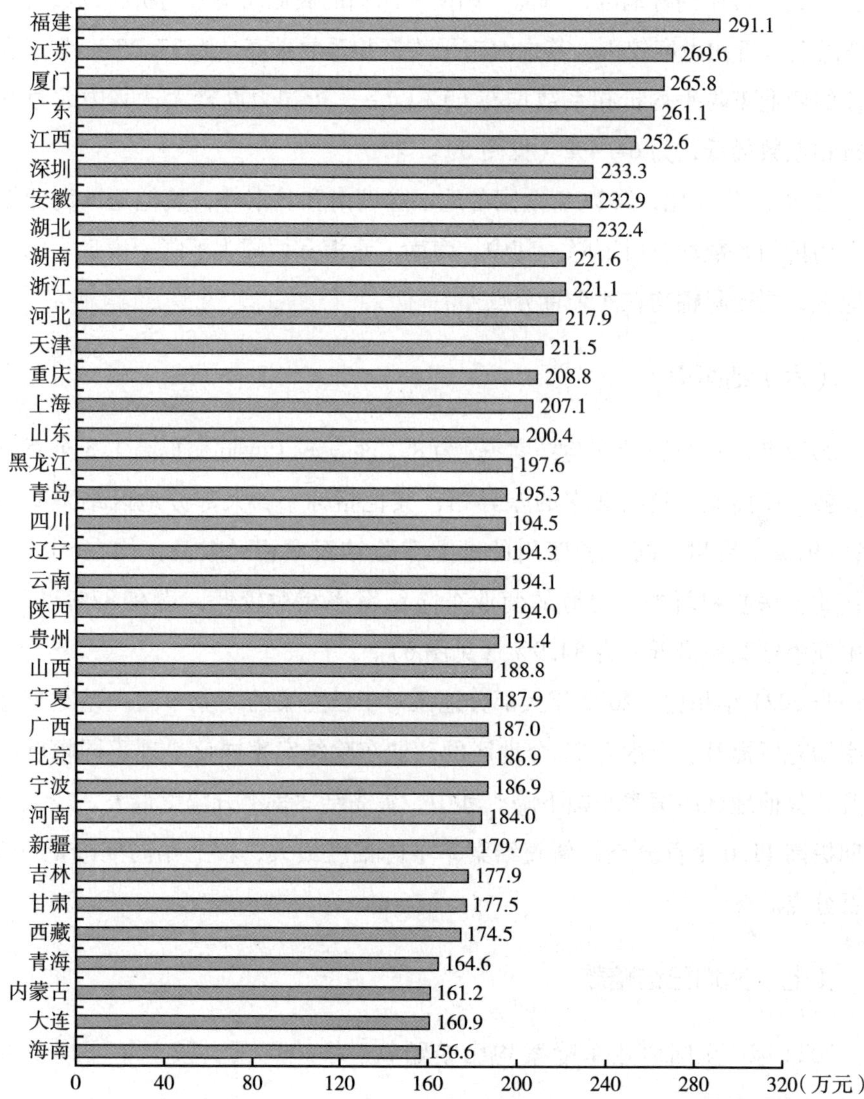


**图4　2022年31个省（区、市）和5个计划单列市商业车险单均保额**

资料来源：全国车险信息平台。

## （五）平均折扣系数

2022 年，全国商业车险平均折扣系数[①]为 69.9%，较上年同期降低 0.8 个百分点。具体到各地区，海南、湖南和深圳的商业车险平均折扣系数均在 75%以上，折扣力度较小，其中海南平均折扣系数最高，为 77.2%；北京和天津的商业车险平均折扣系数均在 65%以下，折扣力度较大，其中北京平均折扣系数最低，为 64.4%（见图 5）。

与 2021 年相比，2022 年全国各地区除湖南和北京外，其他地区商业车险平均折扣系数均有所下降。其中，海南、青海和西藏为下降幅度最大的三个地区，同比降幅均在 4 个百分点左右。

## （六）结案率

2022 年，全国商业车险结案率[②]为 89.5%，较上年同期提高 1.3 个百分点。各地区商业车险结案率的差异相比其他指标小，大部分地区结案率在 89%~91%。贵州、湖北和四川的商业车险结案率相对较高，均在 91%以上；北上深厦和新疆、青海的商业车险结案率相对较低，均在 87%以下，其中新疆结案率最低，为 84.9%（见图 6）。

与 2021 年相比，2022 年大部分地区对于已立案的商业车险理赔案处理效率均有所提升。全国有 27 个地区的商业车险结案率同比呈现不同幅度的上升，其他地区结案率小幅下降。其中，青岛结案率上升幅度最大，较上年同期提高 11.0 个百分点；新疆结案率下降幅度最大，较上年同期降低 3.0 个百分点。

## （七）案均已结赔款

2022 年，全国商业车险案均已结赔款[③]为 4992 元，较上年同期下降

---

① 平均折扣系数=起保日期在统计期间内保单的签单保费/基准保费。

② 结案率=起保日期在统计期间内保单所对应的已结案件数/有效立案件数。

③ 案均已结赔款=起保日期在统计期间内保单所对应的已结赔款/已结件数。

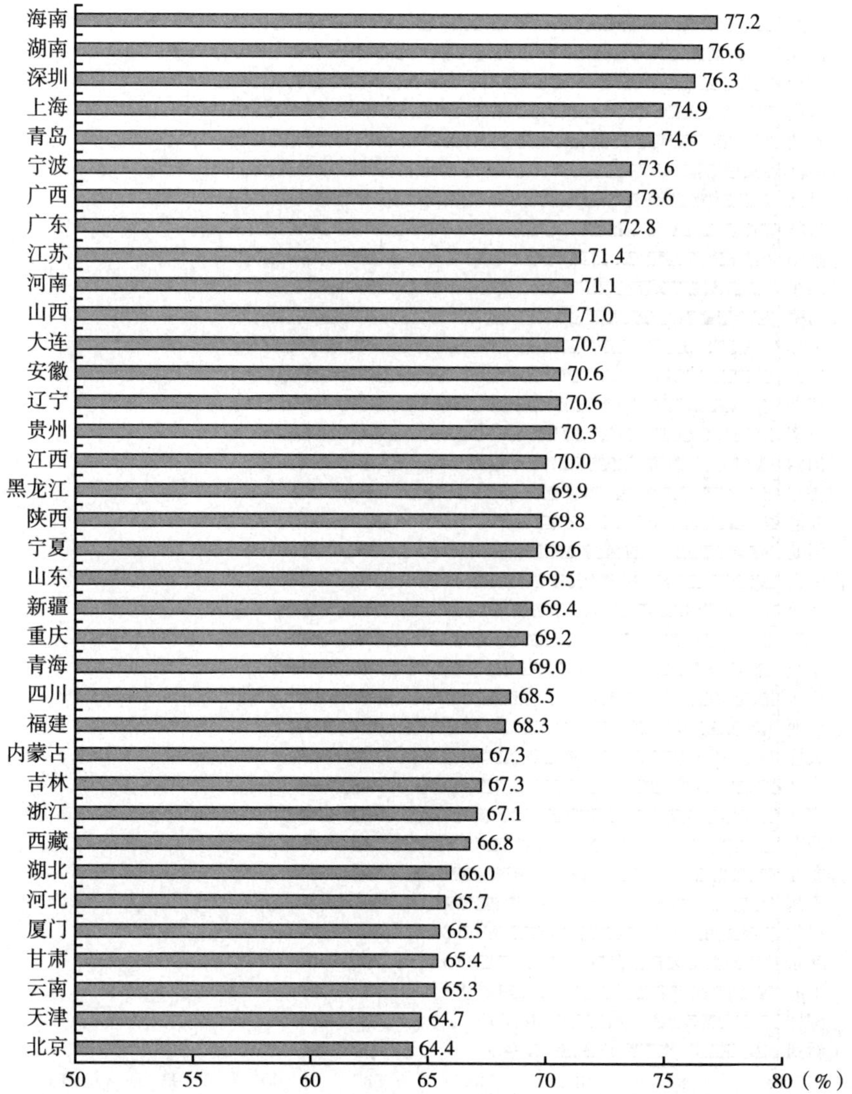

| 地区 | 平均折扣系数（%） |
|---|---|
| 海南 | 77.2 |
| 湖南 | 76.6 |
| 深圳 | 76.3 |
| 上海 | 74.9 |
| 青岛 | 74.6 |
| 宁波 | 73.6 |
| 广西 | 73.6 |
| 广东 | 72.8 |
| 江苏 | 71.4 |
| 河南 | 71.1 |
| 山西 | 71.0 |
| 大连 | 70.7 |
| 安徽 | 70.6 |
| 辽宁 | 70.6 |
| 贵州 | 70.3 |
| 江西 | 70.0 |
| 黑龙江 | 69.9 |
| 陕西 | 69.8 |
| 宁夏 | 69.6 |
| 山东 | 69.5 |
| 新疆 | 69.4 |
| 重庆 | 69.2 |
| 青海 | 69.0 |
| 四川 | 68.5 |
| 福建 | 68.3 |
| 内蒙古 | 67.3 |
| 吉林 | 67.3 |
| 浙江 | 67.1 |
| 西藏 | 66.8 |
| 湖北 | 66.0 |
| 河北 | 65.7 |
| 厦门 | 65.5 |
| 甘肃 | 65.4 |
| 云南 | 65.3 |
| 天津 | 64.7 |
| 北京 | 64.4 |

50 55 60 65 70 75 80（%）

**图5　2022年31个省（区、市）和5个计划单列市商业车险平均折扣系数**

资料来源：全国车险信息平台。

2.6%。具体到各地区，北京、宁波和上海的商业车险赔付水平较高，案均已结赔款均高于6500元，其中北京案均已结赔款最高，为7084.1元；广西、新疆、湖北、广东等6个地区的商业车险赔付水平相对低，案均已结赔

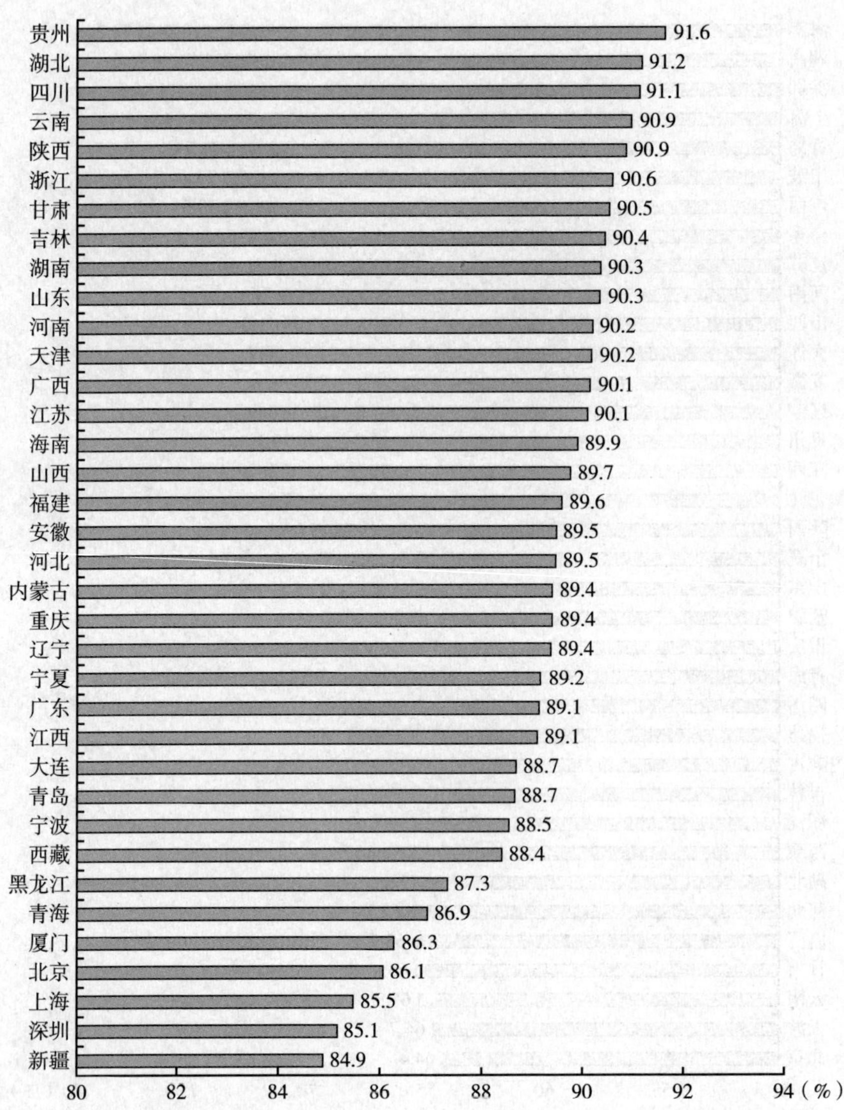


**图 6　2022 年 31 个省（区、市）和 5 个计划单列市商业车险结案率**

资料来源：全国车险信息平台。

款均低于 4500 元，其中广西案均已结赔款最低，为 3843.9 元（见图 7）。

与 2021 年相比，2022 年全国有 11 个地区的商业车险案均已结赔款小幅上升，其他地区案均已结赔款同比呈现不同幅度的下降。其中，广东案均

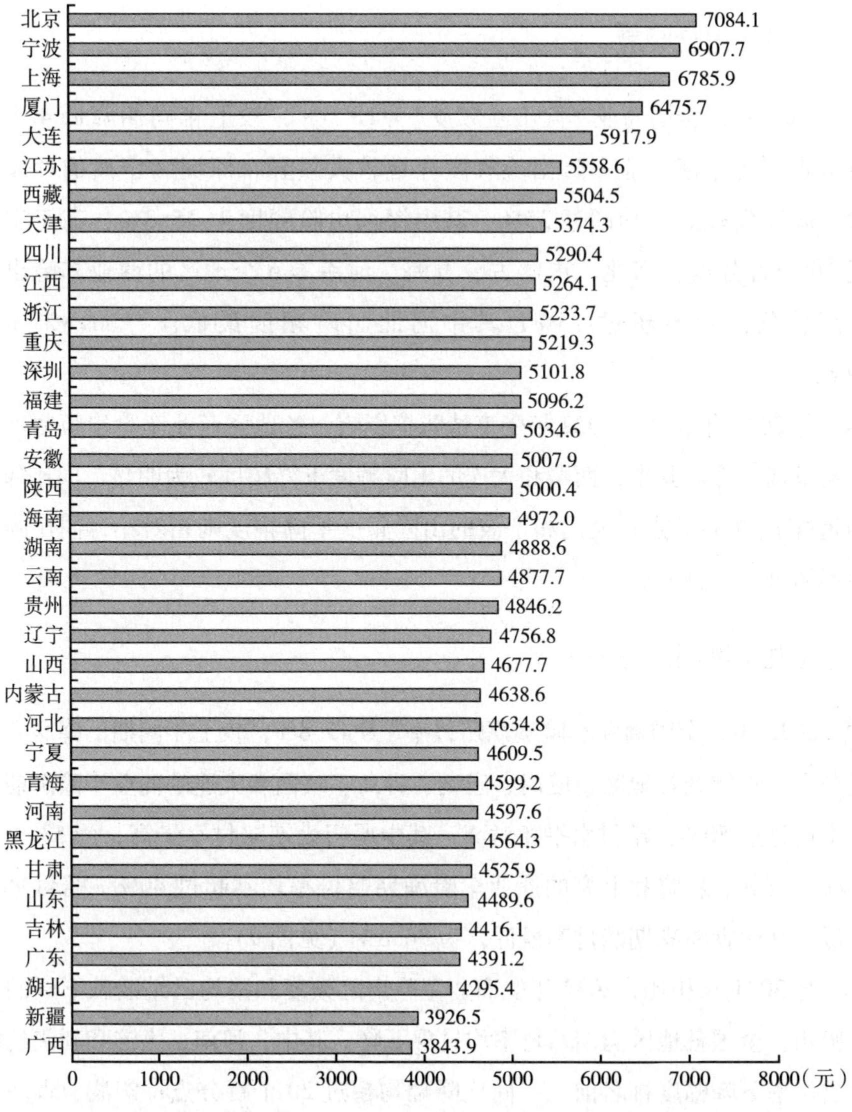

| 地区 | 案均已结赔款（元） |
| --- | --- |
| 北京 | 7084.1 |
| 宁波 | 6907.7 |
| 上海 | 6785.9 |
| 厦门 | 6475.7 |
| 大连 | 5917.9 |
| 江苏 | 5558.6 |
| 西藏 | 5504.5 |
| 天津 | 5374.3 |
| 四川 | 5290.4 |
| 江西 | 5264.1 |
| 浙江 | 5233.7 |
| 重庆 | 5219.3 |
| 深圳 | 5101.8 |
| 福建 | 5096.2 |
| 青岛 | 5034.6 |
| 安徽 | 5007.9 |
| 陕西 | 5000.4 |
| 海南 | 4972.0 |
| 湖南 | 4888.6 |
| 云南 | 4877.7 |
| 贵州 | 4846.2 |
| 辽宁 | 4756.8 |
| 山西 | 4677.7 |
| 内蒙古 | 4638.6 |
| 河北 | 4634.8 |
| 宁夏 | 4609.5 |
| 青海 | 4599.2 |
| 河南 | 4597.6 |
| 黑龙江 | 4564.3 |
| 甘肃 | 4525.9 |
| 山东 | 4489.6 |
| 吉林 | 4416.1 |
| 广东 | 4391.2 |
| 湖北 | 4295.4 |
| 新疆 | 3926.5 |
| 广西 | 3843.9 |

0 1000 2000 3000 4000 5000 6000 7000 8000（元）

**图 7　2022 年 31 个省（区、市）和 5 个计划单列市商业车险案均已结赔款**

资料来源：全国车险信息平台。

已结赔款上升幅度最大，较上年同期增长 4.7%；河南案均已结赔款下降幅度最大，较上年同期下降 36.5%。

## （八）出险频度

2022 年，全国商业车险出险频度[①]为18.3%，较上年同期降低 4.1 个百分点。各地区商业车险出险频度存在较大差异，深圳和宁波的商业车险出险频度较高，均超过 25%，其中深圳出险频度为 35.3%，高于宁波近 10 个百分点；河北、内蒙古、青海、河南等 6 个地区的商业车险出险频度较低，均不超过 15%，其中河北出险频度最低，为 11.8%（见图 8）。

与 2021 年相比，2022 年受疫情防控影响，各地区商业车险出险频度同比均呈现下降。其中，西藏和大连的出险频度下降幅度较为明显，同比降幅均超过 10 个百分点；厦门和宁波的出险频度下降幅度则相对小，同比降幅均不超过 2 个百分点。

## （九）满期赔付率

2022 年，全国商业车险满期赔付率[②]为 45.8%，较上年同期下降 9.0 个百分点。具体到各地区，厦门、宁波、青岛、陕西和大连的商业车险满期赔付率均超过 50%，赔付水平相对高，其中厦门满期赔付率最高，为 53.9%；青海、西藏、新疆和上海的商业车险满期赔付率均不超过 40%，赔付水平较低，其中青海满期赔付率最低，为 36.8%（见图 9）。

与 2021 年相比，2022 年受商业车险出险频度和案均已结赔款下降的双重影响，全国各地区满期赔付率均呈现下降。其中，河南、大连和新疆的满期赔付率下降幅度排名前三，同比降幅均超过 20 个百分点；宁波、青岛和厦门满期赔付率较高的地区，下降幅度则较小，同比降幅均不超过 4 个百分点。

① 出险频度＝起保日期在统计期间内保单所对应的有效立案件数/满期车年。

② 满期赔付率＝起保日期在统计期间内保单所对应的已结赔款与未决赔款之和/满期保费。因各公司上传至全国车险信息平台的未决赔款数据未实时更新，该数据仅供参考。

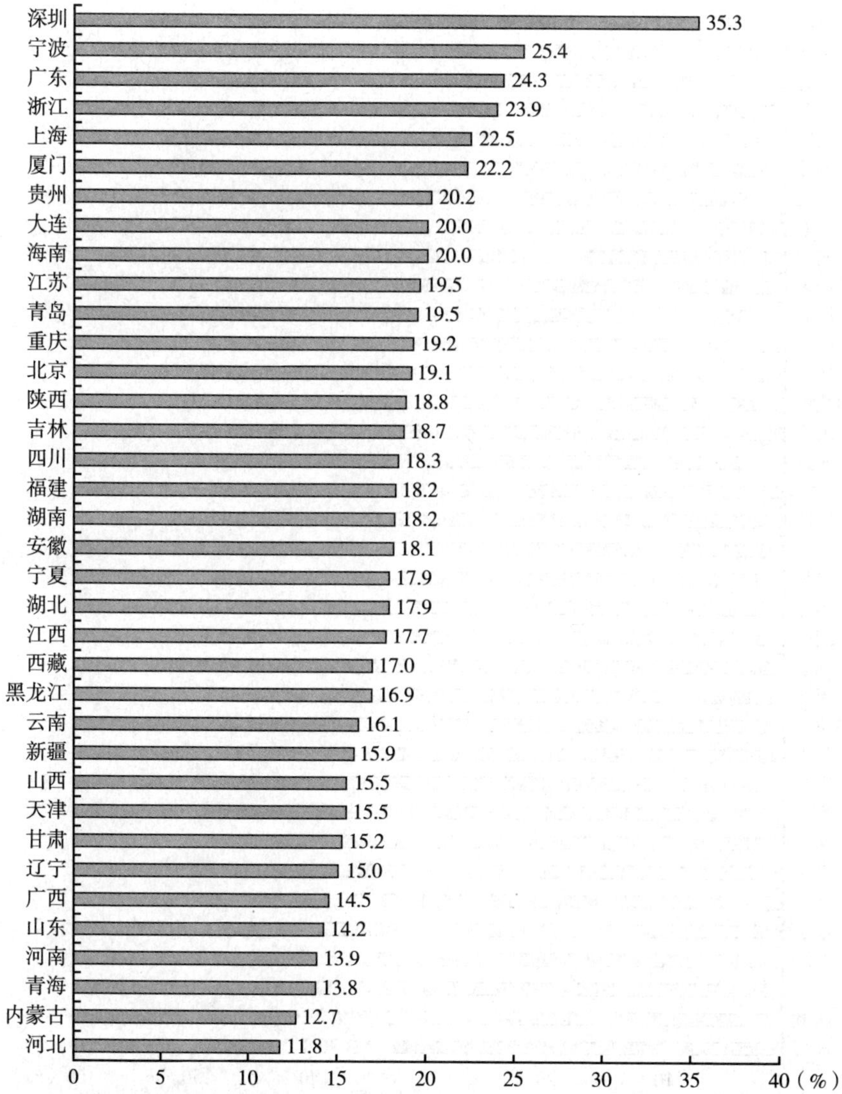

| 地区 | 出险频度（%） |
| --- | --- |
| 深圳 | 35.3 |
| 宁波 | 25.4 |
| 广东 | 24.3 |
| 浙江 | 23.9 |
| 上海 | 22.5 |
| 厦门 | 22.2 |
| 贵州 | 20.2 |
| 大连 | 20.0 |
| 海南 | 20.0 |
| 江苏 | 19.5 |
| 青岛 | 19.5 |
| 重庆 | 19.2 |
| 北京 | 19.1 |
| 陕西 | 18.8 |
| 吉林 | 18.7 |
| 四川 | 18.3 |
| 福建 | 18.2 |
| 湖南 | 18.2 |
| 安徽 | 18.1 |
| 宁夏 | 17.9 |
| 湖北 | 17.9 |
| 江西 | 17.7 |
| 西藏 | 17.0 |
| 黑龙江 | 16.9 |
| 云南 | 16.1 |
| 新疆 | 15.9 |
| 山西 | 15.5 |
| 天津 | 15.5 |
| 甘肃 | 15.2 |
| 辽宁 | 15.0 |
| 广西 | 14.5 |
| 山东 | 14.2 |
| 河南 | 13.9 |
| 青海 | 13.8 |
| 内蒙古 | 12.7 |
| 河北 | 11.8 |

0 5 10 15 20 25 30 35 40（%）

**图 8　2022 年 31 个省（区、市）和 5 个计划单列市商业车险出险频度**

资料来源：全国车险信息平台。

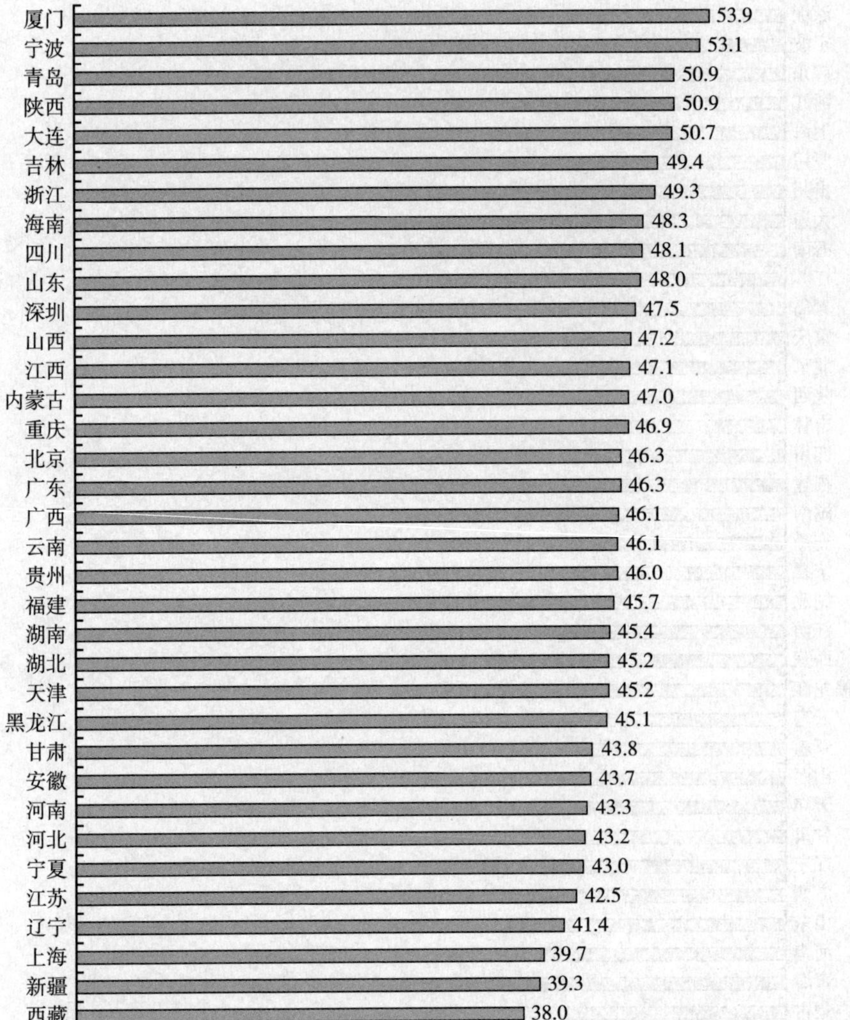

| 地区 | 商业车险满期赔付率（%） |
|---|---|
| 厦门 | 53.9 |
| 宁波 | 53.1 |
| 青岛 | 50.9 |
| 陕西 | 50.9 |
| 大连 | 50.7 |
| 吉林 | 49.4 |
| 浙江 | 49.3 |
| 海南 | 48.3 |
| 四川 | 48.1 |
| 山东 | 48.0 |
| 深圳 | 47.5 |
| 山西 | 47.2 |
| 江西 | 47.1 |
| 内蒙古 | 47.0 |
| 重庆 | 46.9 |
| 北京 | 46.3 |
| 广东 | 46.3 |
| 广西 | 46.1 |
| 云南 | 46.1 |
| 贵州 | 46.0 |
| 福建 | 45.7 |
| 湖南 | 45.4 |
| 湖北 | 45.2 |
| 天津 | 45.2 |
| 黑龙江 | 45.1 |
| 甘肃 | 43.8 |
| 安徽 | 43.7 |
| 河南 | 43.3 |
| 河北 | 43.2 |
| 宁夏 | 43.0 |
| 江苏 | 42.5 |
| 辽宁 | 41.4 |
| 上海 | 39.7 |
| 新疆 | 39.3 |
| 西藏 | 38.0 |
| 青海 | 36.8 |

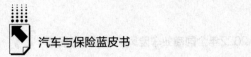

**图 9　2022 年 31 个省（区、市）和 5 个计划单列市商业车险满期赔付率**

资料来源：全国车险信息平台。

## 二　有关分析和启示

2022 年，车险综合改革的阶段性成效进一步显现，全国商业车险单均保费基本稳定，单均保额大幅上升并突破 200 万元，平均投保率维持在 86%左右，消费者保障程度进一步提升。

在整体商业车险投保率略有提升的背景下，仍要看到部分地区车险市场发展存在不平衡的状况，特别是上海、厦门、深圳等 21 个地区的商业车险投保率存在不同程度的下降，建议地方监管机构和行业持续监控，同时，各保险公司继续加大业务宣传力度，帮助消费者制定合理投保方案，不断提高区域保险保障程度。

从理赔指标的观察来看，2022 年承保的商业车险保单的出险频度、案均已结赔款和满期赔付率均有所下降，赔付风险的降低主要受疫情防控等外部环境因素影响。随着人们出行活动恢复，出险频度将逐步回升，建议各保险公司对车险的风险管控保持审慎态度，需持续关注赔付风险的变化。

随着车险综合改革的持续深化，未来商业车险自主定价系数浮动范围将进一步扩大，新能源汽车保险保持高速增长态势，叠加疫情影响消退等多重因素，车险市场的特征变化和风险变化仍然是保险公司需要关注的重点。如何做好车险发展和布局，优化车险产品供给，怎样在“降价、增保、提质”的基础上增强市场竞争力是保险公司需要持续研究的方向。

下一步，中国银保信将继续做好商业车险市场基本面数据共享工作，助力车险行业高质量健康发展。

**B**.15

# 2022年新能源车车险市场业务情况分析报告

陈莉欣　刘 彬*

**摘　要：** 随着新能源汽车日益普及，新能源汽车保险市场快速壮大，新能源汽车保险在车险业务中的占比稳步增长。2022 年新能源汽车专属保险实施已满一年，新能源汽车保险市场的发展情况值得关注。本报告从承保和理赔两个方面，分别分析了不同细分维度下新能源汽车商业险的经营情况和风险特征，同时与传统汽车商业险进行了比较。

**关键词：** 新能源汽车　商业车险　承保　理赔

## 一　承保情况分析

2022 年，全国新能源汽车商业险①签单保费② 484.02 亿元，保费贡献度③为 7.87%。从各月趋势看，新能源汽车商业险市场具有一定的季节性特征，保费贡献度稳步上升，12 月达 9.80%（见图 1）。

---

* 陈莉欣，中国银行保险信息技术管理有限公司数据与科技管理部；刘彬，中国银行保险信息技术管理有限公司数据与科技管理部数据分析二处副经理，中国精算师，研究方向为财产保险数据与精算分析。

① 本报告中新能源汽车数据仅统计以 2021 年 12 月 14 日中国保险行业协会发布的《新能源汽车商业保险专属条款（试行）》为标识的新能源汽车商业险数据，其余数据归为传统汽车。

② 签单保费按保单起保口径的含税保费统计。

③ 保费贡献度为新能源汽车商业险签单保费占全国商业车险签单保费的比例。

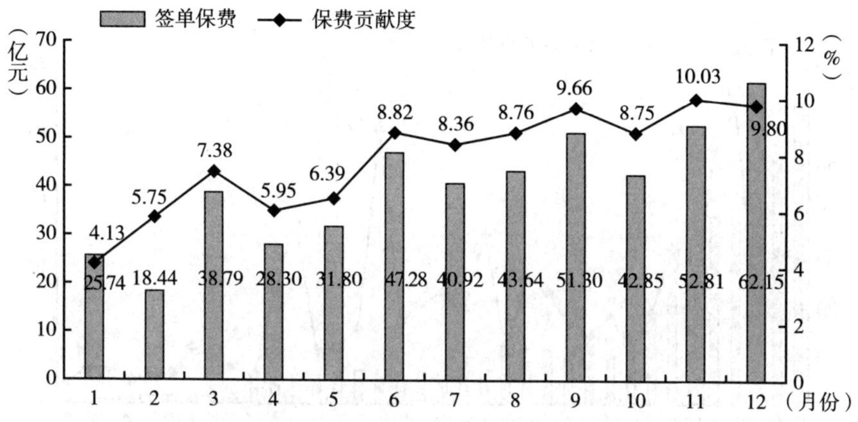


**图 1　2022 年各月新能源汽车商业险签单保费及保费贡献度**

资料来源：全国车险信息平台。

## （一）地区承保情况分析

2022 年，全国有 5 个地区新能源汽车商业险签单保费超过 30 亿元，分别为广东、浙江、江苏、深圳和上海；有 10 个地区签单保费在 10 亿元至 30 亿元之间，四川、北京和河南在该区间排名前三；宁夏、青海和西藏签单保费较低，均不足 1 亿元（见图 2）。

从保费贡献度来看，深圳、海南、上海新能源汽车商业险保费贡献度排名前三，分别为 22.03%、20.19%、18.97%。

折扣率方面，2022 年新能源汽车商业险平均折扣率 96.3%，高于传统汽车 27.9 个百分点。从各地区来看，广东新能源汽车商业险折扣率最高，为 111.7%；北京折扣率最低，为 77.6%（见图 3）。

## （二）公司承保情况分析

2022 年，新能源汽车商业险保费规模在百亿元以上的公司有 2 家，为人保财险和平安财险。从市场集中度来看，人保财险、平安财险和太平洋财险的新能源汽车商业险保费规模名列前三，市场份额合计为 72.03%；保费

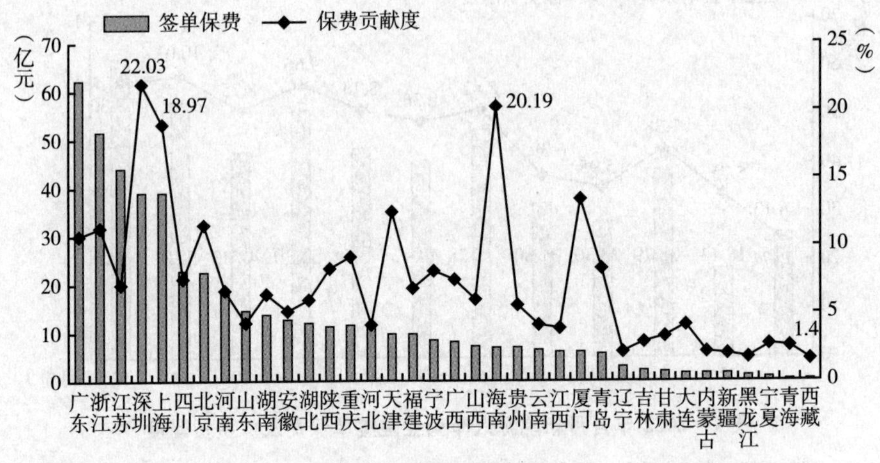


**图 2　2022 年各地区新能源汽车商业险签单保费及保费贡献度**

资料来源：全国车险信息平台。

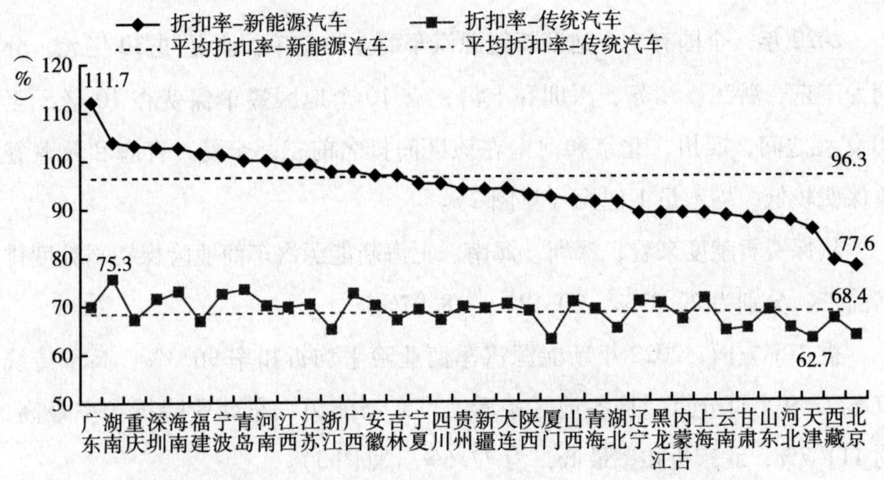


**图 3　2022 年各地区新能源汽车和传统汽车商业险折扣率**

资料来源：全国车险信息平台。

规模前五名的保险公司市场份额合计为 82.84%；保费规模前十名的保险公司市场份额合计为 93.00%（见图 4）。

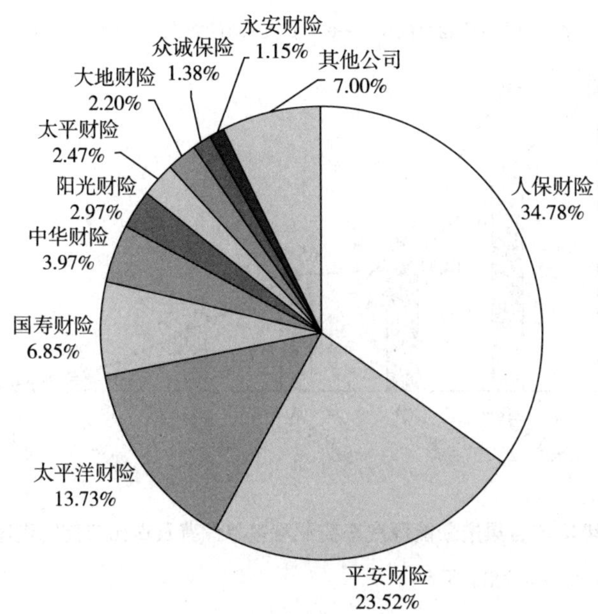


**图 4　2022 年各公司新能源汽车商业险市场份额**

资料来源：全国车险信息平台。

## （三）业务渠道承保情况分析

2022 年，代理业务渠道[①]是新能源汽车商业险业务的主要来源，其保费占新能源汽车商业险总签单保费的 77.75%。与传统汽车相比，新能源汽车商业险在经纪业务渠道的保费占比高出近 10 个百分点，保费占比与兼业代理渠道接近；而新能源汽车在个人代理渠道的保费占比低于传统汽车 10 个百分点（见图 5）。

## （四）车辆细分种类承保情况分析

2022 年，家庭自用车在新能源汽车和传统汽车中均为保费占比最高的车辆种类，家庭自用车新能源汽车商业险签单保费占新能源汽车商业险总签

① 代理业务渠道包括专业代理、个人代理、兼业代理。

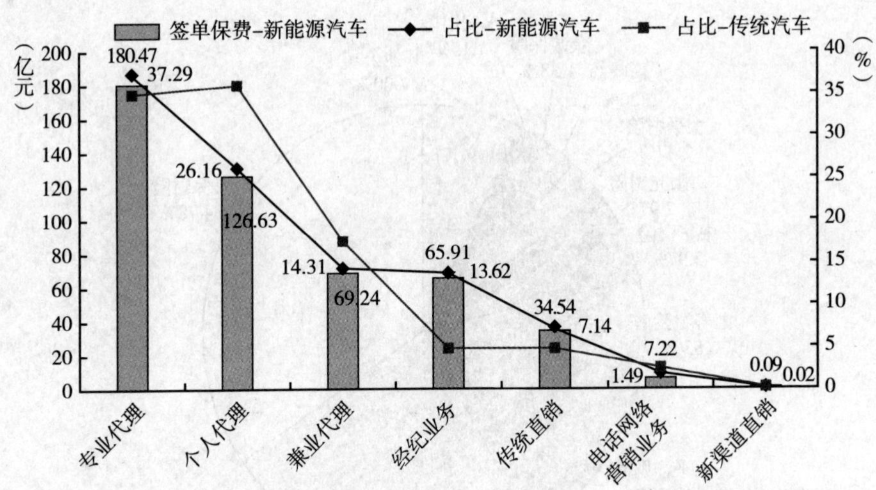


**图5　2022年各渠道新能源汽车商业险签单保费及占比与传统汽车占比**

资料来源：全国车险信息平台。

单保费的58.60%。与传统汽车相比，新能源汽车商业险在客车的保费占比高出约27个百分点，其中营业客车保费占比25.67%，非营业客车保费占比9.17%（见图6）。

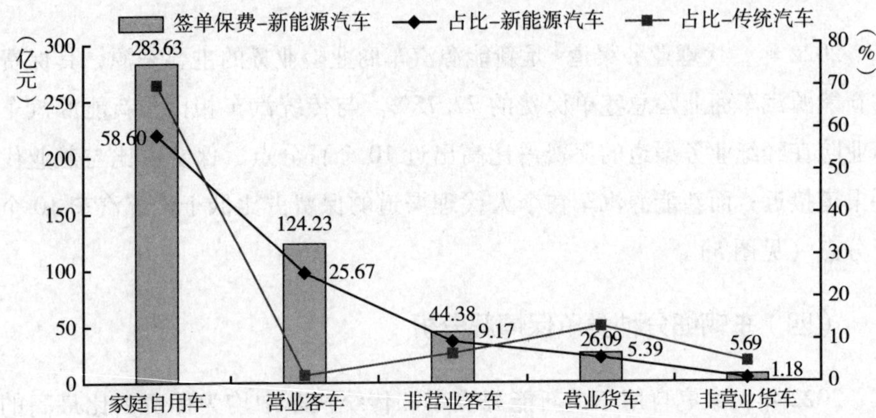


**图6　2022年各车辆细分种类新能源汽车商业险签单保费及占比与传统汽车占比**

资料来源：全国车险信息平台。

## 二　理赔情况分析[①]

2022年第四季度，新能源汽车商业险案均赔款5403元，出险率22.7%。与传统汽车相比，新能源汽车商业险出险率高出近8个百分点，案均赔款则明显低于传统汽车（见图7）。

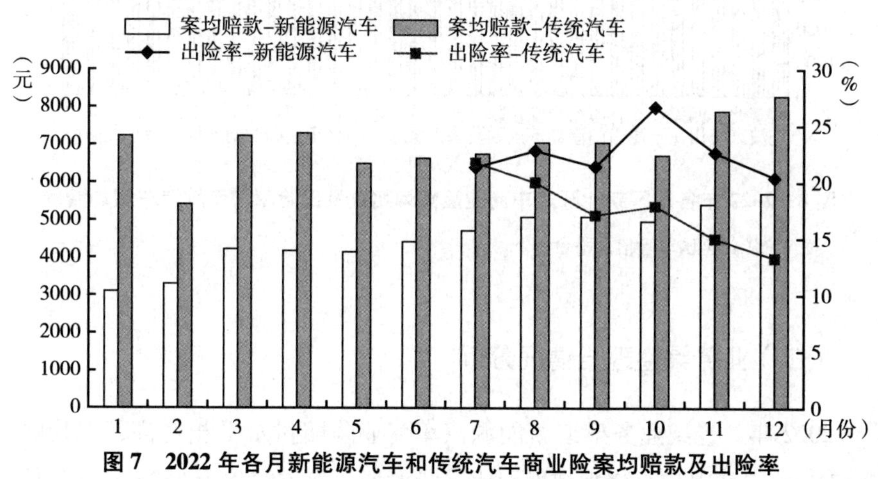


**图7　2022年各月新能源汽车和传统汽车商业险案均赔款及出险率**

资料来源：全国车险信息平台。

### （一）地区理赔情况分析

2022年，大连新能源汽车商业险案均赔款最高，达7533元，紧随其后的是宁波、北京、上海，案均赔款分别为6583元、6518元、6213元；广西案均赔款最低，为3243元。

从出险率来看，深圳新能源汽车商业险出险率最高，为27.4%；河北出险率最低，为10.5%（见图8）。

① 本报告中新能源汽车数据仅统计以2021年12月14日中国保险行业协会发布的《新能源汽车商业保险专属条款（试行）》为标识的新能源汽车商业险数据，该部分新能源汽车商业险理赔数据不包含2021年12月14日前承保的保单在2022年发生赔案的赔款数据，故前期月份统计值偏小，但不影响后续细分维度理赔情况的对比分析。随着时间的进展，本报告反映结果将趋于完整。

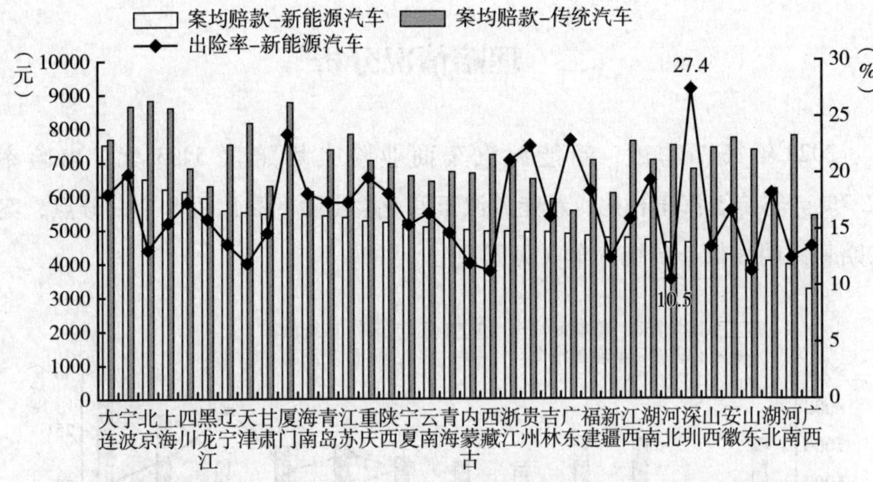


**图 8　2022 年各地区新能源汽车商业险案均赔款及出险率与传统汽车案均赔款**

资料来源：全国车险信息平台。

## （二）业务渠道理赔情况分析

2022 年，经纪业务渠道新能源汽车商业险赔付水平相对高，案均赔款为 5718 元；新渠道直销渠道赔付水平相对低，案均赔款为 3525 元。与传统汽车相比，个人代理渠道新能源汽车商业险案均赔款与传统汽车差异最大，相差 2738 元。

从出险率来看，经纪业务渠道新能源汽车商业险出险率最高，为 21.3%；直销业务渠道[①]出险率低于其他渠道，其中传统直销渠道出险率为 14.5%（见图 9）。

## （三）车辆细分种类理赔情况分析

2022 年，非营业客车新能源汽车商业险案均赔款最高，为 6328 元；非营业货车案均赔款最低，为 3817 元。与传统汽车相比，营业货车新能源汽车商业险案均赔款与传统汽车差异最大，相差 12513 元。

① 直销业务渠道包括传统直销、新渠道直销、电话网络营销业务。

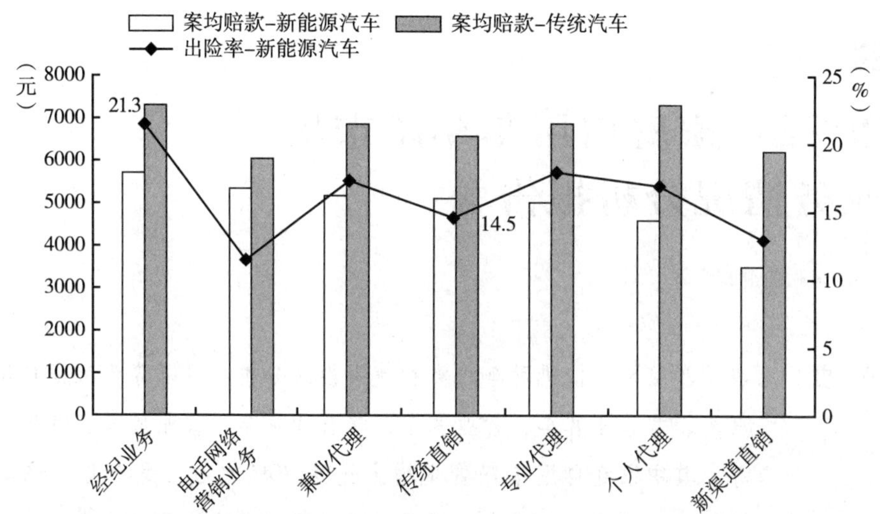


**图 9　2022 年各渠道新能源汽车商业险案均赔款及出险率与传统汽车案均赔款**

资料来源：全国车险信息平台。

从出险率来看，营业货车新能源汽车商业险出险率最高，为 30.6%（见图 10）。

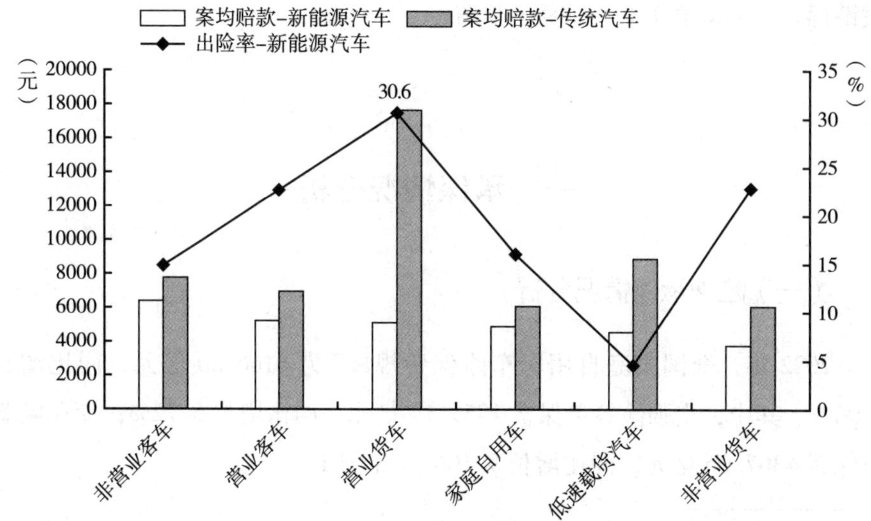


**图 10　2022 年各车辆细分种类新能源汽车商业险案均赔款及出险率与传统汽车案均赔款**

资料来源：全国车险信息平台。

# B.16
# 2022年家庭自用车车险市场业务情况分析报告

陈 珮　高鹰霞*

**摘　要：** 我国车险市场按机动车种类和使用性质分类，可以分为家庭自用汽车、非营业客车、营业客车、非营业货车、营业货车、特种车等。其中家庭自用车保费规模占比达70%左右，是车险市场非常重要的部分。本报告分析了家庭自用车车险的承保情况，分析维度包括险种、地区、公司、渠道等，并且进一步分析了案均赔款情况，以及折扣率的地区差异，为行业和消费者了解家庭自用车整体的风险情况提供参考。

**关键词：** 家庭自用车　承保　理赔

## 一　承保情况分析

### （一）险种承保情况分析

2022年，全国家庭自用车车险保费规模[①]为6166.20亿元，同比增长8.06%。其中，交强险签单保费1859.14亿元，同比增长5.72%；商业险签单保费4307.06亿元，同比增长9.10%（见图1）。

---

* 陈珮，中国银行保险信息技术管理有限公司数据与科技管理部；高鹰霞，中国银行保险信息技术管理有限公司数据与科技管理部数据分析二处副经理、中级经济师。

① 签单保费统计口径为起保日期在统计期间内的最新含税保费。

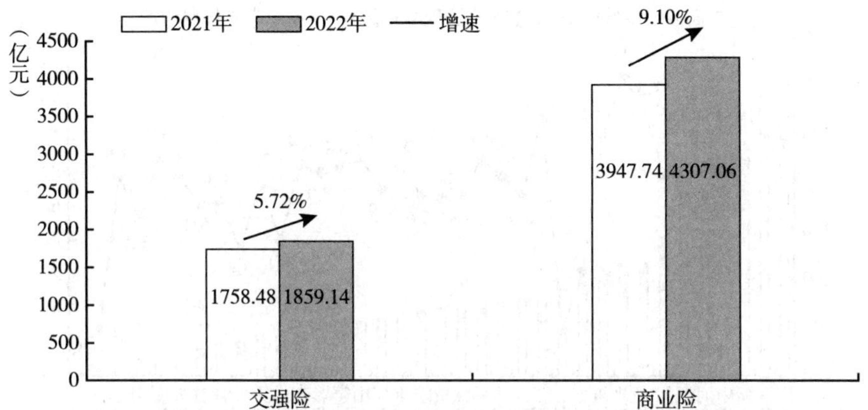


**图 1　2021 年、2022 年家庭自用车车险保费规模及增速**

资料来源：全国车险信息平台。

## （二）地区承保变化情况分析

分地区来看，家庭自用车车险保费规模超过 300 亿元的地区有 6 个，分别是广东、江苏、浙江、山东、河南、四川；保费规模 100 亿~300 亿元的地区有 16 个，分别是河北、安徽、湖南、湖北、北京、上海、江西、云南、辽宁、福建、深圳、贵州、陕西、重庆、广西、山西；保费规模 50 亿~100 亿元的地区有 8 个，分别是宁波、黑龙江、吉林、内蒙古、天津、新疆、青岛、甘肃；其他地区家庭自用车保费少于 50 亿元。湖南家庭自用车签单保费增速最高，达到 13.6%，西藏签单保费降幅最大，同比下降 2.20%（见图 2）。

## （三）公司承保情况分析

分机构来看，全国经营车险业务的财险公司中，家庭自用车签单保费超过 500 亿元的共有 3 家公司，分别是人保财险、平安财险、太平洋财险；200 亿~500 亿元的有 1 家公司，为国寿财险；100 亿~200 亿元的有

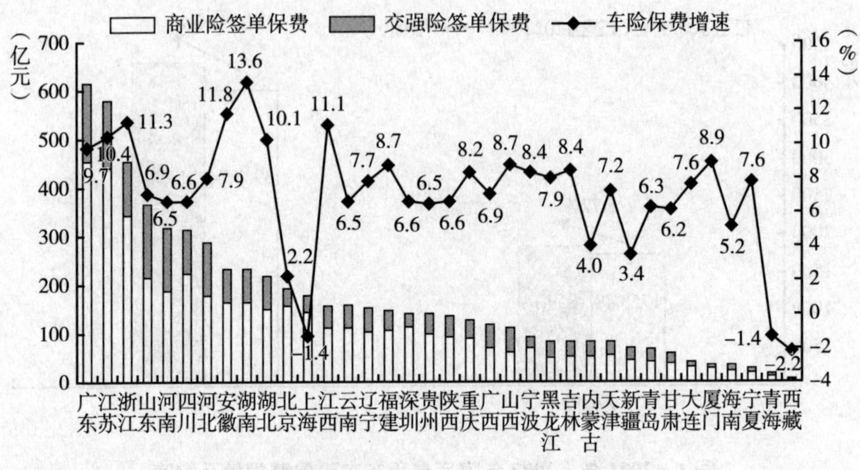


**图 2　2022 年 31 个省（区、市）和 5 个计划单列市家庭自用车签单保费情况**

资料来源：全国车险信息平台。

4 家公司，分别是大地财险、中华财险、阳光财险和太平财险；其他公司签单保费均小于 100 亿元。前 10 家公司中，华安财险保费增速最快，同比增长 9.69%。

市场集中度方面，家庭自用车保费规模排名前三的人保财险、平安财险、太平洋财险的市场份额合计为 72.2%，比上年同期上升 0.53 个百分点；保费规模前五位的保险公司市场份额合计为 81.5%，比上年同期上升 0.39 个百分点；保费规模前十位的保险公司市场份额合计为 90.5%，比上年同期上升 0.17 个百分点（见图 3）。

## （四）业务渠道承保情况分析

专业代理、个人代理和兼业代理是家庭自用车车险业务的主要渠道，2022 年签单保费均超过 1000 亿元，三个渠道业务累计占比为 87.08%（见图 4）。

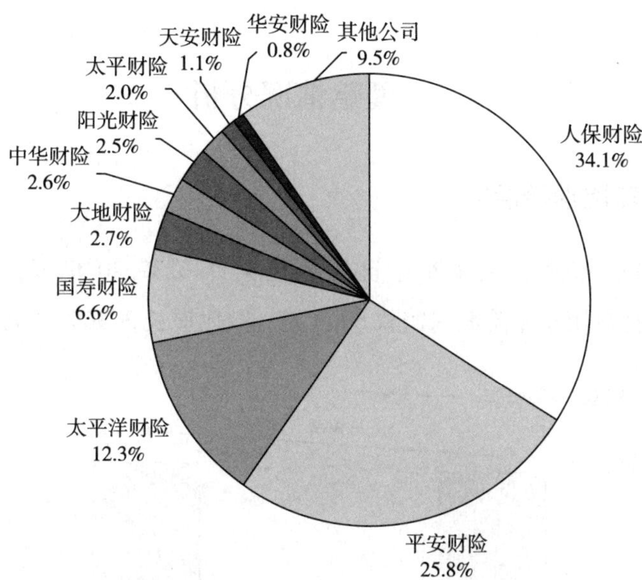


**图 3 2022 年各财险公司家庭自用车签单保费市场份额**

资料来源：全国车险信息平台。

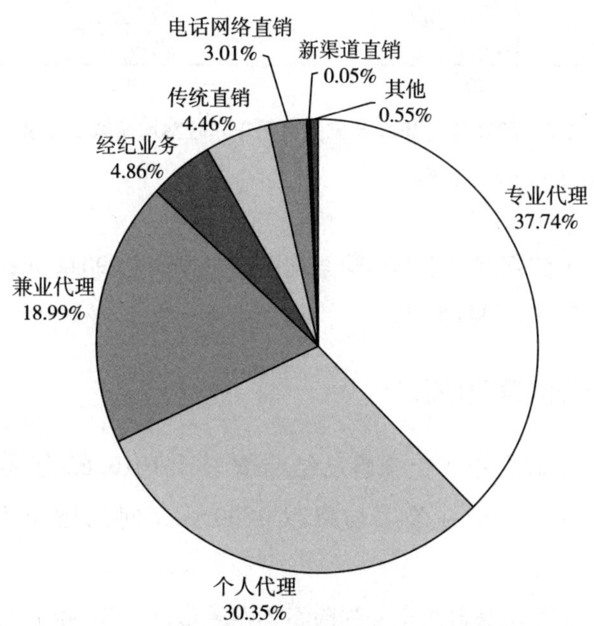


**图 4 2022 年各渠道签单保费市场份额**

资料来源：全国车险信息平台。

## 二 理赔情况分析

### （一）车险理赔情况

2022 年，家庭自用车车险已结赔款累计 3239.20 亿元，同比下降 5.11%；家庭自用车车险案均赔款 6962 元，同比增长 3.36%（见图 5）。

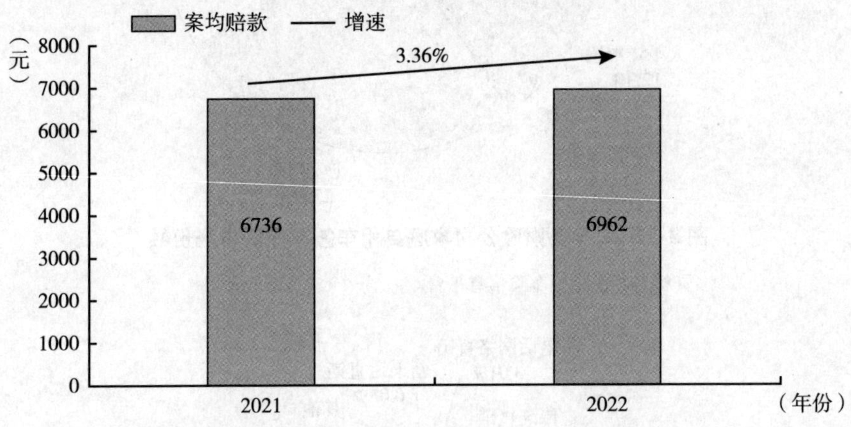


**图 5 2021 年、2022 年家庭自用车车险案均赔款及增速**

资料来源：全国车险信息平台。

2022 年，宁波家庭自用车车险案均赔款最高，为 9042 元；新疆案均赔款最低，为 4921 元（见图 6）。

### （二）交强险理赔情况

2022 年，家庭自用车交强险已结赔款累计 1010.63 亿元，同比增长 7.39%；家庭自用车交强险案均赔款 4890 元，同比增长 11.06%（见图 7）。

2022 年，江苏家庭自用车交强险案均赔款最高，为 6461 元（见图 8）。

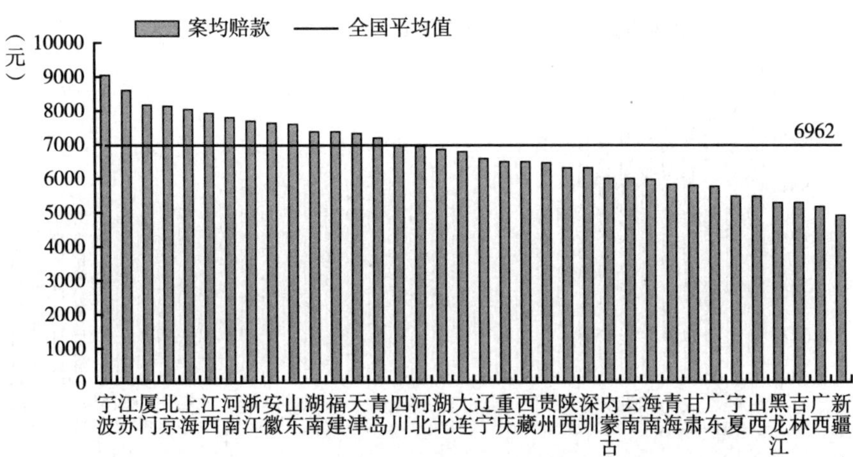


**图 6 2022 年 31 个省（区、市）和 5 个计划单列市家庭自用车车险案均赔款情况**

资料来源：全国车险信息平台。

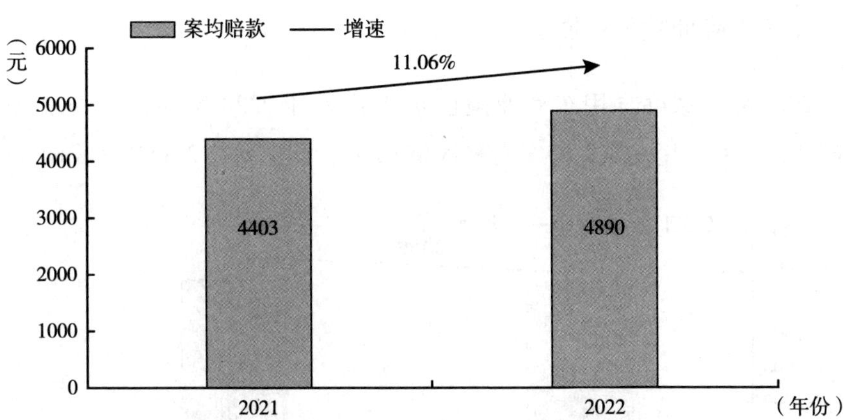


**图 7 2021 年、2022 年家庭自用车交强险案均赔款及增速**

资料来源：全国车险信息平台。

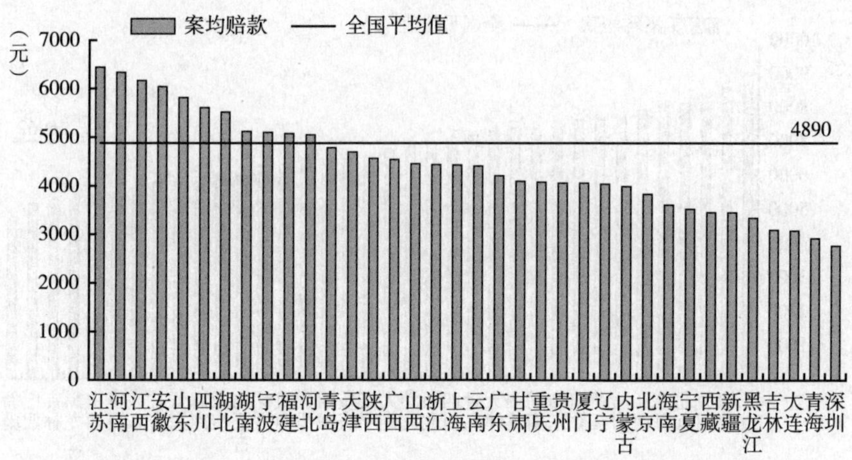


**图 8　2022 年 31 个省（区、市）和 5 个计划单列市家庭自用车交强险案均赔款情况**

资料来源：全国车险信息平台。

## （三）商业险理赔情况

2022 年，家庭自用车商业险已结赔款累计 2228.57 亿元，同比下降 9.87%；家庭自用车商业险案均赔款 8618 元，同比增长 2.15%（见图 9）。

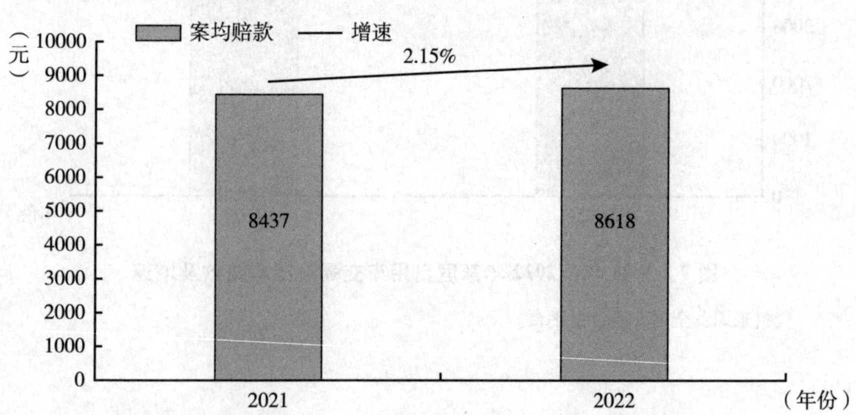


**图 9　2021 年、2022 年家庭自用车商业险案均赔款及增速**

资料来源：全国车险信息平台。

2022 年，宁波家庭自用车商业险案均赔款最高，为 13134 元（见图 10）。

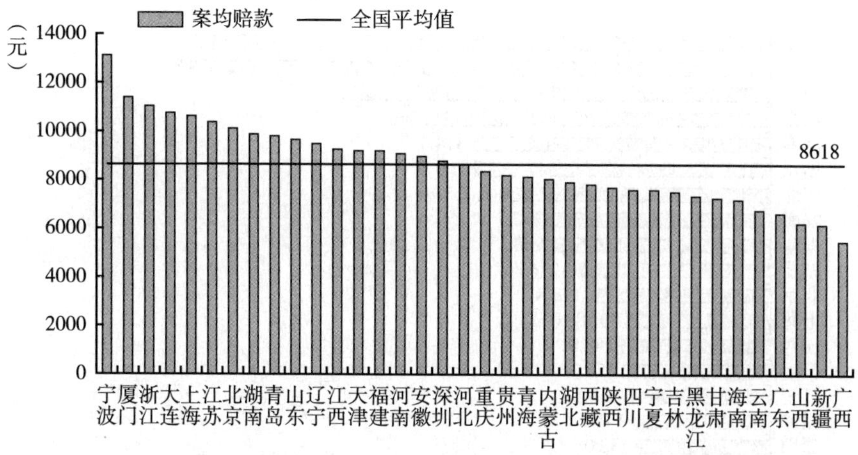


**图 10　2022 年 31 个省（区、市）和 5 个计划单列市家庭自用车商业险案均赔款情况**

资料来源：全国车险信息平台。

## 三　区域情况分析

### （一）车险区域情况分析

从区域分布情况来看，2022 年家庭自用车整体签单保费的地域分布比较集中，其中广东、江苏等地的保费规模相对较大，西藏、青海等地相对较小（见图 11）。

从折扣情况来看，折扣率[①]的地区差异较大。家庭自用车车险全国平均折扣率为 69. 3%。其中，湖南的平均折扣率最高，为 74. 9%；青海的平均折扣率最低，为 63. 7%（见图 12）。

① 本分析报告中折扣率为剔除短期单的折扣率。

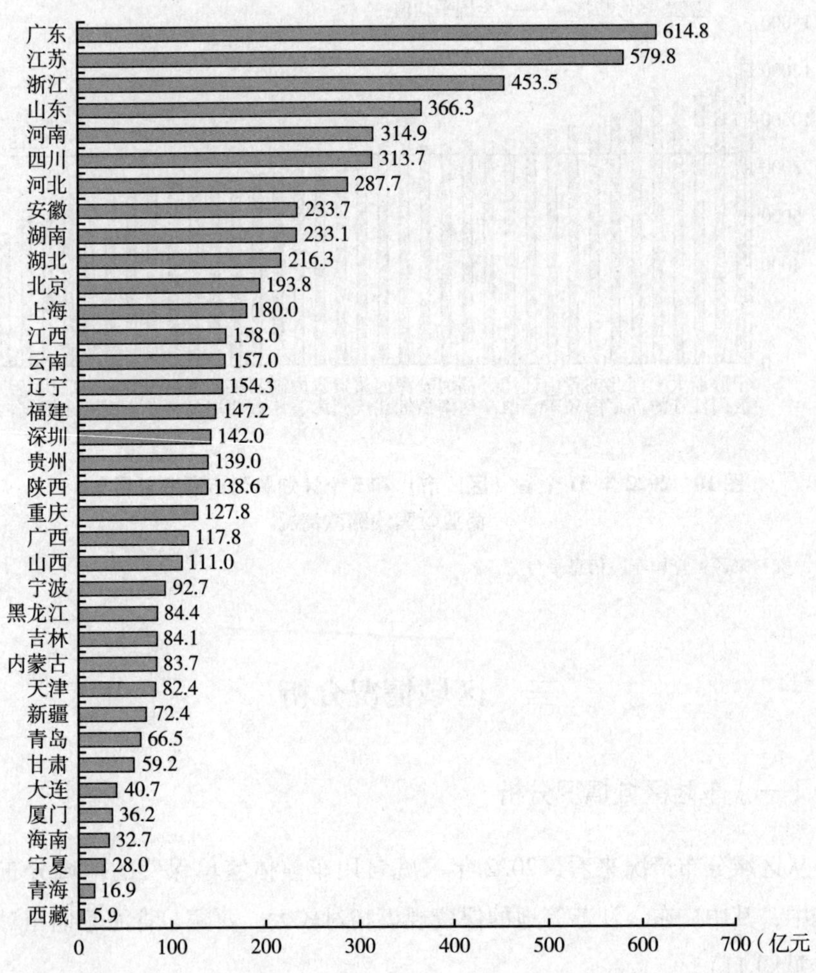


**图 11　2022 年 31 个省（区、市）和 5 个计划单列市家庭自用车车险签单保费**

资料来源：全国车险信息平台。

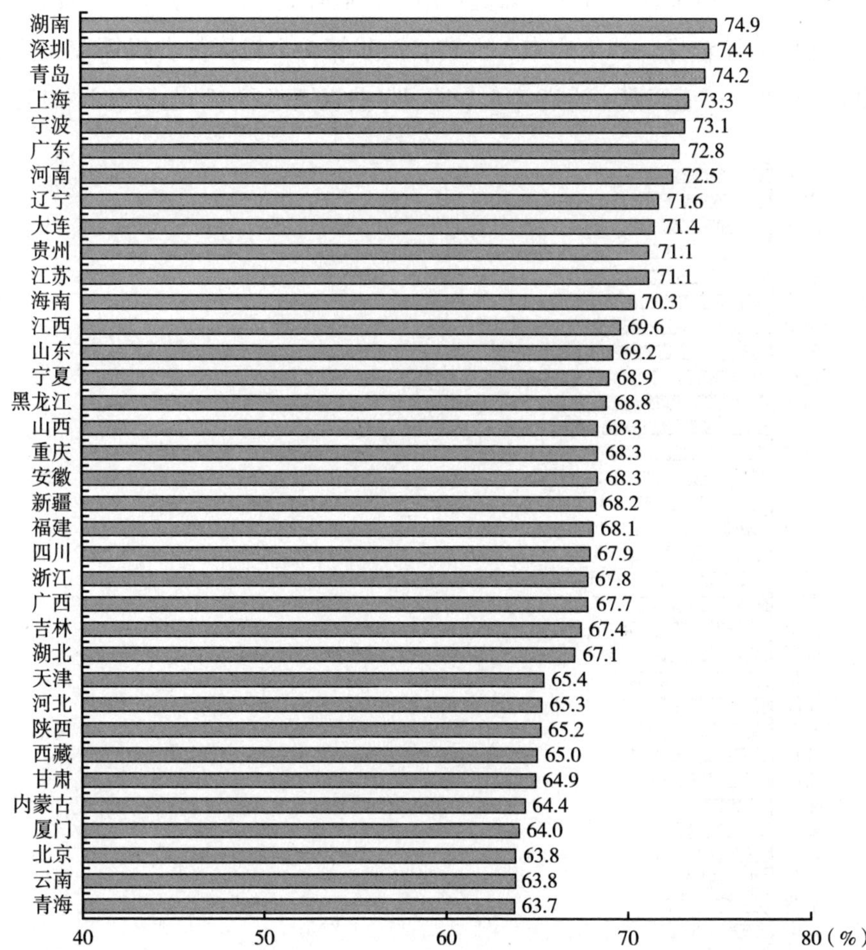


**图 12　2022 年 31 个省（区、市）和 5 个计划单列市家庭自用车车险折扣率**

资料来源：全国车险信息平台。

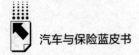

## （二）交强险区域情况分析

从保费规模来看，2022 年家庭自用车交强险业务的区域分布比较集中，各地区间差异较大。其中广东、山东、江苏等 6 个地区保费规模较大，达 100 亿元以上；而西藏、青海等 5 个地区保费规模不足 10 亿元（见图 13）。

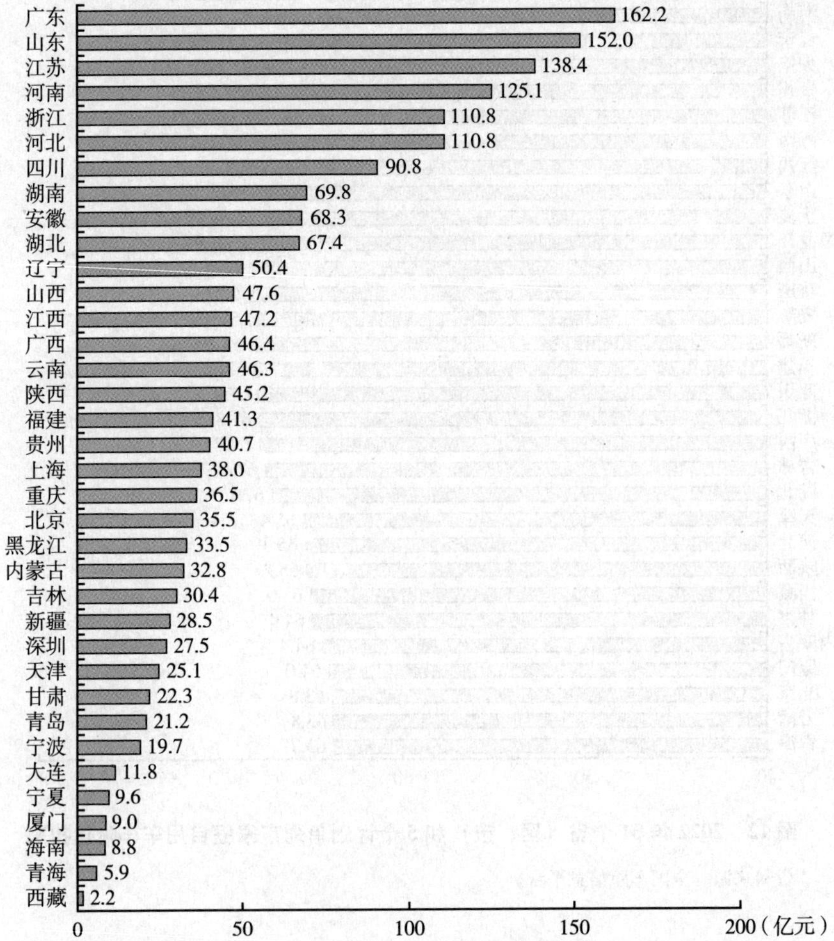

| 地区 | 保费（亿元） |
| --- | --- |
| 广东 | 162.2 |
| 山东 | 152.0 |
| 江苏 | 138.4 |
| 河南 | 125.1 |
| 浙江 | 110.8 |
| 河北 | 110.8 |
| 四川 | 90.8 |
| 湖南 | 69.8 |
| 安徽 | 68.3 |
| 湖北 | 67.4 |
| 辽宁 | 50.4 |
| 山西 | 47.6 |
| 江西 | 47.2 |
| 广西 | 46.4 |
| 云南 | 46.3 |
| 陕西 | 45.2 |
| 福建 | 41.3 |
| 贵州 | 40.7 |
| 上海 | 38.0 |
| 重庆 | 36.5 |
| 北京 | 35.5 |
| 黑龙江 | 33.5 |
| 内蒙古 | 32.8 |
| 吉林 | 30.4 |
| 新疆 | 28.5 |
| 深圳 | 27.5 |
| 天津 | 25.1 |
| 甘肃 | 22.3 |
| 青岛 | 21.2 |
| 宁波 | 19.7 |
| 大连 | 11.8 |
| 宁夏 | 9.6 |
| 厦门 | 9.0 |
| 海南 | 8.8 |
| 青海 | 5.9 |
| 西藏 | 2.2 |

0 50 100 150 200（亿元）

**图 13　2022 年 31 个省（区、市）和 5 个计划单列市家庭自用车交强险签单保费**

资料来源：全国车险信息平台。

从折扣情况来看，家庭自用车交强险全国平均折扣率为 78.1%。各地区折扣率呈现较大差异，其中折扣率最高的地区是深圳，达 82.8%；最低的地区为青海，仅 64.7%（见图 14）。

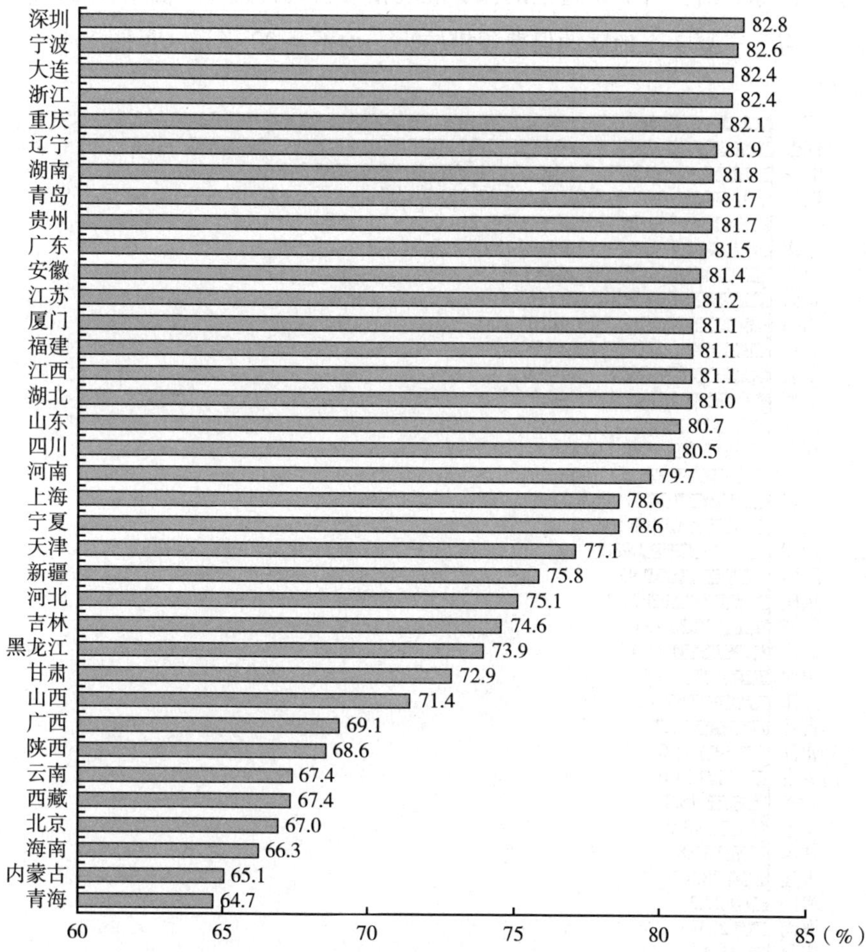


**图 14　2022 年 31 个省（区、市）和 5 个计划单列市家庭自用车交强险折扣率**

资料来源：全国车险信息平台。

## （三）商业险区域情况分析

从保费规模来看，家庭自用车商业险业务的地域分布也比较集中，其中广东、江苏、浙江等 5 个地区的保费规模相对较大，达 200 亿元以上；而西藏、青海、宁夏 3 个地区的保费规模较小，均不足 20 亿元（见图 15）。

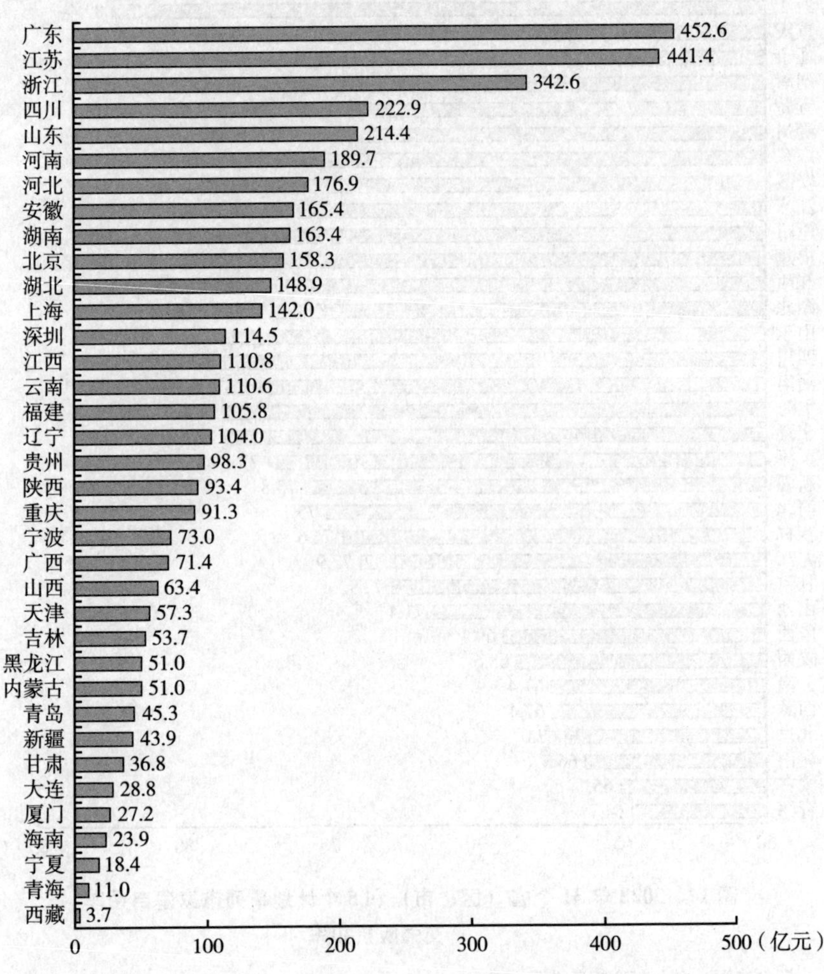


**图 15　2022 年 31 个省（区、市）和 5 个计划单列市家庭自用车商业险签单保费**

资料来源：全国车险信息平台。

从折扣情况来看，家庭自用车商业险全国平均折扣率为 66.0%。折扣率的地区差异明显，其中折扣率最高的地区是深圳，达 72.6%；最低的地区为厦门，仅 59.8%（见图 16）。

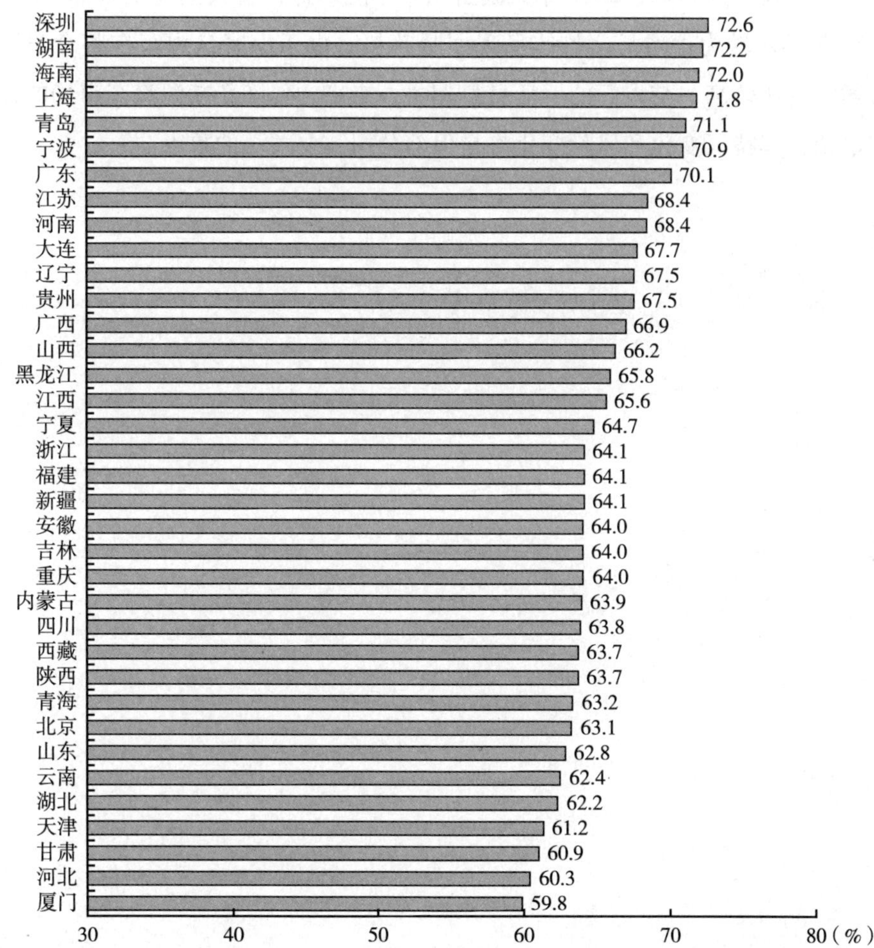


**图 16　2022 年 31 个省（区、市）和 5 个计划单列市家庭自用车商业险折扣率**

资料来源：全国车险信息平台。

## 四　结论与启示

受疫情因素影响，2021 年家庭自用车车险的保费规模同比下降 6.56%，2022 年逐步转为正增长，整体呈现回暖趋势。由于家庭自用车在整个车险市场中占比较高，与人们的生活息息相关，未来，伴随新能源汽车市场的快速增长，其特征变化和风险变化将是保险公司需要关注的重点。

# B.17
# 2022年家自车新车车险市场业务情况分析报告

高鹰霞　陈　珮*

**摘　要：** 受疫情和车险综改的双重影响，家自车新车车险的签单和理赔相关指标近年来出现波动，本报告从助力车险行业健康发展为出发点，促进行业及时掌握相关业务的最新发展情况及发展趋势。首先，本报告从险种、地区、公司、业务渠道等细分维度分析了家自车新车车险签单方面的情况；其次，从已决赔款金额和案均赔款方面入手，分析了家自车新车车险的赔付情况；最后，对商车险的投保及折扣两个方面进行了简要分析。

**关键词：** 家自车新车　签单　已决

## 一　家自车新车车险签单情况

2022年，全国家自车新车累计保费①为935.21亿元，同比增长0.01%；累计车年②为3638万车年，同比下降5.39%。

### （一）险种维度签单分析

2022年，全国家自车新车交强险累计保费为175.60亿元，同比下降

---

* 高鹰霞，中国银行保险信息技术管理有限公司数据与科技管理部数据分析二处副经理，中级经济师；陈珮，中国银行保险信息技术管理有限公司数据与科技管理部。

① 保费统计口径为起保日期在统计期间内的最新含税保费。

② 车年统计口径为起保日期在统计期间内的有效保单数量。

5.43%；累计车年为1829.23万车年，同比下降5.33%。商车险累计保费为759.61亿元，同比增长1.36%；累计车年为1808.79万车年，同比下降5.44%。分险种累计保费与累计车年变化情况如图1和图2所示。

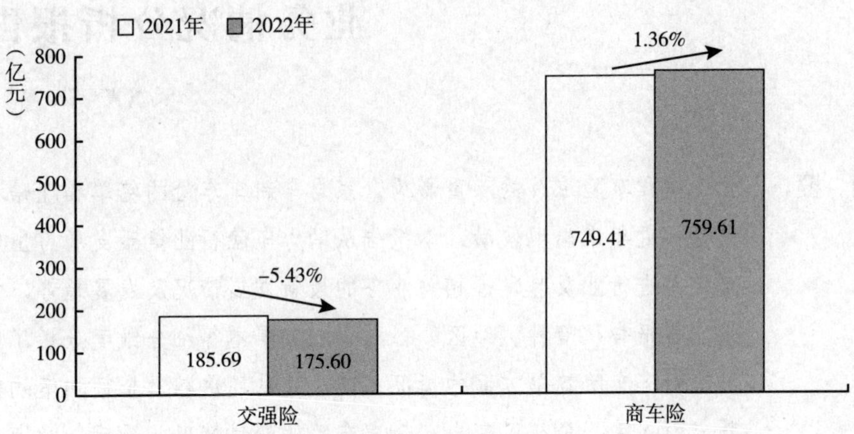


**图1　2021年、2022年家自车新车分险种累计保费情况**

资料来源：全国车险信息平台。

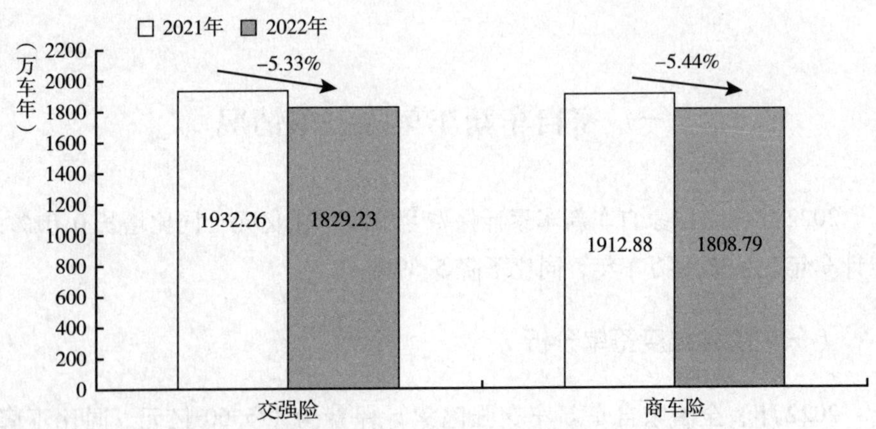


**图2　2021年、2022年家自车新车分险种累计车年情况**

资料来源：全国车险信息平台。

## （二）地区维度签单分析

2022 年，家自车新车累计保费超过 100 亿元的地区有 1 个，为广东；20 亿~100 亿元的地区有 16 个，该区间排名前三的地区分别是江苏、浙江和山东；保费规模 5 亿~20 亿元的地区有 16 个，该区间排名前三的分别是福建、重庆和广西；其他地区家自车新车保费少于 5 亿元。23 个地区的累计保费同比下降，分别是青海、西藏、新疆、甘肃等，其中青海同比下降幅度最大，为 26.4%。具体情况如图 3 所示。

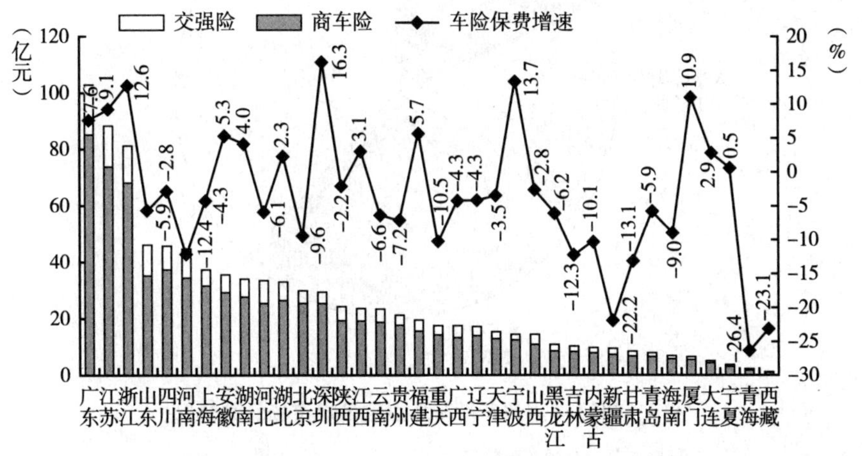


**图 3　2022 年家自车新车各地区累计保费情况**

资料来源：全国车险信息平台。

## （三）公司维度签单分析

2022 年，财险公司中家自车新车累计保费超过 100 亿元的有 3 家公司，分别是人保财险、平安财险、太平洋财险；累计保费 10 亿~100 亿元之间的有 5 家公司，分别是国寿财险、中华财险、大地财险、阳光财险和太平财险；5 亿~10 亿元的仅有 1 家公司，为天安财险；其他公司家自车新车保费少于 5 亿元。

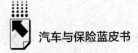

从市场集中度来看，人保财险、平安财险、太平洋财险的合计市场份额为81.9%，同比增长2.24个百分点；累计保费排名第四至第十位的七家财险公司的合计市场份额为15.4%，同比下降0.92个百分点。具体情况如图4所示。

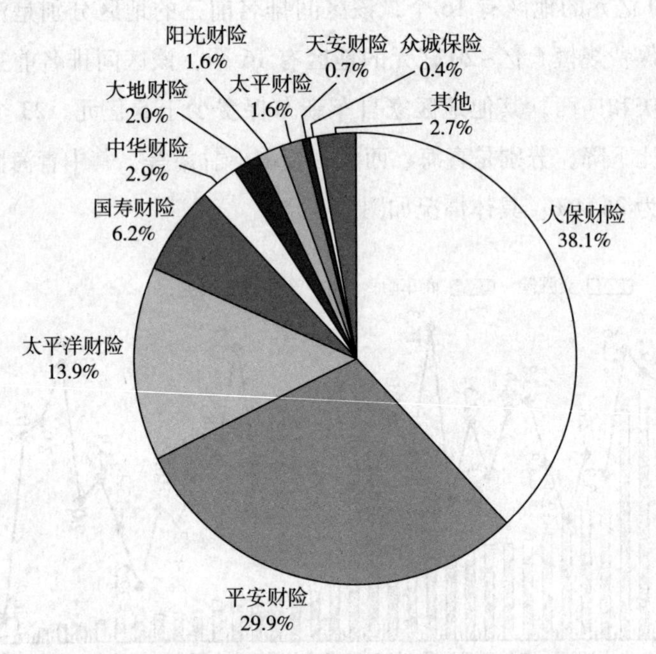


**图4　2022年家自车新车各财险公司市场份额情况**

资料来源：全国车险信息平台。

## （四）业务渠道维度签单分析

2022年，家自车新车累计保费超过100亿元的渠道分别是：专业代理、兼业代理和个人代理，三个渠道合计市场份额为92.5%。具体情况如图5所示。

## （五）新车购置价维度签单分析

2022年，家自车新车购置价在10万（含）~15万元的商车险签单件数最多，占比为31.56%；在商车险折扣率方面，与上年同期相比，2022年家自车新车折扣率平均增长0.62个百分点。具体情况如图6所示。

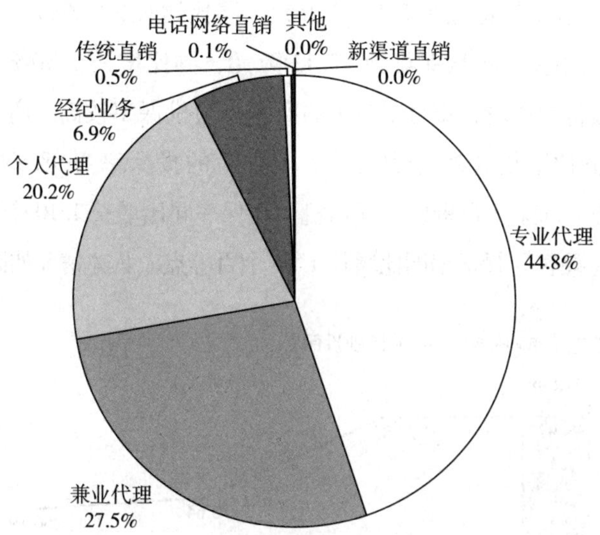


**图 5　2022 年家自车新车各渠道市场份额情况**

资料来源：全国车险信息平台。

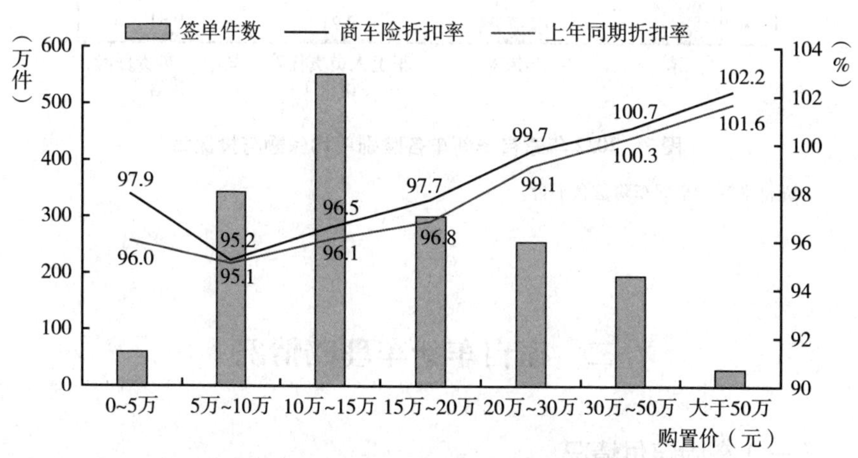


**图 6　2022 年家自车新车购置价签单情况**

资料来源：全国车险信息平台。

## （六）险别维度签单分析

自车险综合改革以来，家自车新车商车险保障越来越高。2022 年，家自车新车商三险单均保额为 218.98 万元，同比增长 27.02%；车损险保额与新车购置价正相关，单均保额为 17.11 万元，同比增长 0.30%。

从险别投保率来看，家自车新车的商业车险投保率较高，商三险的投保率为 99.97%，同比增长 0.25 个百分点；车损险的投保率为 98.83%，同比增长 0.59 个百分点；车上人员责任险（司机）投保率同比增长 1.10 个百分点，车上人员责任险（乘客）投保率同比增长 1.50 个百分点。具体情况如图 7 所示。

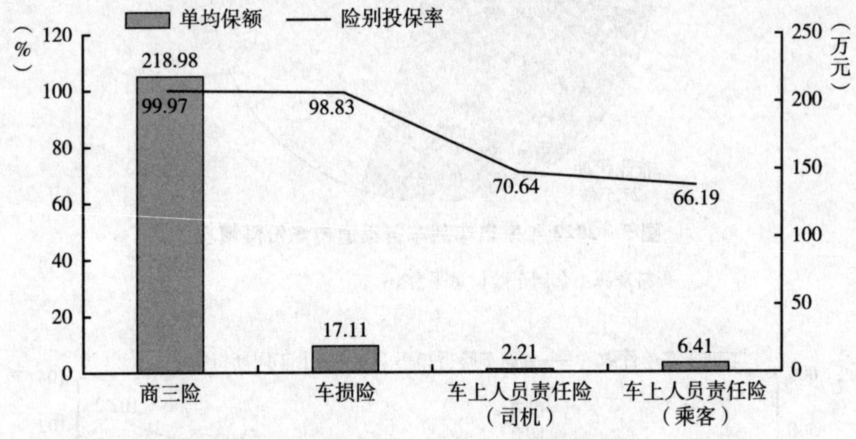


**图 7　2022 年家自车新车各险别单均保额与投保率**

资料来源：全国车险信息平台。

## 二　家自车新车理赔情况

### （一）车险赔付情况

2022 年，全国家自车新车车险已决赔款累计 475.95 亿元，同比下降 13.00%。2022 年，家自车新车已决案均赔款[①] 6842 元，同比增长 2.84%。具体情况如图 8 所示。

① 本分析报告中已决案均赔款为剔除注销、拒赔和零赔付案件的已决案均赔款。

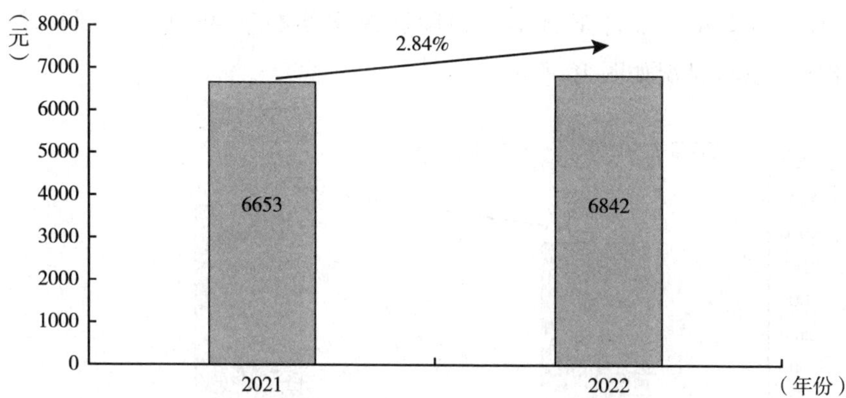


**图 8　2021 年、2022 年家自车新车车险已决案均赔款情况**

资料来源：全国车险信息平台。

2022 年，宁波地区的家自车新车车险已决案均赔款最高，为 8830 元；广西地区的家自车新车已决案均赔款最低，为 4631 元。具体情况如图 9 所示。

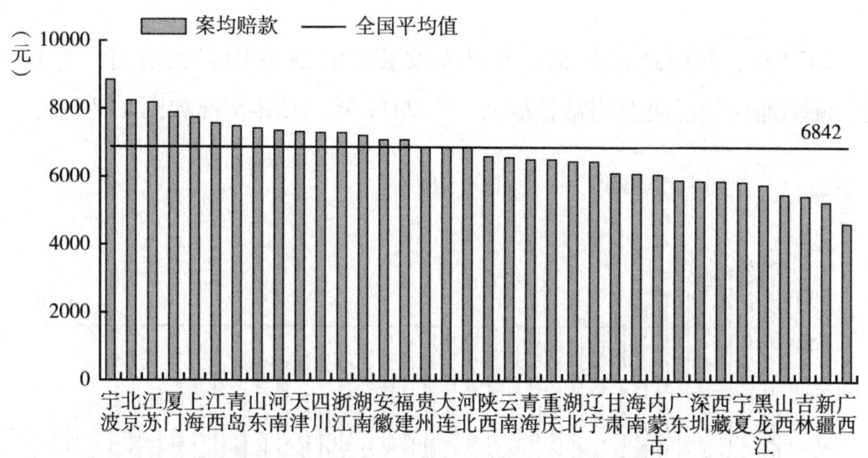


**图 9　2022 年各地区家自车新车车险已决案均赔款情况**

资料来源：全国车险信息平台。

## （二）交强险赔付情况

2022 年，家自车新车交强险已决赔款累计 112.61 亿元，同比下降

0.63%。2022 年，家自车新车交强险已决案均赔款 4400 元，同比增长 13.81%。具体情况如图 10 所示。

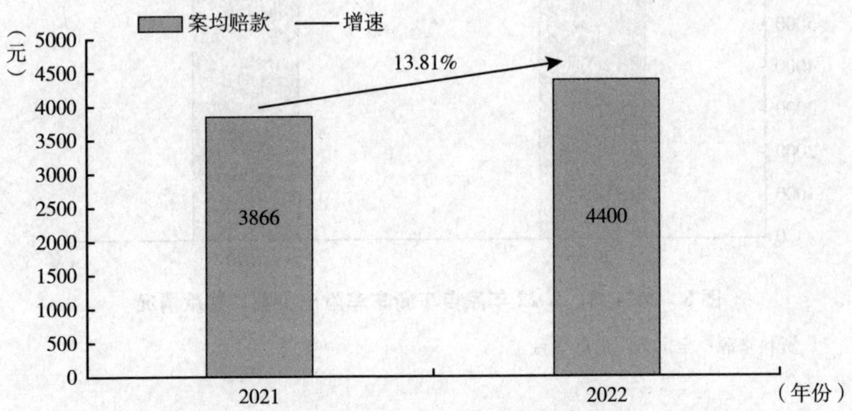


**图 10　2021 年、2022 年家自车新车交强险已决案均赔款情况**

资料来源：全国车险信息平台。

2022 年，河南地区的家自车新车交强险已决案均赔款最高，为 6030 元；深圳地区的已决案均赔款最低，为 2417 元。具体情况如图 11 所示。

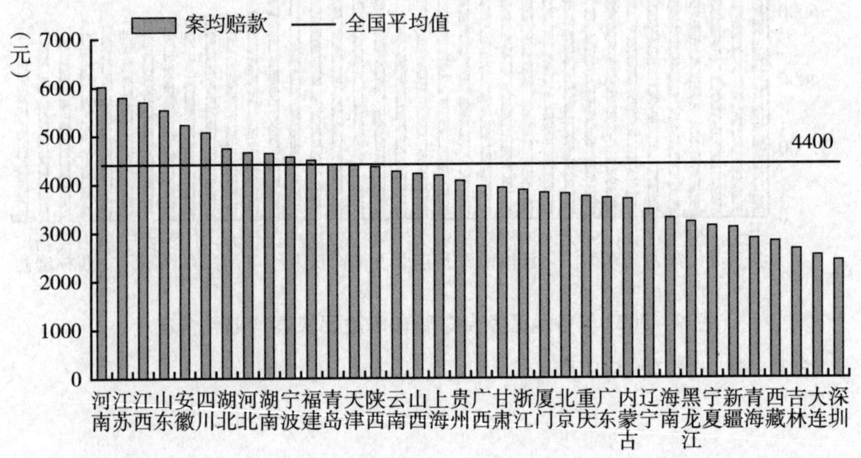


**图 11　2022 年各地区家自车新车交强险已决案均赔款情况**

资料来源：全国车险信息平台。

## （三）商车险赔付情况

2022 年，家自车新车商车险已决赔款累计 363.34 亿元，同比下降 16.23%。2022 年，家自车新车商车险已决案均赔款 8263 元，同比增长 0.80%。具体情况如图 12 所示。

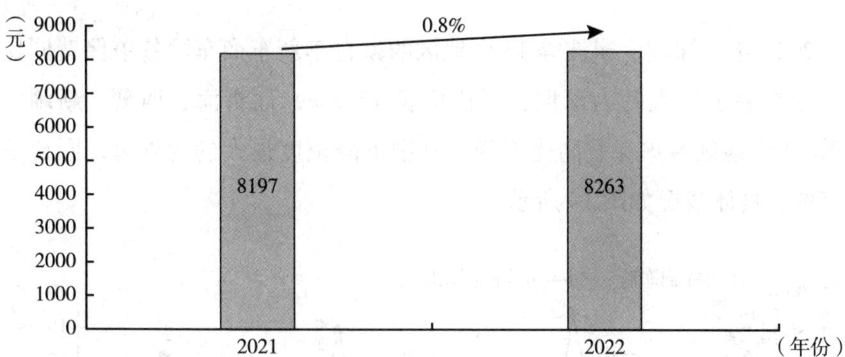


**图 12　2021 年、2022 年家自车新车商车险已决案均赔款情况**

资料来源：全国车险信息平台。

2022 年，宁波地区的家自车新车商车险已决案均赔款最高，为 12440 元；广西地区的已决案均赔款最低，为 4841 元。具体情况如图 13 所示。

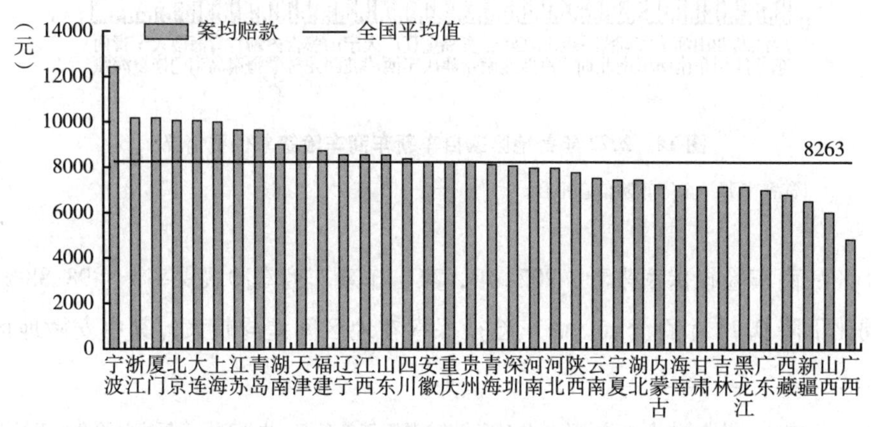


**图 13　2022 年各地区家自车新车商车险已决案均赔款情况**

资料来源：全国车险信息平台。

## 三　家自车新车商车险投保率和折扣率情况

### （一）商车险投保分析

2022 年，深圳、宁波等 13 个地区的家自车新车商车险签单保费同比增长，增长幅度最大的为深圳，同比增长 17.3%；而青海、西藏、新疆、甘肃等 23 个地区签单保费同比下降，其中下降幅度最大的为青海，同比下降 25.5%。具体情况如图 14 所示。

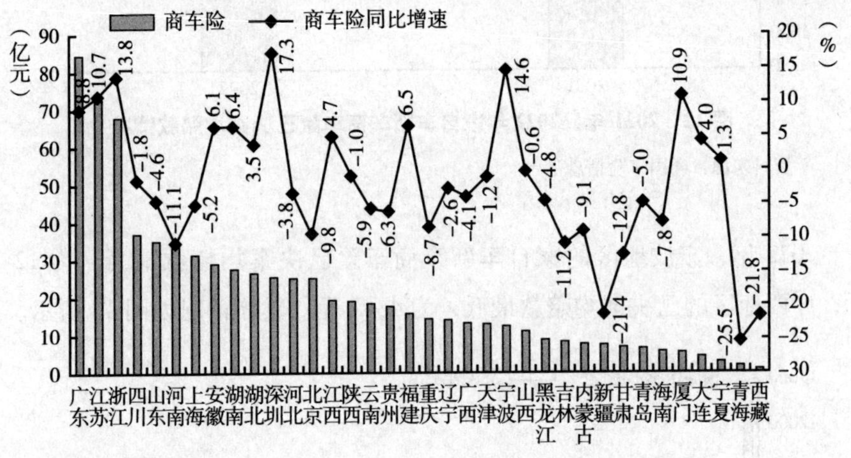


**图 14　2022 年各地区家自车新车商车险签单保费情况**

资料来源：全国车险信息平台。

从商车险投保率来看，2022 年，家自车新车商车险投保率①为 98.88%，同比下降 0.11 个百分点。商车险投保率在地区间差异较大，其中安徽地区

① 本分析报告中投保率为商车险签单车年/交强险签单车年，由于部分车辆交强险和商车险的签单时间不在同一统计区间或存在异地投保情况，因此部分地区可能出现商车险投保率大于 100%的情况。

投保率最高，为105.29%；西藏地区投保率最低，为81.39%。具体情况如图15所示。

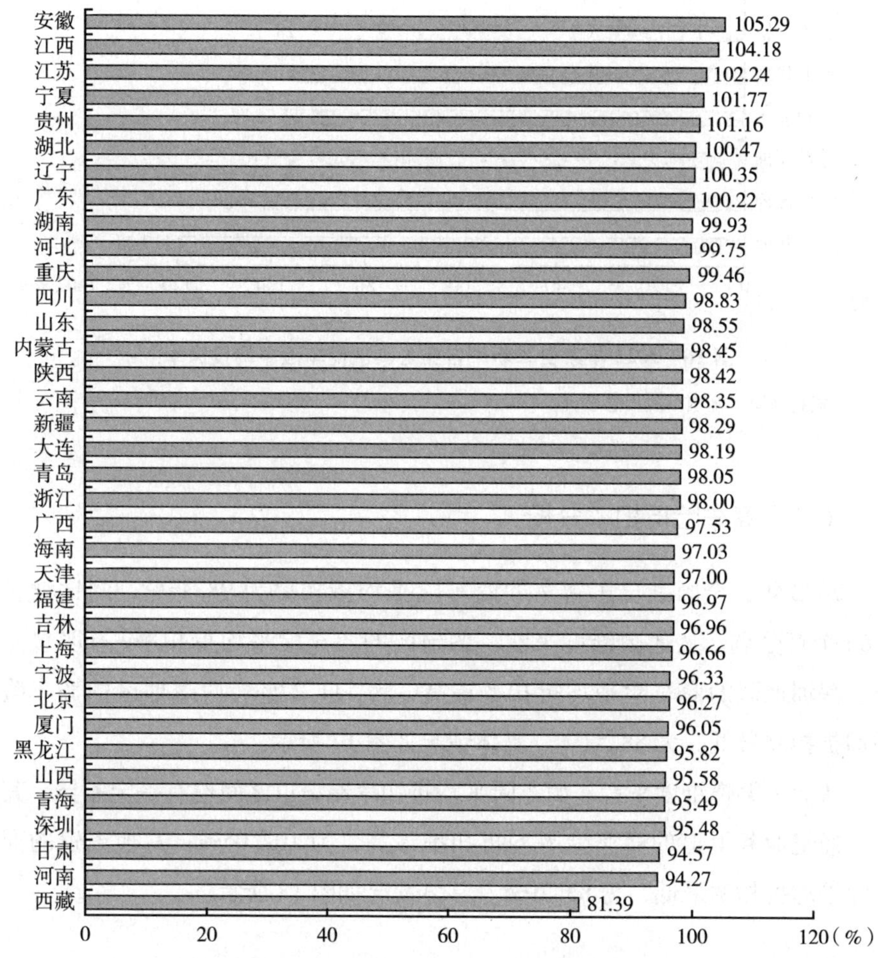


**图15　2022年各地区家自车新车商车险投保率**

资料来源：全国车险信息平台。

从业务渠道来看，家自车新车商车险投保率在业务渠道之间也有差异。其中其他渠道的商车险投保率最高，为119.58%；传统直销渠道的商车险投保率最低，为58.84%。具体情况如图16所示。

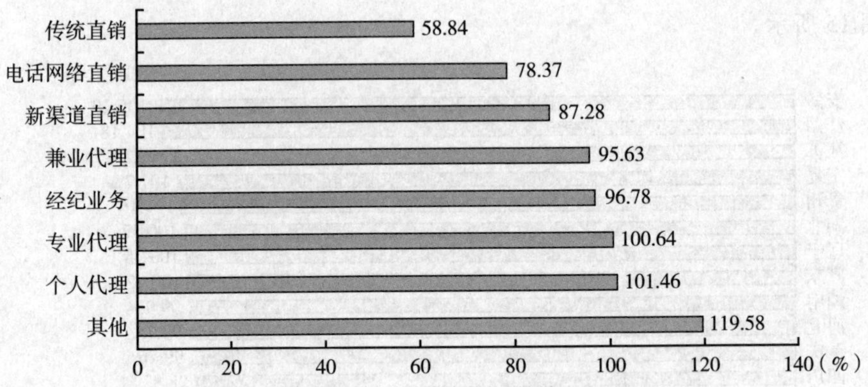


**图 16　2022 年家自车新车各业务渠道商车险平均投保率**

资料来源：全国车险信息平台。

## （二）商车险折扣率分析

2022 年，全国家自车新车的商车险平均折扣率为 98.46%，同比增长 0.66 个百分点。从地区维度来看，各地区的商车险平均折扣率[①]有明显差异。深圳地区的商车险平均折扣率最高，为 111.27%；西藏地区的商车险平均折扣率最低，为 88.51%。具体情况如图 17 所示。

从业务渠道维度来看，商车险平均折扣率在渠道之间也有一定差异。其中，经纪业务渠道的商车险平均折扣率最高，为 102.05%；其他渠道的商车险平均折扣率最低，为 83.29%。具体情况如图 18 所示。

① 本分析报告中平均折扣率为剔除短期单的折扣率。

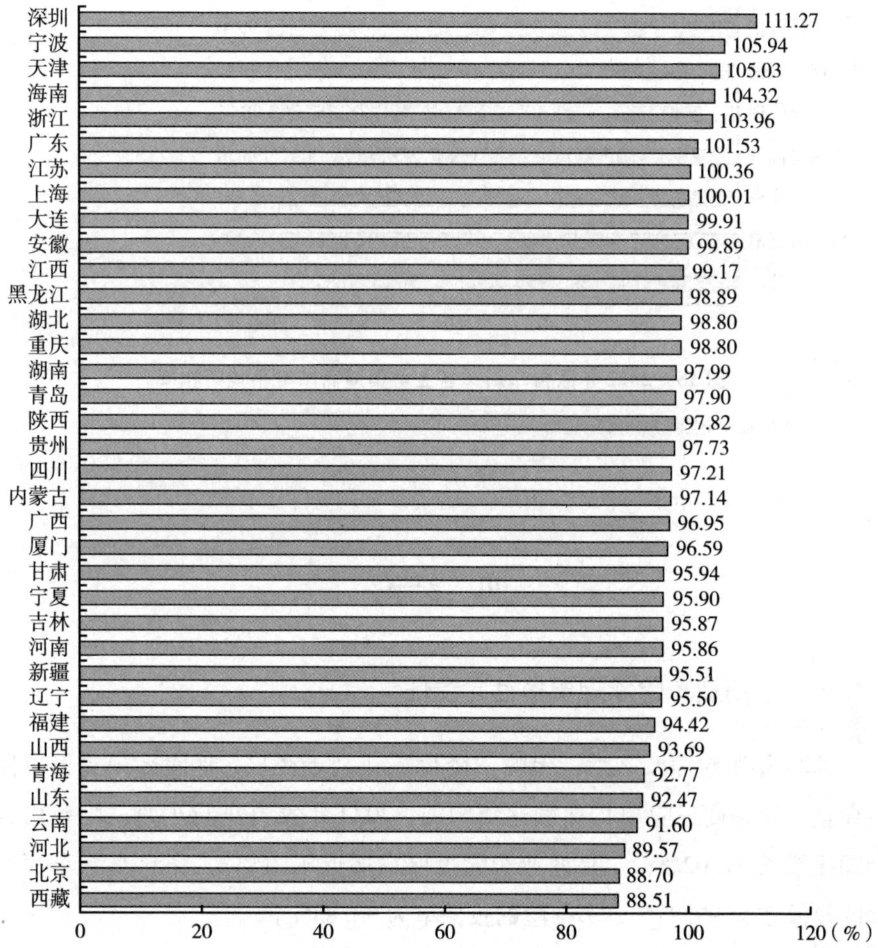

| 地区 | 平均折扣率（%） |
|---|---|
| 深圳 | 111.27 |
| 宁波 | 105.94 |
| 天津 | 105.03 |
| 海南 | 104.32 |
| 浙江 | 103.96 |
| 广东 | 101.53 |
| 江苏 | 100.36 |
| 上海 | 100.01 |
| 大连 | 99.91 |
| 安徽 | 99.89 |
| 江西 | 99.17 |
| 黑龙江 | 98.89 |
| 湖北 | 98.80 |
| 重庆 | 98.80 |
| 湖南 | 97.99 |
| 青岛 | 97.90 |
| 陕西 | 97.82 |
| 贵州 | 97.73 |
| 四川 | 97.21 |
| 内蒙古 | 97.14 |
| 广西 | 96.95 |
| 厦门 | 96.59 |
| 甘肃 | 95.94 |
| 宁夏 | 95.90 |
| 吉林 | 95.87 |
| 河南 | 95.86 |
| 新疆 | 95.51 |
| 辽宁 | 95.50 |
| 福建 | 94.42 |
| 山西 | 93.69 |
| 青海 | 92.77 |
| 山东 | 92.47 |
| 云南 | 91.60 |
| 河北 | 89.57 |
| 北京 | 88.70 |
| 西藏 | 88.51 |

0 20 40 60 80 100 120（%）

**图 17　2022 年各地区家自车新车商车险平均折扣率**

资料来源：全国车险信息平台。

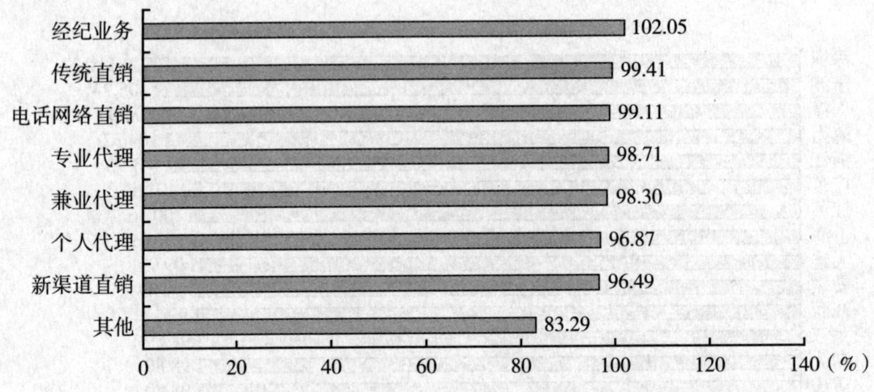


**图 18　2022 年家自车新车各业务渠道商车险平均折扣率**

资料来源：全国车险信息平台。

## 四　结论

### （一）商业车险承担更多社会责任

2020 年车险综改之后，保险“降价”让利于客户，保险客户更愿意保足保全。一是商三险单均保额逐年增加，2022 年家自车新车商三险单均保额同比增长 27.02%；二是商业车险投保率接近于 100%，家自车新车商三险的投保率为 99.97%，车损险的投保率为 98.83%。

### （二）车险保费规模转降为升

自受疫情影响以来，车险行业多以延长保险期限等方式减少客户经济负担，再累加车险综改“降价”影响，2021 年家自车新车保费规模同比下降 11.79%，保险公司经营压力增大。2022 年保费规模转为正增长，但 2022 年仍持续受疫情影响，同比增长仅为 0.01%。建议保险公司及时掌握车险行业的发展趋势，促进车险业务高质量发展。

# B.18 2022年营业货车车险市场业务情况分析报告

徐丹　应艳萱*

**摘　要：** 以全国营业货车为分析对象，本报告分析其车险业务的承保和理赔情况。本报告还分析了营业货车在险种、地区、公司、渠道等维度下的承保情况；此外，报告还深入分析了各地区营业货车的案均赔款、投保率和折扣率的指标，全面反映车险行业营运货车业务情况。

**关键词：** 营业货车　签单保费　已结赔款

## 一　营业货车承保分析

### （一）分险种保费分析

2022年全国营业货车车险签单保费①为1088.88亿元，同比下降4.49%。其中交强险签单保费为309.58亿元，同比下降4.46%；商业险签单保费为779.30亿元，同比下降4.50%，如图1所示。

### （二）分地区保费分析

2022年，山东、河北、江苏、河南和安徽共5个地区的营业货车车险

* 徐丹，中国银行保险信息技术管理有限公司数据与科技管理部；应艳萱，中国银行保险信息技术管理有限公司数据与科技管理部。

① 签单保费统计口径为起保日期在统计期间内的最新含税保费。

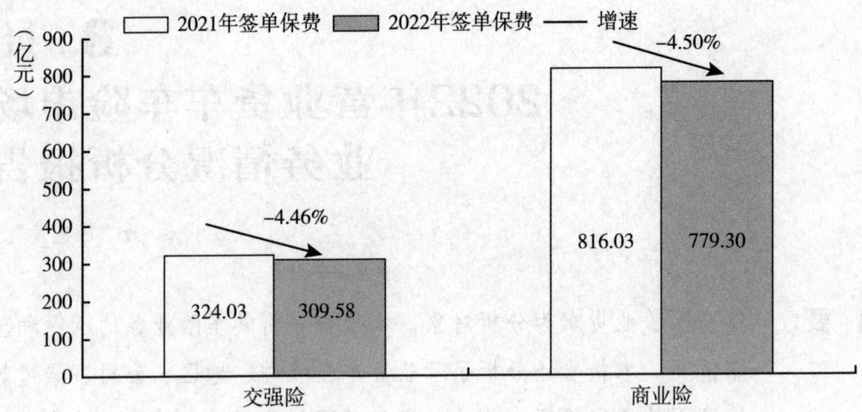


**图 1　2021 年、2022 年分险种营业货车签单保费**

资料来源：全国车险信息平台。

保费超过 70 亿元；山西、广东、四川、江西、浙江、上海、湖北和陕西共 8 个地区的保费规模为 30 亿～50 亿元。营业货车车险签单保费增速最高的地区为宁波，达到 15.8%；最低的地区为青海，为-18.0%，如图 2 所示。

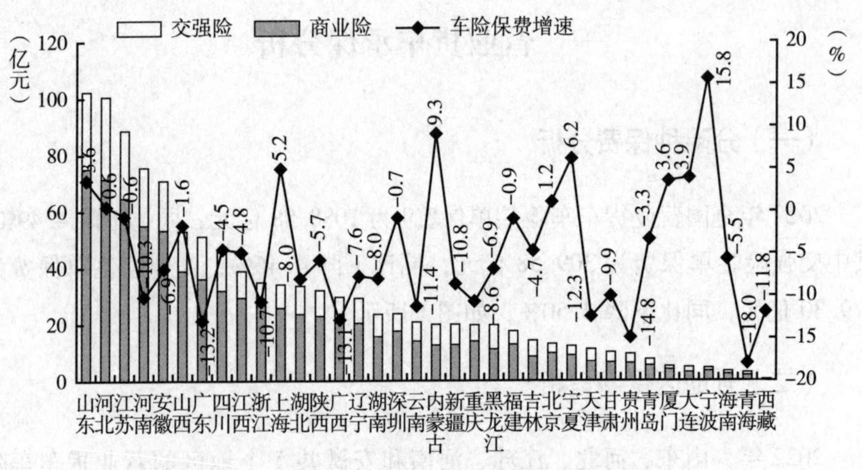


**图 2　2022 年分地区营业货车车险签单保费及增速**

资料来源：全国车险信息平台。

## （三）各公司保费分析

2022 年，人保财险、平安财险、太平洋财险和国寿财险共 4 家公司的营业货车车险业务保费规模超过 60 亿元；中华财险、华安财险、阳光财险、大地财险、太平财险和永安财险共 6 家公司的保费规模在 28 亿~60 亿元。以上这 10 家公司中，永安财险同比增速最快，为 11.9%。此外，人保财险、平安财险和太平洋财险 3 家公司的市场份额合计为 53.6%，同比下降 0.2 个百分点；保费规模排名前五的保险公司的市场份额合计为 67.2%，同比下降 0.6 个百分点；保费规模排名前十的保险公司的市场份额合计为 85.4%，同比上升 0.2 个百分点，如图 3 所示。

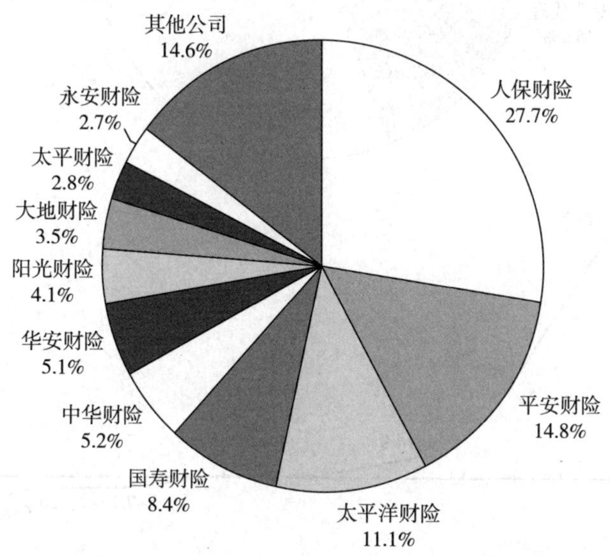


**图 3　2022 年各公司营业货车车险签单保费占比**

资料来源：全国车险信息平台。

## （四）各业务渠道保费分析

2022 年，通过个人代理渠道和专业代理渠道签单的营业货车保费规模超过 280 亿元，合计占比 82.5%。其中，个人代理渠道签单保费增速为 1.5%，专业代理渠道的增速为-9.2%，如图 4 所示。

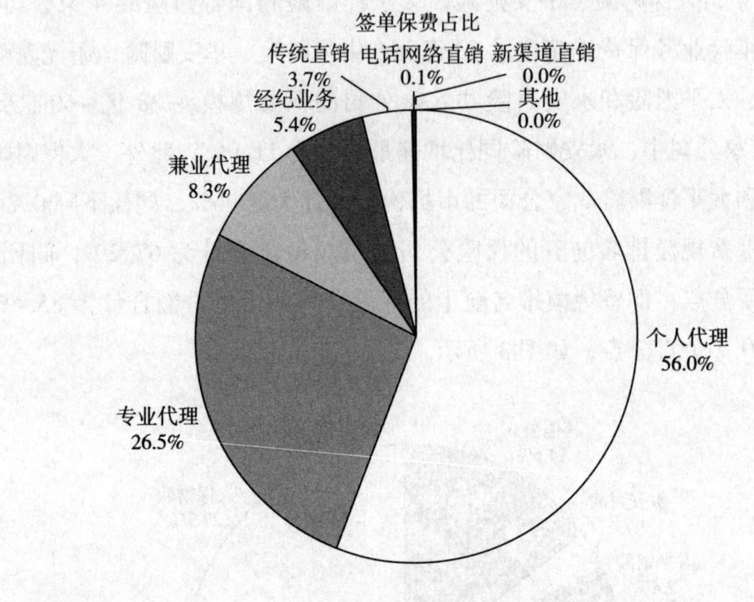


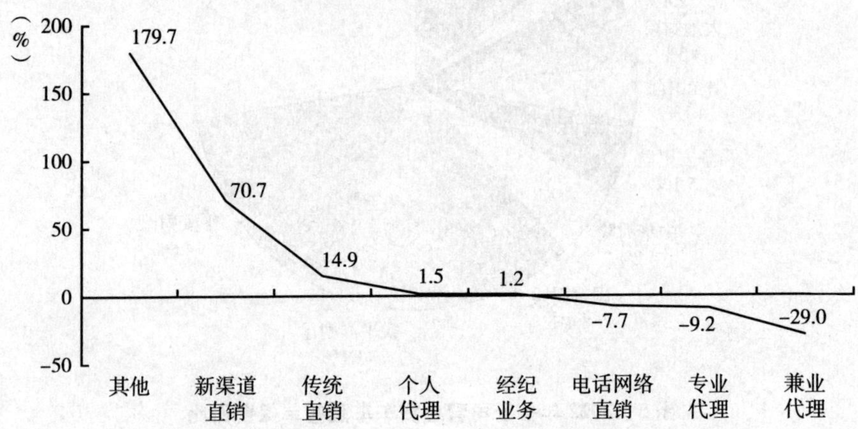


**图 4　2022 年各渠道营业货车车险签单保费占比及增速**

资料来源：全国车险信息平台。

## 二　营业货车理赔分析

### （一）车险总体赔款分析

2022 年，全国营业货车车险已结赔款为 677.85 亿元，同比下降 6.04%；案均赔款为 16234 元，同比增长 4.14%，如图 5 所示。

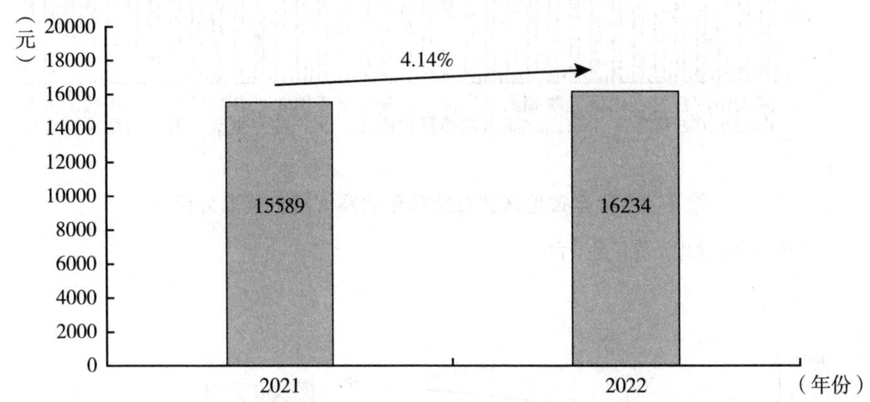


**图 5　2021 年、2022 年营业货车车险案均赔款分析**

资料来源：全国车险信息平台。

全国各地区中，河南的车险案均赔款最高，为 23617 元；深圳最低，为 7928 元，如图 6 所示。

### （二）交强险赔款分析

2022 年，全国营业货车交强险已结赔款为 225.85 亿元，同比增长 2.87%；案均赔款为 8530 元，同比增长 11.77%，如图 7 所示。

全国各地区中，河南的交强险案均赔款最高，为 12705 元，如图 8 所示。

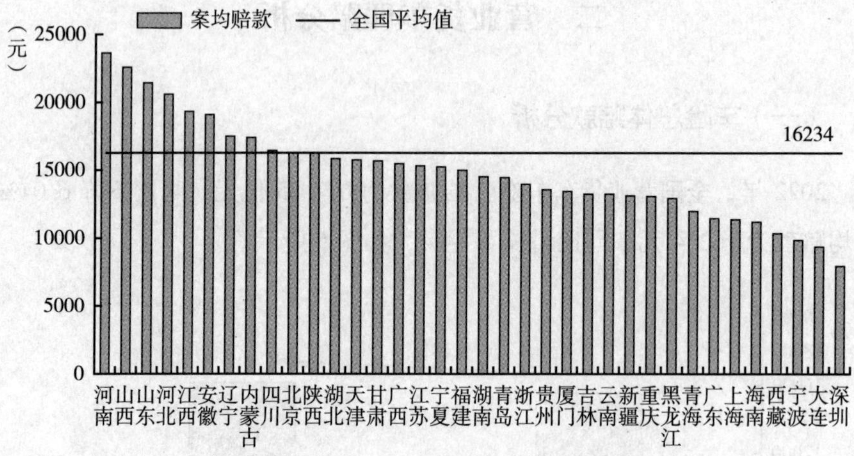


**图 6　2022 年各地区营业货车车险案均赔款情况分析**

资料来源：全国车险信息平台。

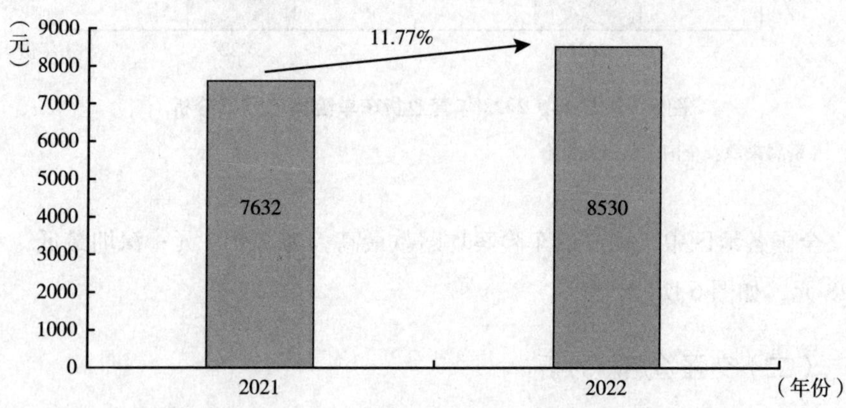


**图 7　2021 年、2022 年营业货车交强险案均赔款分析**

资料来源：全国车险信息平台。

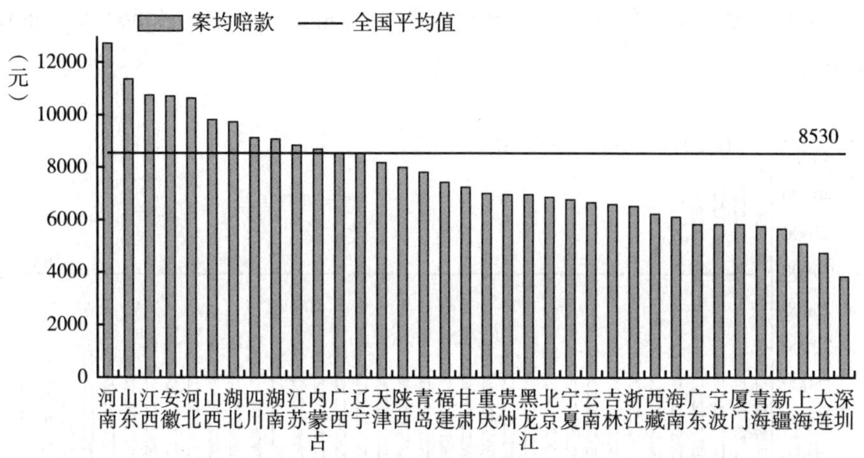


**图 8　2022 年各地区营业货车交强险案均赔款分析**

资料来源：全国车险信息平台。

## （三）商业险赔款分析

2022 年，全国营业货车商业险已结赔款为 452 亿元，同比下降 9. 94%；案均赔款为 29582 元，同比增长 3. 23%，如图 9 所示。

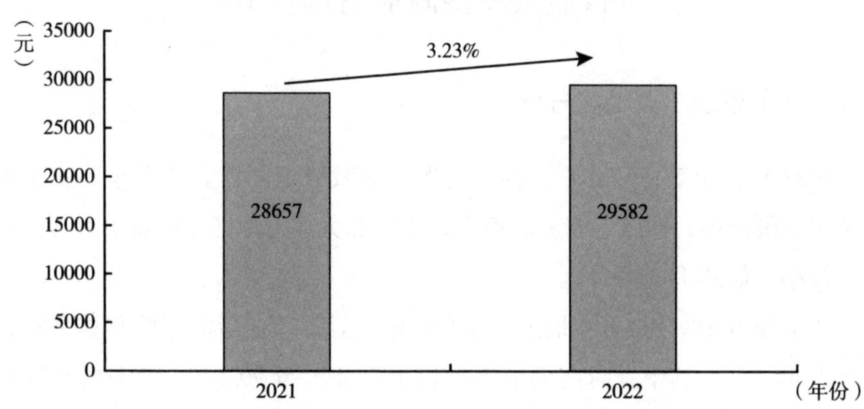


**图 9　2021 年、2022 年营业货车商业险案均赔款分析**

资料来源：全国车险信息平台。

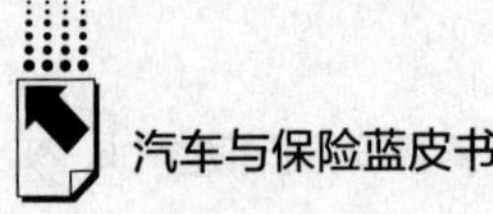

全国各地区中，河南营业货车商业险案均赔款最高，为43564元，如图10所示。

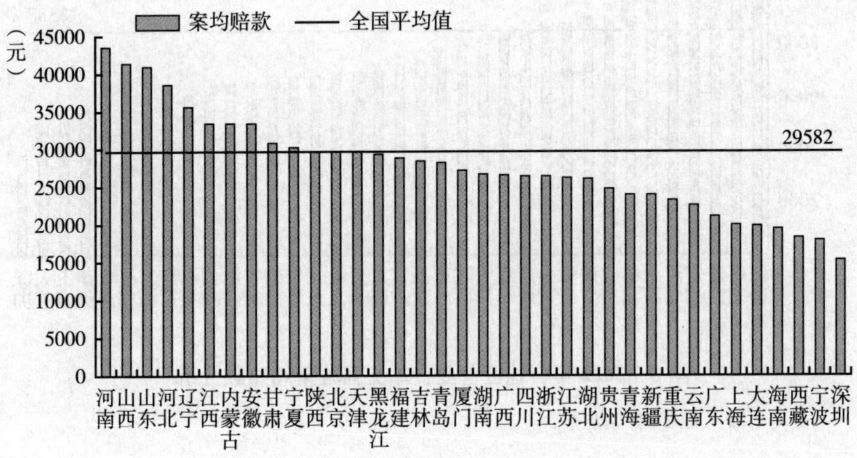


**图10　2022年各地区营业货车商业险案均赔款分析**

资料来源：全国车险信息平台。

## 三　营业货车保险业务地区分析

### （一）车险总体地区分析

2022年，山东、河北、江苏、河南和安徽等地区营业货车车险签单保费位于全国前列，西藏、青海、海南、宁波和大连等地区车险签单保费规模相对较小，如图11所示。

从平均折扣率[①]来看，地区间存在一定差异。营业货车车险整体平均折扣率为81.0%。其中，海南的平均折扣率最高，为90.6%；西藏的平均折扣率最低，为68.0%，如图12所示。

① 本报告中折扣率计算时剔除了短期单。

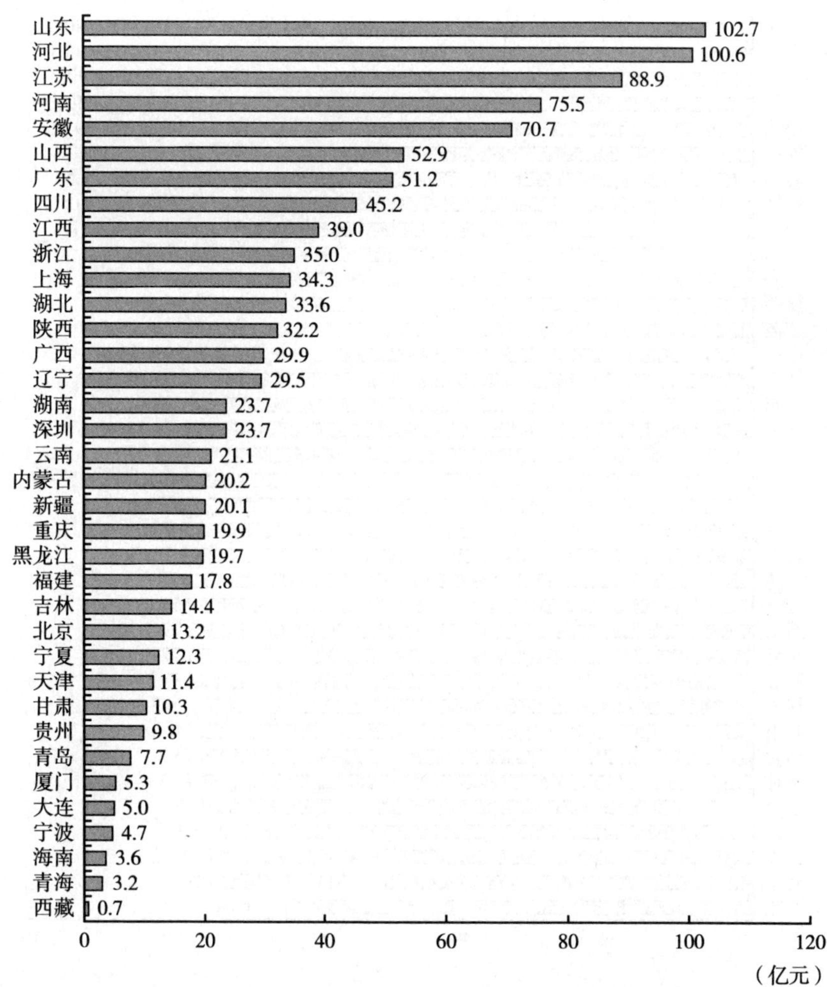


**图 11　2022 年各地区营业货车车险签单保费分析**

资料来源：全国车险信息平台。

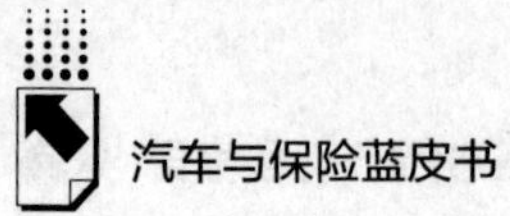

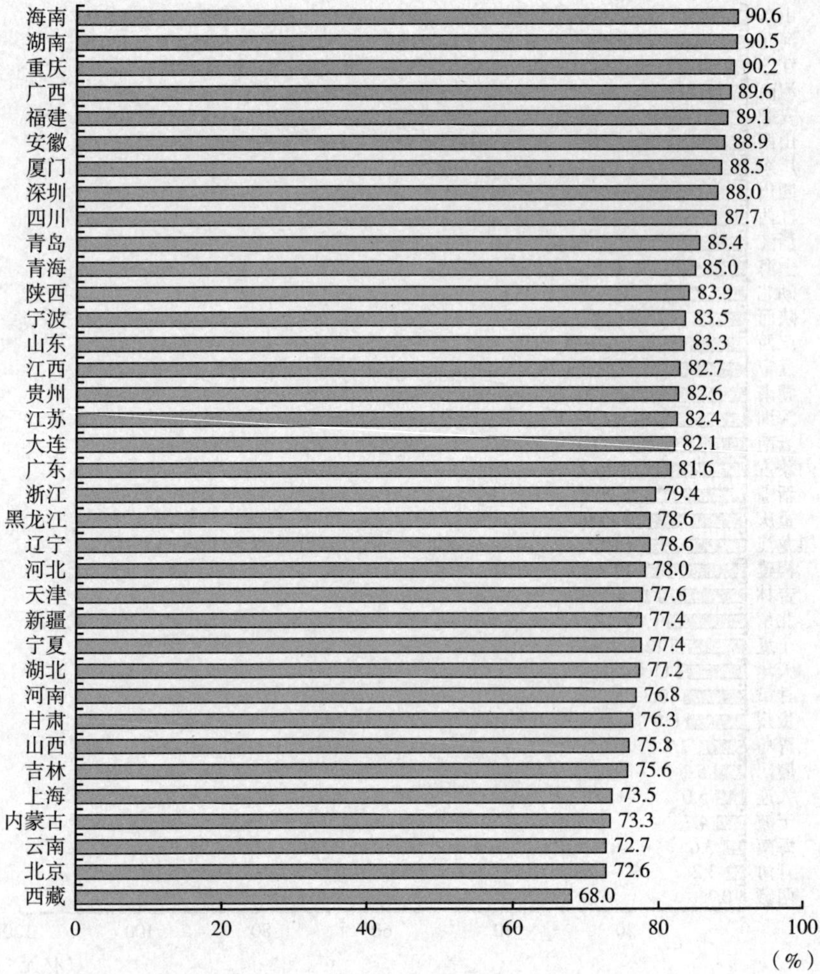

| 地区 | 折扣率（%） |
|---|---|
| 海南 | 90.6 |
| 湖南 | 90.5 |
| 重庆 | 90.2 |
| 广西 | 89.6 |
| 福建 | 89.1 |
| 安徽 | 88.9 |
| 厦门 | 88.5 |
| 深圳 | 88.0 |
| 四川 | 87.7 |
| 青岛 | 85.4 |
| 青海 | 85.0 |
| 陕西 | 83.9 |
| 宁波 | 83.5 |
| 山东 | 83.3 |
| 江西 | 82.7 |
| 贵州 | 82.6 |
| 江苏 | 82.4 |
| 大连 | 82.1 |
| 广东 | 81.6 |
| 浙江 | 79.4 |
| 黑龙江 | 78.6 |
| 辽宁 | 78.6 |
| 河北 | 78.0 |
| 天津 | 77.6 |
| 新疆 | 77.4 |
| 宁夏 | 77.4 |
| 湖北 | 77.2 |
| 河南 | 76.8 |
| 甘肃 | 76.3 |
| 山西 | 75.8 |
| 吉林 | 75.6 |
| 上海 | 73.5 |
| 内蒙古 | 73.3 |
| 云南 | 72.7 |
| 北京 | 72.6 |
| 西藏 | 68.0 |

0 20 40 60 80 100
（%）

**图 12　2022 年各地区营业货车车险折扣率分析**

资料来源：全国车险信息平台。

## （二）交强险地区分析

2022 年，河北、山东、江苏、河南和安徽等地区营业货车交强险签单保费位于全国前列，西藏、海南、青海、宁波和厦门等地区签单保费规模较小，如图 13 所示。

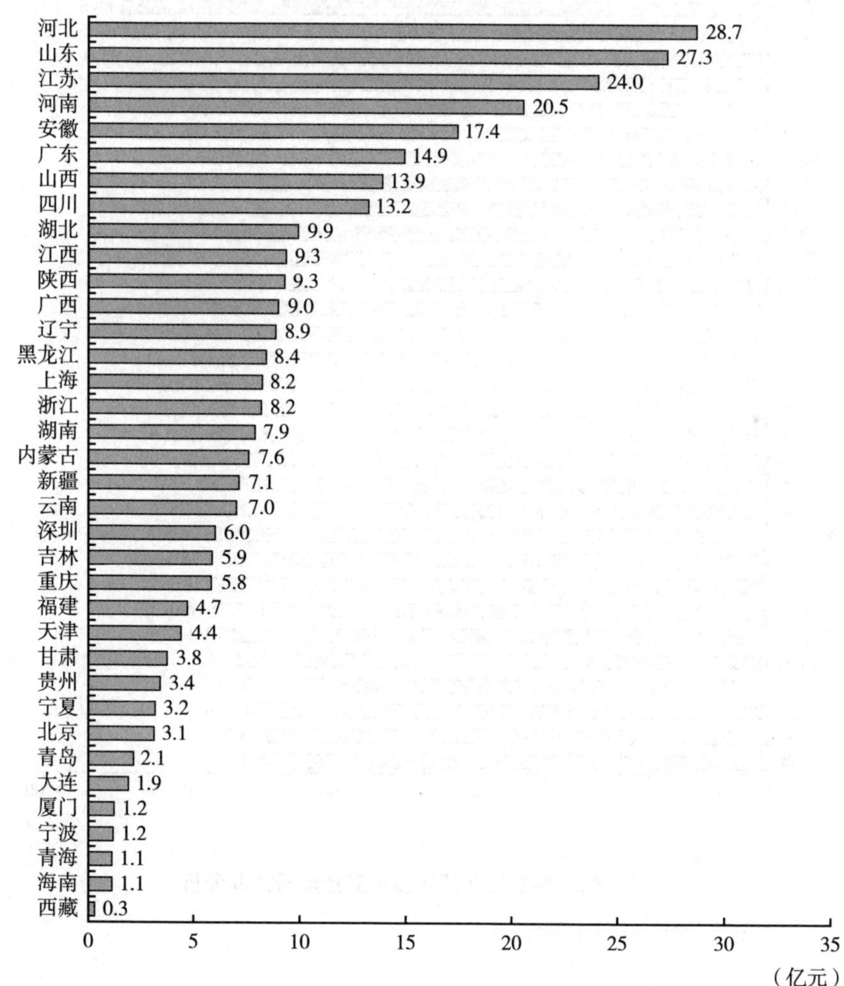


**图 13　2022 年各地区营业货车交强险签单保费分析**

资料来源：全国车险信息平台。

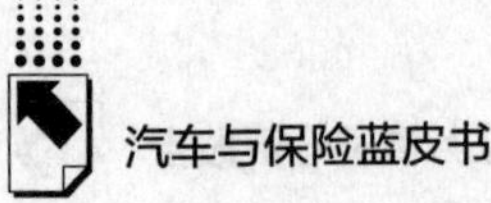



营业货车交强险整体平均折扣率为 83.8%，且存在地区差异，如图 14 所示。

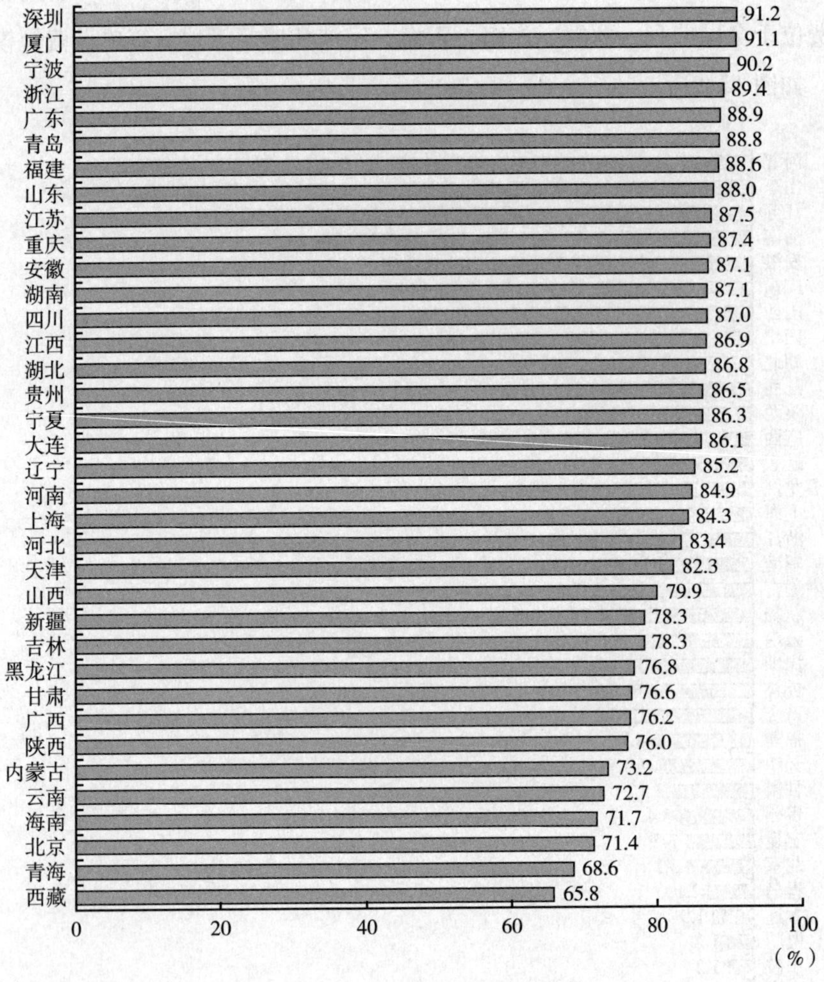

| 地区 | 折扣率（%） |
| --- | --- |
| 深圳 | 91.2 |
| 厦门 | 91.1 |
| 宁波 | 90.2 |
| 浙江 | 89.4 |
| 广东 | 88.9 |
| 青岛 | 88.8 |
| 福建 | 88.6 |
| 山东 | 88.0 |
| 江苏 | 87.5 |
| 重庆 | 87.4 |
| 安徽 | 87.1 |
| 湖南 | 87.1 |
| 四川 | 87.0 |
| 江西 | 86.9 |
| 湖北 | 86.8 |
| 贵州 | 86.5 |
| 宁夏 | 86.3 |
| 大连 | 86.1 |
| 辽宁 | 85.2 |
| 河南 | 84.9 |
| 上海 | 84.3 |
| 河北 | 83.4 |
| 天津 | 82.3 |
| 山西 | 79.9 |
| 新疆 | 78.3 |
| 吉林 | 78.3 |
| 黑龙江 | 76.8 |
| 甘肃 | 76.6 |
| 广西 | 76.2 |
| 陕西 | 76.0 |
| 内蒙古 | 73.2 |
| 云南 | 72.7 |
| 海南 | 71.7 |
| 北京 | 71.4 |
| 青海 | 68.6 |
| 西藏 | 65.8 |

**图 14　2022 年各地区营业货车交强险折扣率分析**

资料来源：全国车险信息平台。

## （三）商业险地区分析

2022 年，山东、河北、江苏、河南和安徽等地区营业货车商业险签单保费位于全国前列，西藏、青海、海南、大连和宁波等地区签单保费规模较小，如图 15 所示。

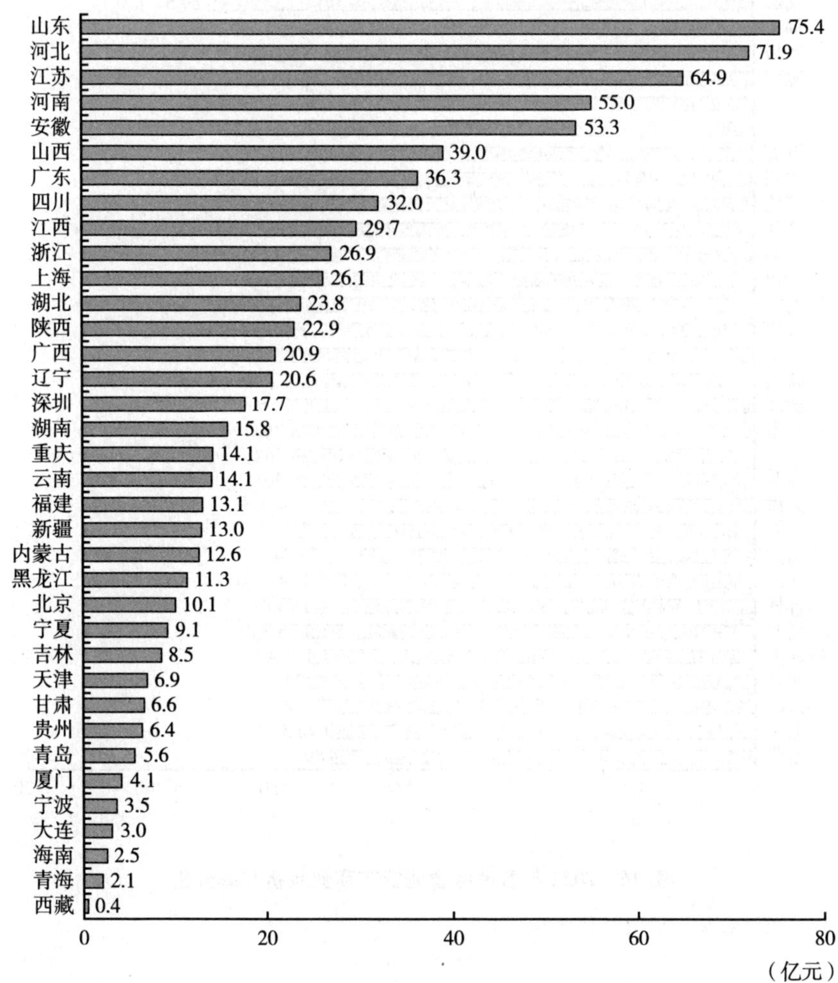


**图 15　2022 年各地区营业货车商业险签单保费分析**

资料来源：全国车险信息平台。

营业货车商业险整体平均折扣率为 80.0%，且存在地区差异，如图 16 所示。

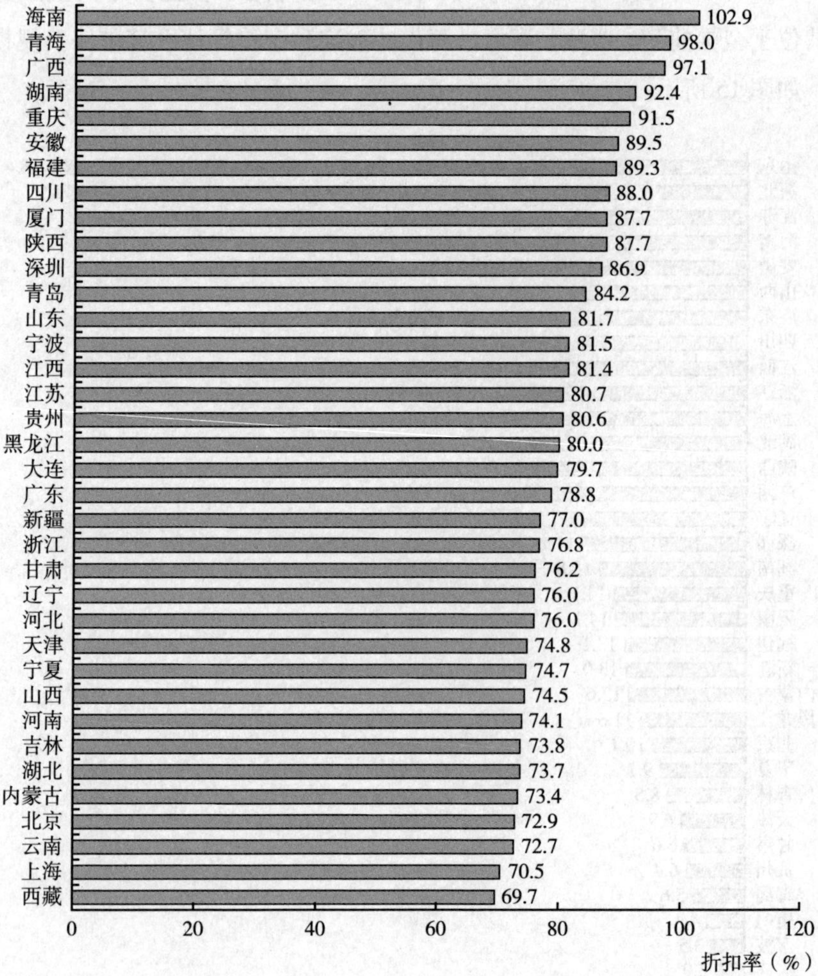

**图 16　2022 年各地区营业货车商业险折扣率分析**

资料来源：全国车险信息平台。

## 四　结论与启示

2022 年全国营业货车车险市场整体发展平稳，以人保财险、平安财险、太平洋财险为代表的头部公司仍然占据绝大部分市场份额，且主要通过个人代理渠道和专业代理渠道开展业务。此外，车险已结赔款虽然略有下降，但案均赔款略有上升，值得行业持续关注。

# B.19
# 2022年货车三者险市场业务情况分析报告

徐丹　高鹰霞*

**摘　要：** 本报告通过多个维度分析2022年全国货车三者险的情况。在承保方面，对货车营业性质、吨位、保额等维度展开分析；在理赔方面，通过营业性质、吨位、保额及地区等维度，展示理赔指标的变化情况；以此帮助行业了解货车三者险的承保理赔情况。

**关键词：** 货车　三者险　承保　理赔

## 一　货车三者险承保情况

### （一）营业性质—承保

2022年全国营业货车三者险签单保费[①]累计530亿元，签单件数累计832万件。从趋势上看，2021年营业货车三者险签单保费同比上升15.9%，2022年同比下降1.85%；2021年单均保费同比上升14.2%，2022年同比上升0.6%，达6377元。

2022年全国非营业货车三者险签单保费累计181亿元，签单件数累计1253万件。从趋势上看，2021年非营业货车三者险签单保费同比上升

* 徐丹，中国银行保险信息技术管理有限公司数据与科技管理部；高鹰霞，中国银行保险信息技术管理有限公司数据与科技管理部数据分析二处副经理，中级经济师。

① 本报告中的承保数据均按保单起保口径统计。

15.4%，2022 年同比上升 5.2%；2021 年单均保费同比上升 7.7%，2022 年同比上升 6%，达 1447 元（见图 1、图 2）。

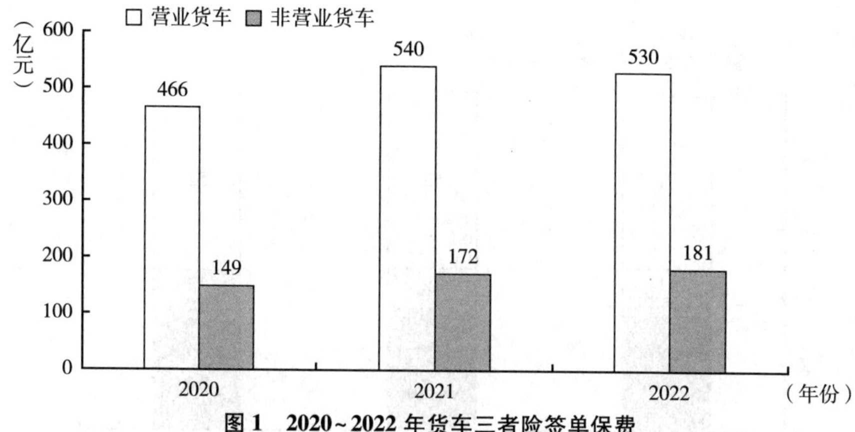


**图 1　2020～2022 年货车三者险签单保费**

资料来源：全国车险信息平台。

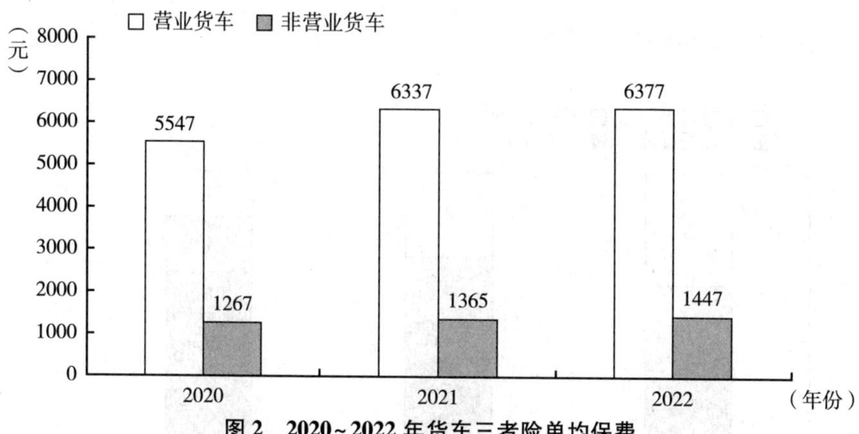


**图 2　2020～2022 年货车三者险单均保费**

资料来源：全国车险信息平台。

## （二）吨位—承保

从吨位维度来看，营业货车投保三者险的重载货车[①]保单件数占比较平

① 本报告中重载货车指十吨以上的货车。

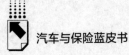

稳，2022 年为 52%。而非营业货车中投保三者险的保单主要集中在二吨以下的货车，2022 年该吨位保单件数占比高达 97%（见图 3、图 4）。

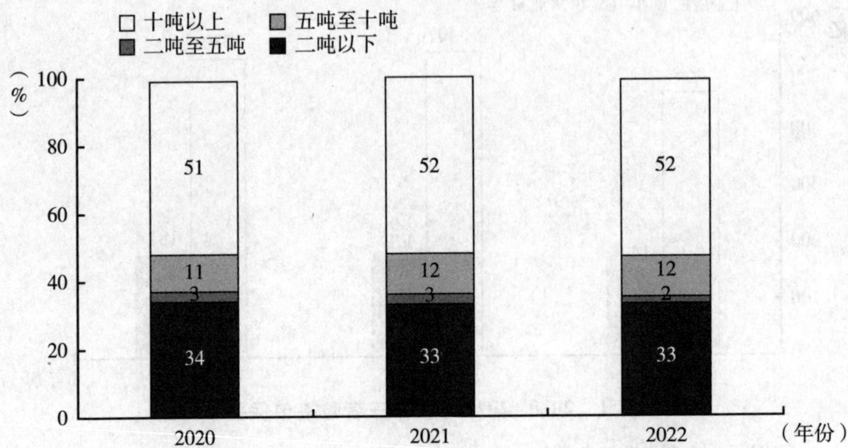


**图 3　2020~2022 年营业货车三者险各吨位分组保单件数占比**

资料来源：全国车险信息平台。

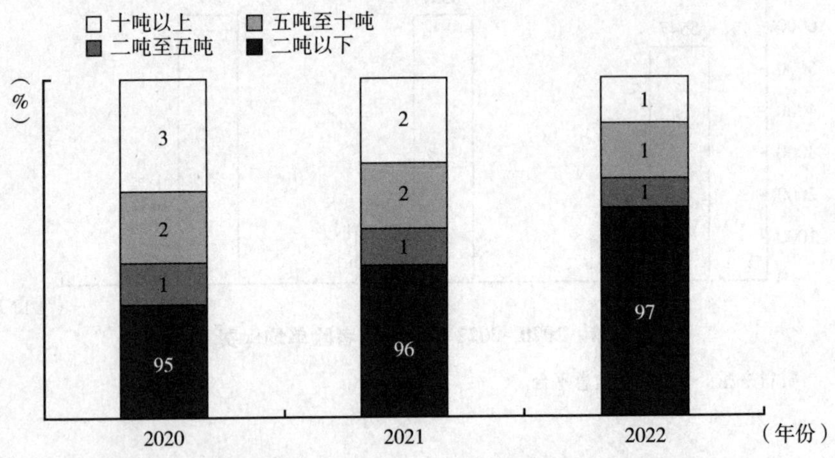


**图 4　2020~2022 年非营业货车三者险各吨位分组保单件数占比**

资料来源：全国车险信息平台。

此外，十吨以上营业货车三者险的单均保费最高，为 8952 元。而非营业货车中二吨以下的货车单均保费最低，为 1423 元（见图 5）。

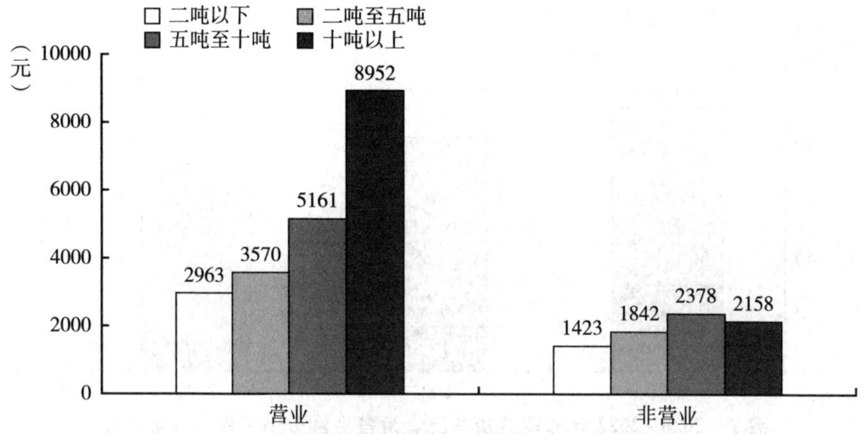


**图 5　2022 年货车三者险各吨位的单均保费**

资料来源：全国车险信息平台。

## （三）三者险保额—承保

从三者险保额来看，营业、非营业货车的 50 万元以上保额的保单件数占比最高，且逐年上升，2022 年营业货车该指标达到 89.2%，非营业货车该指标达到 90.4%，风险覆盖程度越来越高（见图 6、图 7）。此外，2022

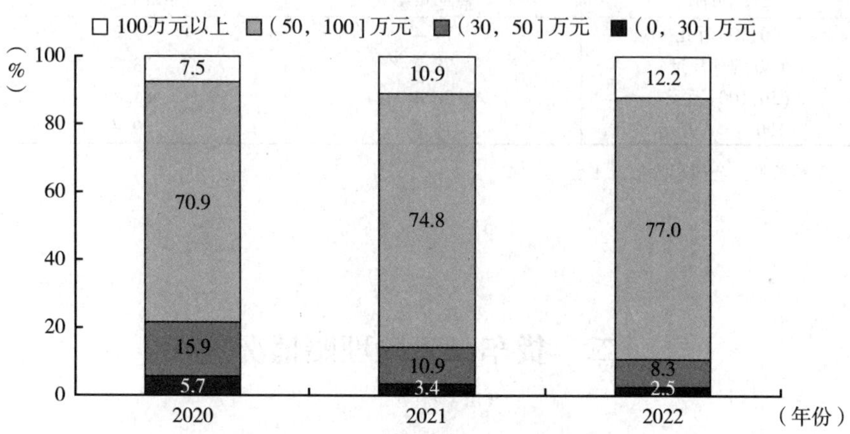


**图 6　2020~2022 年营业货车三者险各保额分组下保单件数占比**

资料来源：全国车险信息平台。

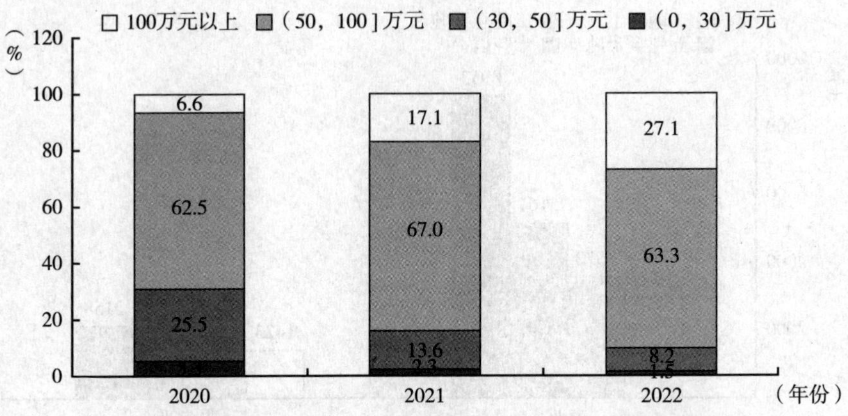

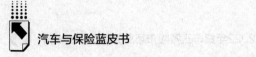

**图 7　2020~2022 年非营业货车三者险各保额分组下保单件数占比**

资料来源：全国车险信息平台。

年营业货车三者险保额在 100 万元以上区间的保单，其平均折扣率最低，为 76.8%；非营业货车三者险保额在 30 万元以下区间的保单，其平均折扣率最低，为 73.2%（见表 1）。

**表 1　2022 年各保额分组下的货车三者险平均折扣率**

单位：%

| 保额分组 | 营业货车 | 非营业货车 |
| --- | --- | --- |
| (0,30]万元 | 77.4 | 73.2 |
| (30,50]万元 | 78.2 | 78.0 |
| (50,100]万元 | 80.4 | 81.4 |
| (100,+∞)万元 | 76.8 | 80.9 |

资料来源：全国车险信息平台。

## 二　货车三者险理赔情况

### （一）营业性质—理赔

2022 年，全国营业货车三者险已结赔款累计 321 亿元，已结案均赔款为23969元，同比上升10.4%；非营业货车三者险已结赔款累计101亿元，已结案均赔款为10945元，同比上升13.9%（见图8、图9）。

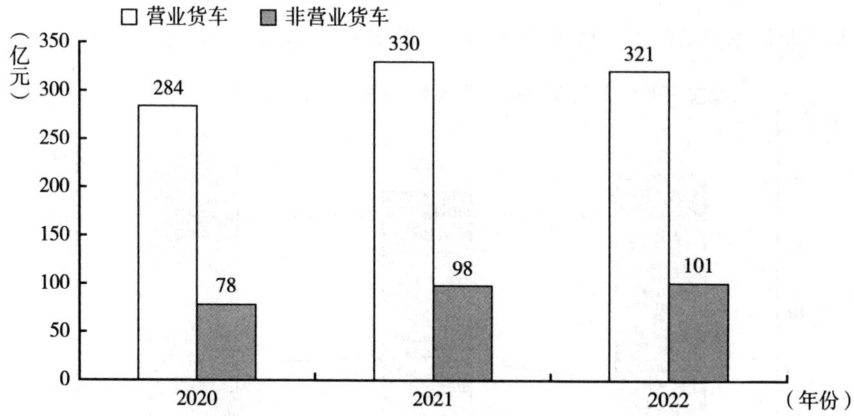


**图8　2020~2022年货车三者险已结赔款**

资料来源：全国车险信息平台。

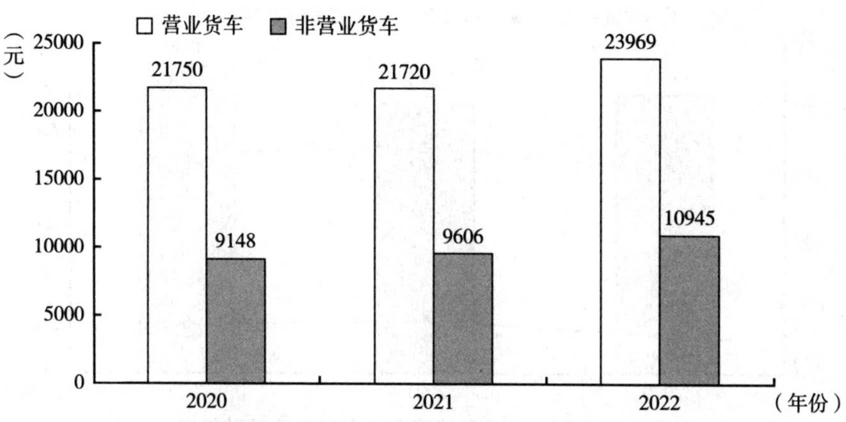


**图9　2020~2022年货车三者险已结案均赔款**

资料来源：全国车险信息平台。

2022年，营业货车三者险平均结案周期[①]为85.9天，非营业货车三者险平均结案周期为45.4天，结案速度均有所放缓。在出险率[②]和简单赔付率[③]方面，营业货车三者险的出险率有所下降，为34.5%，而简单赔付率为60.6%；2022年非营业货车三者险的出险率为20.1%，简单赔付率为55.6%（见图10、图11）。

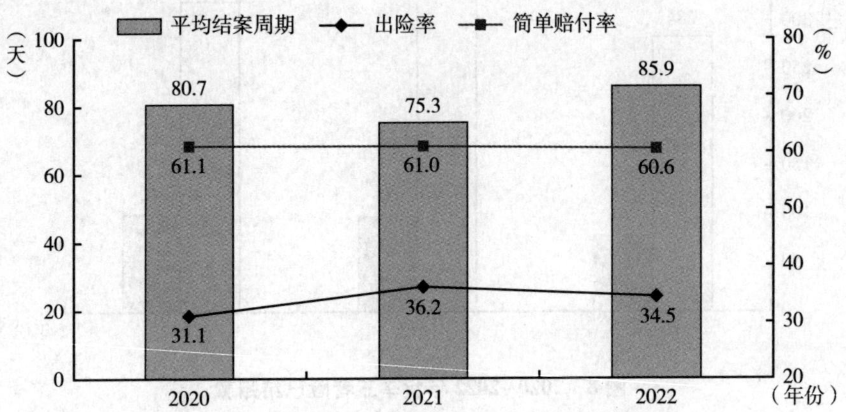


**图10　2020~2022年营业货车三者险理赔指标**

资料来源：全国车险信息平台。

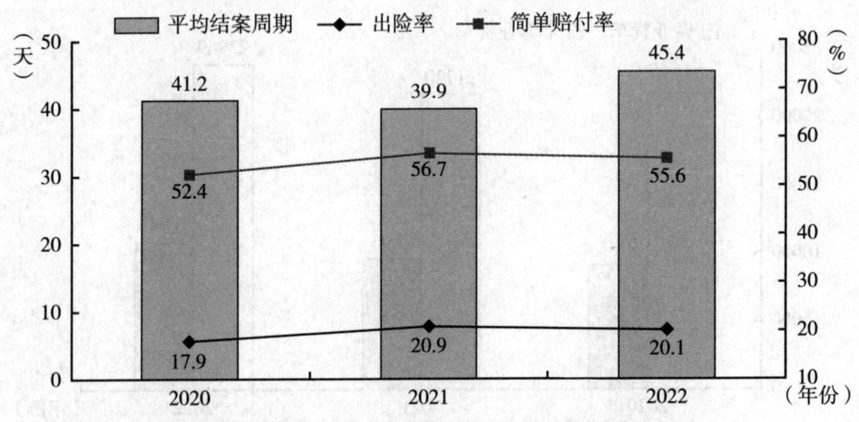


**图11　2020~2022年非营业货车三者险理赔指标**

资料来源：全国车险信息平台。

① 平均结案周期=（结案时间-报案时间）/非零结已结件数

② 出险率=统计期间内有效报案件数/统计期间内起保保单的签单件数

③ 简单赔付率=统计期间内的已结赔款/统计期间内起保保单的签单保费

## （二）吨位—理赔

2022 年，从吨位分组来看，营业货车中二吨以下的已结案均赔款最少，为 13643 元；十吨以上的已结案均赔款最多，为 29007 元。非营业货车中二吨以下的已结案均赔款最少，为 10739 元；十吨以上的已结案均赔款最多，为 24934 元（见表 2）。

**表 2　2022 年货车三者险吨位分组已结案均赔款**

单位：元

| 吨位 | 营业货车 | 非营业货车 |
|---|---|---|
| 二吨以下 | 13643 | 10739 |
| 二吨至五吨 | 18828 | 15305 |
| 五吨至十吨 | 19322 | 15366 |
| 十吨以上 | 29007 | 24934 |

资料来源：全国车险信息平台。

在平均结案周期方面，十吨以上的营业货车平均结案周期最长，为 103 天；二吨以下的最短，为 53.1 天。十吨以上的非营业货车平均结案周期最长，为 91.6 天；二吨以下的最短，为 44.7 天。出险率方面，十吨以上的营业货车出险率最高，非营业货车的出险率随吨位上升而下降。简单赔付率方面，十吨以上营业货车和非营业货车的简单赔付率均最高，分别为 62.8% 和 63.5%（见图 12、图 13）。

## （三）三者险保额—理赔

2022 年，从保额分组来看，50 万~100 万元保额分组的营业货车的已结案均赔款最多，达到 24667 元；而非营业货车在 30 万~50 万元保额分组的，其已结案均赔款最多，为 12657 元（见表 3）。

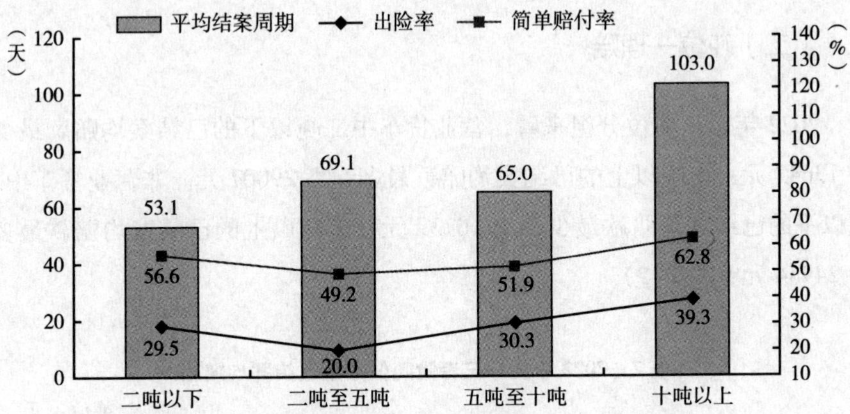

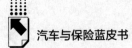

**图 12　2022 年营业货车三者险吨位分组下的理赔指标**

资料来源：全国车险信息平台。

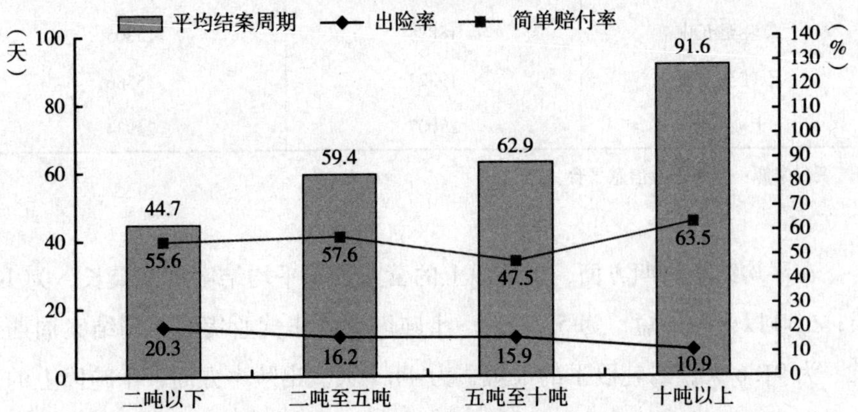


**图 13　2022 年非营业货车三者险吨位分组下的理赔指标**

资料来源：全国车险信息平台。

**表 3　2022 年货车三者险保额分组下的已结案均赔款**

单位：元

| 保额分组 | 营业货车 | 非营业货车 |
|---|---|---|
| (0,30]万 | 17231 | 10834 |
| (30,50]万 | 18954 | 12657 |
| (50,100]万 | 24667 | 11259 |
| (100,+∞)万 | 23306 | 9404 |

资料来源：全国车险信息平台。

在平均结案周期方面，营业货车在50万～100万元保额分组的平均结案周期最长，为87天；非营业货车在30万～50万元保额分组的平均结案周期最长，为68.9天。在出险率方面，50万～100万元保额分组的营业货车的出险率最高，达35.4%；30万元以下保额分组的非营业货车的出险率最高，达22.8%。在简单赔付率方面，营业货车和非营业货车均是30万元以下保额分组的简单赔付率最高，分别为128.1%和114.8%（见图14、图15）。

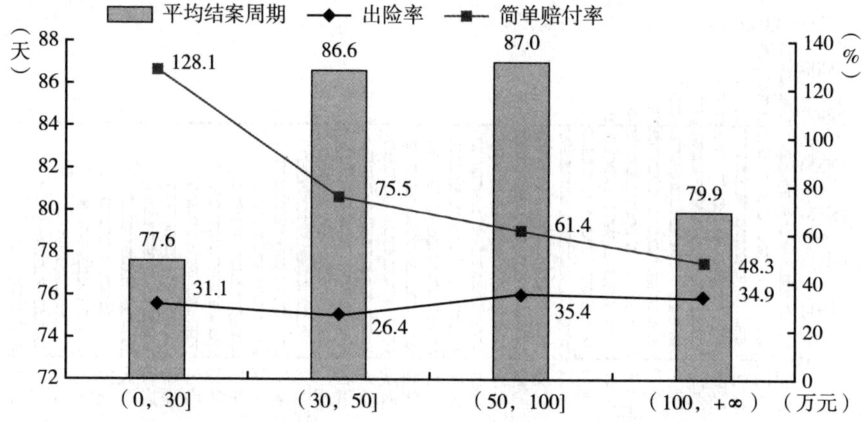


**图14　2022年营业货车三者险保额分组下的理赔指标**

资料来源：全国车险信息平台。

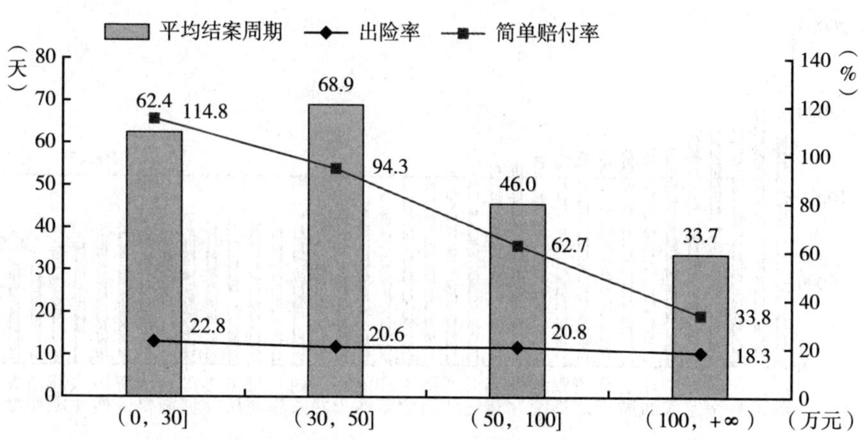


**图15　2022年非营业货车三者险保额分组下的理赔指标**

资料来源：全国车险信息平台。

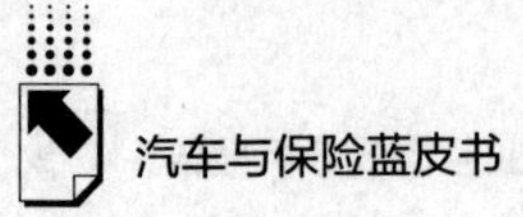



## （四）地区—理赔

2022 年，从地区来看，营业货车三者险已结案均赔款全国平均值为 23969 元。而河南最高，为 33506 元；西藏最低，为 11636 元。非营业货车三者险已结案均赔款全国平均值为 10945 元。江苏最高，为 15273 元；青海最低，为 5899 元（见图 16、图 17）。

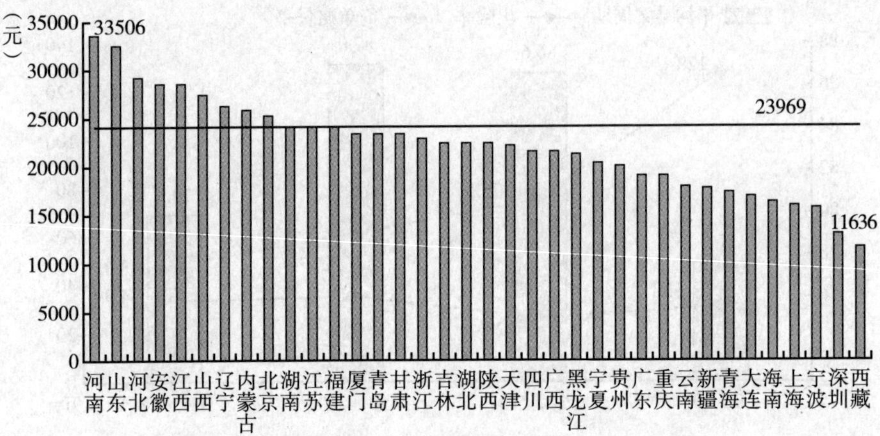


**图 16　2022 年营业货车三者险各地区已结案均赔款**

资料来源：全国车险信息平台。

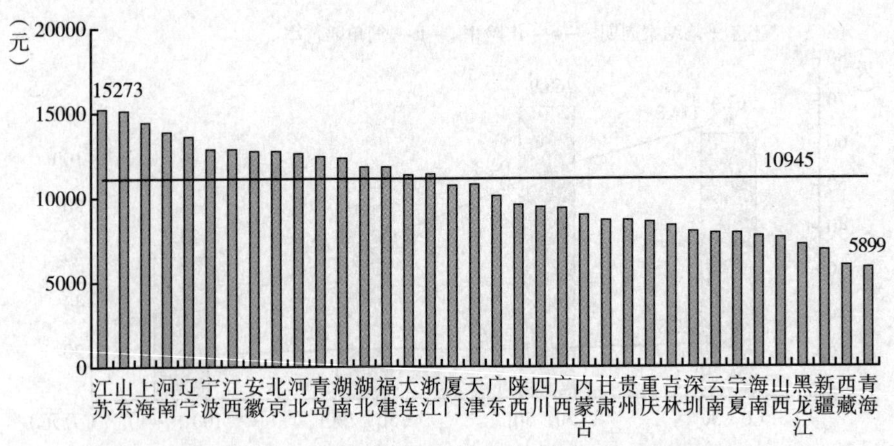


**图 17　2022 年非营业货车三者险各地区已结案均赔款**

资料来源：全国车险信息平台。

在平均结案周期方面，营业货车中，河南最长，为120.2天；宁波最短，为48.1天。非营业货车中，江苏平均结案周期最长，为64.6天；西藏最短，为31.5天。

在出险率方面，营业货车中，厦门最高，为62.5%；西藏最低，为15.1%。非营业货车中，深圳出险率最高，为41.7%；河北最低，为12.9%。

在简单赔付率方面，营业货车中，厦门最高，为86.9%；西藏最低，为26.3%。非营业货车中，厦门简单赔付率最高，为86.8%；黑龙江最低，为35.0%（见表4、表5）。

**表4　2022年营业货车三者险分地区理赔指标**

| 地区 | 平均结案周期(天) | 出险率(%) | 简单赔付率(%) |
|---|---|---|---|
| 宁　波 | 48.1 | 48.4 | 51.2 |
| 西　藏 | 53.6 | 15.1 | 26.3 |
| 海　南 | 53.9 | 30.7 | 53.8 |
| 大　连 | 56.6 | 34.4 | 54.1 |
| 深　圳 | 60.6 | 62.2 | 59.1 |
| 广　东 | 60.7 | 49.5 | 68.2 |
| 云　南 | 66.4 | 25.4 | 68.3 |
| 上　海 | 66.6 | 38.4 | 38.5 |
| 重　庆 | 69.3 | 39.7 | 62.7 |
| 浙　江 | 72.0 | 56.4 | 67.8 |
| 四　川 | 72.7 | 35.3 | 70.9 |
| 福　建 | 73.0 | 45.2 | 70.3 |
| 陕　西 | 77.4 | 36.1 | 62.3 |
| 北　京 | 78.0 | 29.4 | 68.0 |
| 江　苏 | 78.4 | 32.2 | 55.5 |
| 广　西 | 79.6 | 29.8 | 56.9 |
| 贵　州 | 80.2 | 40.8 | 76.3 |
| 青　海 | 81.9 | 27.7 | 38.9 |
| 湖　南 | 82.6 | 38.8 | 63.1 |
| 黑龙江 | 86.3 | 31.5 | 49.5 |
| 宁　夏 | 86.9 | 43.8 | 46.5 |
| 吉　林 | 88.0 | 28.7 | 60.7 |
| 湖　北 | 88.0 | 32.6 | 56.0 |

续表

| 地区 | 平均结案周期(天) | 出险率(%) | 简单赔付率(%) |
|---|---|---|---|
| 天　津 | 88.9 | 22.5 | 80.3 |
| 青　岛 | 89.0 | 38.9 | 52.8 |
| 甘　肃 | 89.2 | 28.8 | 65.1 |
| 内蒙古 | 89.4 | 26.5 | 54.2 |
| 江　西 | 89.5 | 39.9 | 65.1 |
| 厦　门 | 90.8 | 62.5 | 86.9 |
| 新　疆 | 93.8 | 28.4 | 61.6 |
| 安　徽 | 96.9 | 34.9 | 65.0 |
| 辽　宁 | 103.3 | 28.2 | 55.0 |
| 山　西 | 109.7 | 27.3 | 61.9 |
| 山　东 | 110.5 | 32.9 | 57.0 |
| 河　北 | 114.1 | 24.9 | 58.4 |
| 河　南 | 120.2 | 31.2 | 63.6 |

资料来源：全国车险信息平台。

**表 5　2022 年非营业货车三者险分地区理赔指标**

| 地区 | 平均结案周期(天) | 出险率(%) | 简单赔付率(%) |
|---|---|---|---|
| 西　藏 | 31.5 | 16.4 | 50.1 |
| 重　庆 | 33.7 | 21.9 | 61.3 |
| 内蒙古 | 34.0 | 18.5 | 61.3 |
| 黑龙江 | 34.2 | 24.2 | 35.0 |
| 甘　肃 | 35.4 | 18.0 | 51.9 |
| 海　南 | 35.7 | 17.3 | 48.9 |
| 云　南 | 36.6 | 16.2 | 57.4 |
| 贵　州 | 36.9 | 22.8 | 59.7 |
| 青　海 | 37.0 | 17.8 | 47.5 |
| 宁　夏 | 38.9 | 24.6 | 47.7 |
| 陕　西 | 39.7 | 21.2 | 55.1 |
| 广　东 | 39.7 | 25.4 | 54.4 |
| 山　西 | 40.0 | 17.6 | 48.9 |
| 吉　林 | 40.3 | 19.3 | 36.3 |
| 四　川 | 41.6 | 19.4 | 56.5 |

续表

| 地区 | 平均结案周期(天) | 出险率(%) | 简单赔付率(%) |
| --- | --- | --- | --- |
| 深　圳 | 42.0 | 41.7 | 59.6 |
| 新　疆 | 42.1 | 24.8 | 53.1 |
| 大　连 | 43.5 | 28.5 | 58.9 |
| 广　西 | 44.8 | 13.1 | 62.0 |
| 厦　门 | 45.2 | 29.6 | 86.8 |
| 福　建 | 45.9 | 21.5 | 62.2 |
| 青　岛 | 47.5 | 21.6 | 57.6 |
| 江　西 | 47.9 | 18.5 | 61.5 |
| 浙　江 | 48.7 | 31.6 | 56.1 |
| 天　津 | 49.0 | 14.9 | 66.5 |
| 安　徽 | 49.8 | 16.9 | 54.3 |
| 湖　北 | 50.5 | 16.1 | 52.1 |
| 湖　南 | 50.6 | 19.2 | 56.4 |
| 河　北 | 51.3 | 12.9 | 57.2 |
| 山　东 | 53.0 | 16.1 | 57.8 |
| 辽　宁 | 53.3 | 17.2 | 51.0 |
| 宁　波 | 54.2 | 27.3 | 51.3 |
| 北　京 | 55.3 | 15.3 | 56.5 |
| 河　南 | 56.4 | 16.4 | 52.8 |
| 上　海 | 58.5 | 27.4 | 61.9 |
| 江　苏 | 64.6 | 20.4 | 50.5 |

资料来源：全国车险信息平台。

## 三　结论与启示

2022年全国货车三者险市场整体发展平稳。其中，高保额的保单件数占比上升，体现出全国货车交通事故责任的风险覆盖更加充分。此外，已结案均赔款有所上升，但结案速度有所放缓，需要行业持续关注货车三者险的理赔管理。

# B.20 自研数据分析软件助力保险业关键基础设施国产化

刘彬　徐丹*

**摘　要：** 银保信数据分析软件，是在国家提出加大关键软硬件技术金融应用的前瞻性与战略性研究攻关的背景下，由中国银行保险信息技术管理有限公司自主研发的数据分析类软件，可支持用户的数据处理、数据分析及统计建模工作，并提供多个实际业务场景的解决方案。

**关键词：** 数据处理　数据分析　统计建模　软件国产化

## 一　背景

2019年，习近平总书记在中共中央政治局第十三次集体学习时指出，"要加快金融市场基础设施建设，稳步推进金融业关键信息基础设施国产化"。① 2021年，《"十四五"软件和信息技术服务业发展规划》强调"面向金融等重点行业领域应用需求，协同研发行业专用软件产品"。2022年，《金融科技发展规划（2022—2025年）》提出，金融行业要"聚焦金融科技应用前沿问题和主要瓶颈，加大关键软硬件技术金融应用的前瞻性与战略

* 刘彬，中国银行保险信息技术管理有限公司数据与科技管理部数据分析二处副经理，中国精算师，研究方向为财产保险数据与精算分析；徐丹，中国银行保险信息技术管理有限公司数据与科技管理部。

① 《习近平主持中共中央政治局第十三次集体学习并讲话》，新华网，2019年2月23日。

性研究攻关”。同年，在银保监会《关于银行业保险业数字化转型的指导意见》（以下简称《指导意见》）的指引下，银行保险机构积极转变经营理念，以数字化转型驱动金融生产方式和治理方式的变革，推动行业高质量发展。

在机构推进数字化转型过程中，《指导意见》特别强调“加大数据分析等专业化资源配置，提升服务内容运营、市场活动运营和产品运营水平”。目前，行业对数据分析软件需求主要体现在：一方面，目前行业使用的数据分析软件基本为通用性软件，缺少针对行业实际应用场景的产品；另一方面，现有常用软件主要为国外品牌，价格较为昂贵，且存在供应链风险。数据分析软件国产化转型已经成为金融机构推进数字化转型中需要解决的问题。

## 二　服务内容

2022 年，中国银行保险信息技术管理有限公司（以下简称“中国银保信”）持续推动技术和产品创新，推出自研数据分析软件，积极融入机构数字化经营场景生态中，助力行业数字化转型，以科技力量支持行业高质量发展。在功能方面，中国银保信数据分析软件立足行业需求，以传统数据统计分析等功能为基础，打造了针对行业特定业务应用场景的完整解决方案和功能。软件开发初期重点针对保险业保费分类定价场景和银行业务风险预测场景提供相应专业模块化功能，提升使用者的数据分析和建模能力。数据分析软件核心模型算法、数据库处理及存储等技术均由中国银保信团队自主研发。其中，自主研发的核心模型算法通过多个行业项目试用，并同传统统计软件在准确性和效率方面进行了验证，底层数据存储和处理则采用了中国银保信自主研发的数据库技术，实现了技术自主可控。数据分析软件可实现流程化、图形化、界面化的操作，极大降低数据运营工作门槛。

软件具备五大类通用性数据分析核心功能，包括文件管理、数据处理、数据分析、统计建模及解决方案。产品致力于辅助金融机构更灵活高效地挖掘数据价值，更好地推进银行业保险业数字化转型，助力金融行业高质量发展。

## 三 产品优势

国产自主研发，系统安全稳定。国产自研产品，技术自主可控，可以满足金融行业对数据分析工具国产化转型的需要，有效避免信息安全风险和供应链风险；软件安全可靠，运行效率稳健，安全高效的环境可以助力金融行业更好地做好数据安全管理和数据价值挖掘。

功能专业高效，使用灵活便捷。数据创建、处理、储存、修改、管理、统计、可视化等数据分析功能齐全，广义线性、机器学习、因子分析等算法应用专业高效；同时界面化操作简单，通俗易懂，使用灵活，操作便捷，易于上手。

满足个性化需求，提供场景化方案。产品具备 20 余项数据分析和建模常用功能，用户可通过自由组合实现不同业务场景下的个性化需求；同时，软件从行业实际需求出发进行设计，提供特定应用场景的解决方案，有助于提升银行保险业对多个实际应用场景形成解决方案的能力。

## 四 应用情况

软件可服务于银行、保险等金融机构的多种业务场景。一是可服务应用于各类通用的数据处理类场景。比如，支持各类数据表的存储和管理；支持对金融业建立基于业务规则的数据模型，进行数据加工，形成业务检核；支持进行统计分析模型建立前的数据处理、匹配、抽样、分组等。二是可服务应用于各类通用的预测分析类场景。比如，支持对保险客户进行与风险相匹配的差异化定价，体现定价公平性；支持对保险客户进行与风险相匹配的承保政策制定，引导做好风险管理；支持对保险理赔欺诈风险进行预测，助力优赔增效；支持对银行信贷客户违约风险等级进行预测，计量与风险相匹配的授信额度；支持对各类金融机构分维度建立评价指标，形成基于数据驱动的综合排名等。三是可服务应用于各类通用的数据监控类场景。比如，支持对数据的描述性统计分析；支持对银行和保险业主要业务指标形成数据监控，进行可视化分析；支持对各类金融机构日常经营情况进行自动化统计分析和编撰报告等。

目前，软件已被应用于服务监管单位开展数据分析相关工作，2022 年，软件在全国车险行业费率回溯项目、全国农险风险区划测算项目、车险风险精准评价项目、保险服务质量指数测算项目等工作中使用。中国银保信项目使用人员说："通过使用软件提供的保险业保费分类定价解决方案模块，可实现全图形界面模块化，开展精算建模、费率定价等工作，摆脱了以往较为繁重的代码维护和管理。"

此外，软件积极服务金融行业机构，在大中小型十余家保险公司开展试点应用工作。中国银保信高度重视中小机构在数字化转型中的技术、人才等短板，并采取针对性措施加大扶持力度，针对部分中小机构，开展配套的数据分析和精算建模培训。某公司试用反馈说："银保信数据分析工具，操作界面简洁、功能易懂、布局合理，统计软件所应具备的功能点覆盖全面。"

## 五　下一步计划

中国银保信将紧密贴近行业需求，不断迭代研发，为金融行业提供更多个性化、精准性的产品和服务，为我国银行保险业高质量发展提供助力。

# 大数据应用篇

The Insurance Big Data

## B.21
## 基于大数据的新能源汽车碳资产潜力分析及应用研究

夏丽娜　马清佳　许　彬*

**摘　要：** 我国道路交通领域碳排放占比高，面临严苛的碳减排压力。与此同时，我国新能源汽车发展迅速，成为我国道路运输领域降低碳排放的重要路径之一。在新能源汽车补贴退出背景下，新能源汽车碳资产可作为新的消费端激励手段，进一步促进新能源汽车产业发展。为此，本报告研究了新能源汽车出行碳减排量的核算方法，测算并分析了新能源汽车出行碳资产开发潜力，探索了新能源汽车出行碳资产在六种不同场景下的应用可能性，能够用于新能源汽车碳资产开发，助力我国道路交通领域实现碳减排。

**关键词：** 新能源汽车　碳减排量　碳资产

---

* 夏丽娜，中汽数据有限公司数据生态室产品工程师；马清佳，中汽数据有限公司数据生态室咨询研究员；许彬，中汽数据有限公司数据生态室数据技术工程师。

## 一　新能源汽车碳资产的含义

我国道路运输碳排放量占交通领域的80%以上，其中汽车是道路运输碳排放的主要贡献者。2022年我国汽车使用阶段碳排放约为9亿吨，其中，乘用车、重型货车和轻型货车碳排放量占比大，是降低碳排放的重点领域。随着中国国民经济的稳步发展，城镇化建设程度不断加深，人们对于交通运输的刚性需求将继续增长，道路交通领域的碳减排形势也将愈发严峻。

我国汽车使用阶段碳排放绝大部分来源于传统燃油车。相比于传统燃油车，新能源汽车在使用阶段产生的污染物少、碳排放量低。在“双碳目标”和能源安全问题的双重压力下，新能源汽车成为交通领域绿色低碳发展的重要载体。国务院发布《2030年前碳达峰行动方案》，明确指出要通过大力推广新能源汽车，降低交通运输领域碳排放。公安部相关数据显示，截至2022年底，全国新能源汽车保有量达1310万辆。

用户通过使用新能源汽车替代传统燃油车，实现碳排放降低，从而产生碳减排量。在强制碳排放权交易机制或者自愿排放权交易机制下，直接或间接将新能源汽车碳减排量转化为配额排放权、减排信用额等形式，将新能源汽车碳减排量进行变现，实现新能源汽车碳资产开发。

在新能源汽车补贴政策退出背景下，推动新能源汽车出行碳资产开发，能够从消费端激励新能源汽车产业发展，加快我国汽车产业电动化进程，从而实现交通运输领域碳减排。

本报告研究重点在于新能源汽车出行环节，新能源汽车碳资产指将新能源汽车出行环节的碳减排量开发成为碳资产。本报告根据燃油车与新能源汽车的特征差异，提出了基于整备质量参数的基准线情景确定方式，研究了新能源汽车出行碳资产核算方法，利用中汽数据乘用车保有量数据库进行了中国新能源汽车碳资产潜力测算，并研究探索了新能源汽车碳资产的应用场景。

## 二 新能源汽车碳资产核算方法

新能源汽车出行碳减排量是指用户驾驶新能源汽车替代传统燃油车出行所产生的碳排放量相对传统燃油车出行产生的碳排放量的差值。其核算思路为：出行碳减排量为基准排放量与项目排放量之差。基准线车辆在一定行驶里程下所产生的碳排放量为基准排放量，项目车辆在相同行驶里程下所产生的碳排放量则为项目排放量。因此，出行碳减排量核算的重点是确定基准车辆，并研究基准车辆和项目车辆的碳排放量的影响因素及核算方法。

### （一）基准线确定

对于新能源汽车出行碳减排量核算来讲，项目情形是指项目业主或用户驾驶新能源汽车替代传统燃油车出行，基准线情形指项目业主或用户驾驶与新能源汽车具有相同效果的传统燃油车（可视为同等级别传统燃油车）出行。由于不同级别传统燃油车燃料消耗量存在差异，碳排放量也相应存在差异。因此，基准线情形的选取需考虑传统燃油车的级别问题以及燃料消耗量问题。

无论传统燃油车还是新能源汽车，不同级别车辆的配置参数中，与车辆级别有明显指向性关系的参数是整备质量。但由于新能源汽车加入三电系统（动力电池、电动机、电驱系统）等增量零部件，同等级别的新能源汽车整备质量高于传统燃油车。如图 1 所示，不同级别的纯电动汽车（BEV）和插电式混合动力汽车（PHEV）的整备质量均高于传统燃油车，且不同车辆类型的整备质量差异各有不同，纯电动汽车和插电式混合动力汽车与传统燃油车的整备质量的差异也各有不同。

不同级别的纯电动汽车与传统燃油车的整备质量之间的差值大小不一。如图 2 所示，随着纯电动汽车整备质量的增加，纯电动汽车与传统燃油车的整备质量之差表现出逐渐增大的趋势，近似呈现出线性关系。

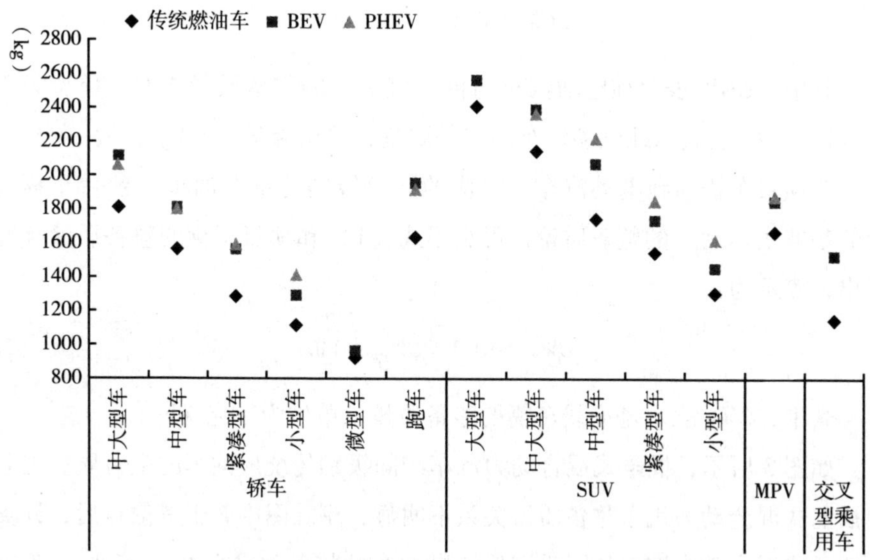


**图 1　不同级别传统燃油车、新能源汽车整备质量均值**

资料来源：中汽数据有限公司。

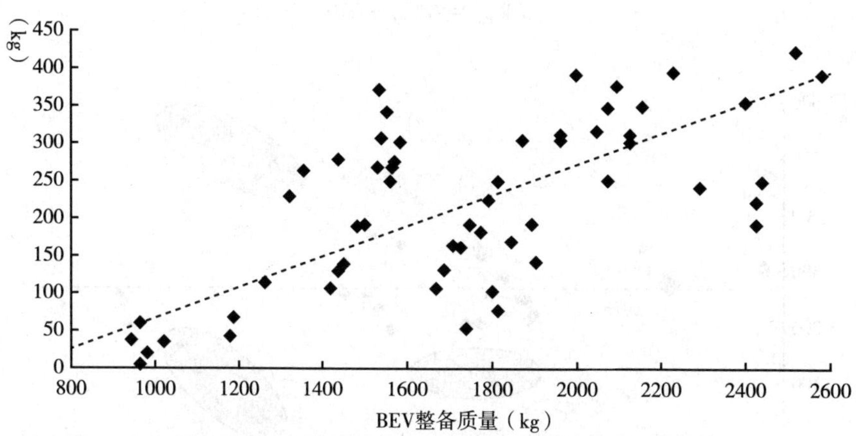


**图 2　纯电动汽车与传统燃油车整备质量差异**

资料来源：中汽数据有限公司。

利用线性拟合方法，拟合出纯电动汽车与传统燃油车的整备质量之差与纯电动汽车与传统燃油车的整备质量的关系为：

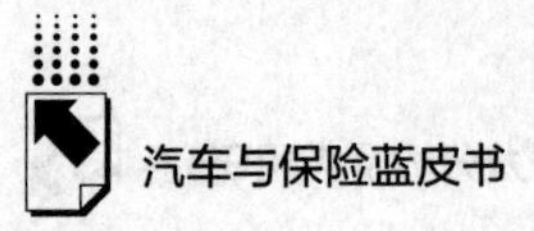


$$\Delta CW = 0.2 \times CW_{PJ} - 140 \tag{1}$$

其中，$\Delta CW$ 表示纯电动汽车与传统燃油车的整备质量之差，单位为千克（kg）；$CW_{PJ}$表示纯电动汽车的整备质量，单位为千克（kg）。

若项目车辆为纯电动汽车，对应的同等级别传统燃油车（项目车辆对应的基准线车辆）的整备质量，可利用式（1）和项目车辆的整备质量计算得出，表示为：

$$CW_{BL} = 0.8 \times CW_{PJ} + 140 \tag{2}$$

其中，$CW_{BL}$表示基准线车辆的整备质量，单位为千克（kg）。

如图 3 所示，插电式混合动力汽车与同级别传统燃油车的整备质量之差与插电式混合动力汽车整备质量关系不明显，剔除图中若干离散点后，计算出插电式混合动力汽车与同级别传统燃油车的整备质量之差为 270kg。若项目车辆是插电式混合动力汽车，对应的同等级别传统燃油车（项目车辆对应的基准线车辆）的整备质量，可表示为：

$$CW_{BL} = CW_{PJ} - 270 \tag{3}$$

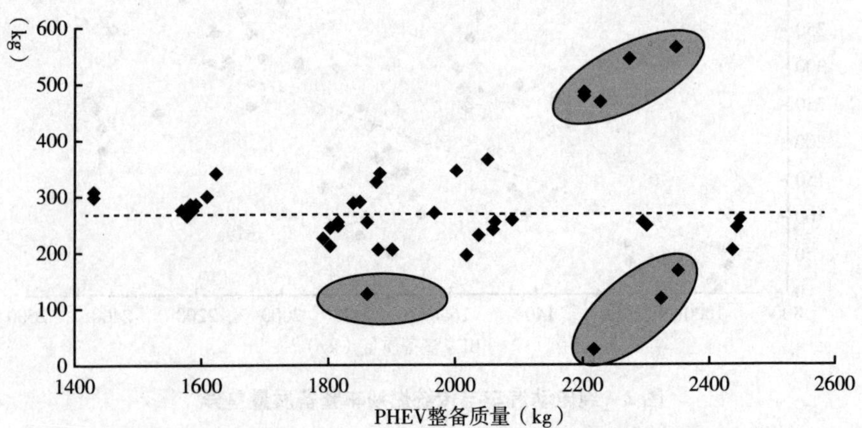


**图 3　插电式混合动力汽车与同级别传统燃油车整备质量差异**

资料来源：中汽数据有限公司。

综上所述，新能源汽车出行碳减排量核算的基准线情形是指与项目车辆同等级别具有相同运输能力的传统燃油车，其整备质量应满足式（4）中的条件。

$$CW_{BL} = \begin{cases} 0.8 \times CW_{PJ} + 140, \text{项目车辆为纯电动汽车} \\ CW_{PJ} - 270, \text{项目车辆为插电式混合动力汽车} \end{cases} \tag{4}$$

## （二）基准排放量测算

基准排放量可通过基准车辆的单位里程排放因子与行驶里程的乘积得到。其中，基准车辆的单位里程排放因子与基准车辆的燃料类型、单位里程的燃料消耗量、传统燃油车节能技术进步以及考虑的温室气体类型等因素有关。行驶里程则由用户的实际出行行为决定。

（1）燃料类型

目前，汽车的燃料类型主要包括汽油、柴油、天然气、电、氢气等。其中，传统燃料是指汽油、柴油和天然气，而汽油和柴油则是目前汽车运转的关键动力来源，也是碳排量产生的关键来源。利用中汽数据乘用车销量数据库进行分析，2021 年中国传统燃油车销量中，燃料类型为汽油的乘用车占比为 96.88%，柴油燃料占比为 3.01%，而天然气仅占 0.11%。对于乘用车而言，汽油是最主要的燃料类型。为统一基准车辆选取规则，避免同一项目车辆可同时对应两种不同传统燃料，选择占据绝大部分的汽油作为基准车辆的燃料类型。

（2）燃料消耗量

基准线排放量的核算需要的关键参数是燃料消耗量，而上述基准线车辆的选取规则中，仅确定了基准线车辆的整备质量，需进一步研究传统燃油车燃料消耗量与其整备质量的关系。利用中汽数据自建保有量数据库，研究传统燃油车的燃料消耗量。如图 4 所示，传统燃油车的燃料消耗量与传统燃油车的整备质量之间存在明显的线性关系，燃料消耗量随整备质量线性变大。采用线性拟合方法，拟合出传统燃油车的燃料消耗量与传统燃油车的整备质量的关系，可表示为：

$$FC = 0.0034 \times CW_{BL} + 1.88 \tag{5}$$

其中，FC 表示传统燃油车的燃料消耗量，单位为升每百千米（L/100km）。

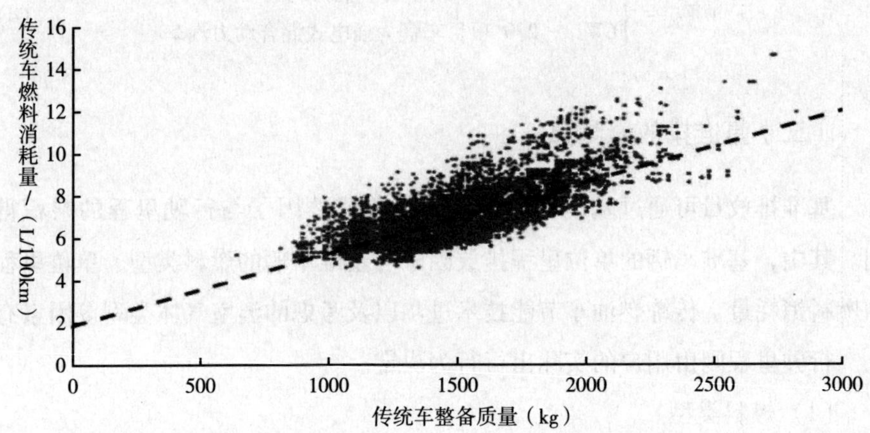


**图 4　传统燃油车燃料消耗量与整备质量关系**

资料来源：中汽数据有限公司。

（3）传统燃油车节能技术进步

根据《节能与新能源汽车技术路线图 2.0》，到 2025 年、2030 年、2035 年，传统能源乘用车新车平均油耗分别降低至 5.6L/100km、4.8L/100km、4.0L/100km。为满足新车节能要求，企业生产的燃油车新车油耗将表现出逐年降低的趋势。因此，需对基准车辆的燃料消耗量进行未来年度的节能技术修正，未来年度的燃料消耗量可表示为：

$$FC^t = FC \times IR^t \tag{6}$$

其中，$t$ 表示项目开始后的日历年数，IR 为基准线车辆的技术进步因子，技术进步率与日历年对应。

（4）温室气体类型

本研究仅考虑二氧化碳排放，根据 GB 27999－2019 评价方法，车用燃料汽油的二氧化碳转化系数为 $2.37\times10^3$g/L，即汽车每消耗 1L 汽油，产生的二氧化碳排放量为 $2.37\times10^3$g。

（5）行驶里程

由于尾号限行政策的实施，传统燃油车和新能源汽车（或纯电动汽车）的出行权限不一致。传统燃油车的年行驶天数小于新能源汽车（或纯电动汽车），年行驶里程也应低于新能源汽车（或纯电动汽车），可根据出行天数的不同，对年行驶里程进行修正，如式（7）所示。

$$DT_{BL} = DT \times k \tag{7}$$

其中，$DT_{BL}$表示基准线车辆的年行驶里程，$DT$ 表示项目车辆的年行驶里程，$k$ 为项目车辆所在城市的路权里程转换系数。若项目车辆所处城市对基准线车辆和项目车辆实行无差异化通行政策，路权里程转换系数 $k$ 取值可为 1；若项目车辆所处城市对基准线车辆和项目车辆采取差异化通行政策，$k$ 可利用基准线车辆每周正常运行天数除以项目车辆每周正常运行天数进行计算。

综上所述，基准排放量可利用式（8）进行核算。

$$BE = FC^t \times K_{CO_2} \times IR^t \times DT \times k \times 10^{-8} \tag{8}$$

式中：

$BE$——基准线排放量，单位为吨二氧化碳（$tCO_2$）；

$DT$——项目车辆的运行里程，单位为千米（km），对于插电式混合动力汽车（含增程式），仅计入电量消耗模式下运行里程；

$k$——项目车辆所处城市的里程转换系数。

## （三）项目排放量测算

项目排放量可通过项目车辆的单位里程排放因子与行驶里程的乘积得到。同样，项目车辆的单位里程排放因子与燃料类型、单位里程的电能消耗量以及考虑的温室气体类型等因素有关。

（1）燃料类型

本研究中，考虑核算纯电动汽车和插电式混合动力汽车的减排量，故应研究电能的排放因子问题。本研究采用国家相关主管部门发布的电网平均排放因子。

（2）电量消耗量

根据 GB/T 32960 要求，新能源汽车每隔 30s 采集一帧数据，数据字段包括车速、累计行驶里程、电压、电流等，可用于计算新能源汽车实际出行中的电能消耗量，如式（9）所示：

$$EC = \frac{\sum UIt}{DT} \tag{9}$$

其中，$U$ 表示新能源汽车实际出行过程的电压数据，$I$ 表示新能源汽车实际出行过程的电流数据，$t$ 表示新能源汽车监控数据采集频率，$DT$ 为新能源汽车实际行驶里程。

（3）行驶里程

若项目车辆为纯电动汽车，车辆实际出行的燃料类型全部为电能，在其出行过程中均能产生碳减排量，故行驶里程可全部计入减排量核算。但对于插电式混合动力汽车而言，其燃料类型有电能和传统能源两种。从燃料替代的角度来讲，当插电式混合动力汽车使用传统燃料出行时，未发生燃料替代，不能计入碳减排量核算范围。因此，插电式混合动力汽车的碳减排量核算，仅能计入车辆纯电条件下产生的行驶里程。

综上所述，项目车辆的项目排放量按照式（10）计算：

$$PE = EC \times EF \times DT/(1 - TDL) \times 10^{-8} \tag{10}$$

式中：

$PE$——项目排放量，单位为吨二氧化碳（$tCO_2$）；

$EC$——项目车辆的能量消耗率，单位为千瓦时每百千米（kWh/100km）；

$EF$——电网排放因子，单位为克二氧化碳每千瓦时（$gCO_2$/kWh）；

$DT$——项目车辆的运行里程，单位为千米（km）。对于插电式混合动力汽车（含增程式），仅计入电量消耗模式下运行里程；

$TDL$——提供电力的技术传输与分配的平均损失。

## 三　新能源汽车碳资产潜力分析

### （一）数据说明

本部分聚焦于中国新能源乘用车出行碳减排量分析。新能源汽车出行碳减排测算涉及的数据包括中国新能源乘用车保有量数据、电网碳排放因子、传统燃料碳排放因子以及中国新能源乘用车年均行驶里程、电力传输损耗率。

（1）中国新能源乘用车保有量数据

本报告中，基于中汽数据有限公司（以下简称“中汽数据”）中国乘用车保有量数据库进行出行碳减排量测算。根据中汽数据乘用车保有量数据库，截至 2022 年底，中国乘用车保有量达 2.6 亿辆，新能源乘用车保有量达到 1179.17 万辆，其中新能源汽车约占 4.53%。新能源汽车中，纯电动汽车 921.03 万辆，占新能源汽车总量的 78.1%；插电式混合动力汽车 258.14 万辆，占新能源汽车总量的 21.9%。

（2）电网碳排放因子

本报告在进行碳减排量测算时，采用全国范围内电网平均排放因子。2023 年 2 月，生态环境部在《关于做好 2023—2025 年发电行业企业温室气体排放报告管理有关工作的通知》中，将全国电网排放因子明确为 0.5703 吨二氧化碳/兆瓦时（$tCO_2/MWh$）。

（3）传统燃料碳排放因子

本报告中，新能源汽车出行碳减排量测算选用的基准排放量为传统燃油车（选用燃料类型为汽油）在使用阶段产生的碳排放量。根据《乘用车燃料消耗量评价方法及指标》（GB 27999-2019），汽油的碳排放转换系数为 2.37 千克二氧化碳/升（$kgCO_2/L$）。

（4）中国新能源乘用车年均行驶里程

根据新能源汽车国家大数据联盟发布的数据，2022 年新能源乘用车年均行驶里程 12500km。PHEV 存在电量消耗阶段与电量维持阶段，分别使用电力能源和化石能源，本报告在对新能源汽车国家大数据联盟发布的数据进行分析后，认为电量消耗阶段与电量维持阶段的行驶里程占总行驶里程的 30%和 70%。

（5）电力传输损耗率

新能源汽车行驶过程碳排放主要来自电力生产和传输环节，根据《中国能源大数据报告（2023）》，2022 年我国电力传输损耗率为 4.84%。

## （二）数据分析

（1）2022 年新能源乘用车碳减排总量

2022 年中国新能源乘用车出行碳减排总量达到 937.50 万吨，按照目前 1179.17 万辆新能源汽车保有量计算，平均每辆新能源汽车每年可产生 0.80 吨碳减排量。

（2）分新能源技术类型的碳减排量分析

2022 年，我国纯电动汽车和插电式混动汽车分别实现 906.93 万吨和 30.57 万吨碳减排量，占比分别为 97%和 3%（见图 5、图 6）。纯电动乘用车单车年平均减排量为 0.98 吨，PHEV 乘用车年平均减排量为 0.12 吨，纯电动汽车在降低居民出行环节碳排放方面贡献巨大。插电式混动汽车虽具备纯电行驶能力，但数据表明我国 PHEV 车辆纯电行驶里程较低，仍以化石能源为主要燃料，单车减排量较低。同时，纯电动汽车巨大的保有量也是其在新能源出行减排量中占比巨大的重要原因。

（3）分车型类别的碳减排量分析

按照车型划分，新能源乘用车中，轿车的出行碳减排量最大，达到 595.87 万吨，占比 64%；其次为 SUV 车型，达到 294.98 万吨，占比 31%；交叉型乘用车和 MPV 出行碳减排量较低，分别为 29.05 万吨和 17.58 万吨，占比分别为 3%和 2%（见图 7、图 8）。新能源汽车在轿车市场中渗透率较高是轿车车型出行碳减排量较大的主要原因。

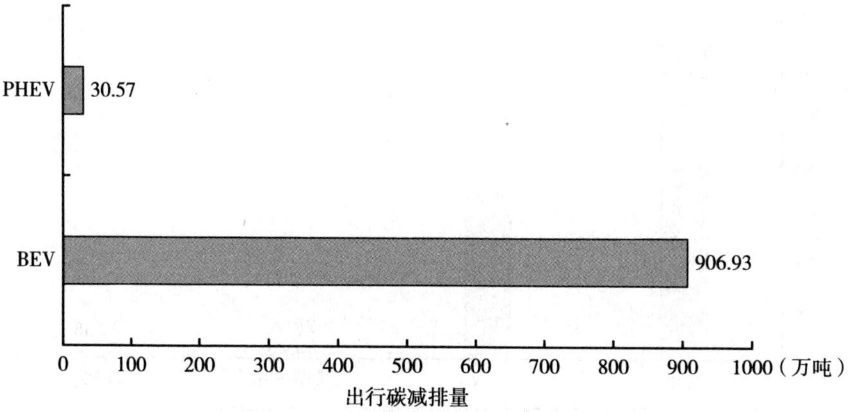


**图 5　BEV、PHEV 碳减排量**

资料来源：中汽数据有限公司。

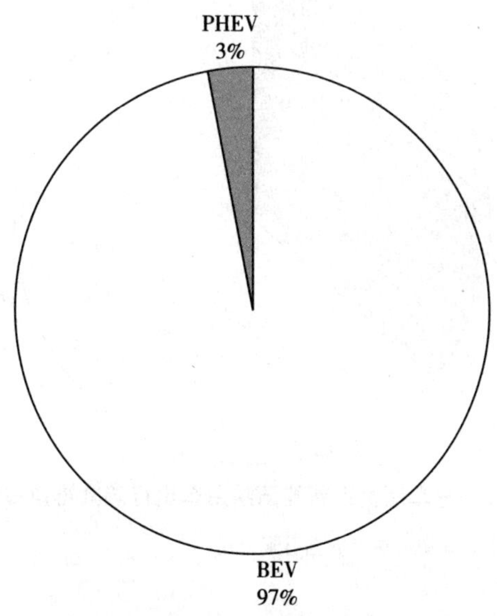


**图 6　BEV、PHEV 碳减排量占比**

资料来源：中汽数据有限公司。

（4）分车型级别的碳减排量分析

按照车型级别划分，新能源乘用车中，A 级车出行碳减排量最大，达到

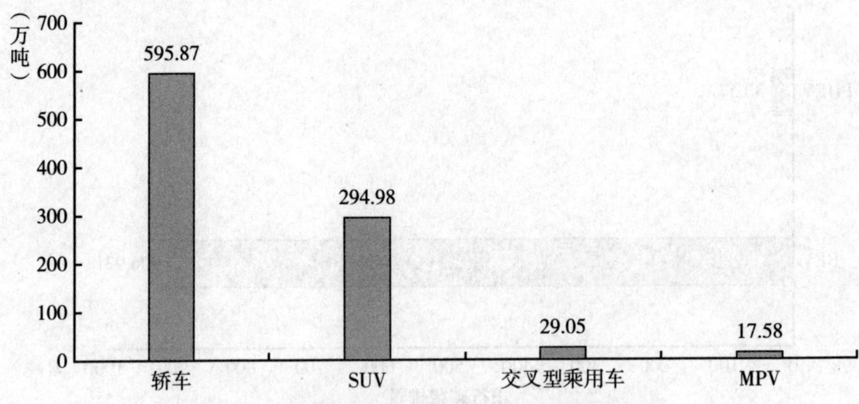


**图 7　分车型类别新能源乘用车出行碳减排量**

资料来源：中汽数据有限公司。

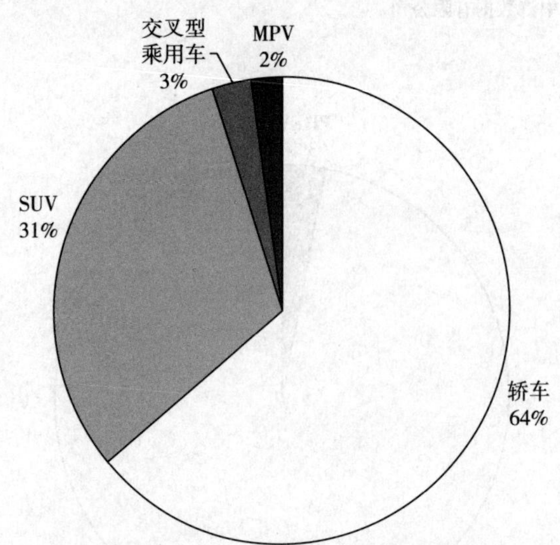


**图 8　分车型类别新能源乘用车出行碳减排量占比**

资料来源：中汽数据有限公司。

269.76 万吨，占比为 29%；其次为 B 级与 A00 级，分别达到 250.27 万吨和 197.47 万吨，占比分别为 27%和 21%。A0 级车出行碳减排量为 105.05 万吨，占比 11%；C 级车出行碳减排量为 85.88 万吨，占比 9%。由于新能源汽车在交叉型乘用车领域保有量较低，出行碳减排量也较小，达到 29.05 万吨，仅占 3%（见图 9、图 10）。

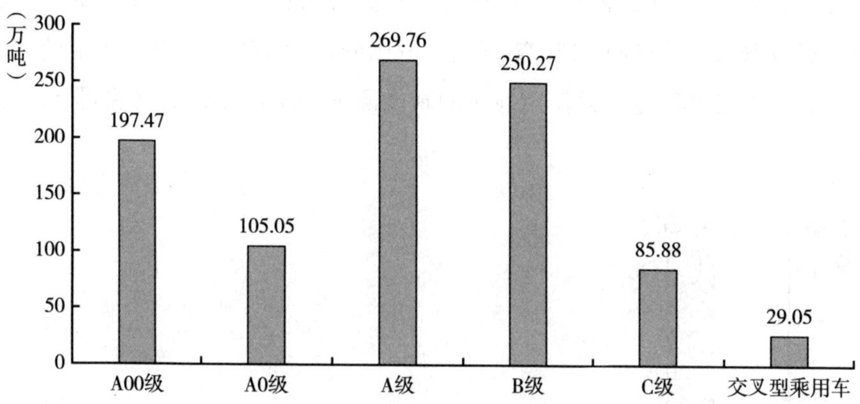


**图 9　分车型级别新能源乘用车出行碳减排量**

资料来源：中汽数据有限公司。

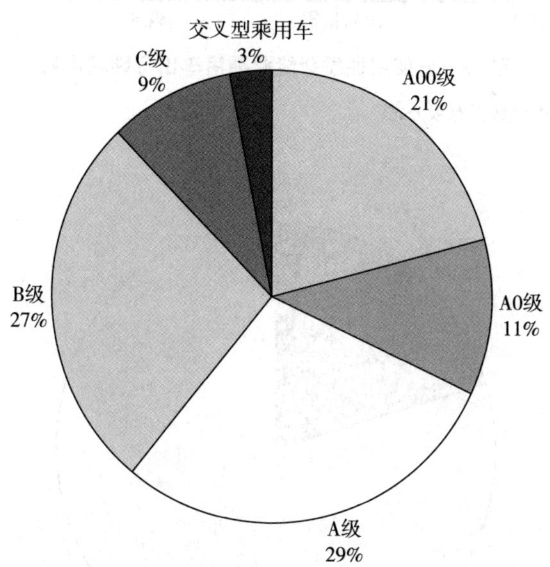


**图 10　分车型级别新能源乘用车出行碳减排量占比**

资料来源：中汽数据有限公司。

（5）分使用性质的碳减排量分析

按照使用性质划分，新能源乘用车中，非营业新能源乘用车出行碳减排量为752.94万吨，占比达到80%；其次为出租租赁和营业车辆，减排量分别为168.39万吨和15.72万吨，占比分别为18%和2%。包括公路客运、城市公交等其他车辆使用性质的新能源乘用车占比较低（见图11、图12）。

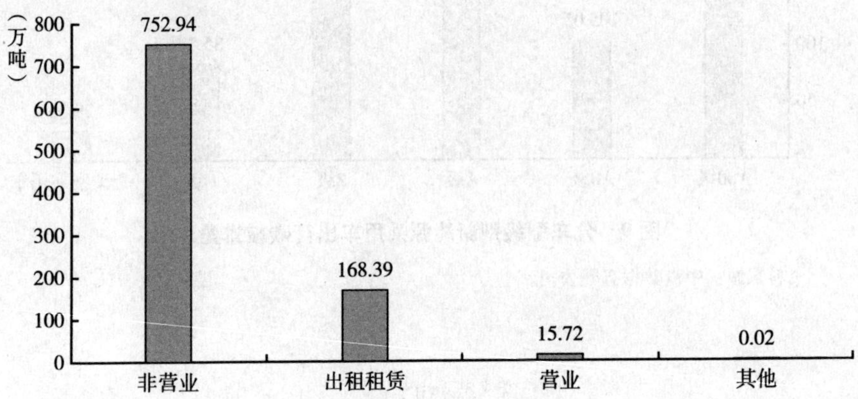


**图11　分使用性质新能源乘用车出行碳减排量**

资料来源：中汽数据有限公司。

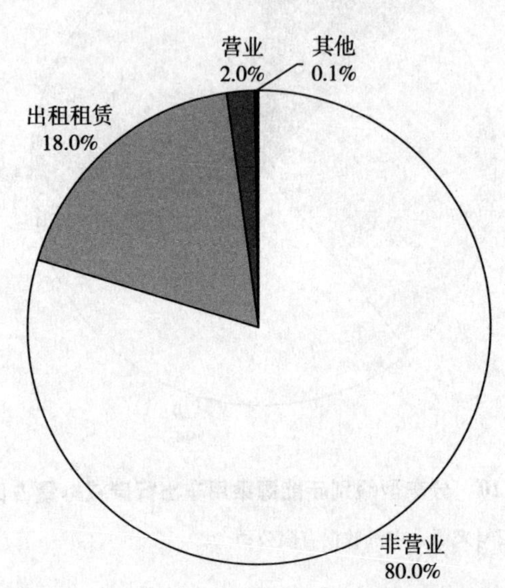


**图12　分使用性质新能源乘用车出行碳减排量占比**

资料来源：中汽数据有限公司。

（6）分地区碳减排量分析

从地域分布来看，我国新能源乘用车出行碳减排呈现“东高西低、南高北低”的基本态势，减排量高的前五名分别是广东省、浙江省、江苏省、山东省、上海市。广东省与浙江省新能源乘用车出行碳减排量均超过100万吨，其中广东省达到146万吨，浙江省达到107万吨。北方地区新能源汽车出行碳减排量最高的是山东省，达到65万吨（见图13）。由于气候原因，新能源汽车不适合在寒冷的北方地区使用，吉林、新疆、黑龙江、宁夏、青海、西藏等东北和西北地区省份新能源汽车出行碳减排量较低，居于末位。

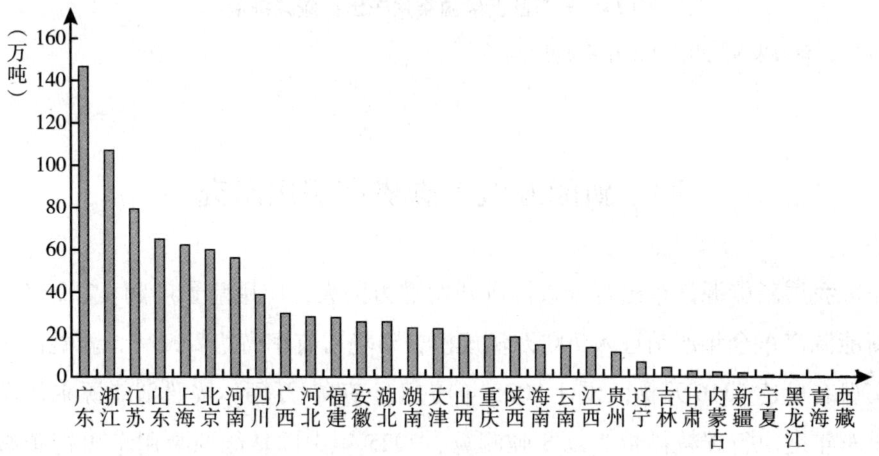


**图13　分地区新能源乘用车出行碳减排量**

资料来源：中汽数据有限公司。

（7）分车龄碳减排量分析

按照车龄划分，0~1年车龄的新能源乘用车出行碳减排量最高，达到440万吨（见图14）。随着车龄的增加，减排量呈现逐渐降低的趋势，这是由于近年来新能源乘用车产销量取得了突破性进展。随着新能源汽车产业的不断发展，出行碳减排蕴含的巨大潜力也将获得进一步释放。

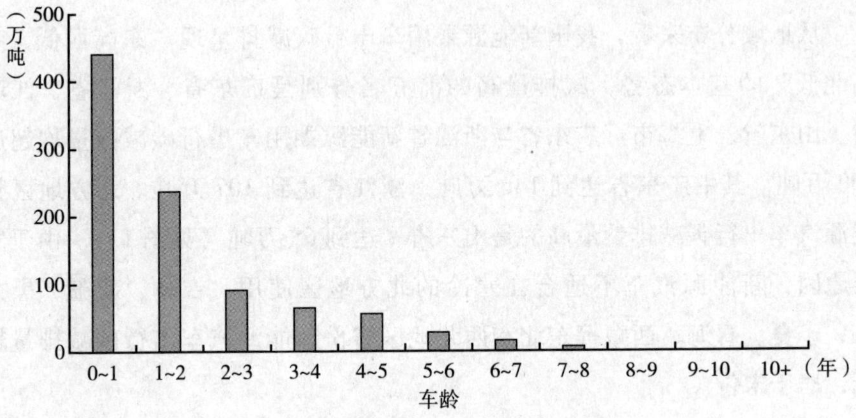


**图 14　分车龄新能源乘用车出行碳减排量**

资料来源：中汽数据有限公司。

## 四　新能源汽车碳资产应用研究

我国新能源汽车出行碳减排量开发潜力巨大，应用前景广阔。2022 年，新能源汽车全年产销迈入 700 万辆规模，市场占有率高达 25.6%，新能源汽车保有量达 1310 万辆，预计 2025 年将超过 3000 万辆。按照新能源乘用车单车年度出行碳减排量为 0.8 吨测算，2025 年中国新能源乘用车出行碳减排总量可达 2400 万吨。参照 2022 年全国碳市场的平均价格，每吨碳减排量交易价格为 55.3 元。若以 55.3 元/吨的价值来测算，2025 年中国新能源乘用车出行碳减排量的经济价值超 13 亿元。

因此，探索新能源汽车出行碳减排量的多元应用场景，通过企业自愿碳中和、纳入温室气体自愿减排（CCER）机制及地方碳普惠机制，实现碳资产变现，推动与现有新能源汽车产业政策衔接，拓展与绿色金融及保险领域的融合应用，对支持我国新能源汽车产业发展，推动汽车与金融保险生态圈共同携手践行“双碳”目标，具有重要意义。

### （一）自愿碳中和

企业自愿碳中和是指企业自愿通过购买碳配额、碳信用的方式或通过新建林业项目产生碳汇量等方式，抵消自身一段时间内直接或间接产生的温室气体排放量，从而实现碳中和。目前我国以强制性碳市场为主，参与主体主要为特定行业的大型工业企业，覆盖度有限，国际社会将自愿性碳减排作为有效的减排手段，企业自愿碳中和便是其重要形式之一。2010 年以来，国内的一些大型活动相继开展碳中和相关工作；生态环境部于 2019 年发布的《大型活动碳中和实施指南（试行）》，用于指导规范大型活动实施碳中和，推动践行低碳理念；深圳市政府于 2021 年发布《深圳碳普惠体系建设工作方案》，鼓励团体和个人通过购买碳普惠核证减排量抵消办公、生产、日常生活等方面产生的碳排放量。

新能源汽车出行中所产生的碳减排量，经核证认可后，可用于企业自愿碳中和，进一步丰富碳排放的抵消方式，促进节能减排。

### （二）纳入温室气体自愿减排（CCER）机制

CCER 是中国核证自愿减排量的简称，经核证后的减排量可以用于在地方碳市场或者全国碳市场进行交易。CCER 自 2012 年启动，2017 年因自愿减排交易量小、个别项目不够规范，CCER 项目暂停。2023 年 3 月和 7 月，生态环境部先后发布《关于公开征集温室气体自愿减排项目方法学建议的函》，并对《温室气体自愿减排交易管理办法（试行）》公开征求意见，CCER 有望在年内重启。

原有 CCER 方法学体系中新能源汽车出行相关方法学具有局限性，且难以适应当前政策导向，中汽数据基于广泛的数据基础和深厚的政策及标准研究制定经验，向生态环境部提交了面向私人领域和公共领域碳减排方法学建议，未来将继续推进新能源汽车出行碳减排量纳入碳交易管理。

## （三）纳入地方碳普惠机制

碳普惠机制是指通过方法学及场景设计，依托平台对中小微企业与公众的减排行为进行记录、量化，并通过交易变现、政策支持、商业奖励等消纳渠道实现其价值，以引导绿色低碳生产生活方式的一套机制。自 2015 年 7 月广东在全国率先启动碳普惠试点至今，已有北京、上海、浙江、海南等十余个省市发布并实施了各自的碳普惠政策，取得了良好的社会效益。其中，上海、广州、深圳等地的碳普惠核证减排量可以补充抵消方式进入当地碳市场。

新能源汽车出行碳减排量通过碳普惠机制核证后，不仅可用于自愿减排交易，也可开发成为碳资产进入碳市场交易实现经济价值转化。随着碳普惠制度的不断完善，新能源汽车碳减排量开发未来有望得到进一步推广。

## （四）政策衔接

2023 年 7 月，工业和信息化部修订“双积分”管理办法，提出考虑未来碳管理需要，增加企业平均碳排放水平公示要求，适时研究建立与其他碳减排体系的衔接机制。若新能源汽车出行碳减排量能与双积分等产业政策衔接，将其转化为碳资产，将加大对新能源汽车市场的正向激励，进一步推动传统车企电动化转型。

## （五）绿色金融

2022 年 6 月，银保监会发布《银行业保险业绿色金融指引》，明确银行保险机构应当制定针对客户的环境、社会和治理风险评估标准，将风险评估结果作为承保管理和投资决策的重要依据，实行差别费率，积极运用大数据、区块链、人工智能等科技手段提升绿色金融管理水平。碳账户是记录个人或企业碳排放相关信息的基础性工具。碳账户的应用场景广泛，包括碳市场中的重点排放单位、积极主动落实减排目标的企业单位、致力于引导绿色投资的金融机构以及积极践行低碳生活方式的个人。碳账户旨在帮助相关主体更好地了解自身或所投项目的碳排放情况，引导绿色低碳理念融入生产生活，推动社会多维度绿色转型。将新能源汽车出行场景引入金融机构、个人及企业碳账户，能够进一步支持客户拓展及用户黏性增加，推动绿色金融产品服务创新及风险管理，促进金融行业低碳实践落地。

中汽数据深耕汽车行业低碳研究多年，逐渐形成了多领域融合的低碳产品开发能力，能够提供包含碳账户方案设计、平台开发以及碳资产开发在内的全流程解决方案，通过推动个人及企业碳减排量与碳交易市场的衔接，打造可持续运营的商业模式。

### （六）绿色保险

根据 2022 年 11 月银保监会发布的《绿色保险业务统计制度》，保险业在环境资源保护与社会治理、绿色产业运行和绿色生活消费等方面提供风险保障和资金支持等经济行为被统称为绿色保险。在车险领域，业内对于绿色车险没有统一的定义，《绿色保险业务统计制度》将新能源车险纳入绿色生活保险业务范畴；UBI 车险将行驶里程纳入保费厘定的考虑，而行驶里程影响碳排放量，因此业内人士认为 UBI 车险天然具备绿色保险的特征。从实践看，国外已有保险公司依托车联网形成绿色车险产品落地。如英国英华杰公司的“Aviva Zero 车险”和 Zixty 公司的“Zixty Miles 车险”，都是基于里程和驾驶行为计算碳排放量，并引入碳抵消机制激励用户的低碳出行行为。

中汽数据目前面向商用车高排放、投保难及投保贵的痛点，按照“高排放高保费、低排放低保费”的原则，正在研究面向商用车的绿色低碳保险服务。通过“保险+积分交易”模式，创新性地将商用车运行领域节能减排与保险相结合，赋能保险公司针对商用车的精准风险管理，推动汽车与保险行业在绿色低碳领域融合创新。

## 五 结论与展望

近年来，我国新能源汽车发展迅速，销售渗透率增长超出预期，保有量快速增长，新能源汽车出行碳减排潜力巨大。本报告建立了新能源汽车与传统燃油汽车碳减排量测算模型，通过设定合理的基准线识别方法，核算了新能源汽车碳减排量，并探索新能源汽车碳减排量的应用变现方式。

随着新能源汽车产销量的不断扩大，中国新能源汽车出行碳减排潜力将进一步提升，建立完善的碳减排资产开发管理机制，并将碳资产收益反馈消费者，能够增加新能源汽车消费端激励方式，进一步推动新能源汽车产业发展，同时引导居民形成绿色出行方式，对交通领域碳减排具有重要意义，从而助力我国"双碳"目标实现。

### 参考文献

[1] 任焕焕、李冰阳、夏丽娜等：《中国新能源汽车出行碳资产开发现状及应用展望》，《石油石化绿色低碳》2022年第6期。

[2] Bingchun L., Shuai W., Xiaoqin L., et al. Carbon Emission Reduction Prediction of New Energy Vehicles in China based on GRA-BiLSTM Model [J]. Atmospheric Pollution Research, 2023, 14 (9).

[3] 冉纯嘉、任焕焕、刘昊林等：《纯电动乘用车使用环节碳减排量核算方法研究》，《中国汽车》2022年第6期。

[4] Anqi C., Shibing Y.. The Fuel Cycle Carbon Reduction Effects of New Energy Vehicles: Empirical Evidence Based on Regional Data in China [J]. Sustainability, 2022, 14 (23).

[5] 康泽军、任焕焕、程明等：《新能源汽车使用环节碳减排方法学研究》，《石油石化绿色低碳》2022年第4期。

[6] Lina Xia, Chuan Chen, et al. Calculation Modeling and Analysis of Carbon Emission Reduction of Battery Electric Passenger Vehicles in Use Phase. Proc. SPIE 12642, Second International Conference on Electronic Information Engineering, Big Data, and

Computer Technology (EIBDCT 2023), 126420M; doi: 10.1117/12.2674604.

[7] 杨卫华、初金凤、吴哲等:《新能源汽车碳减排计算及其影响因素分析》,《环境工程》2014年第12期。

[8] 中国汽车技术研究中心有限公司:《节能与新能源汽车发展报告2021》,人民邮电出版社,2021。

[9] T/CAS 536-2021,《新能源汽车替代出行的温室气体减排量评估技术规范》,中国标准化协会,2021。

[10] 刘蔚:《城市居民低碳出行的影响因素及引导策略研究》,北京理工大学博士学位论文,2014。

# B.22

# 汽车企业软件驱动转型中的危与机

## ——如何应对变化中的挑战

赵家炜　罗德里戈·比乌尔伦　马蒂亚斯·勃兰特

伊内斯·布克哈茨迈尔　斯图尔特·丘奇*

**摘　要：** 软件驱动转型对汽车行业提出了新的挑战，但同时也为汽车制造商带来了重要的机遇。本报告探讨了汽车行业数字化转型带来的挑战和变革。市场推动因素和市场拉动因素的加强推动汽车行业的数字化转型，导致产品复杂性上升。为应对数字化挑战，汽车制造商需要在战略、战术和操作层面进行变革，并与合作伙伴进行内部和外部协作，分享软件知识和能力。在战略层面，通过横向合作快速提升能力；在战术层面，通过解耦不同交付速度的流程以及解耦产品的软硬件，提高产品部署的灵活性；在操作层面，采用协同的需求整合流程以及采取限定范围、聚焦功能、分阶段推出和规划软件变体等措施来解决软件复杂性和快速变化带来的问题。本报告强调了汽车行业软件驱动转型所面临的挑战和机遇，并为软件开发、平台战略和组织转型等提供实用建议。通过采取这些措施，汽车企业可以增强竞争力，在瞬息万变的市场中保持领先地位。

**关键词：** 数字化　汽车软件　产品开发

* 赵家炜，保时捷管理咨询中国董事总经理及首席执行总裁，研究方向为高绩效企业组织、智能制造；罗德里戈·比乌尔伦，亚琛工业大学博士，保时捷管理咨询德国合伙人，研究方向为汽车系统工程；马蒂亚斯·勃兰特，保时捷管理咨询德国经理；伊内斯·布克哈茨迈尔，保时捷管理咨询德国高级顾问；斯图尔特·丘奇，保时捷管理咨询德国高级顾问。

# 导言：了解软件驱动的转型

## （一）软件转型是应对产品复杂性上升的答案

汽车行业的数字化转型正在加速，数字化能力也越发成为制约传统汽车制造商的因素。这种加速是由于市场推动和市场拉动因素的相互促进以及其他影响因素产生的。这些因素共同导致产品复杂性的过度上升，特别是在数字领域。[1][2]

## （二）市场推动和市场拉动因素加速了汽车行业的数字化进程

目前，制约传统汽车制造商发挥能力的主要市场推动因素包括动力总成的电气化、车辆的数字化以及自动驾驶技术。这些主题正受到密切关注，并且新的市场参与者（如特斯拉、谷歌和苹果）也在推动其发展。与此同时，数字化转型作为市场拉动因素越发成为汽车行业的一大挑战。日常生活的数字化，例如使用数字化服务和平台，正不断在各个领域扩展，从而提升了消费者对于移动性、相关车辆和基础设施的需求。[3][4]

## （三）产品的复杂性增加和变化速度加快

自 1970 年代以来，每辆车的功能数量一直在稳步增加。在功能增加的同时，执行这些功能的控制单元的数量也在增加。但自 2000 年代中期以来，每个控制单元的功能数量的增长速度超过了总功能数量的增长速度，这导致控制单元呈现出相互合并，甚至数量减少的趋势。

新的功能通常是高度互联的，必须集成在车辆和与汽车交互的各个系统中，这导致产品、车辆和交互系统的复杂性增加。产品需求方面的复杂性主要通过新的软件功能得以解决，这也增加了网络和软件架构的复杂性。[6]

产品复杂性的增加不仅是由于车辆中的软件功能越来越多，还由于功能同时集中在越来越少的电子控制单元上。[7]

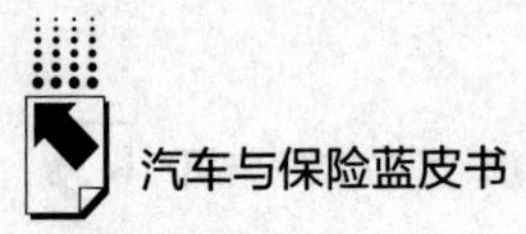



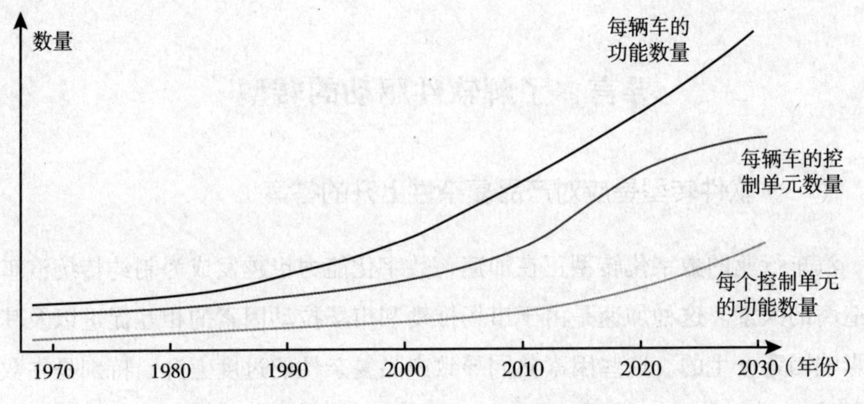


**图1　每辆车的功能和控制单元数量的增长趋势**

除了产品复杂性的增加，与数字化相关的产品变化速度也在加快。例如在消费品行业，灵活的 IT 解决方案和软件服务变化的速度远远高于汽车行业大多数基于硬件的解决方案速度，后者需要多年的开发周期。[8][9]

消费品行业和汽车行业的数字先锋，如特斯拉和蔚来，也增加了汽车客户对汽车这一产品的期望，即车辆软件及其功能应始终保持最新，并且必须立即纠正错误。[10]

## （四）数字化挑战传统汽车行业

数字化带来的转变给传统汽车制造商带来了新的挑战。从近年来的统计数据看，这一点变得更加明显。

（1）预测表明，2022~2030 年，软件开发成本将超过 40%。[11]

（2）大约 60%的汽车召回问题可以归因于产品复杂性的增加、零部件继承策略以及开发速度。[12]

（3）2011~2019 年，德国汽车行业的召回数量增加了三倍以上，达到了创纪录水平。[13]

因此，传统汽车制造商有必要将其组织和产品数字化。面临上述复杂性增加、产品变化速度的加快以及同时应对硬件和软件开发等方面的挑战，需要高度重视以保持竞争力。假如传统汽车制造商在组织、流程和运营上没有专注于提供和掌握以软件驱动的产品解决方案，他们将在数字化领域被特斯拉和蔚来等新势力甩在后面。

### （五）在组织的各个层面进行变革

要持续推动软件驱动的转型，必要的变革必须融入整体战略中。这些变革促使传统汽车制造商在三个不同的组织层面上采取行动。

在组织的战略层面，必须明确定义车辆制造商在软件驱动转型中所需具备的能力。这些目标和必要的能力都来自组织的数字化战略，可以采取不同的方法来使这种能力为组织所用：收购公司，建立合作关系以及采用开源的解决方案。下文“调试组织”部分分析了传统汽车制造商如何确定和提供必要的能力以保持其竞争力。

在战术层面，挑战在于应对不断加快的交付速度。将不同交付速度的流程解耦，可以增加产品部署的灵活性。要实现流程解耦，前提是根据不同交付速度将产品架构解耦，由此产生的接口必须通过进行专门的接口管理。“释放产品变化”部分介绍了传统汽车制造商在产品和流程方面所必须做的变革，并提供了建议。

在操作层面，软件开发流程构成了软件驱动型企业的程序性支柱。除了创建高效的软件流程，它们还为端到端复杂性管理和灵活解耦的产品架构奠定了基础。在企业战略概念以及市场和客户需求的基础上，严格推导出产品架构，是在更高的组织层面实施软件驱动转型的关键因素。在“破解软件产品开发中的复杂性”部分将重点分析如何在汽车软件开发中处理复杂性问题。

## 一　调试组织

合作提供了一个快速扩大能力组合的机会。市场的推动因素和拉动因素正在迫使传统的汽车公司获取与软件相关的能力，以满足电气化、数字化和自动驾驶的趋势，并保持竞争力。在汽车行业中，向“以软件为中心”转

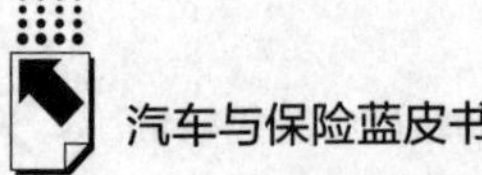


变组织目标的困难化。只有了解和掌握了软件的复杂性和在整个产品中的关联性，才能成功地开发软件并将其整合到现有的产品和流程中。然而，诸如资源瓶颈和成本上升等障碍使得建立这种能力越来越困难。传统汽车公司的竞争优势不是取决于其所控制的资源，而是取决于可以获得的资源。因此，越来越多的传统汽车制造商开始与内部和外部的合作伙伴进行合作，以此共享软件知识和能力的互补资源。转型成功有三个关键因素：对公司能力的认知，转型的积极意愿和对转型过程的管理，以及软硬件开发流程的解耦。

## （一）能力：先反思，再行动

要确定汽车企业的软件转型模式，应从内部资源能力和软件战略定位两个维度进行专门的评估，以识别核心竞争力并形成转型的战略方向。确定了内部资源能力所代表的核心竞争力后，就可以与公司的目标、愿景及软件相应的战略定位进行比较，进而得出要实现战略目标所需的资源能力与现状之间的差距（见图 2）。

图 2　车企软件转型模式的选择框架

假如汽车制造商已具备较充足的资源能力，但对软件的战略定位较低，不需要追求差异化以提升市场竞争力，那么可以选择减少相关的资源投入，将附加值较低的产品部分外包给软件供应商进行定制开发，并将内部资源重新分配至战略价值更高的关键要素研发上。

对于内部资源和能力充足且重视软件转型战略价值的汽车制造商而言，则应尽可能追求技术的差异化潜力，创造高附加值产品。因此，这类汽车制造商应当继续争取自主研发，强化其核心竞争力，通过改善组织、优化研发流程和开发工具等方式提升软件能力和绩效。

当汽车制造商在软件能力方面缺少基础，且不需要在软件技术上做到顶尖时，采购已有的软件解决方案或对软件供应商的产品服务进行租赁则是更加低成本和便捷的选择。

然而，在前述汽车产业数字化转型的挑战之下，传统汽车制造商往往处在软件的内部资源能力有限而软件战略定位重要的象限之中。传统汽车制造商的优势通常展现在车辆的模块化组装和流程管理中，如在车身、电气、底盘和动力总成等传统领域，以及组织和协调领域。但是，与软件相关的能力通常尚未得到充分发展，而且由于投资风险和市场障碍等因素，并非所有能力可以独立且及时地建立。为了克服这些障碍，合作模式为传统汽车制造商提供了机会，既能够以较快的速度补全能力，又可以从先进技术公司中深入了解市场和技术，这也让传统公司能够更快地挖掘市场潜力并对技术变化做出反应，更好地追求产品差异化和竞争力。与在公司内部自建这些能力相比，合作模式可以更好地获取操作层面和战略层面的软件知识，并且可以更灵活地应对资源短缺的问题。因此，在汽车领域，传统公司与技术公司之间的横向合作比服务供应或收购公司等垂直整合方式更加有利于灵活的能力发展。

### （二）组织：两全其美

合作模式，无论是公司内部合作，还是两个独立公司的外部合作，都带来了特定的转型挑战。这些挑战因各公司的具体情况而异，可以是正式的

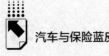

（如不兼容的开发流程）或非正式的（如不兼容的企业文化）。比如在许多汽车行业案例中，传统的公司或业务部门与先进、敏捷的公司或业务部门进行合作时可能会出现不兼容的情况。为了确保通过共享核心竞争力实现合作的潜力，并且不受正式和非正式的障碍影响，组织或项目层面的合作应该集中协调，设立一个整合管理办公室（Integration management office）。整合管理办公室充当了将所有与转型相关的活动连接在一起的角色，它的主要任务是创建全面的框架条件，例如共同的开发流程环境。在制定流程的过程中，要考虑诸如定义沟通结构、冲突解决程序、接口功能和信息交换等因素。对于非正式的结构，整合管理办公室应该具备变革管理领域的专业知识。确定变革驱动因素，并获得管理层的支持和代表，这是成功将两个合作伙伴汇聚在一起并促进正式融合的关键因素。作为管理层的一部分，整合管理办公室在整个管理职能中发挥着重要作用，其任务是将两个合作伙伴的核心竞争力在两个组织的不同背景下以最佳方式汇聚和共享（见图3）。

整合管理办公室

协调能力 | 技术能力

0110101
1011011

传统玩家　　软件玩家

软件领域之外的核心能力　　软件领域之内的核心能力

**图3　整合管理办公室的作用**

### （三）过程：重新开始

汽车行业和软件行业的核心竞争力相结合，能为传统汽车制造商带来以软件为导向的横向扩展能力。要实现这一目标，必须将两家合作公司的流程结合在一起。两个流程的内容应针对各自的业务部门进行调整，同时将硬件和软件相关流程分离开来。要调整流程的内容，就必须协调合作双方的任务、能力以及流程、方法和工具的责任范围。硬件和软件流程的解耦提高了产品部署的灵活性。为了解决流程设计中的产品复杂性因素，例如整个车辆系统中的网络设计以及对硬件和软件的相应要求，目标应该是将它们的流程解耦。在这种情况下，项目管理和配置管理等支持流程必须成为联合流程设计的重点。它们会对开发流程产生影响，并发挥指导作用。只有从整体上把握流程，才能实现软件和硬件开发的互动。总之，要将汽车行业中的传统工业公司转变为软件驱动型公司，就必须对公司当前的优势和劣势进行分析。应在此基础上补充和扩大能力组合。为此，合作是一种合适的形式。应该以整合管理办公室的形式对转型过程进行集中协调。这不仅能确保各流程之间相互协调，还能将各流程整合到重点领域的共同流程中。为适应硬件和软件不同的开发周期，相关联的开发流程应进行相互剥离。除战略层面外，在战术层面应对交付速度提高带来的挑战也很重要。下一部分将就产品和流程的变革提出建议。

## 二　释放产品变化

### （一）解耦增加了产品部署的灵活性

在汽车制造商现有的架构中，单靠软件能力并不能自动产生预期的效益。要满足灵活性和速度的要求，就必须有适当的产品和流程架构。对产品高度灵活性和快速适应性的要求，加上基于软件的产品日益复杂，给传统汽车制造商带来了特别的挑战。产品的复杂性通常通过瀑布式开发顺序来解决。公司普遍采用严格的等级制产品和流程结构，以及耦合的硬件和软件开发流程。然而，这种耦合导致产品部署的响应速度较低，影响了在产品开发期间和上市后对客户需求的快速变化做出反应的能力。[14]尽管产品日益趋于差异化、个性化和定制化，但对于更短的交付时间和更高的产品变更灵活性的需求将继续增长。[15]

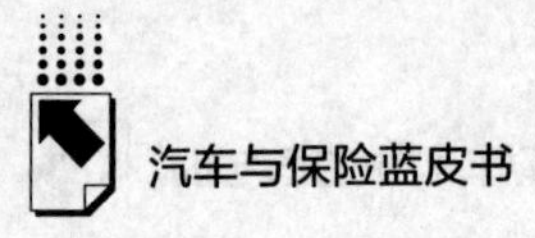


## （二）耦合抑制了变化的灵活性

在汽车软件开发中提高开发流程的敏捷性（如通过 SAFe 或 LeSS 等敏捷框架）是提高响应速度的重要方法。然而，如果产品和流程结构具有内部耦合，阻碍了灵活的产品开发和产品部署，敏捷性开发方法的全部潜力将无法实现。[16][17]

例如，如果复杂的功能分布在多个软件组件上，并因此高度相互依赖，就会出现产品中的耦合。在这种情况下，一个功能的调整可能会导致大量软件组件同时发生变化，并需要进行大量的集成工作。

流程中的耦合与产品中的耦合一样。例如，在共享周期中，强制性地将软件发布与硬件发布耦合在一起。由于采用瀑布式流程，软件和硬件开发的分离通常受到限制，因为没有对流程进行解耦，也没有对各个产品组件进行独立的开发和集成。

如果产品和流程不解耦，决定开发时间的就不是单个产品组件，而是受变更影响的整个软硬件组件。因此，整个产品中开发时间最长的组件也决定了新产品功能和产品变更的部署速度，这也导致难以在短周期内部署快速变化的产品组件和功能。[18]

## （三）灵活部署功能的三个解耦步骤

传统汽车制造商的产品或流程组件中的耦合往往是随着时间的推移而有机发展起来的，可以通过在汽车的整个产品生命周期内重组产品架构和开发流程来解决。快速适应性软件解决方案的优势表现如下。

1. 识别阻碍因素：分析产品结构中的耦合性

产品中的依赖关系可以通过功能分析法（如序列分析、活动图或状态机）进行可视化和分类。通过这个过程，耦合的情况可以被识别出来，进而得到处理。

2. 形式服从于功能：基于产品战略的产品结构和接口

产品中的耦合性可以通过产品组件的模块化来消除。各个模块应该尽可能在功能上相互独立，并有严格管理的接口，以便能够独立改变、替换或省略各个模块。设计决策应包括模块所需的变化速度，即“分层结构”，以实现与市场和客户要求有关的最大限度的变化灵活性。

3. 双运作模式：依赖速度的开发和应用过程

从产品的独立模块开始，可以进一步确定流程中阻碍独立模块开发和部署的环节。针对每个模块，都会对其开发和应用流程进行分析，并找出其中相互依赖的部分。为了解决这些依赖关系并实现基于不同速度开发的流程架构，可以将流程进行解耦，然后通过确定的同步点有针对性地重新连接。同步点仅在计划的时间点上将现在解耦得较慢和较快的流程组件重新联系起来。同时，在同步点之外实现了流程的解耦，增加了较快流程组件的部署灵活性。

跨系列敏捷化产品开发与具体车辆产品开发流程分离并同步进行，在敏捷开发中通过产品的模块化设计实现灵活开发，并在确定的同步点中将可应用的功能和平台整合至车辆产品生产流程中，这一双运作模式的核心即实现较慢和较快开发与应用流程的相互独立（见图 4）。

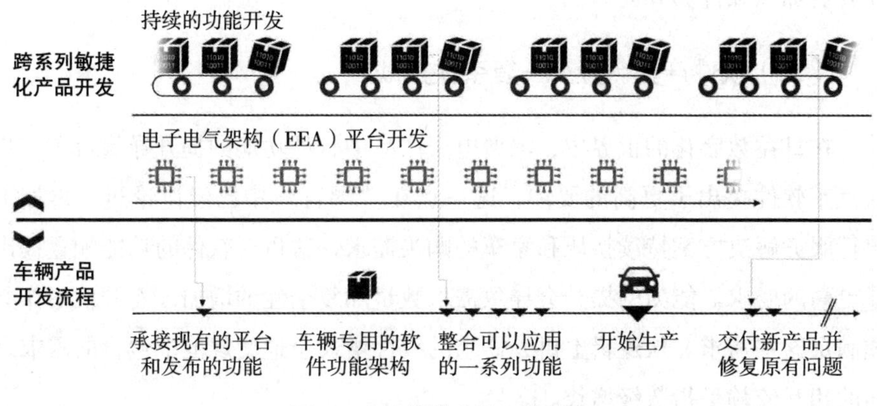


**图 4　双运作模式的开发流程**

综上所述，消除产品和过程中的耦合使得灵活部署产品组件成为可能，这些组件不依赖于较慢的产品组件的发布周期，而是依赖于个别产品组件的交付速度。因此，短周期和长周期的产品组件可以被独立地调整、整合和发布。由此产生的双运作模式增加了变化的灵活性和对市场和客户需求的反应能力。实现变化灵活性的基础是产品结构的战略模块化，以及严格的接口管理。要适应和掌握复杂的产品结构及其接口，需要明确从整体产品到软件层面的要求，并对接口进行全面管理，这些方法将在“破解软件产品开发中的复杂性”部分详细分析。

## 三　破解软件产品开发中的复杂性

### （一）专注于软件产品的创造

正如前一部分“释放产品变化 ”中所述，将慢速和快速的产品组件解耦，可通过使用双运行模式对变化做出灵活快速的反应。软件产品的开发过程也有助于灵活应对客户和市场的需求，同时还必须进行优化，以应对汽车行业软件复杂性的快速增长。例如，客户的远大期望和可灵活部署的软件会使软件的复杂性更高。先进的流程设计可以帮助组织结构化并控制复杂性，使其更加以软件为导向。

### （二）软件产品创建——复杂性挑战

在日益数字化的世界中，消费电子产品中软件功能的提升导致汽车客户对汽车软件提出了更高的要求，这一点在“导言”中已经讨论过。再加上出行服务解决方案持续挤压私家车的购买需求，这也对软件的功能配置提出了更高的要求。能力的提升会导致需求数量和复杂性的增加，而开发工作必须满足这些需求。从逻辑上讲，需求的线性增长会迫使规范中包含的需求之间的相互依赖呈指数级增长。[19]

除了软件需求说明的复杂性不断增加，在实际情况中，从客户提出需求到技术需求得到通过这一过程通常比预期要更长。而且在开发周期内，需求和软件预期也会由于颠覆性的新技术等原因而发生变化。特别是由于软件中的复杂依赖性，进行需求和软件变更可能导致功能发布出现混乱。快速部署和调整软件的需求与更复杂的软件产品相结合将会产生冲突，必须采取应对措施才能成功开发、测试和交付客户所需的软件产品。

此外，为了追求更快、更敏捷、更灵活的代码开发和后续部署，人们期望所有软件变体能在各种环境中轻松、持续地部署。这些环境不仅包括系列硬件（ECU）平台，还包括用于加速开发和集成的虚拟测试仿真平台。这种硬件和软件平台的多样性迫使软件必须独立于平台并实现模块化。这种实施方式带来了挑战，尤其是在纳入对硬件依赖性很强的传统代码时。如果旧代码执行的是具有时间敏感性的核心功能，或者如果不花大力气就无法替换，那么就难以避免继续使用旧代码。

## （三）掌握需求

要成功定义未来的汽车软件，必须将以客户为中心与需求整合过程结合起来。这意味着将技术要求集中在客户需求上，并与开发人员和供应商一起将其整合为可实现的规范。这种合作性的需求整合过程可以构建出一个统一的软件规范，从而更容易为进一步开发所接受。为有效管理复杂性，需求整合可分为四个步骤（见图 5）。

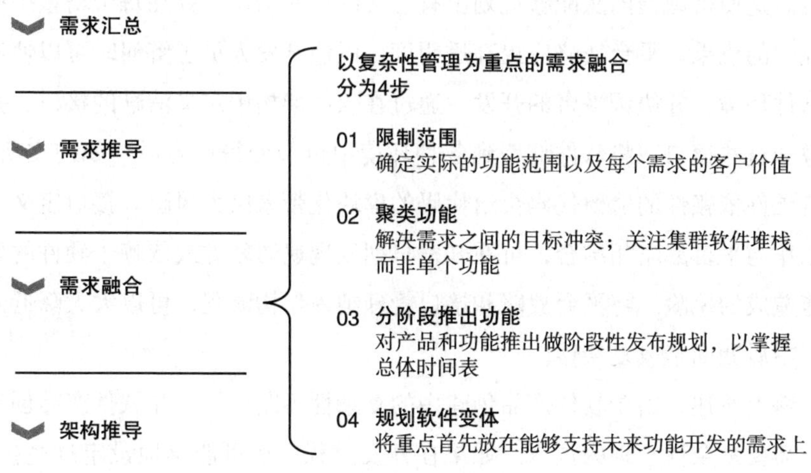


**图 5　降低汽车需求开发复杂性的步骤**

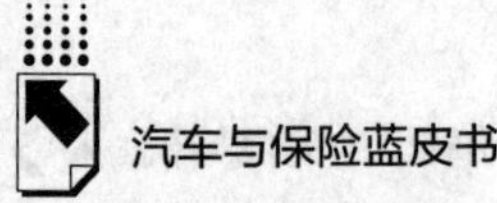


（1）限制范围：与客户需求专家和软件开发专家共同确定技术需求，将需求提炼为客户需求的核心，同时保持可实现性。

（2）聚类功能：通过对功能进行聚类，解决需求规范中的目标冲突，并从软件堆栈中获得协同效应，而不是采用功能孤立的方式。

（3）分阶段推出功能：与软件开发部门合作，尽早规划功能的发布，并为软件产品部署到项目中制定一个明确的时间表。

（4）规划软件变体：首先关注对建立软件架构基础至关重要的软件开发（跨变体），以便在标准化的接口基础上进行面向变体的未来软件开发。

以客户为中心和需求衔接的结合，主要是通过将开发重点放在客户需求上，并在开发的早期识别和调整任何需求上的妥协，从而有效应对复杂性。

### （四）控制环境

架构战略的建模必须包括平台战略和严格的接口定义和管理。平台战略应清晰地定义软件产品部署的所有虚拟和实际环境。架构战略在软件产品创建过程的早期阶段应包含部分集成管理，还需定义软件在每个环境中的部署时机。这使得敏捷团队能够规划出有意义的产品增量，并在每个增量中展示可证明的成果。平台战略应提高透明度，以便开发人员了解何时可以使用各个软件环境，并协调平台的开发。通过在软件架构中定义清晰的接口，并确保遵守这些接口，将软件部署到各种环境中也会变得更容易。如前文所述，具有硬件依赖性的遗留代码会给代码的模块化带来巨大风险。接口定义及管理工作与平台战略相结合，可在开发早期发现遗留软件或依赖于硬件的软件可能造成的风险。将平台战略和接口管理纳入架构流程，可以大大降低开发过程中后期的集成复杂性。

综上所述，由于软件产品创建中的复杂性不断增加，在软件产品创建过程中需要复杂性管理的技术。如果在开发过程中尽可能早地设定这些技术，就有可能明显降低复杂性。正因如此，本报告中提到的建议旨在解决开发周期中需求和架构阶段的问题。在需求管理过程中进行全面的需求整合，以及在架构过程中制定明确的平台策略和严格的接口管理，都有助于在复杂性变得不可收拾之前将其降低（见图 6）。

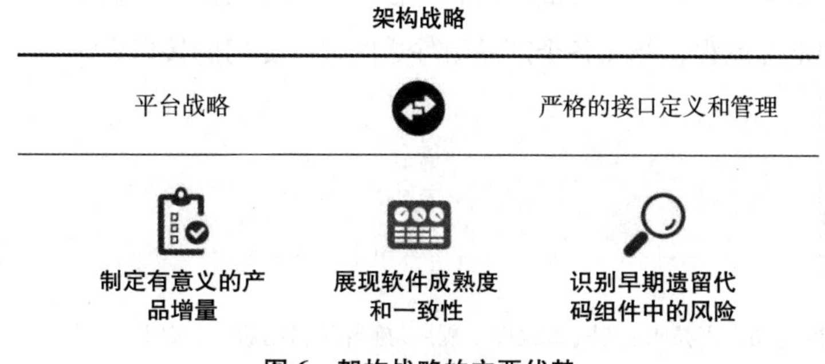


图 6　架构战略的主要优势

## 结论：准备转型

特斯拉、谷歌和苹果等汽车市场的新参与者正在加剧数字化市场的推动效应，而日益扩大的日常生活数字化正在产生市场拉动效应。这进一步加大了传统汽车制造商跟上数字化领域竞争步伐的压力。客户要求的提高导致产品复杂性的增加，同时也加快了汽车市场产品创新和变革的速度。汽车制造商必须从三个层面分析和实施必要的组织和程序变革。

首先，汽车制造商必须对整体数字化战略和组织所需的技能进行比较分析。尽管存在技术人才短缺的困难，但是通过开发或重组内部资源，可以弥补当前能力组合中存在的差距。建立新能力的快速灵活的选项是与具有软件专业知识能力的合作伙伴进行合作。设立一个集成管理办公室来控制合作和流程的统一，有助于整合新获得的能力。

其次，必须在战术层面上利用现有的软件能力，使产品和流程中的硬件与软件解耦，以便利用灵活的软件产品的优势，加快产品的交付速度。其关键在于分析产品架构和产品开发流程中的耦合。这种耦合可以在各个产品组件中专门消除，以达到快速适应的目的。

最后，在开发和应用过程中，管理各个产品组件是一项特殊的挑战，因为产品的复杂性和交付速度都在提高。因此，汽车制造商成功转型的关键之一是在产品架构和基于平台战略的软件创建中始终关注客户需求，为需求提供可控的整合流程，并在各个产品组件之间提供专门的接口管理。

## 参考文献

[1] 肖夫勒、祖拉卡：《汽车软件工程》，施普林格出版社，2016。

[2] 乔斯：《底盘开发中软件测试的复杂性》，《ATZ - 汽车技术期刊 》2022 年第 4 期。

[3] 舍弗勒：《现代底盘技术》，见 chassis. tech plus《悬架》，2022。

[4] 希尔：《Corona 作为数字化的驱动力》，《创新管理》2020 年第 10 期。

[5] 肖夫勒、祖拉卡：《汽车软件工程》，施普林格出版社，2016。

[6] 乔斯：《底盘开发中软件测试的复杂性》，《ATZ - 汽车技术杂志》2022 年第 4 期。

[7] 肖夫勒、祖拉卡：《汽车软件工程》，施普林格出版社，2016。

[8] 迈尔·博斯特、T. S. 格哈德-奥斯瓦尔德：《以保时捷公司为例，汽车行业数字化转型的杠杆和行动领域》，载《数字化转型——案例研究和行业分析》，威斯巴登：施普林格出版社，2022。

[9] 博斯勒：《数字主导服务设计——对互联汽车数字创新的影响》，载 P. D. Proff《让互联移动发挥作用》，威斯巴登：施普林格出版社，2021。

[10] 温特：《智能数据、智能产品、智能服务——工业、服务和贸易领域的创新和新业绩承诺》，载 P. D. 教授、H. c. mult 博士、曼弗雷德·布鲁恩《智能服务》，威斯巴登：施普林格出版社，2022。

[11] 统计网，https：//de. statista. com/statistics/data/studie/1321740/umfrage/prog nose-zu-software-expenditures-of-automobilmanufacturers/，2022 年 8 月 31 日。

[12] 布拉泽尔：《2017 年全球汽车厂商召回趋势——参考市场美国》，载贝尔吉施格拉德巴赫《汽车管理中心（CAM）》，2018。

[13] 统计网，https：//de. statista. com/statistics/data/studie/1254342/umfrage/rueck rufaktionen-in-der-automobilindustrie-in-deutschland/，2022 年 8 月 30 日。

[14] 基齐奥斯：《数字（3D）母版流程》，施普林格出版社，2021。

[15] 克恩：《汽车制造中装配的组织、规划和控制》，施普林格出版社，2021。

[16]《硅经济的 IT 架构》，载《硅经济》，施普林格出版社，2022。

[17] 汉斯克:《数字化解决方案组件》,载 I. Hanschke 的《数字化变革——精益与系统化》,施普林格出版社,2021。
[18] 布拉泽尔:《2017 年全球汽车厂商召回趋势——参考市场美国》,载贝尔吉施格拉德巴赫《汽车管理中心(CAM)》,2018。
[19] 克劳特:《未来动态汽车电气/电子架构基于证书的安全概念》,载 P. D. -C. 教授、博士迈克尔·巴根德《第 22 届斯图加特国际研讨会》,施普林格出版社,2022。

# B.23
# 渗透率演化趋势和车型竞争力分析

刘人玮　唐 梅*

**摘　要：** 市场预测关系各汽车主机厂的经营策略，也是发现新能源汽车市场机会的重要手段。本报告以价格—级别—类别制作了细化图的分析工具，分析了各细分市场的市场份额、市场份额变速、市场渗透率、市场渗透率变速情况，从而预测下半年各月渗透率。预计国内乘用车销量约为 2020 万辆，全年渗透率预测为 38.54%。比亚迪汽车工业有限公司 B 级轿车产品受到不同价位段的同类产品挤压较大，策略上需要拓展其覆盖范围。

**关键词：** 价格—级别—类别　市场占有率　市场渗透率

## 一　研究背景

汽车市场预测是 OEM 研发、生产规划的重要依据。[1] 预测分为长期、短期预测，其中以年内的月度、周度为分辨率的短期高频预测在目前激荡的汽车市场竞争中显得特别重要。根据月度、周度销量数据，助力各 OEM 更精准、多维度、长时间、高频次观察市场，助力精准预测未来。

要透视汽车市场数据迷雾，还需要在方法上创新。比亚迪汽车工业有限

* 刘人玮，比亚迪汽车工业有限公司数据管理科科长；唐梅，比亚迪汽车工业有限公司汽车产业办总监。

公司（以下简称比亚迪）经过多年数据观察和思考，得出了整体性分析，或只是一个维度的观察，常常出现“横看成岭侧成峰”的差异性，且归因分析较为困难。笔者认为：成交价分布是汽车市场的“体温”（类似于统计物理[2]中的能级分布），级别—类别是每一款车型的基础生态，它们构成了我们细分观察的基础。

同时笔者发现，短期的市场同环比常常具有周期波动性和冲击性，对数据分析带来干扰。[3]因此，笔者基于积分滤波的原理，把以往常用的同比、环比整合成一个新指标——折合变速。通过观察笔者发现，折合变速能有效表征市场变化的速度和加速度。

本报告以国产月度、周度销量数据为基础，分析 2023 年前 6 个月国产汽车市场的销量数据，并预测 2023 年下半年各月市场表现。而成交价数据匹配了销量数据和渠道数据 MIX 信息。分析比亚迪的车型生态，探讨其海豹车型的竞争力。

## 二　渗透率整体演化趋势

2023 年初，汽车市场受到环境冲击较大，但随后各主机厂迅速调整策略，在市场竞争更为激烈的条件下，合力推动了乘用车销量量级的迅速回归。当前，汽车产业是我国稳增长保经济的支柱性产业。所以，对 2023 年下半年整体销量量级估计可以谨慎乐观。

历史销量走势和 2023 年销量走势如图 1 所示。通过对比历史周期和变化，我们了解了乘用车在 2023 年上、下半年各月销量的合理变化范围。同时，观察到 2023 年 5 月前和 2021 年类似、5 月后和 2022 年类似的特征。调整后预估 2023 年全年国产乘用车销量为 2020 万辆，其中下半年各月预测如表 1 所示。总的来看，整体经济环境呈“L”形复苏走势，让 2023 年下半年各月销量相对平稳。

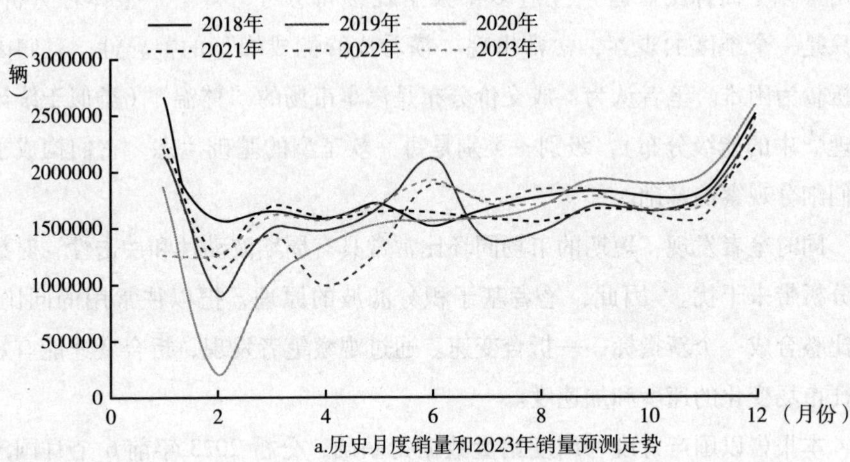

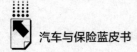

a.历史月度销量和2023年销量预测走势

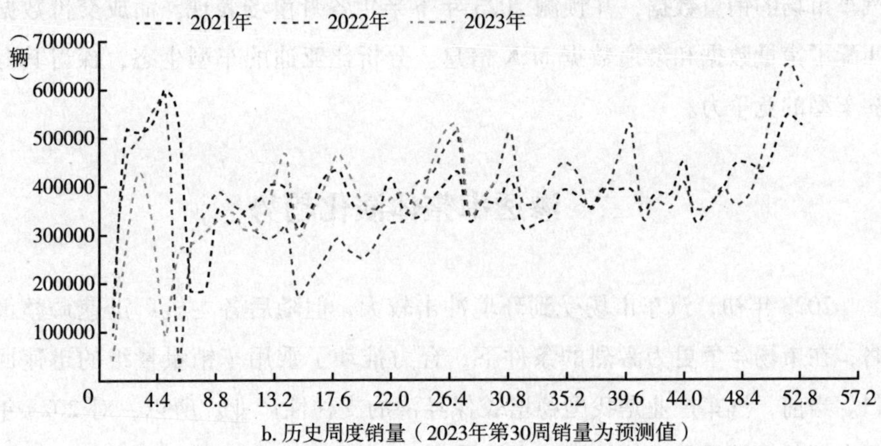


b. 历史周度销量（2023年第30周销量为预测值）

**图 1　乘用车历史销量走势和 2023 年销量走势**

资料来源：比亚迪汽车工业有限公司。

**表 1　2023 年上半年乘用车销量实际值与下半年预测值**

单位：辆

| 1 月实际值 | 2 月实际值 | 3 月实际值 | 4 月实际值 | 5 月实际值 | 6 月实际值 |
|---|---|---|---|---|---|
| 1246724 | 1251109 | 1600451 | 1560451 | 1710447 | 1917906 |
| 7 月预测值 | 8 月预测值 | 9 月预测值 | 10 月预测值 | 11 月预测值 | 12 月预测值 |
| 1706686 | 1700423 | 1768426 | 1660040 | 1679749 | 2397587 |

资料来源：比亚迪汽车工业有限公司。

2023 年各月乘用车市场大盘份额详细分析如图 2 所示，2022 年各月大盘份额详细分析如图 3 所示。可以看到，A 级轿车、A00 级汽车、A0 级 SUV 出现较大跌幅，CD 级 SUV、MPV、B 级 SUV、B 级轿车份额增大。从价格段来看，18 万~20 万元、12 万~15 万元、5 万~8 万元价格段份额下降幅度较大，0 万~5 万元、20 万~22 万元、8 万~10 万元价格段份额也略有下滑，10 万~12 万元、22 万~25 万元、35 万~50 万元价格段上涨幅度明显。直观来说，腾势 D9，理想旗下各 SUV 的产品矩阵，正好处于上述增长区间，属于引领 2023 年乘用车市场消费的现象级产品。

2023 年各月大盘渗透率分析如图 4 所示，2022 年各月大盘渗透率分析如图 5 所示。2022 年，渗透率在各级别—类别的较高价格段形成了一条 NEV（新能源汽车）大本营带，印证了 NEV 价格更高。2023 年上半年，这条 NEV 渗透率大本营带更加健壮，同时向腹地渗透的趋势变得明显。CD 级 SUV、B 级 SUV 和轿车、A 级 SUV 和 A 级轿车、A0 级轿车都有上涨。其中 A 级市场值得注意，虽然没有达到大盘平均渗透率，但考虑其巨大的市场份额，对其分析仍然有重大意义。渗透率在各价格段上的上涨并不均匀。上涨较为集中的价格段是 10 万~15 万元、22 万~25 万元、35 万~50 万元，18 万~20 万元、25 万~35 万元涨幅较小。同时可以看到，渗透率上涨幅度较大的价格段和市场份额上涨幅度较大的价格段相对重叠，说明 NEV 渗透率的发展和消费结构的调整相辅相成。

对比图 4、图 5 可以看出，随着 2023 年价格战的进程，燃油车和新能源车出现了错开价格段生存的情况。推出油电同价战略，增加 NEV 价格覆盖面，让消费者有更多的选择，同时也是推进渗透率上涨的重要手段。

基于图 2~图 5，我们能分别得出各细分市场的折合市场份额增速 $\delta s/\delta t$ 和折合渗透率增速 $\delta P/\delta t$。所以：

$$\text{渗透率趋势性预测} = \Sigma(P + \delta P/\delta t \cdot \Delta t) \cdot (s + \delta s/\delta t \cdot \Delta t)$$

| 总份额 | 类别 | 1月 | 2月 | 3月 | 4月 | 5月 | 6月 | 7月 | 8月 | 9月 | 10月 | 11月 | 12月 |
|---|---|---|---|---|---|---|---|---|---|---|---|---|---|
| 3.71% | CD_SUV | | | | | 0.00% | | 0.00% | 0.19% | 0.07% | 1.42% | 1.41% | 0.62% |
| 5.33% | CD_轿车 | | | | | | 0.14% | 0.09% | 0.45% | 1.07% | 0.86% | 2.69% | 0.02% |
| 13.86% | B_SUV | | 0.08% | 0.26% | 0.70% | 0.91% | 1.80% | 0.32% | 1.33% | 1.17% | 5.65% | 1.56% | 0.09% |
| 13.00% | B_轿车 | | 0.00% | 0.34% | 0.40% | 1.73% | 2.34% | 3.05% | 0.60% | 1.61% | 2.93% | 0.00% | |
| 24.49% | A_SUV | 0.00% | 0.79% | 2.58% | 4.49% | 5.54% | 5.78% | 2.58% | 1.18% | 1.29% | 0.27% | | |
| 22.44% | A_轿车 | 0.00% | 3.61% | 3.67% | 6.52% | 7.13% | 1.05% | 0.05% | 0.31% | 0.00% | 0.08% | 0.02% | 0.00% |
| 3.61% | A0_SUV | | 0.75% | 1.09% | 0.57% | 0.77% | 0.17% | 0.02% | 0.09% | 0.16% | | | |
| 3.15% | A0_轿车 | 0.00% | 0.83% | 0.35% | 1.67% | 0.30% | 0.01% | | | | | | |
| 4.13% | A00 | 2.09% | 1.67% | 0.37% | | 0.00% | 0.00% | | | | 0.00% | | |
| 5.62% | MPV | 0.45% | 0.99% | 0.12% | 0.13% | 0.43% | 0.14% | 0.03% | 0.03% | 0.36% | 1.36% | 1.38% | 0.19% |
| 0.65% | 微客 | 0.37% | 0.24% | | 0.00% | 0.04% | | | | | | | |
| | 928.7万 | 0to5 | 5to8 | 8to10 | 10to12 | 12to15 | 15to18 | 18to20 | 20to22 | 22to25 | 25to35 | 35to50 | 50to |
| | | 2.91% | 8.96% | 8.77% | 14.48% | 16.85% | 11.43% | 6.15% | 4.18% | 5.73% | 12.57% | 7.06% | 0.91% |

**图 2　2023 年各月乘用车市场大盘份额分析**

注：1. 下半年为预测值。

2. 该图为细分百分比，即各级别—类别—价位段占大盘的份额。

资料来源：比亚迪汽车工业有限公司。

| 总份额 | 类别 | 1月 | 2月 | 3月 | 4月 | 5月 | 6月 | 7月 | 8月 | 9月 | 10月 | 11月 | 12月 |
|---|---|---|---|---|---|---|---|---|---|---|---|---|---|
| 2.41% | CD_SUV | | | | | 0.00% | | 0.00% | 0.16% | 0.14% | 1.20% | 0.49% | 0.43% |
| 4.81% | CD_轿车 | | | | | | 0.18% | | 0.04% | 0.83% | 1.40% | 2.26% | 0.11% |
| 13.19% | B_SUV | | 0.11% | 0.49% | 0.57% | 0.92% | 1.29% | 0.69% | 1.17% | 0.83% | 4.53% | 2.51% | 0.07% |
| 12.78% | B_轿车 | | 0.00% | 0.20% | 0.24% | 1.41% | 1.73% | 3.76% | 1.29% | 0.65% | 3.49% | 0.00% | |
| 24.57% | A_SUV | 0.00% | 0.83% | 2.93% | 3.02% | 5.69% | 5.68% | 2.90% | 1.49% | 1.44% | 0.58% | 0.01% | |
| 24.37% | A_轿车 | 0.03% | 3.75% | 3.33% | 6.22% | [illegible] | 2.09% | 0.22% | 0.18% | 0.07% | 0.13% | 0.01% | 0.00% |
| 4.57% | A0_SUV | 0.00% | 0.96% | 1.08% | 1.04% | 1.16% | 0.18% | 0.10% | 0.01% | 0.05% | | | |
| 2.64% | A0_轿车 | 0.01% | 0.75% | 0.53% | 1.08% | 0.25% | 0.02% | 0.00% | 0.00% | 0.00% | | | |
| 5.29% | A00 | 2.52% | 2.39% | 0.38% | | 0.00% | 0.00% | 0.00% | 0.00% | 0.00% | 0.00% | | |
| 4.74% | MPV | 0.44% | 1.10% | 0.11% | 0.27% | 0.46% | 0.20% | 0.03% | 0.19% | 0.20% | 1.20% | 0.53% | 0.01% |
| 0.63% | 微客 | 0.37% | 0.20% | | 0.00% | 0.06% | | | | | | | |
| | 1993.3万 | 0to5 | 5to8 | 8to10 | 10to12 | 12to15 | 15to18 | 18to20 | 20to22 | 22to25 | 25to35 | 35to50 | 50to |
| | | 3.37% | 10.09% | 9.05% | 12.44% | [illegible] | 11.37% | 7.71% | 4.52% | 4.19% | 12.54% | 5.80% | 0.62% |

**图 3　2022 年各月乘用车市场大盘份额分析**

注：该图为细分百分比，即各级别—类别—价位段占大盘的份额。

资料来源：比亚迪汽车工业有限公司。

| 总份额 | 类别 | 1月 | 2月 | 3月 | 4月 | 5月 | 6月 | 7月 | 8月 | 9月 | 10月 | 11月 | 12月 |
|---|---|---|---|---|---|---|---|---|---|---|---|---|---|
| 51.11% | CD_SUV | | | | | 0.00% | | 0.00% | 0.00% | 0.00% | 44.23% | 86.41% | 7.97% |
| 39.48% | CD_轿车 | | | | | | 98.83% | 100.00% | 87.49% | 66.18% | 55.82% | 9.84% | 100.00% |
| 35.46% | B_SUV | | 0.00% | 0.00% | 0.00% | 0.81% | 17.38% | 51.06% | 14.24% | 58.18% | 57.38% | 19.16% | 23.69% |
| 21.84% | B_轿车 | | 0.00% | 0.00% | 0.00% | 13.19% | 9.95% | 3.05% | 41.23% | 79.64% | 25.73% | 100.00% | |
| 25.88% | A_SUV | 0.00% | 0.00% | 0.00% | 0.11% | 33.47% | 58.81% | 22.49% | 14.95% | 9.70% | 74.03% | | |
| 24.82% | A_轿车 | 0.00% | 0.00% | 0.00% | 21.83% | 51.58% | 39.93% | 10.78% | 10.89% | 100.00% | 8.97% | 0.00% | 100.00% |
| 18.81% | A0_SUV | | 9.30% | 23.24% | 4.75% | 2.19% | 28.51% | 92.32% | 100.00% | 100.00% | | | |
| 62.62% | A0_轿车 | 0.00% | 0.03% | 0.00% | 100.00% | 100.00% | 100.00% | | | | | | |
| 99.83% | A00 | 99.65% | 100.00% | 100.00% | | 100.00% | 100.00% | | | | 100.00% | | |
| 16.53% | MPV | 0.00% | 0.13% | 0.07% | 3.87% | 18.51% | 49.45% | 7.53% | 0.00% | 0.58% | 1.93% | 46.79% | 49.36% |
| 12.20% | 微客 | 9.40% | 0.00% | | 100.00% | 100.00% | | | | | | | |
| | 31.45% | 0to5 | 5to8 | 8to10 | 10to12 | 12to15 | 15to18 | 18to20 | 20to22 | 22to25 | 25to35 | 35to50 | 50to |
| | | 72.81% | 19.44% | 7.09% | 21.64% | 36.81% | 40.49% | 15.58% | 26.98% | 51.64% | 42.46% | 34.45% | 19.81% |

**图 4　2023 年各月大盘渗透率分析**

注：1. 下半年为预测值。

2. 该图为细分百分比，即各级别—类别—价位段的渗透率。

资料来源：比亚迪汽车工业有限公司。

| 总份额 | 类别 | 1月 | 2月 | 3月 | 4月 | 5月 | 6月 | 7月 | 8月 | 9月 | 10月 | 11月 | 12月 |
|---|---|---|---|---|---|---|---|---|---|---|---|---|---|
| 41.46% | CD_SUV | | | | | 0.00% | | 0.00% | 0.00% | 0.00% | 43.73% | 71.39% | 30.14% |
| 42.46% | CD_轿车 | | | | | | 99.19% | | 58.47% | 72.71% | 62.49% | 12.21% | 85.69% |
| 28.03% | B_SUV | | 0.00% | 0.00% | 0.00% | 0.06% | 4.88% | 37.04% | 36.47% | 10.23% | 52.49% | 19.38% | 0.04% |
| 13.78% | B_轿车 | | 0.00% | 0.00% | 0.00% | 0.52% | 5.66% | 3.98% | 13.87% | 35.12% | 31.36% | 100.00% | |
| 19.79% | A_SUV | 0.00% | 0.01% | 0.00% | 0.00% | 6.07% | 59.18% | 12.29% | 14.13% | 32.15% | 20.83% | 100.00% | |
| 19.32% | A_轿车 | 0.08% | 0.00% | 0.00% | 4.16% | 40.44% | 49.42% | 8.89% | 0.06% | 16.90% | 6.39% | 0.00% | 100.00% |
| 22.32% | A0_SUV | 0.00% | 25.67% | 40.97% | 13.07% | 5.40% | 27.97% | 32.53% | 100.00% | 100.00% | | | |
| 52.27% | A0_轿车 | 0.00% | 0.00% | 5.24% | 100.00% | 100.00% | 100.00% | | | | | | |
| 99.93% | A00 | 99.86% | 100.00% | 100.00% | | 100.00% | 100.00% | | | | 100.00% | | |
| 8.66% | MPV | 0.00% | 0.04% | 8.03% | 2.51% | 39.01% | 68.34% | 5.34% | 0.00% | 0.17% | 1.04% | 12.49% | 0.00% |
| 13.57% | 微客 | 6.55% | 0.00% | | 100.00% | 100.00% | | | | | | | |
| | 26.25% | 0to5 | 5to8 | 8to10 | 10to12 | 12to15 | 15to18 | 18to20 | 20to22 | 22to25 | 25to35 | 35to50 | 50to |
| | | 75.32% | 26.12% | 9.47% | 11.95% | 23.35% | 43.45% | 10.57% | 18.71% | 34.17% | 39.98% | 20.41% | 36.42% |

**图 5　2022 年各月大盘渗透率分析**

注：该图为细分百分比，即各级别—类别—价位段的渗透率。

资料来源：比亚迪汽车工业有限公司。

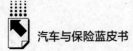

但每个月还会有渗透率波动，特别是当渗透率较高时，渗透率波动性更为明显。笔者提出了月度累计相对渗透率的概念，通过积分法滤波，可以得到一条趋势观察更明显的线。2020~2023 年的月度累计相对渗透率如图 6 所示，其中 2023 年包含 7 月以后的预测值。通过月度累计相对渗透率反推，可以得到渗透率波动性预测。

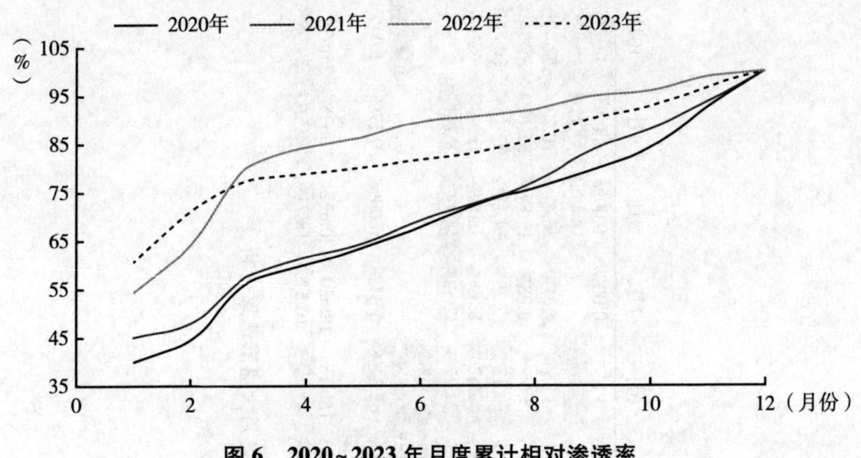


**图 6　2020~2023 年月度累计相对渗透率**

资料来源：比亚迪汽车工业有限公司。

各月的渗透率预测值等于渗透率趋势性预测和渗透率波动性预测的平均值。通过计算得到全年预测渗透率为 38.54%，全年新能源车销量为 778.5 万辆。2023 年各月新能源车销量和渗透率预测如表 2 所示。

**表 2　2023 年上半年新能源销量和渗透率实际值与下半年预测值**

| | 1 月实际值 | 2 月实际值 | 3 月实际值 | 4 月实际值 | 5 月实际值 | 6 月实际值 |
|---|---|---|---|---|---|---|
| 销量 | 290936 | 394438 | 538219 | 489697 | 558284 | 648822 |
| 渗透率 | 23. 34 | 31. 53 | 33. 63 | 31. 38 | 32. 64 | 33. 83 |
| | 7 月预测值 | 8 月预测值 | 9 月预测值 | 10 月预测值 | 11 月预测值 | 12 月预测值 |
| 销量 | 603069 | 668383 | 829381 | 721435 | 884438 | 1157599 |
| 渗透率 | 35. 34 | 39. 31 | 46. 90 | 43. 46 | 52. 65 | 48. 28 |

资料来源：比亚迪汽车工业有限公司。

## 三　车型竞争力分析

2023 年上半年比亚迪在各个细分市场的占有率如图 7 所示。2023 年上半年比亚迪整体市场占有率 11.71%，对比图 7 和图 2，可以看到比亚迪市场占有率较高的细分区隔基本属于市场份额较高的区隔；其中 A00 级市场特殊，比亚迪的海鸥车型占据同级别车型中较高的成交价区间。可以看到，比亚迪在 A0 级轿车、A 级轿车和 SUV、CD 级轿车体现巨大优势。在 10 万~12 万元、15 万~18 万元、22 万~25 万元价格段体现较大优势，除了 15 万~18 万元价格段 2023 年市场份额变化不大外，另外两个市场份额还在增加。比亚迪优势价格段的引领作用突出。

海豹属于 B 级轿车，2023 年 1~4 月处于 22 万~25 万元价格段，5~6 月处于 20 万~22 万元价格段。海豹冠军版的推出，让相关车型的成交价有所降低。上市以来，海豹的销量相对平稳，没有展现出强势发展，有必要分析一下其竞争力表现。2022 年 6 月至 2023 年 6 月，海豹在 20 万~25 万元 B 级轿车的市场份额、渗透率、海豹在 20 万~25 万元 B 级轿车细分市场占有率如图 8 所示。可以看到，该细分区隔的市场份额在稳定中微涨，渗透率也在震荡中呈现显著上涨趋势；而海豹在 20 万~25 万元 B 级轿车细分市场占有率在 2023 年 1 月后呈下降趋势。2023 年上半年 20 万~25 万元 B 级轿车主销车型如图 9 所示，海豹在 B 级别轿车市场的竞争力不弱，所以其市场表现不佳很可能需要从更广泛的纵横比较去做分析。

我们提出折合市占率增速研究，折合市占率越高，竞争力越强。近一年，海豹在细分市场及纵横区隔的折合市占率增速如图 10 所示。可以看到，海豹在 B 级轿车市场的折合市占率增速低于海豹在 20 万~25 万元价格段的折合市占率增速，也就是说，海豹受到不同价格段的 B 级轿车的挑战更大。所以如何定位 B 级轿车的价格段和产品矩阵，是更值得研究的问题。

| 总份额 | 类别 | 1月 | 2月 | 3月 | 4月 | 5月 | 6月 | 7月 | 8月 | 9月 | 10月 | 11月 | 12月 |
|---|---|---|---|---|---|---|---|---|---|---|---|---|---|
| 0.00% | CD_SUV | | | | | 0.00% | | 0.00% | 0.00% | 0.00% | 0.00% | 0.00% | 0.00% |
| 20.21% | CD_轿车 | | | | | | 0.00% | 0.00% | 69.29% | 65.35% | 7.12% | 0.00% | 0.00% |
| 7.81% | B_SUV | | 0.00% | 0.00% | 0.00% | 0.00% | 0.00% | 0.00% | 13.33% | 42.91% | 7.13% | 0.00% | 0.00% |
| 2.46% | B_轿车 | | 0.00% | 0.00% | 0.00% | 0.00% | 0.00% | 0.00% | 16.91% | 12.48% | 0.61% | 0.00% | |
| 16.05% | A_SUV | 0.00% | 0.00% | 0.00% | 0.03% | 13.51% | 49.65% | 12.17% | 0.00% | 0.00% | 0.00% | | |
| 12.41% | A_轿车 | 100.00% | 0.00% | 0.00% | 16.10% | 23.82% | 3.61% | 0.00% | 0.00% | 3.66% | 0.00% | 0.00% | 0.00% |
| 0.58% | A0_SUV | | 0.00% | 0.01% | 3.64% | 0.00% | 0.00% | 0.00% | 0.00% | 0.00% | | | |
| 51.40% | A0_轿车 | 0.00% | 0.00% | 0.00% | 96.84% | 0.00% | 0.00% | | | | | | |
| 6.59% | A00 | 0.00% | 0.02% | 73.75% | | 0.00% | 0.00% | | | | 0.00% | | |
| 10.76% | MPV | 0.00% | 0.00% | 0.15% | 0.00% | 1.70% | 28.53% | 0.00% | 0.00% | 0.00% | 0.00% | 40.16% | 0.00% |
| 0.00% | 微客 | 0.00% | 0.00% | | 0.00% | 0.00% | | | | | | | |
| | 11.71% | 0to5 | 5to8 | 8to10 | 10to12 | 12to15 | 15to18 | 18to20 | 20to22 | 22to25 | 25to35 | 35to50 | 50to |
| | | 0.01% | 0.00% | 3.11% | 18.59% | 14.56% | 25.79% | 5.10% | 14.18% | 24.51% | 3.84% | 7.87% | 0.00% |

**图 7　2023 年比亚迪在各个细分市场占有率**

注：1. 下半年为预测值。

2. 该图为细分百分比，即各级别—类别—价位段的比亚迪占有率。

资料来源：比亚迪汽车工业有限公司。

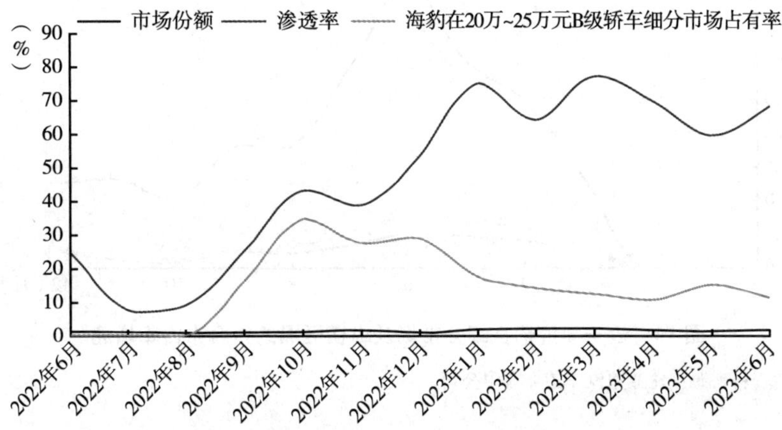


**图 8　2022 年 6 月至 2023 年 6 月海豹在 20 万~25 万元 B 级轿车的市场份额、渗透率，海豹在 20 万~25 万元 B 级轿车细分市场占有率**

资料来源：比亚迪汽车工业有限公司。

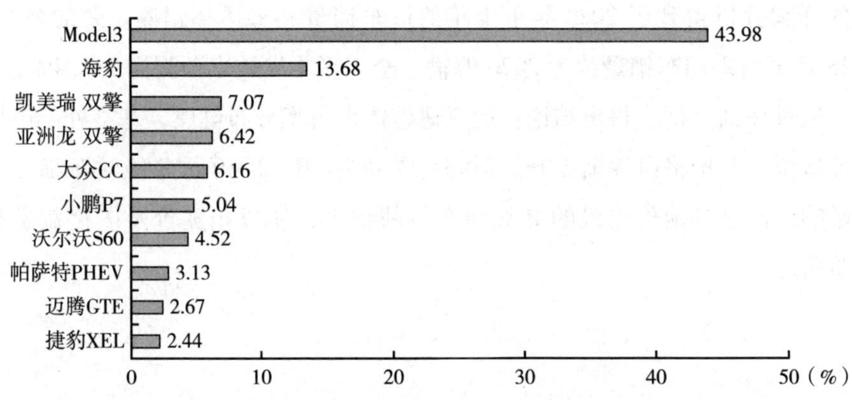


**图 9　2023 年上半年 20 万~25 万元 B 级轿车各车型市场占有率**

资料来源：比亚迪汽车工业有限公司。

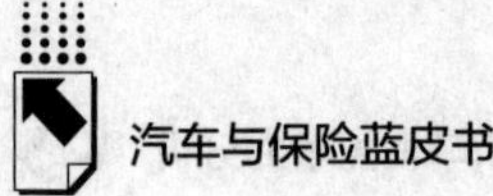


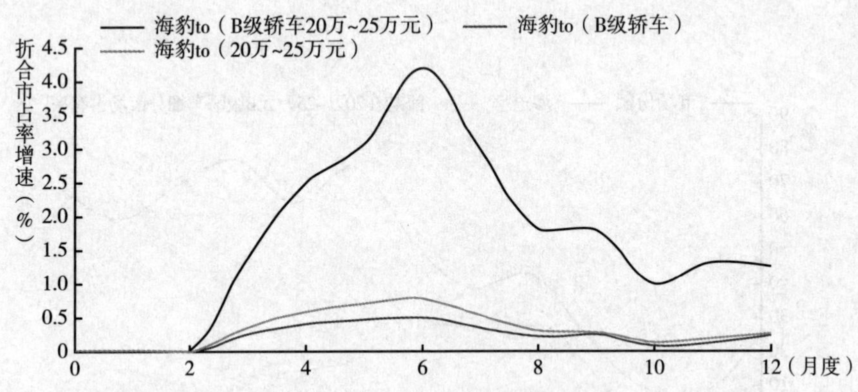


**图 10　近一年海豹在细分市场及纵横区隔的折合市占率增速**

资料来源：比亚迪汽车工业有限公司。

## 四　结论

本报告通过对价格—级别—类别的市占率、渗透率分布及变化速度等数据的详细分析得到了 2023 年下半年的汽车销量和渗透率预测。总的来看，2023 年国内乘用车销量约为 2020 万辆，全年平均渗透率预测为 38.54%。

通过仔细分析，得出结论：比亚迪整体市占率分布健康，基本处于市场主流地位，其价格段逐渐提升。但海豹受到 20 万～25 万元 B 级轿车细分市场影响，而且其他价格段的 B 级轿车挑战更大，所以拓宽价格段覆盖是更优策略。

### 参考文献

［1］卢锋：《中国汽车市场点爆式增长规律研究》，南京航空航天大学，2012。
［2］汪志诚：《热力学·统计物理》（第 4 版），高等教育出版社，2008。
［3］郭俊华：《汽车洗涤产品的市场预测与营销》，《清洗世界》2016 年第 7 期。

**B**.24

# 天津市新能源乘用车发展现状与碳减排效果分析

卢浩　韩旭　赵振家*

**摘　要：** “双碳”政策驱动下，新能源汽车迎来加速发展与变革的浪潮，天津市持续出台推动新能源汽车行业建设与促进新能源汽车消费的重要举措。作为国内最早发展汽车产业的城市之一，天津市乘用车行业发展处于向新能源转型的关键时期，把握新能源乘用车整体发展现状对下一步决策方向至关重要。为此，本报告通过对天津市新能源乘用车市场大数据的挖掘与解析，探查当前新能源乘用车市场结构与发展现状，并精细化核算各车型碳减排量，探索新能源乘用车市场与碳减排效果的联系。最终，结合多维度指标分析结果，在天津市新能源乘用车市场发展及减排措施方面提出建议。

**关键词：** 新能源乘用车市场　碳减排量　天津

## 一　新能源汽车行业发展背景

在国家“双碳”战略的指引下，汽车行业因其“产业链长、辐射面广、碳排放强度高且增长快”的特点亟待实现绿色低碳转型。新能源汽车作为

* 卢浩，天津市工业和信息化研究院工程师，研究方向为新能源汽车；韩旭，天津市工业和信息化研究院工程师，研究方向为工业节能降碳；赵振家，天津市工业和信息化研究院高级工程师，研究方向为工业节能降碳。

一种低碳、环保的交通工具，受到了日益增多的关注与支持。[1] 在此背景下，新能源汽车的发展迎来了更多的机遇与挑战。一方面，全球汽车行业进入绿色低碳转型的关键发展期，为我国适时把握技术发展提供良机；另一方面，从全球竞争格局来看，中国目前的汽车保有量远未达到饱和，[2] 我国汽车千人保有量与发达国家仍存在较大差距（见图 1），汽车消费市场增量可观，汽车行业碳排放量不断增长对能源转型与产业结构调整提出了更高的要求。

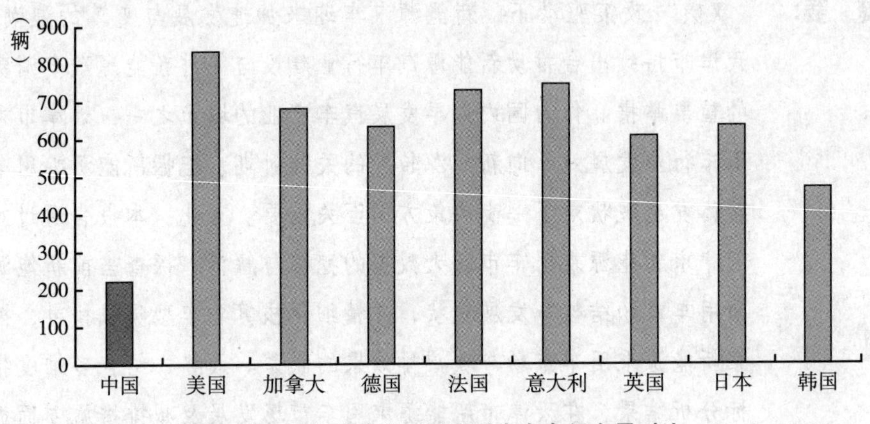


**图 1　2022 年全球主要国家千人汽车保有量对比**

资料来源：北京交通发展研究院。

天津市作为国内重要的新能源汽车生产基地之一，新能源汽车的发展前景十分广阔。[3] 在扎实的汽车产业基础和完整产业链的基础之上，天津市着力支持汽车与新能源汽车产业快速发展。2023 年上半年天津市汽车制造业增加值增长 11.7%，在利好政策的扶持与促进下，新能源汽车消费也呈现出高速增长势头。据 2022 年统计数据，天津市新能源汽车千人保有量 23 辆，虽低于深圳、北京，但仍处于全国城市中领跑梯队（见图 2）。

在此背景下，天津市新能源乘用车产业处于快速成长期，本报告聚焦天津市新能源乘用车发展现状与碳减排效果，从多维度分析当前新能源乘用车市场结构与碳减排结构，为精细化政策制定与调整提供参考。

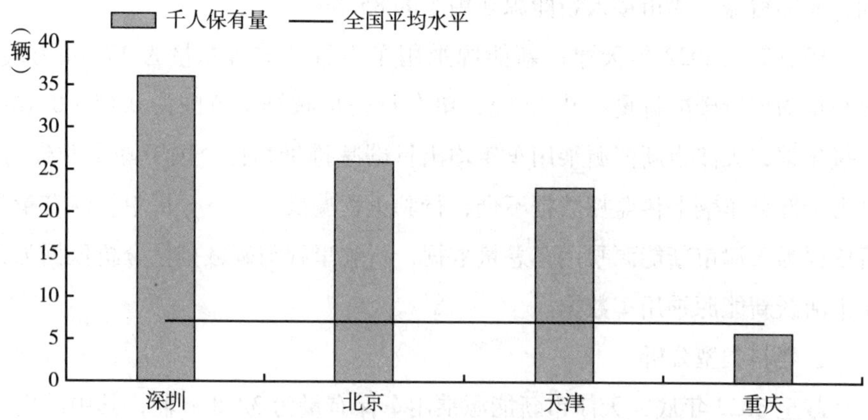


**图 2　2022 年天津市与示例城市新能源汽车千人保有量对比**

资料来源：汽车之家研究院。

## 二　新能源乘用车发展现状与碳减排效果数据分析

本报告的研究框架见图 3。

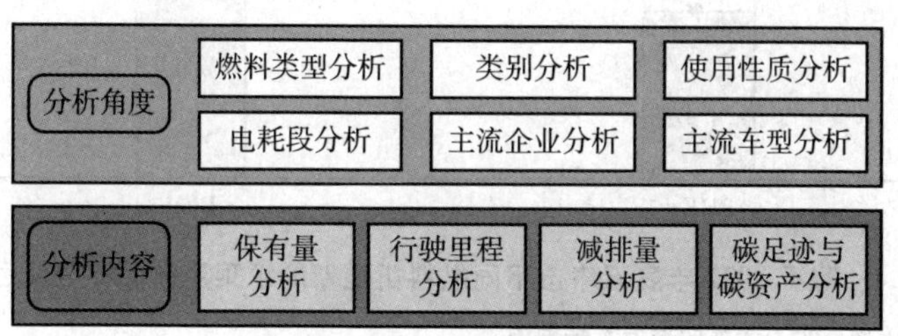


**图 3　数据分析框架**

根据中汽数据保有量数据库，截至 2022 年底，天津市新能源乘用车保有量为 32.8 万辆。由于 2017 年前产销的新能源汽车未接入天津市新能源汽车数据中心、部分车企倒闭不再上传数据等原因，截至 2022 年底，天津市新能源汽车数据中心已接入 29.0 万辆新能源汽车，其中乘用车 27.8 万辆，占 96.0%。其中，年行驶里程超过 1000 公里的活跃新能源乘用车共 23.8 万辆，能够覆盖天津市接入新能源乘用车的85.6%。

经测算，2022年天津市新能源乘用车出行碳减排总量为17.14万吨，单车年均出行碳减排量约0.72吨，单车每公里减排量范围为0.05~0.16kg二氧化碳，天津市新能源乘用车年均出行碳减排量相比全国下降了9%，这是由于部分车辆上传监控数据不全，行驶里程偏低。以下分析中，保有量分析依据为天津市新能源乘用车总量数据，行驶里程与碳减排量分析依据为天津市活跃新能源乘用车数据。

1. 燃料类型分析

截至2022年底，天津市新能源乘用车保有量为32.8万辆，其中纯电动汽车（BEV）23.7万辆，占72.2%，插电式混合动力汽车（PHEV）9.1万辆，占27.8%（见图4）。

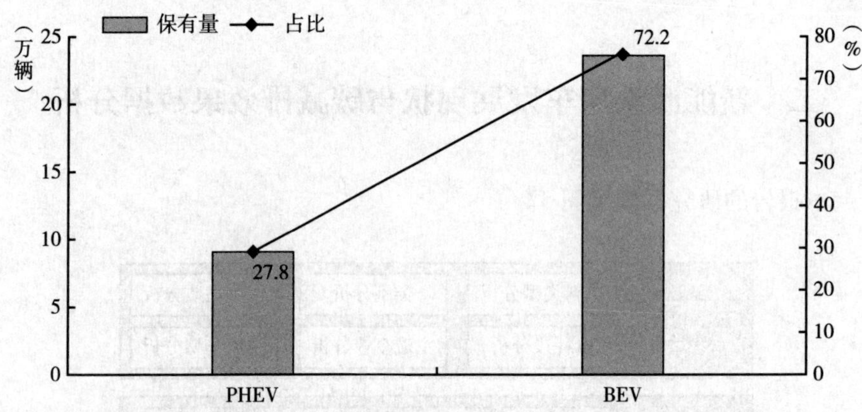


**图4 截至2022年底天津市不同燃料类型新能源乘用车保有量及占比**

资料来源：天津市新能源汽车数据中心。

BEV是全球汽车电动化转型的主流技术路径，在天津市BEV也保持着主导地位。此外，天津市PHEV占有了近1/3的保有量市场份额，这与天津市PHEV车型可申领新能源指标的政策存在着一定关联。相比之下，上海市针对PHEV车型的新规已开始施行，根据《上海市鼓励购买和使用新能源汽车实施办法》，自2023年1月1日起，消费者（包括公司用户和个人用户）购买插电式混合动力（含增程式）汽车的，不再发放专用牌。[4]根据乘联会数据，新规执行前，上海市新能源汽车插混车型市场渗透率激增，在2022年12月达到43.9%，而在新规执行后的2023年4月，插混车型市场渗透率跌至8.3%。可见，PHEV的市场渗透率与路权红利、免税优势等政策支持是紧密相关的，这一点在超大型城市尤为明显。上海作为全国最大的新能源市场之一，PHEV新规将为全国各大城市带来示范性的影响，对PHEV市场发展具有风向标的意义。

行驶里程方面，2022年天津市新能源乘用车年行驶里程17.9亿公里。其中，BEV年行驶里程占主导，达到13.6亿公里，占全市新能源乘用车总行驶里程的76.0%；PHEV年行驶里程4.3亿公里，占比为24.0%（见图5）。

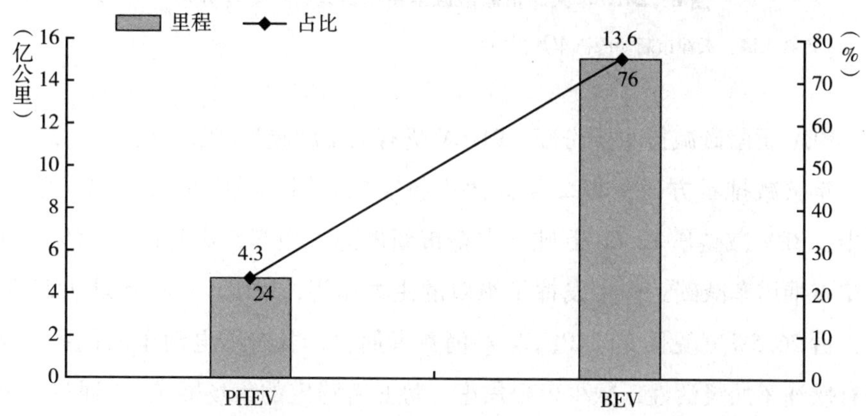


**图5　2022年天津市不同燃料类型新能源乘用车年行驶里程及占比**

资料来源：天津市新能源汽车数据中心。

新能源乘用车日均行驶里程分布可见图6，日均行驶里程在10~20公里的乘用车数量最多，占总体的38.0%，日均行驶里程0~20公里的车辆结构占比半数以上。日均行驶里程超过20公里后，乘用车数量随里程段增长逐渐减少。“里程焦虑”“充电焦虑”作为新能源汽车用户痛点仍需被重点关注。[5]问题的缓解能够进一步提升用户对新能源乘用车信心度和依赖度，日均行驶里程将呈现持续向高位区间移动的趋势，增强车辆使用程度。

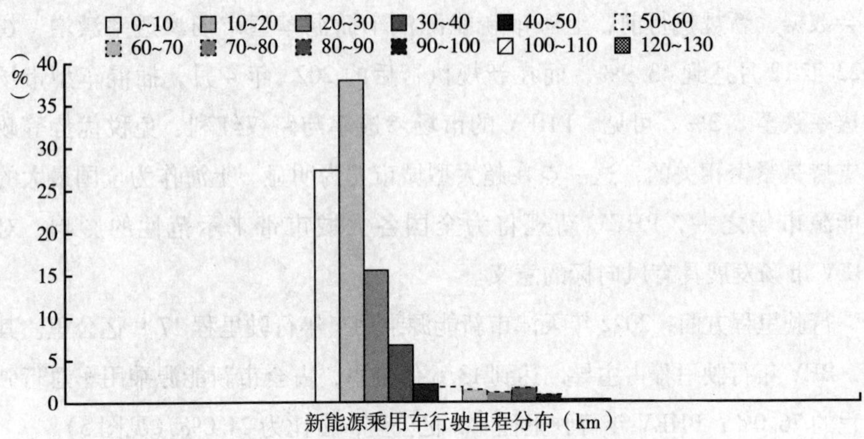


**图 6　2022 年天津市新能源乘用车日均行驶里程分布**

资料来源：天津市新能源汽车数据中心。

BEV 贡献碳减排主要份额，PHEV 仍有大幅减碳量增长空间。

年碳减排量方面，2022 年天津市新能源乘用车减碳总量 17.15 万吨。其中，BEV 减碳量 12.60 万吨，占全市新能源乘用车减碳量的 73.5%，在天津市乘用车减碳工作中发挥了绝对的主力作用；PHEV 年减碳量 4.55 万吨，占 26.5%（见图 7）。PHEV 对消费者而言，既有纯电动车的优势，又拥有燃油车的灵活性，减少里程焦虑，势必有稳定的市场需求。[6]通过政策补贴鼓励纯电续航里程长的车型，同时通过技术进步进一步激励用户增加 PHEV 纯电行驶里程，将助力焕发 PHEV 在减碳效果方面的更大潜力。

2. 类别分析

2022 年，天津市新能源乘用车各类别中轿车的保有量最大，达到 21.2 万辆，占比 64.6%；其次是 SUV，保有量 10.0 万辆，占比 30.5%；交叉型乘用车和 MPV 保有量较低，分别为 1.2 万辆和 0.4 万辆，各占比 3.7%和 1.2%（见图 8）。

2022 年，天津市新能源乘用车年行驶总里程达 17.9 亿公里。其中新能源轿车年行驶里程最大，达到 12.1 亿公里，占比 67.6%；SUV 年行驶里程 3.8 亿公里，占比 21.2%；由于 MPV 与交叉型乘用车市场渗透率较低，其年行驶

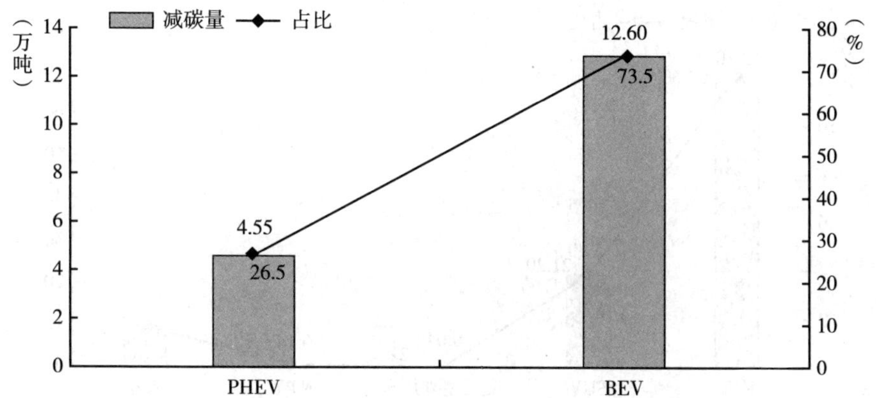


**图 7　2022 年天津市不同燃料类型新能源乘用车年减碳量及占比**

资料来源：天津市新能源汽车数据中心。

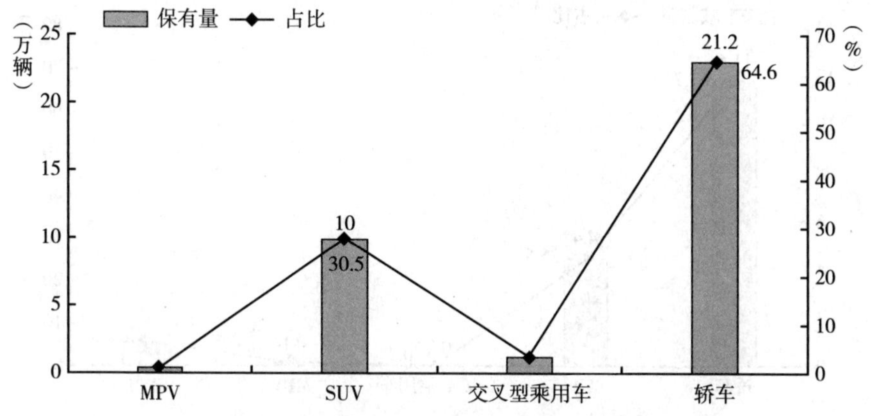


**图 8　2022 年天津市不同类别新能源乘用车保有量及占比**

资料来源：天津市新能源汽车数据中心。

里程较小，分别为 0. 14 亿和 0. 04 亿公里，占比为 0. 78%和 0. 22%（见图 9）。

2022 年，天津市新能源乘用车出行碳减排量中，轿车的出行碳减排贡献最大，为 11. 6 万吨，占比 67. 7%；其次为 SUV，出行碳减排量为 4. 4 万吨，占比 25. 5%；MPV 和交叉型乘用车出行碳减排量较低，分别为 0. 14 万吨和 0. 04 万吨，占比分别为 0. 8%和 0. 2%（见图 10）。新能源汽车在轿车市场中渗透率较高是轿车车型出行碳减排贡献大的主要原因。

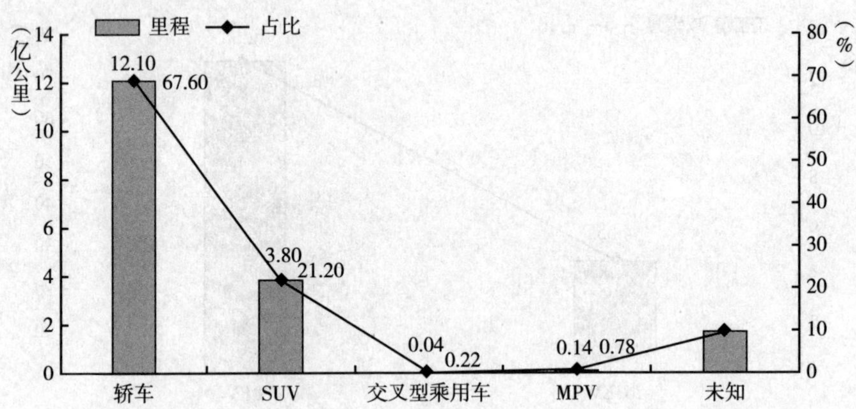


**图 9　2022 年天津市不同类别新能源乘用车年行驶里程及占比**

资料来源：天津市新能源汽车数据中心。

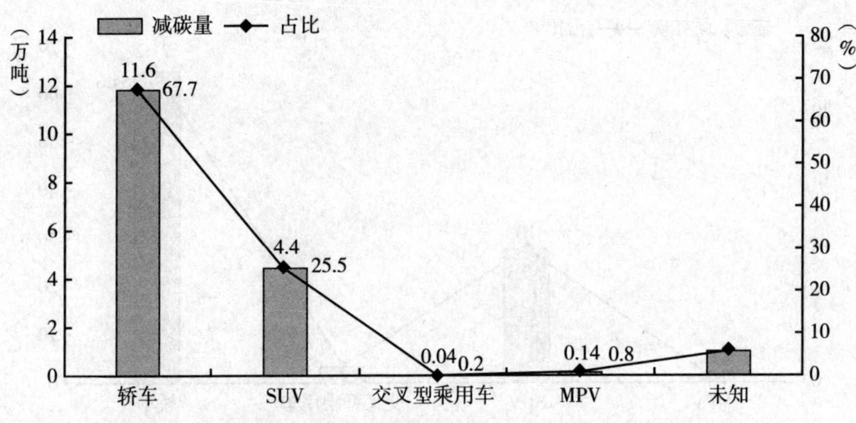


**图 10　2022 年天津市不同类别新能源乘用车年减碳量及占比**

资料来源：天津市新能源汽车数据中心。

### 3. 使用性质分析

保有量方面，天津市新能源乘用车以非营业车辆占主导，2022 年保有量 28. 8 万辆，占比达到 87. 8%；其次为出租租赁新能源乘用车，保有量 3. 7 万辆，占比为 11. 3%；营业车辆仅为 0. 29 万辆，占 0. 88%（见图 11）。

行驶里程方面，天津市新能源乘用车中出租租赁与营业车辆单车年均行驶里程较高，分别为 1. 12 万公里和 1. 04 万公里，而非营业乘用车单车年均

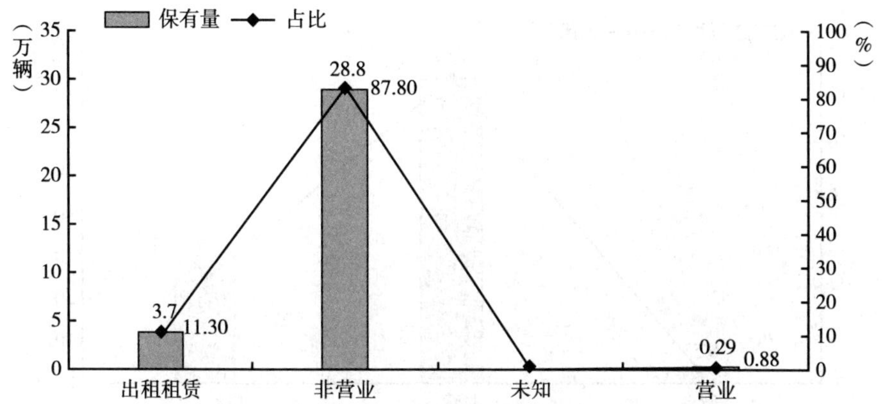


**图 11　2022 年天津市不同使用性质新能源乘用车保有量及占比**

资料来源：天津市新能源汽车数据中心。

行驶里程 0.67 万公里。由此可见，出租租赁与营业车辆的出行强度差异不大，均为非营业车辆单车年均行驶里程的 1.5 倍以上（见图 12）。

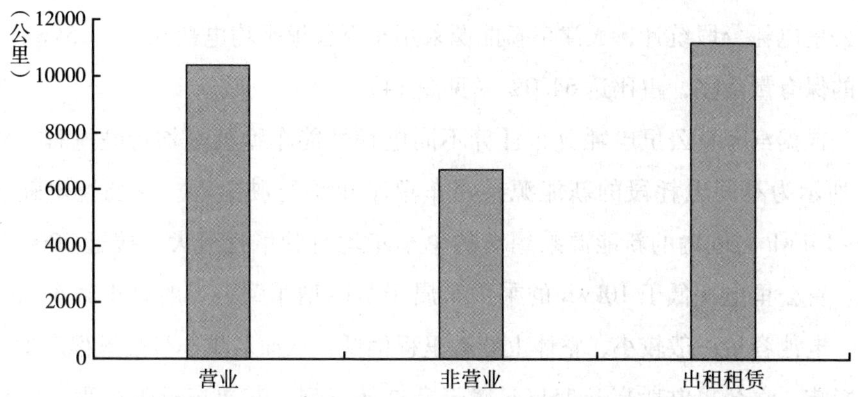


**图 12　2022 年天津市不同使用性质新能源乘用车单车年均行驶里程及占比**

资料来源：天津市新能源汽车数据中心。

2022 年，天津市新能源乘用车出行碳减排量中，非营业车辆出行碳减排量最高，为 12.4 万吨，占比达到 72.3%；其次为出租租赁车辆，出行碳减排量为 4.2 万吨，占比为 24.6%；营业车辆的出行碳减排量仅为 0.53 万吨，占 3.1%。

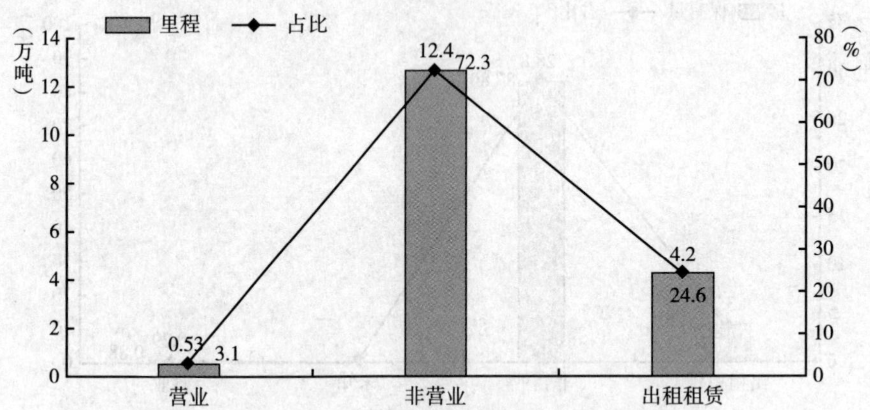


**图 13　2022 年天津市不同使用性质新能源乘用车年减碳量及占比**

资料来源：天津市新能源汽车数据中心。

### 4. 百公里电耗分段分析

新能源汽车百公里平均电耗是评定产品核心技术优劣的重要指标。[7] 按百公里电耗分段统计，天津市新能源乘用车百公里平均电耗在 10～15kwh 区间的保有量最多，占比达 64.0%（见图 14）。

根据汽车百公里电耗分布计算不同电耗性能车型的平均行驶里程，图 15 所示为不同电耗段的新能源乘用车单车年均行驶里程。百公里电耗在 10～15kwh 区间内的新能源乘用车的单车年均行驶里程最大，接近 6000 公里。百公里电耗低于 10kwh 的乘用车属于节电型车型，一般以小微车型为主，电池容量一般较小，整体上续航里程偏低，从而对单车行驶里程产生一定影响。百公里电耗高于 15kwh 属于高电耗车型，其单车行驶里程一定程度上受到耗电经济性影响。

根据电耗段计算碳减排量，能够发现百公里电耗在 10～15kwh 区间内的新能源乘用车的年减碳量最大，达到 12.16 万吨，这主要与该电耗段对应的乘用车保有量大有关系（见图 16）。

### 5. 主流企业与车型分析

2022 年，天津市新能源乘用车企业中，以广汽埃安、比亚迪汽车和特

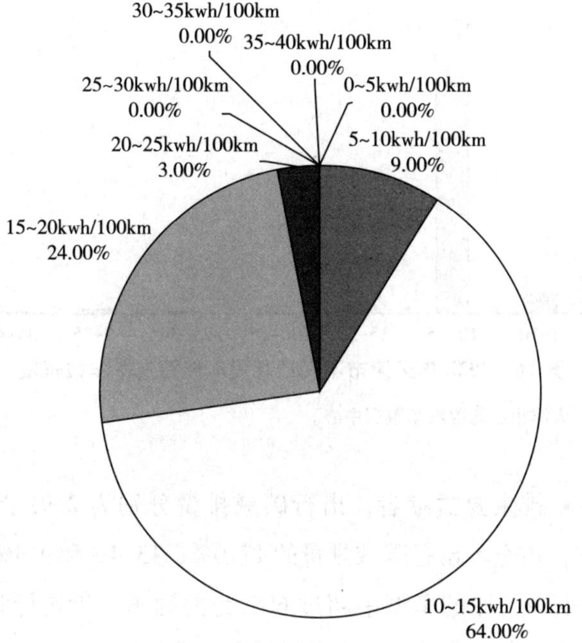


**图 14　2022 年天津市不同电耗段新能源乘用车占比**

资料来源：天津市新能源汽车数据中心。

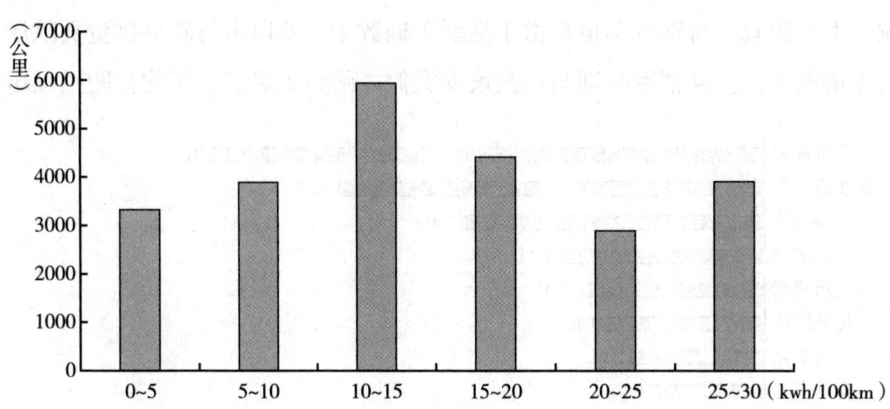


**图 15　2022 年天津市不同电耗段新能源乘用车单车年均行驶里程**

资料来源：天津市新能源汽车数据中心。

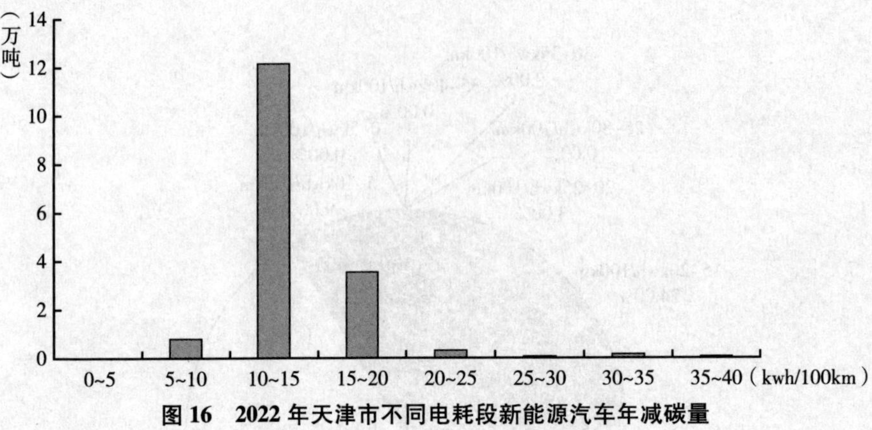


**图 16　2022 年天津市不同电耗段新能源汽车年减碳量**

资料来源：天津市新能源汽车数据中心。

斯拉为出行碳减排主要贡献者，出行碳减排量分别为 2.91 万吨、2.29 万吨、1.61 万吨，占全市出行碳减排量的 17.0%、13.4%和 9.4%（见图 17）。其中，广汽埃安在天津的车型中超过 60%为网约车，年均行驶里程高，占天津市首位，同时广汽埃安在天津市活跃车辆数指标也位于前列，故出行碳减排贡献大（见图 18、图 19）。而比亚迪汽车出行碳减排贡献大则是由于活跃车辆数居天津市首位。此外，特斯拉、一汽丰田、北汽新能源、长城欧拉、上汽荣威、奇瑞汽车也是由于活跃车辆数多，所以出行碳减排量贡献居天津市前十位。豪情帝豪则与广汽埃安类似，网约车居多，年均行驶里程居

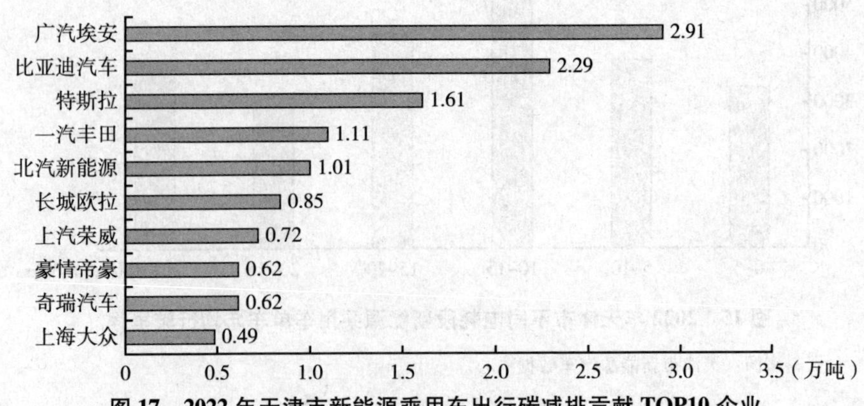


**图 17　2022 年天津市新能源乘用车出行碳减排贡献 TOP10 企业**

资料来源：天津市新能源汽车数据中心。

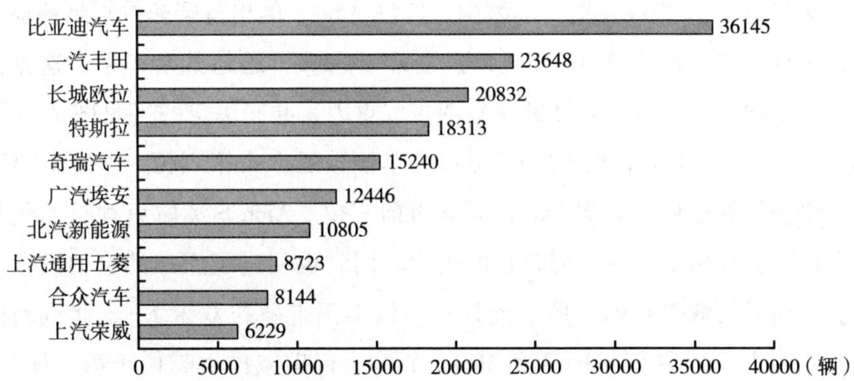


**图 18　2022 年天津市新能源乘用车活跃车辆数 TOP10 企业**

资料来源：天津市新能源汽车数据中心。

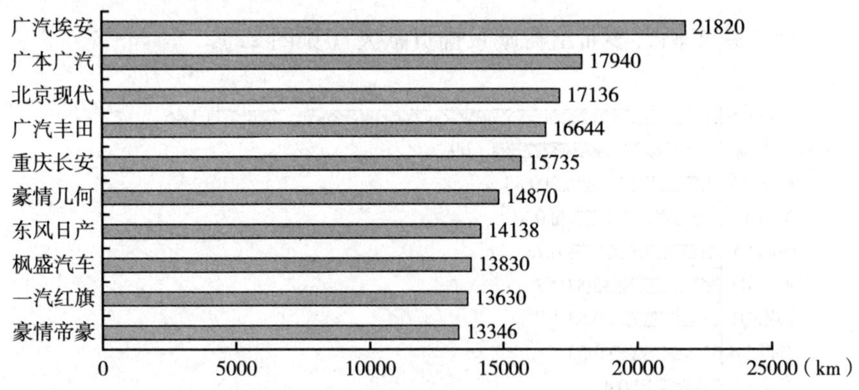


**图 19　2022 年天津市新能源乘用车年均行驶里程 TOP10 企业**

资料来源：天津市新能源汽车数据中心。

天津市前十位，故其出行碳减排贡献位于天津市前十，说明企业出行碳减排贡献由活跃车辆数和年均行驶里程两个因素共同决定的。天津市新能源乘用车出行碳减排贡献 TOP10 企业年碳减排总量 12.23 万吨。由此可见，头部车企带动作用明显，马太效应下行业集中度快速提升。[8]

市场保有量方面，天津市新能源汽车消费市场以中国品牌和新势力品牌为主，且新能源保有量集中度很高，TOP10 企业新能源乘用车活跃车辆数占总量的 70.04%。

2022年，新能源乘用车车型中，广汽 Aion S 的出行碳减排贡献遥遥领先，出行碳减排量为2.46万吨，占全市14.3%，远超其余车型。这是由其单车年均行驶里程高和活跃车辆数多双重因素共同决定的（见图21、图22）。首先，天津市活跃的广汽 Aion S 车辆数居全市第六位，共8464辆，单车年均行驶里程为27273km，居全市前三位。Aion S 续航里程长的优势一定程度上吸引了出行里程较长的用户，同时也促进了用户的电动汽车出行，实现了其减碳量的领跑。此外，一汽丰田卡罗拉双擎 E+、北汽新能源 EU 系列、特斯拉 Model 3 和 Model Y 的出行碳减排贡献位于第二梯队，均占全市出行碳减排量的4%~6%。其中，北汽新能源 EU 系列约90%为网约车，单车年均行驶里程达22986km，是北汽新能源 EU 系列出行碳减排贡献大的主要原因。一汽丰田卡罗拉双擎 E+、特斯拉 Model 3 和 Model Y 则是因活跃车辆数多而出行碳减排贡献大（见图22）。

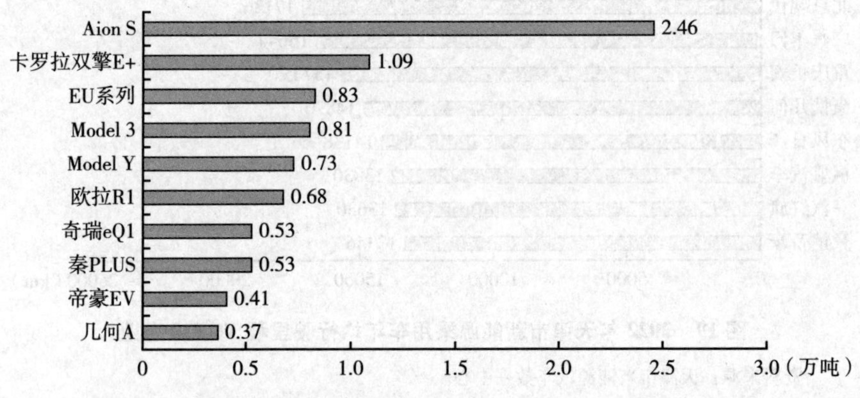


**图20 2022年天津市新能源乘用车出行碳减排贡献 TOP10 车型**

资料来源：天津市新能源汽车数据中心。

2022年，新能源乘用车价格区间在10万~25万元之间的车辆出行碳减排贡献较大。其中，15万~20万元价格区间车辆出行碳减排贡献最大，出行碳减排量达40083吨，占比为23.4%；20万~25万元价格区间车辆出行碳减排贡献次之，出行碳减排量为34922吨，占比20.4%；10万~15万元价格区间车辆出行碳减排贡献居第三位，出行碳减排量为32265吨，占比

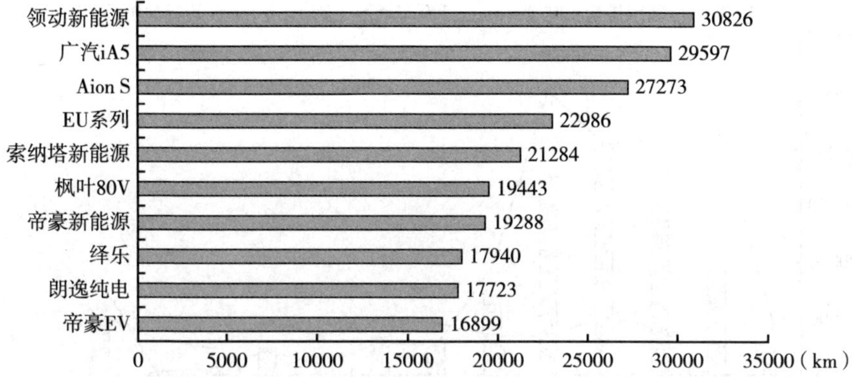


**图 21　2022 年天津市新能源乘用车年均行驶里程 TOP10 车型**

资料来源：天津市新能源汽车数据中心。

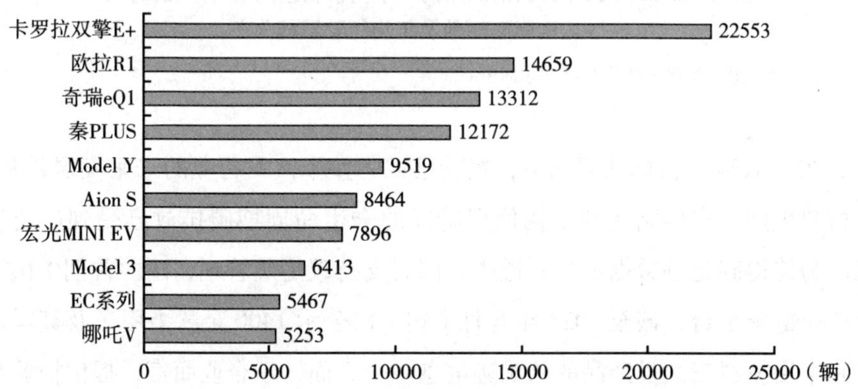


**图 22　2022 年天津市新能源乘用车活跃车辆数 TOP10 车型**

资料来源：天津市新能源汽车数据中心。

18.8%；5 万~10 万元和 25 万~30 万元价格区间车辆出行碳减排贡献居第二梯队，出行碳减排量分别为 18446 吨、15038 吨，分别占全市 10.8%、8.8%。各价格区间车辆年均行驶里程表现出波动性，但波动性较小且具有一定随机性，其波动变化与出行碳减排量分布无明显关联。而活跃车辆数变化趋势与出行碳减排量变化趋势表现出较强的一致性，说明不同价格区间车辆出行碳减排贡献主要受活跃车辆数影响（见图 23）。

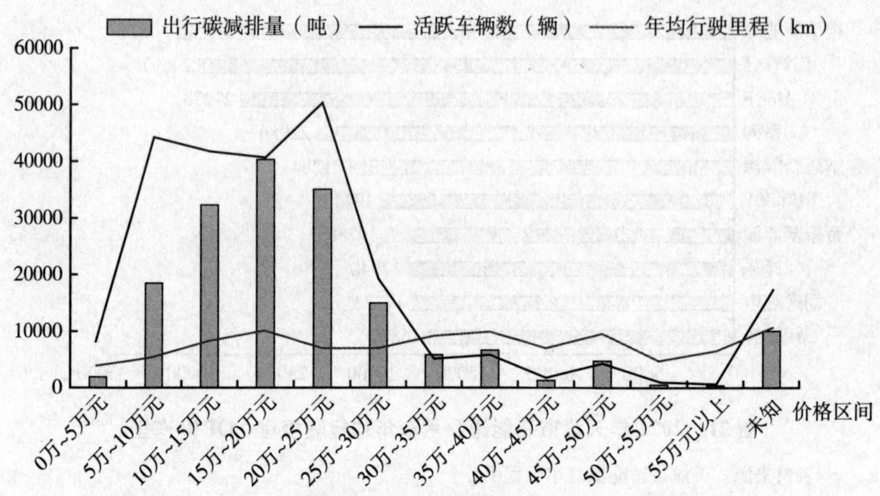


**图 23　2022 年天津市新能源乘用车不同价格区间出行碳减排量、活跃车辆数及年均行驶里程分布**

资料来源：天津市新能源汽车数据中心。

在“双碳”目标的驱动下，减碳已成为整个汽车行业的未来发展趋势，从材料生产、车辆制造到车辆使用阶段的全生命周期碳排放已受到广泛重视。为使得碳足迹数据更公开透明，同时支持碳足迹管理，国内首创中国汽车产业链碳平台，截至 2023 年 6 月中旬，已公示 1400 余款乘用车及其零部件和车用材料三大类产品的碳足迹信息。一方面，于企业而言，提供检验自身及对比其他企业的窗口，有助于企业协同上下游减碳；另一方面，于中国汽车发展而言，促进建立更完善的碳足迹核算体系，有助于强化中国汽车品牌的低碳竞争力，在全球竞争中提高中国汽车自信。[9]

在低碳绿色发展的大趋势下，碳排放交易与碳信用机制发展将日趋成熟，各车企通过碳减排量能够获取碳资产积累。[10] 参照 2022 年全国碳市场的平均价格，每吨碳减排量交易价格为 55. 3 元。若以 55. 3 元/吨的价值来测算，天津市新能源乘用车出行碳减排量的总经济价值超过 900 万元。天津市部分高碳减排量代表车企年碳减排经济价值如图 24 所示，仅在天津市就能产生几十万元甚至上百万元量级的经济价值。放眼整个市场，利用碳资产管理助力企业发展，能为企业创造可观的经济价值，同时有助于打造未来企业核心竞争力。

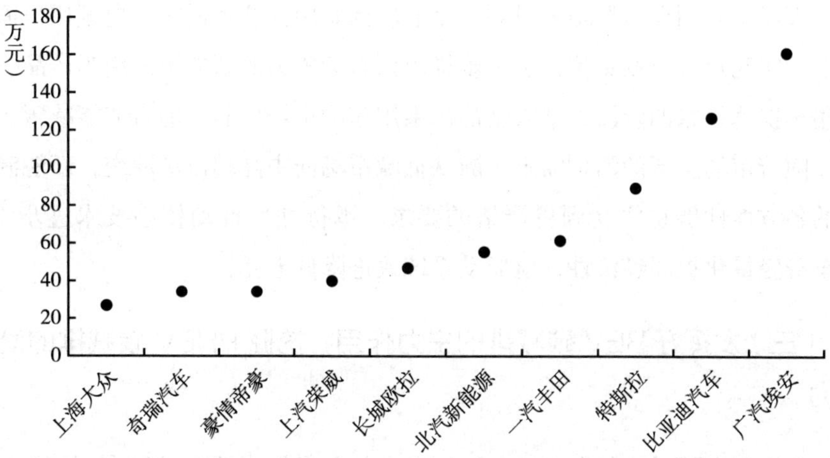


**图 24　2022 年天津市部分车企新能源乘用车年碳减排经济价值**

资料来源：天津市新能源汽车数据中心。

## 三　天津市新能源汽车发展分析

### （一）市场竞争日益激烈，碳交易机制为“后补贴时代”提供市场机制新方向

新能源汽车行业不断高增速高质量发展，2022 年底终止执行的国家新能源汽车购置补贴政策，意味着中国新能源汽车发展将由政策主导过渡到市场驱动。[11]因此，亟须探索建立新能源汽车市场化发展的长效机制。市场竞争愈加激烈，天津市新能源车保有量品牌集中度高，自主品牌和新势力品牌强势崛起，碳减排效果明显。在“后补贴时代”引入碳交易机制，形成市场化激励与惩罚机制，为完成“双碳”目标与推动新能源汽车发展提供了一个探索性手段。

### （二）双管齐下，提高新能源乘用车市场渗透率，加快核心技术进步

天津市乘用车市场增量可观，企业应当紧跟消费者需求，挖掘用户需求痛点，明确自身市场定位，进一步推出更有竞争力的新能源乘用车产品。在乘用车快速扩张的阶段，增大新能源乘用车的市场份额，助力节能减碳。同时，随着市场主流的消费需求不断从低端市场向中高端市场演变，新能源汽车的各方面性能也将受到更严格的要求。亟待加快推动核心技术进步[12]，如车身轻量化提高经济性，电驱动系统改进降低电耗。

### （三）发挥好 BEV 碳减排的主力作用，挖掘 PHEV 碳减排的潜在能力

天津市 BEV 年减碳量 12.60 万吨，占全市新能源车减碳量的 73.5%；PHEV 年减碳量 4.55 万吨，占 26.50%。在天津市 PHEV 车型可申领新能源指标的政策背景下，PHEV 仍有稳定的市场需求，因此有必要充分发挥 PHEV 车型的减排效果。通过政策鼓励与技术支持，优化 PHEV 纯电行驶的体验，鼓励用户增加 PHEV 纯电行驶里程，助力焕发 PHEV 更大的减碳潜力。

### （四）头部车企带动作用明显，行驶里程和活跃车辆数共同影响碳减排量

天津市新能源乘用车出行碳减排贡献 TOP10 企业年碳减排总量 12.23 万吨。头部车企带动作用明显，马太效应下行业集中度快速提升。碳减排贡献高依靠单车年均行驶里程高和活跃车辆数多双重因素作用，如以单车年均行驶里程高的广汽 Aion S、北汽新能源 EU 系列为代表，以活跃车辆数多的一汽丰田卡罗拉双擎 E+、特斯拉 Model 3 和 Model Y 为代表，这些车企均居于减碳量贡献前列。

综合以上分析，天津市新能源乘用车行业处于加速发展的阶段，“后补贴时代”市场竞争日益激烈，用户多元化需求激发核心技术创新，机遇与

挑战并存。在市场增量的同时也应把握市场结构，引导汽车行业降碳减排，通过多维度把控，探索新能源汽车出行碳减排的多元应用场景，助力实现“双碳”目标。

## 参考文献


[1] 尹彪、段鹏飞：《“双碳”背景下我国新能源汽车产业发展对策》，《上海节能》2023 年第 8 期。

[2] 李瑞敏、何群、李帅：《中国机动车保有量发展趋势分析》，《城市交通》2013 年第 5 期。

[3] 李稚、刘泽、张磊：《基于环境与心理因素对中国城市居民新能源汽车购买行为影响研究——聚焦天津市》，《工业工程》2021 年第 1 期。

[4]《2023 年起上海停止为插电式混合动力汽车发放免费新能源汽车牌照》，《汽车与配件》2021 年第 5 期。

[5] 李宗华、翟钧、王贤军等：《基于使用行为的电动汽车驾驶员里程焦虑模型》，《汽车安全与节能学报》2021 年第 2 期。

[6] 刘春辉、刘晓亚、陈亚西：《2022 年新能源乘用车市场发展趋势及热点产品对标研究》，《汽车与配件》2022 年第 20 期。

[7] 马欢欢、石攀、樊金娜：《基于能量流分析的电动汽车整车能耗研究》，《汽车实用技术》2021 年第 21 期。

[8] 杜巧梅：《“马太效应”凸显盈利能力两极分化》，《21 世纪经济报道》2023 年第 5 期。

[9] 张庭婷、梁晓静、吕强等：《面向碳中和的汽车行业碳排放核算》，《汽车工程学报》2022 年第 4 期。

[10] 黄绍军：《“双碳”目标下我国碳排放权市场交易制度优化路径研究》，《西南金融》2023 年第 6 期。

[11] 李文翔、李晔、董洁霜、李一鸣：《引入碳交易机制的新能源汽车发展路径研究》，《系统仿真学报》2021 年第 6 期。

[12] 姜彩楼、张莹、李玮玮等：《政府补贴与新能源汽车企业研发的演化博弈研究》，《运筹与管理》2020 年第 11 期。

## B.25

# 新能源汽车电池大数据技术应用研究

曹斌 杜强 王瑞*

**摘 要：** 新能源汽车的爆发增长，要求汽车行业对关键系统动力电池的安全和健康状态实现更加密切的关注。软件定义汽车的发展背景下，新能源汽车作为新的移动信息终端，传统的信息监控系统已经无法满足要求，而“信息技术+大数据技术”则成为企业掌控车辆和电池状况的最有力手段。本报告所提的电池大数据平台，结合了东软睿驰和中创新航的多年优势积累和最新技术，通过灵活可配的业务模块，应用方可以实现对电池安全和健康数据的筛选、提炼、分析、加工，并可以根据业务需要扩展其他应用。电池大数据的核心是算法模型，可以实现对多批次电池全时间、全空间、多维度、多颗粒度的分析和比较，不仅有利于提高研发速度、降低研发成本，也有助于提高售后服务的科学性和可靠性，在未来的市场竞争中提供更多的智力支持。

**关键词：** 大数据平台 电池安全 电池健康

## 一 应用背景

### （一）新能源汽车产业数字化的必然要求

随着汽车市场向电动化转型的速度越来越快，以电动化为代表的新四化

* 曹斌，东软睿驰汽车技术（沈阳）有限公司总经理；杜强，东软睿驰汽车技术（沈阳）有限公司首席技术官；王瑞，中创新航科技集团股份有限公司大数据产品经理。

发展趋势已经形成。目前，新能源汽车已发展为高度信息化的工业产品，通过全生命周期的数据管理来保证车辆的健康和安全，是当前汽车行业的主要需求和应用趋势。利用大数据技术，将车辆及各个部件从材料、制造、物流、装配、调试、销售、维修到回收产生的数据，进行合理采集、储存、分析、挖掘和应用，是减少汽车企业经营成本、保证产品质量、增强车型竞争力、提高服务满意度的重要应用技术。

动力电池作为新能源三电系统中最重要的部件，电池信息的数据分析和服务水平已经成为汽车市场竞争的焦点（见图 1）。政策上，2022 年 4 月，工信部等五部委明确要求企业加强对电池的运行监测、数据挖掘和隐患排查，并推出《企业监测平台建设指南》作为企业信息化的指导方向，体现了电池数据平台已经成为企业监测的重点。经济上，汽车产业的转型升级趋势非常明显，2022 年新能源汽车的市场增速已经达到 93%（来自中汽协会的报道），相当一部分电池材料企业的增长率在 2 倍以上（来自搜狐的报道）。产业格局上，众多造车新势力加入，导致对电池产品和电池数据分析平台的需求持续增加，并引导各家企业探索多样化的电池数据分析服务。技术上，在云+端技术成为核心技术（来自 SAE 的技术路线图）的背景下，电池大数据平台+车端电池信息成为了各车企动力总成部门关注的热门技术。

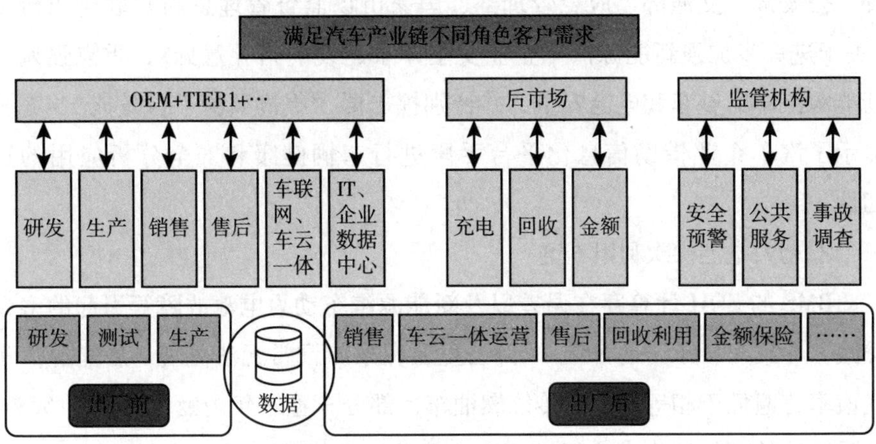


图 1　电池大数据分析平台

## （二）电池大数据抓住了产业发展的痛点

1. 新能源汽车电池安全问题凸显

随着新能源汽车市场规模的不断扩大，新能源汽车特别是电动汽车发生安全事故的数量越来越多。据不完全统计，2022 年 1~11 月我国有报道的电动车安全事故有 73 起，各大品牌汽车均“榜上有名”。特别是发生在海南的新能源汽车燃烧事件，更是重新引起了整个社会的关注。如何有效地保障新能源汽车和以电池为代表的高压三电系统的健康和安全，是摆在行业面前的发展难题。新能源汽车和电池相关企业一方面面临原材料价格上涨的成本压力，另一方面又要确保产品健康和安全的质量底线。吉林大学汽车工程学院/汽车仿真与控制国家重点实验室相关负责人表示，电池会成为电动车发生事故的“罪魁祸首”。有 58%的电动汽车事故是电池问题导致的，主要原因是电池发生热失控现象。过充电、低温和高温环境均会对动力电池产生一定程度的伤害，诱发热失控从而导致安全事故。

在此情形下，数字化的解决方案成为解决此问题的最佳选择，通过数字化平台来实现对动力电池全面、高效健康安全管理，是解决企业和市场发展困境、推动新能源汽车发展的有利选择。2022 年 4 月，国家五部门（工信部、公安部、交通部、应急管理部、国家市场监督管理总局）联合出台了《关于进一步加强新能源汽车企业安全体系建设的指导意见》，重点强调了新能源汽车的整车和电池安全，并特别提出要“提高监测平台效能”，充分显示了汽车企业借助信息化平台手段进行车辆健康和安全分析应用的迫切性。

2. 动力电池梯次利用不足

BMS 的 SOH 计算存在误差以及新能源汽车动力电池故障等引起的寿命骤减，导致车厂承诺的 8 年 12 万公里质保条款常常无法兑现。新能源汽车残值率普遍低于相等价值的传统燃油车，部分车型一年内贬值率高达 50%。备受追捧的新能源汽车难以实现二次销售，原因在于缺乏有效的残值评估体系。

公安部数据显示，截至2022年底，全国新能源汽车保有量达1310万辆，每年退役动力电池数量在16万吨以上（20~30GWh），预计到2025年，这一数字预计将累积到137GWh，约折合升至约88万吨（通过网络公开数据折算）。如果将这些退役电池直接用于资源回收，减少资源浪费，最有效途径就是梯次利用。而寿命预测是整个梯次利用的关键点，通过建立大数据追溯系统平台，将电芯研发生产数据、电池包研发生产数据、电池包车载运行监控数据进行综合分析，以此获得进入梯次利用市场的评判依据。

## 二　应用方案

### （一）动力电池大数据平台产品研发背景

东软睿驰与中创新航分别是国内电池大数据领域和动力电池领域的知名企业，两家企业在电池研发、安全预警、寿命预测、质量管控、运维服务等方面拥有众多研究成果，赞同电池的安全预警和健康评估预测等是电池大数据平台的核心功能。双方共同认识到了利用大数据技术解决电池安全预警和寿命预测，是行业当下最科学也最有效率的解决方案，并结成战略合作伙伴。双方充分发挥各自在汽车电池和汽车动力电池领域的积累，形成优势互补，共同打造面向新能源汽车行业的先进的动力电池大数据分析平台。

其中，东软睿驰是国内唯一整合电池包和专业BMS大数据采集管理的创新企业，产品已服务十多家主流整车和电池企业，积累了70万电池系统的分析经验。东软睿驰是国内第一家获得BMS ASPICE认证企业；是国家动力电池创新中心动力电池系统分中心唯一依托单位；是动力电池联盟—电池系统分会理事长单位。中创新航技术研究院（江苏）有限公司，是专业从事锂电池、电池管理系统集成和锂电池材料开发的研发机构。公司建有国家CNAS认证实验中心、TUV认证实验室、江苏动力及储能电池制造业创新中心、江苏省高效储能材料与技术重点实验室（筹）、江苏省龙头骨干企业独立研发机构、江苏省博士后创新实践基地、海外人才工作站等科研平台，承担国家重点研发计划 2 项、国家级绿色零碳重点示范项目 1 项。拥有专利 1300 余项，申请 PCT 专利 110 余件，主持参与标准制定 17 项，荣获“企业标准领跑者”称号。

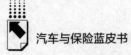

目前，该动力电池大数据分析平台已经成为国内汽车行业中的一款成熟的云端数据产品，研发完全自主可控。产品聚焦于电池安全预警和健康评估两大核心功能。该平台设计了一系列灵活专业的工具模块和丰富准确的算法模型，实现了电池数据的全生命周期赋能，是行业企业预防产品风险、追溯问题原因、降低售后成本、提升品牌价值的有利伙伴。

## （二）平台架构

### 1. 总体架构

电池大数据平台在系统结构上分为基础层、数据层、功能层和业务层四个层次架构，包含集群运维管理系统、数据存储系统、数据计算系统、消息总线系统和资源调度系统等（见图 2）。平台采用 HDP 通用架构设计，能够高效地处理大型非结构化数据集，整合监控及处理功能的基础组件。

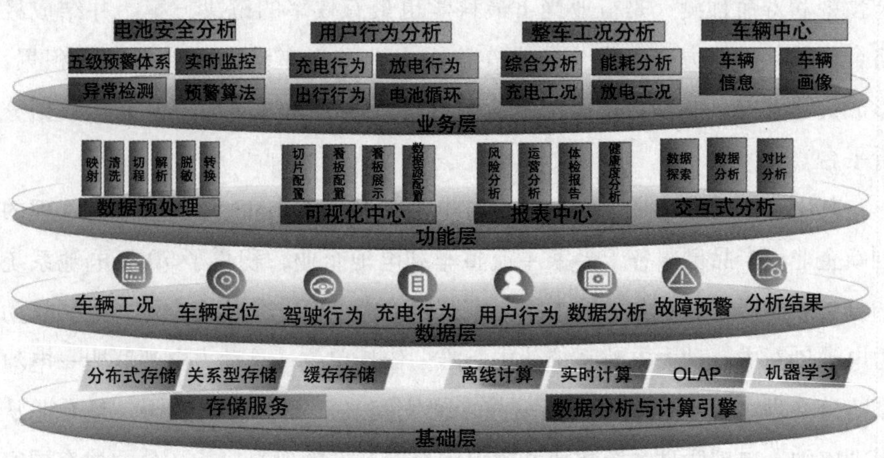


**图 2　电池大数据分析平台总体架构**

2. 数据架构

数据架构主要采用了数据存储系统和数据计算系统。

平台采用数据存储系统主要包括五部分，即分布式文件系统、多维分析数据库、分布式列式存储数据库、内存数据库和全文检索数据库。分布式文件系统能提供大吞吐量的数据访问，为海量数据提供存储；多维分析数据库可以提供超大规模数据集的 SQL 查询交互接口和多维分析能力；分布式列式存储数据库的高性能写入特性可将通过消息总线系统获取的实时数据写入数据库中保存，以供后续查找及分析；内存数据库具有相对于磁盘高出几个数量级的读写性能，可极大地提高应用性能和访问性能；全文检索数据库可通过爬虫技术获取文本类数据，从文本数据中发现潜在价值。

3. 网络架构

网络架构是保证平台稳定运行的基础，平台采用了消息总线系统和资源调度系统来实现信息发送和资源分配。消息总线系统采用消息采集器来实现数据收集、简单处理和写入数据接受方的功能。资源调度系统负责集群中所有资源的管理和分配，接收来自各个节点的资源汇报信息，并按照策略进行资源分配，可根据使用场景来支持先进先出、多租户等多种调度方式。

## （三）平台功能

1. 电池安全检测

各个电池企业和车企应用电池大数据的首要原因是实现车辆的安全预警，特别是动力电池的异常检测与故障分析。通过各种检测方法和模型对实验数据或实车运行数据进行诊断，查明其功能失调原因；对系统出现的异常情况进行判断，确定异常的原因、类型、大小、位置和发生时间。这部分功能的开发以现有国标要求上传的电池电压和电流数据为基础，配合企业的自定义参数，采用多种模型进行实时预警和趋势类预警结合，线上线下预警分析结合，可以帮助客户提早发现电池风险隐患，预留充足的反应和处理时间。其中线下分析功能，因为涉及较多的故障分类和算法评估，需要长期的数据积累和分析经验（见图 3）。

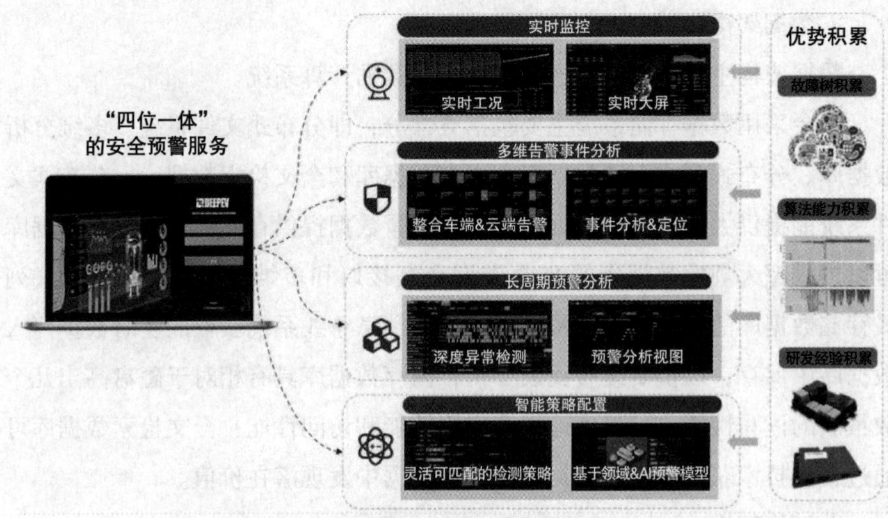


**图 3　电池大数据预警分析体系**

大数据进行异常检测与故障分析工作，需要定位到车辆详情数据，对车辆做出异常分析，并提供不同的分析形式，如时间维度、级别维度等。从实现内容上，主要分为以下四个方面。

（1）异常建模：按照输入输出之间的映射关系，建立系统异常的一个数学模型，作为异常检测和诊断的模型。

（2）异常信息的检测：分析采集到的系统参数信息，判断是否出现异常，一旦出现异常，应立即发出报警信息。

（3）异常的分离：当系统出现异常时，发出警报，就需要进行异常的分离。首先判断区分出异常的性质和损害程度，然后计算出异常的发生时间、位置、大小等参数。

（4）异常的分类、评价和决策：根据计算得到的异常发生的时间、位置、大小等参数，判断异常的类型，针对不同异常采取不同的处理方案，确保电池系统在一个安全可靠的范围内运行。

动力电池的异常检测主要范围包括：一致性异常分析、过充放过流检测分析、自放电/内短路检测分析。

（1）一致性异常分析。由于动力电池之间的性能和老化速度、电池包内部环境、电池间自放电等的差异性，随着电池包的使用，电池包内部各个电芯之间的电性能差异会凸显。一般不一致性可以分为：容量错位、老化不一致、内阻不一致等。通过结合分析模型和多要素指标，如电芯间的相对电压差、容量差、内阻差异、ICA 特征间的差异等，对电池包的不一致性进行评估；同时通过模型建立工况与不一致性之间的关系，分析不同工况对电池包不一致性发展的影响。

（2）过充放过流检测分析。电动汽车的 BMS 系统一般具有过充放和过流保护的功能，通常意义上的过充放和过流很少发生。但由于一些特殊情况，如 BMS 控制算法失效，或者无法准确地估计电池的老化状态，使用了错误的功率限制和充放电范围限制，同样会导致电池的过度老化甚至发生危险。通过发挥云端大数据的数据量优势，基于云端平台充放电功率分布的纵向和横向比较，对于电池老化和电性能指标的监控可以有效地预警和避免过充放过流等带来的潜在危险。

（3）自放电/内短路检测分析。通过电池短路模型估计电池的内短路电阻或者自放电电流来更有效地检测分析相关异常，做到更准确和更早的预警。电池老化、异物掺杂、析锂导致的锂枝晶等，都会导致电池异常自放电，严重的可能导致电池内短路进而引发热失控。大部分的案例电池热失控是由于电池内短路引起的。有效地检出异常电池，提前预警，对减少事故的发生有着重大的意义。

2. 电池健康检测

新能源汽车以锂电池为主，其健康分析也主要围绕着整车和锂电池展开。锂电池作为一种新型能源，具有工作电压高、比能量大、充放电效率高、自放电率低、无记忆效应、循环寿命长等优点。但锂电池在长期使用过程中，内部会发生一系列的电化学反应和物理变化，使得电池性能和容量衰退。有效预测电池剩余寿命（RUL）可为电动汽车电池管理系统的预测性维护提供技术支持。

动力电池的健康度指标评价一般可以基于容量和其内阻定义（很多厂

家用SOH来表示)。现有的传统技术一般是基于安时积分卡曼滤波等算法或者通过实验获得经验衰减公式来评估电池的健康度。由于电池寿命衰减的复杂性和高度非线性的特点，这些方法往往会带来较大的偏差。采用大数据技术，可以实现基于动力电池电压和电流响应通过等效电路模型、ICA和机器学习等手段提取响应的健康度表征，能够更有效、更准确地建立可测量的电池的响应与电池健康度之间的关系，从而更准确地估计电池的健康度。平台通过分析车型、单车寿命及衰减因素，预测电池剩余寿命，给出电池寿命评估报告，可以为电池评估及进一步梯次利用做铺垫。

(1) 寿命预测分析。对于新能源汽车来说，造成动力电池容量衰减的因素是复杂的，并且各因素之间的影响是非线性关系，甚至无法显性地表示出来。传统方法无法满足高精度预测电池RUL的需求。此外，电池容量衰减这一过程具有时间序列的特性，在预测电池RUL时应充分利用这一特性，来提高预测的精准度，而一般方法也无法处理这一情况，会丢失时间序列隐含的信息。平台通过LSTM（Long Short-Term Memory，长短期记忆网络）模型分析锂离子电池容量退化轨迹，可以有效地预测出锂离子电池在不同阶段（前期、中期和后期）的剩余寿命。锂电池在使用过程中不断地重复着充放电这一过程，其容量退化数据代表锂电池衰退的演变过程，可以视为长期时间序列数据，LSTM模型通过学习锂电池的容量退化轨迹，并获取容量之间的长期依赖关系，进行电池容量的RUL预测。

(2) 多要素综合探索分析。通过构建多要素异常检测体系与动力电池异常树各分支节点进行关联映射，实现对算法、数据的主动挖掘和利用，确保系统足够完备以多维度、多视角检测动力电池健康状况（见图4)。这样不但可以通过电池故障树检验所构建的异常检测体系的分析完整性，也能够通过多维度异常检测结果多角度分析异常发生的低阶数据异象和高阶数据异常。通过采集的数据切片直观分析差值、阈值、均值和标准差，通过容量增量曲线判断整体走势变化差异性，利用采集的曲线特征向量判断特征变化差异。

(3) 用户和电池画像分析。用户和电池画像，是评估车辆健康状况的

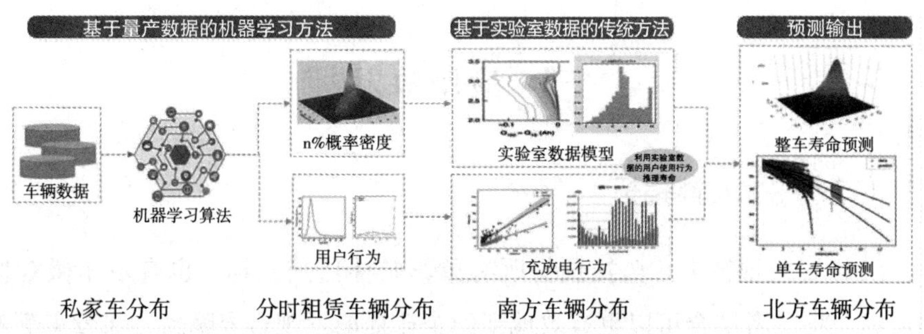


**图 4 大数据分析电池健康寿命基本方法**

形象化指标，大数据可打通多源数据，夯实业务分析根基，帮助企业构建全面准确的画像体系，进而通过场景化深入分析为多个业务部门赋能，给售后、市场、战略部门了解车辆表现带来方便。目前，平台可以从车辆使用率、健康度、百公里能耗、告警次数和驾驶风格等进行全方位分析和展现车辆状态。

（4）自动化报表。整车和电池企业用户每天都需要分析大量的产品情况，传统的点对点和人工分析模式由于巨大的分析成本和压力，已经不再是售后部门的第一选择。有鉴于产业的实际情况，平台创建了自动化的工单和报表系统，可以将成熟的模型和经验分析模式用于电池的状态判定中，并自动形成报告。部署后，仅需几个人就可以完成几十万包电池的售后管理，从而提高了售后管理效率及科学性和可靠性。

定制化的自动化报表是提高企业运营效率的重要工具。无论横向比较还是纵向比较，都可以快速了解到产品的表现情况。通过自动化报表，可以让客户按日/周/月时间周期统计报警车辆详情，也可以通过多种维护分析和自定义模型，包括报警类别、风险内容、报警次数、首次发生时间、特定标定参数等输出可视化结果。此外，当信息充分时，还可以结合车辆出行信息、行驶轨迹、充电行为等维度进行运营车与非运营车等进一步的划分和深入挖掘。

## 三　应用效果

### （一）平台功能指标

（1）安全预警类。监控预警既有单车整体监控指标，也有单车微观监控指标，将二者结合可以更有效地帮助企业提前发现告警隐患，保障车辆安全，包括总体告警数（日/月/年）、探针温度过高、探针温升过快、电芯压差过大等。

（2）健康评估类。健康评估可以对 PACK 层、模组层健康状态进行评估，更易于挖掘出衰减跳变的车辆，包括整车 SOH 评估、模组 SOH 评估、电池寿命预测。

### （二）平台性能指标

（1）支持大数据中心管理，可管理计算节点≥30 台，数据规模支持≥100TB。

（2）采用 B/S 软件架构，支持跨平台部署运行。

（3）系统可用性达到 99.99%，系统故障恢复时间≤10 分钟。

（4）数据访问符合 Web 服务技术规范。

（5）支持结构化、半结构化、非结构化等数据类型，其中结构化数据的容量比例≥90%。

（6）实现分布式分析数据获取，本地数据查询每个费时小于 5 秒，远程数据查询每个小于 30 秒，本地数据分析任务小于 5 分钟，远程数据分析任务小于 30 分钟，数据清洗、转换、加载效率每条报文小于 1 秒。

### （三）平台主要特色

（1）低延迟的流数据处理。开发适配新能源汽车数据特性的实时流处理系统，全面覆盖可识别的异常信息，并通过多种方式实现预警、报警功能。

（2）数据仓库的统一数据管理。采用数据仓库形式，统一对多源数据进行存储和索引，可对数据按 ODS 层、DW 层、APP 层实现分层操作。

（3）多源异构数据适配。对多源数据格式混乱的情况，只需简单配置就可进行初步的数据清洗和逻辑切分，实现统一数据源的效果。

（4）外部数据采集与引入。引入气候、充电桩等外部采集数据，丰富数据标签维度，提高机器学习等数据模型的准确度。

（5）电池 SOH、内阻等数据模型的建立及校正。从数据分析到模型建立和模型检测，形成了一套完整的闭环模型处理流程。

## 四 应用总结

### （一）当前意义

我国正处于交通运输能源转型和“双碳”目标实现的关键阶段。在新能源汽车市场飞速增长的背景下，如何利用数字信息技术实现新能源整车和动力电池的安全预警，对整个产业健康快速发展尤为关键，也具有重要的影响。

因此，汽车行业采用的新能源汽车大数据平台，既要采用通用架构，也要具有移植性好的特点。本报告所说的动力电池大数据平台，已形成了“车端量产—云端监控—数据挖掘—产品优化”的闭环优化机制，是行业内企业多年合作而形成的典范产品。通过对新能源汽车动力电池大数据的获取、分析和监控，实现了对新能源整车和动力电池故障的多层预警能力，保障了整车和动力电池的使用安全，有力地解决了产业发展的难题。

### （二）对电池企业的应用展望

大数据分析的精准结果有助于电芯厂更好地优化产品质量，帮助其增强企业核心竞争力，未来可在研发端、生产端、回收端等方面实现进一步的应用。

（1）对出厂前电芯进行全面检测，更精准地挖掘出有问题的电芯，减少后续热失控发生的隐患。

（2）通过对不良工艺产品的影响因子深入分析，找出关联性、挖掘出共性问题，帮助企业后续优化产品质量。

（3）对 PACK 模组结构进行综合分析，帮助其改善优化电池包设计。

（4）在云端增强 BMS 的智能化管理，精准掌握电芯潜在热失控风险，提高消费者购买信心。

（5）基于全历史数据输出二手车的参数化使用报告，规范新能源二手车的市场流动，提高未来市场的保值率。

（6）基于全生命周期深度挖掘电池梯次利用剩余价值，从末端降低企业制造成本，增强市场竞争力。

### （三）对整车企业的应用展望

动力大数据平台赋能新能源汽车安全和质量监测能力，投资小见效大，有效推动车企电动化、智能化进程。通过充分发挥数据效能，实现对车辆和动力电池全周期全场景的运行分析。通过采集新能源汽车从生产一直到回收的运行数据，对新能源汽车进行安全性、动力电池异常以及动力电池寿命等实时监控和预测。利用 BI、AI 算法，采用异常诊断模型，充分挖掘采样数据特征，基于大数据云端分析，针对低阶、高阶及等效仿真数据进行多维度分析，打通机理层到应用层的数据模型，完善异常预判和处理策略，从而形成综合、智能、全面的数据分析能力和价值预判能力，帮助行业企业实现从数字化向智能化的迈进。

## 参考文献

[1]《关于进一步加强新能源汽车企业安全体系建设的指导意见》，中国政府网，

https://www.gov.cn/zhengce/zhengceku/2022-04/09/content_5684250.htm，2022年3月29日。

[2] 中汽协会：《2022年汽车产业产销数据》，新浪财经网，https://finance.sina.com.cn/jjxw/2023-01-12/doc-imxzxpai9070967.shtml，2023年1月12日。

[3]《71家锂电及储能企业业绩，有的预增37倍，有的亏损38亿》，搜狐网，https://www.sohu.com/a/636739461_777213，2023年2月3日。

# B.26

# 汽车大数据助力城市高质量发展

张 强 米胜荣*

**摘 要：** 随着科技的不断进步和互联网的普及，大数据已经成为当今社会的热门话题之一。在各个行业中，大数据的应用已经带来了巨大的变革和机遇。汽车行业作为一个重要的经济支柱，也在积极探索和应用大数据技术。新汽有限公司作为一个专注于快递行业末端配送生态的公司，利用大数据技术来提升公司车辆的运营效率，改善客户体验，提升车辆的安全性，并积极探索数据要素的价值发现，获得了良好的社会效益和生态效益。

**关键词：** 大数据 快递监管 智慧城市

## 一 汽车大数据系统开发的背景

随着城市经济和社会活动的不断发展，城市管理面临着越来越复杂的挑战。城市管理部门需要应对各种不同类型的管理对象，同时也需要处理瞬息万变的管理内容，并满足高效及时的管理要求。传统的条块分割式管理体制和科层分工的管理手段已经无法适应城市在新时代高质量发展过程中的要求。因此，我们需要进行重构和创新，以提升城市管理水平。随着科技的不断进步和互联网的普及，大数据已经成为当今社会的热门话题之一。新汽有限公司（以下简称“新汽”）作为一家专注于快递行业末端配送生态的公

* 张强，新汽有限公司生态战略中心总监；米胜荣，新汽有限公司总经理。

司，利用大数据技术来提升公司车辆的运营效率，改善客户体验，提升车辆的安全性，通过末端配送场景，打造海量数据基础，形成庞大的“数据池”，打破以往条块分割、自成体系的“数据壁垒”，为分析、展示和应用创造条件，提升城市管理科学决策能力。城市管理部门可在数据池的基础上，加强互联互通、开放共享，打破固定职能，以数据和问题为导向，形成跨部门的系统化管理架构，实现感知、分析、服务、指挥、监管“五位一体”。通过大数据赋能城市管理，推动城市管理体系和决策能力创新。帮助城市管理和相关需求企业获取城市管理相关对象的实时动态数据，高效满足各个行业对于数据的需要，并积极探索数据要素的价值发现，获得了良好的社会效益和生态效益。

## 二 汽车大数据系统助力快递末端配送生态

### （一）目前快递行业面临的痛点分析

快递物流行业是国家商品流通的重要支撑，其中末端配送是整个配送链路的核心环节。但是目前的非机动车在末端配送环节效率低下，智能化水平低，运营管理水平落后，包裹运输风险突出。行业治理任重而道远，亟待协同治理，提升数据治理水平。行业安全性是治理的重中之重，是行业的红线，强化安全管理，健全行业应急管理体系是当前迫在眉睫的问题。行业安全问题突出表现为快递配送员和车辆的一致性问题，快递员身份认证，快递员驾驶安全等。

### （二）快递行业大数据生态方案

针对快递行业安全监管问题、快递员驾驶安全问题，新汽推出了四合一“智能硬件+监管平台”的综合解决方案。首先是四合一智能系统，集成了前向摄像头（DVR Camera）、驾驶员状态监控摄像头（DMS Camera）和双向语音对讲功能（麦克+喇叭）等多种功能模块。

1. 人脸识别功能

车辆运营前会采集驾驶员信息，包括驾驶员脸部图片，并通过数据平台下发给四合一系统存储。四合一系统的 DMS 摄像头带红外功能，需要拍到人脸，在车辆上电后和车速由 0 到 20km/h 时，采集人脸图片，并与存储的图片进行对比，将比对结果和本次采集的三张驾驶员图片信息发送至数据平台。如果比对结果显示驾驶员与存储的图片不一致，报警提示：司机认证未通过。连续播报三次，间隔 5s，此后不再播报此项内容。

2. DMS 功能

**表 1　驾驶员状态**

| 序号 | 驾驶员行为 | 驾驶员状态类别 | 报警处理 |
|---|---|---|---|
| 1 | 吸烟 | 不良驾驶行为 | 当连续 5s(可配置)检测到驾驶员吸烟时,会触发报警并将事件发送至数据平台,报警音为:请勿吸烟。第一次报警后,5s 内不再重复此项报警,连续三次报警后,不再重复此项报警 |
| 2 | 打电话 | | 当连续 5s(可配置)检测到驾驶员打电话时,会将事件发送至数据平台,打电话不报警 |
| 3 | 闭眼 | 驾驶疲劳行为 | 当连续 2s(可配置)监测到驾驶员闭眼或打哈欠时,会触发报警并将事件发送至数据平台,报警音为:请勿疲劳驾驶。第一次报警后,5s 内不再重复此项报警 |
| 4 | 打哈欠 | | |
| 5 | 人脸丢失 | 人脸丢失行为 | 当连续 20s(可配置)检测不到人脸时,会触发报警并将事件发送至数据平台,报警音为:人脸丢失。第一次报警后,20s 内不再重复此项报警。 |
| 6 | 摄像头被遮挡 | | |
| 7 | 司机晕倒 | | |
| 8 | 低头 | 驾驶员分神行为 | 当连续 3s(可配置)监测到驾驶员左顾右盼或低头时,会触发报警并将事件发送至数据平台,报警音为:请勿分神。第一次报警后,5s 内不再重复此项报警 |
| 9 | 左顾右盼 | | |
| 10 | 非双手扶方向盘 | 驾驶员安全行为 | 当连续 10s(可配置)监测到驾驶员有手脱离开方向盘情况时,会触发报警并将事件发送至数据平台,报警音为:请双手扶方向盘。第一次报警后,10s 内不再重复此项报警 |
| 11 | 未系安全带 | | 当连续 10s(可配置)监测到驾驶员未系安全带时,会触发报警并将事件发送至数据平台,报警音为:请系安全带。第一次报警后,10s 内不再重复此项报警,连续五次报警后,不再重复此项报警 |

资料来源：新汽有限公司。

当车速小于 20km/h 时，DMS 功能不开启、不报警。开启速度为系统的标定参数，可设置。DMS 功能开启后将实时采集驾驶员图片并分析，监控驾驶员的状态事件并进行相应的处理，驾驶员状态事件如表 1 所示。

各个动作的检测都是连续的动作，且累计到算法设置的时间，才会触发报警；两次相同的预警之间有一个时间间隔，在这个时间间隔内的报警不输出；两次不同的预警之间没有间隔，第一次报警后，如果后续的报警类型与之前的报警类型不同，则立即报警；关于复合动作的预警，例如扭着头打哈欠，扭着头闭眼，低头打电话等，先检测出哪一种行为，就对哪一种行为进行报警。

3. ADAS 驾驶辅助功能

系统具备部分 ADAS 安全提供功能，包括前车距离近提醒、行人距离近提醒、非机动车距离近提醒。

前车距离近提醒：车速在 20km/h 以上，系统检测到前车与本车距离约小于 3 米（可配置）时，发出报警：注意前方车辆。报警持续进行，直到与前车距离大于 3 米结束。同时将事件上报数据平台。

行人距离近提醒：车速在 20km/h 以上，系统检测到车辆前方行人与本车距离约小于 5 米（可配置）时，发出报警：注意前方行人。报警持续进行，直到与行人距离大于 5 米结束。同时将事件上报数据平台。

非机动车距离近提醒：车速在 20km/h 以上，系统检测到车辆前方非机动车与本车距离约小于 3 米（可配置）时，发出报警：注意前方车辆。报警持续进行，直到与非机动车距离大于 3 米结束。同时将事件上报数据平台。

4. 车队定位管理功能

系统具备部分车队管理功能，包括：查看车辆实时定位、查看车辆历史轨迹、生成里程统计报表、电子围栏、超速报警。

查看车辆实时定位：数据平台有位置请求，利用系统自定位设备，上传位置信息。

查看车辆历史轨迹：数据平台有历史轨迹请求，上传历史轨迹信息。

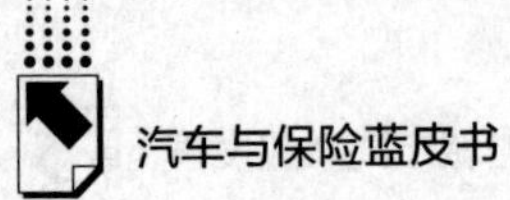


电子围栏：数据平台对车辆有行驶范围的限制，超出范围后，将事件上传数据平台。

超速报警：超过一定车速后，系统将报警：车辆超速。将事件发送至数据平台，5s 内不再报警，之后如继续超速，将循环报警，报警车速可配置。

5. 远程监控对讲功能

系统具备远程监控和对讲功能，包括：与驾驶员实时对讲、对驾驶员下发通知、摄像头实时数据上传至数据平台、历史监控数据上传至数据平台等功能。

驾驶员实时对讲：后台可以随时向驾驶员发起双向语音通话，通话结束后后台可以关闭，驾驶员如有与后台进行通话的需求，可以按一下系统自带的一键请求开关，主动发起与后台的双向语音，通话结束后，后台关闭双向语音通话。

对驾驶员下发通知：数据平台如有通知需要下发，将请求系统播报相应的通知，系统通过扬声器完成通知内容的播报。

摄像头实时数据上传至数据平台：数据平台可以请求发送实时数据，系统应响应请求，并将 DVR、DMS 和外置摄像头（如有）的实时视频信号通过 RJ45 或 4G 网络发送至数据平台，几个摄像头之间的视频信号无延时。

历史监控数据上传至数据平台：数据平台可以请求发送某个时间段的历史数据，系统应响应请求，并将相应时间段的历史视频信号通过 RJ45 或 4G 网络发送至数据平台。

四合一智能系统作为车载的数据采集端，可以实现车辆配送过程中对环境和驾驶员的全面透彻感知和特征提取。而监管云平台是整个生态的后台中枢，监管平台的主要模块有以下几个。一是当地各个快递物流企业的车辆以及人员信息，具体包括各个物流企业站点信息、各站点车辆信息、驾驶员个人信息、驾驶员驾照持有情况，实时车辆与驾驶员信息认证监控等。二是各快递公司车辆违章违停情况统计。三是车辆保障报警信息统计。四是实时报警情况弹窗。五是快递行业人员以及流动率统计。六是快递行业新闻资讯。七是快递行业舆情信息管理。八是实时地理信息展示界面。

新汽以数智化服务为核心，为政府及行业监管部门提供了数据采集、数据服务、决策服务、治理服务、安全监管、行业规范的全方位解决方案，并针对采集到的数据形成数据产品，为监管部门提供行业数据动态分析服务，提升了快递从业人员、车辆违章、安全等监管能力。通过智能化生态实时监控快递员的驾驶状态，辅助驾驶员保持良好的驾驶习惯，协助快递监管部门对快递员进行统一管理，最终提升整个末端配送的监管治理能力。

## 三　汽车数据要素价值化方案

数据作为第五生产要素强力驱动了数字经济的蓬勃发展。2022 年 12 月 2 日印发的《关于构建数据基础制度更好发挥数据要素作用的意见》（以下简称《数据二十条》）要求充分发挥政府有序引导和规范发展的作用，守住安全底线，明确监管红线，建立健全鼓励创新、包容创新的容错纠错机制。新汽的大数据不仅可以在算法功能层面帮助城市高质量发展，还在积极探索数据要素在流通中价值化方案。由于新汽的大数据涉及诸多公共数据、企业数据、个人数据等敏感数据，所以数据的合规和安全就成为数据要素流通以及价值化的重点难点问题。

### （一）汽车大数据系统合规安全方案

新汽大数据的来源主要分为三类。一是车载四合一外部摄像采集的数据，主要是社区道路环境的视频与图片数据。二是车辆本身整车控制器、智能网联终端采集的车辆运行数据，比如车辆的地理位置信息、车辆动力系统参数、车辆驾驶系统参数等。三是车载四合一 DMS 系统采集到的驾驶员相关信息，比如驾驶员人脸生物特征信息、驾驶员驾驶行为信息等。

首先会保证数据的采集过程合法合规，针对车辆外部数据采集，依托合作方单位导航电子地图资质，对采集的时空地理位置信息进行车端偏转加密、数据采集备案、云端托管监管，保证运营全流程的信息数据采集合规，数据采集场景应用合规（见表2）。在车辆运营路线规划的时候，新汽会基于先验知识的积累，结合快递车驾驶路线，规避敏感区域。在采集过程中沟通地方主管部门，完成采集备案。结合数据采集的场景，依据现行法规将数据分为三类：涉密类、脱敏类、公开类，如表3所示。

**表2　数据类别合规处理**

| 数据类型 | 要素 | 处理方式 |
| --- | --- | --- |
| 用户信息 | 车辆VIN/车牌号 | 匿名化/去标识化 |
| 空间位置数据 | 经纬度 | 坐标偏转(车端) |
| | 高程 | 删除 |
| | 坡度 | 规整化分档表示 |
| | 曲率 | 规整化分档表示 |
| 周围环境感知数据 | 感知目标(标线、车辆)经纬度 | 坐标偏转(车端) |
| | 感知目标(标线、车辆)高程 | 删除 |
| 周围环境图像/视频 | 经纬度 | 坐标偏转(车端) |
| | 人脸 | 模糊化 |
| | 车牌 | 模糊化 |
| | 不得表达要素/区域(如限制性标牌/敏感区域) | 敏感区域数据脱敏(如删除、模糊化) |

资料来源：新汽有限公司。

**表3　算法场景合规分类**

| 序号 | 采集类别 | 场景名称 | 识别目标 | 涉及数据类型 | 是否个人信息 | 是否测绘信息 | 数据分类 |
| --- | --- | --- | --- | --- | --- | --- | --- |
| 1 | 四合一外部摄像 | 井盖丢失识别 | 缺失井盖 | 位置数据/图片数据/时间数据 | | 是 | 涉密类 |
| 2 | | 道路积水识别 | 路面上的积水 | | | 是 | 涉密类 |
| 3 | | 占道经营识别 | 贩卖车、小摊、道路边界 | | | 是 | 涉密类 |
| 4 | | 垃圾桶溢满识别 | 溢出垃圾的垃圾桶 | | | 是 | 涉密类 |
| 5 | | 非机动车违停识别 | 非机动车、道路边界 | | 是 | 是 | 脱敏类 |
| 6 | | 闯红灯识别 | 红绿灯 | | | | 公开类 |

续表

| 序号 | 采集类别 | 场景名称 | 识别目标 | 涉及数据类型 | 是否个人信息 | 是否测绘信息 | 数据分类 |
|---|---|---|---|---|---|---|---|
| 7 | 驾驶员疲劳监控 | 驾驶员人车一致性识别 | 驾驶员人脸 | 位置数据/图片数据/时间数据 | 是 | | |
| 8 | | 驾驶员疲劳驾驶识别 | 驾驶员人脸以及动作 | | 是 | | |
| 9 | | 驾驶员分心驾驶识别 | 驾驶员人脸以及动作 | | 是 | | |
| 10 | 车辆数据 | 车辆位置数据 | / | 位置数据 | | | |
| 11 | | 车辆报警数据 | / | 极值数据、报警数据 | | | |
| 12 | | 车辆动力系统数据 | / | 电池、电机、踏板数据 | | | |
| 13 | | 车辆驾驶系统数据 | / | 转向、操控数据 | | | |

资料来源：新汽有限公司。

秉承“安全左移”的设计理念，在不影响整体软件/安全架构的情况下，采用车云一体化合规策略（见图 1）。

新汽物流车上各类传感器所获取的地理信息或加工处理后可产生的地理信息，包括但不限于卫星导航接收、惯性导航装置、摄像头等产生的数据，基于以下处理方式进行处理。基于图像识别算法和封装的敏感知识库，在敏感区域（如军事禁区标牌、军事管理区标牌、军徽、军旗、大型油罐、大型液化气罐等）位置前后 100 米范围，启动算法识别敏感要素，进行同质化处理，确保图像/视频数据的合规性。

DMS 系统在运行中，涉及个人敏感信息采集的情况，新汽会首先征得驾驶员的同意，并且驾驶员信息与外部摄像采集信息分别储存和传输。

## （二）汽车大数据要素流通方案

在数据采集的过程中，新汽公司结合数据需求方的使用场景和具体字段

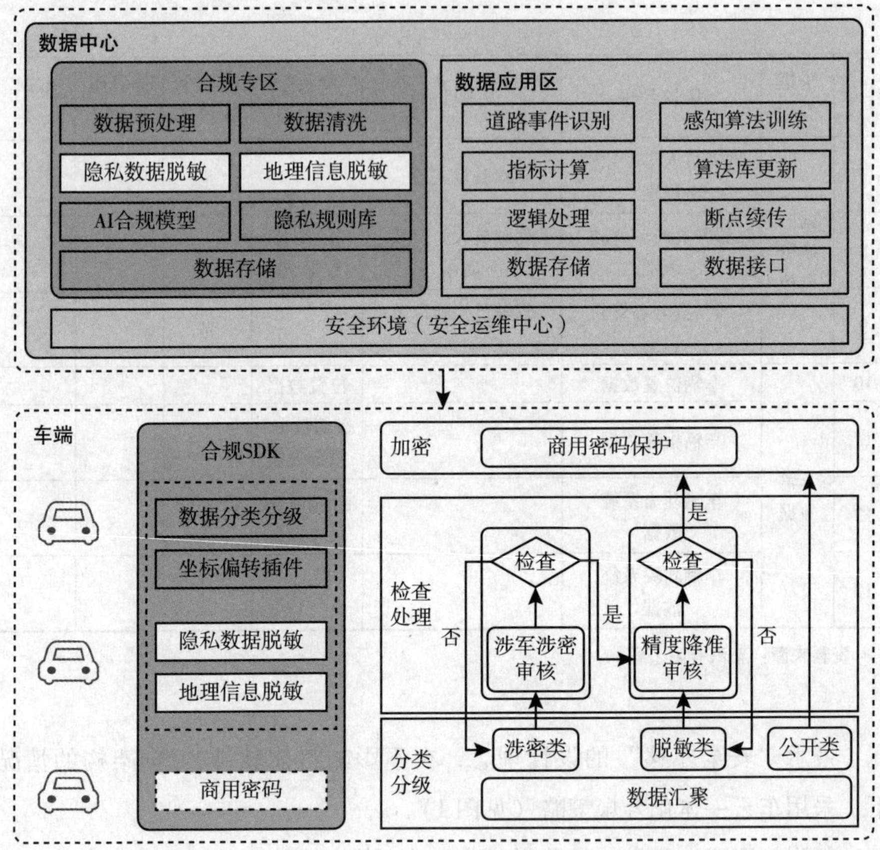


**图 1　车云一体化合规策略**

资料来源：新汽有限公司。

需求，对采集的原始数据进行标准化、标识化处理，针对每个业务场景，按需建立支撑模型，保障数据的准确性和需求满足度。基于模型输出的结果数据，按照数据治理体系统一、规范地管控数据生成和使用过程。依据交易所的规范要求，实现各种模式下数据的共享流通（见图 2）。

1. 数据传输方案

在智能快递车上部署安全插件并在车辆初始化时通过企业云平台注册，获得车辆证书。

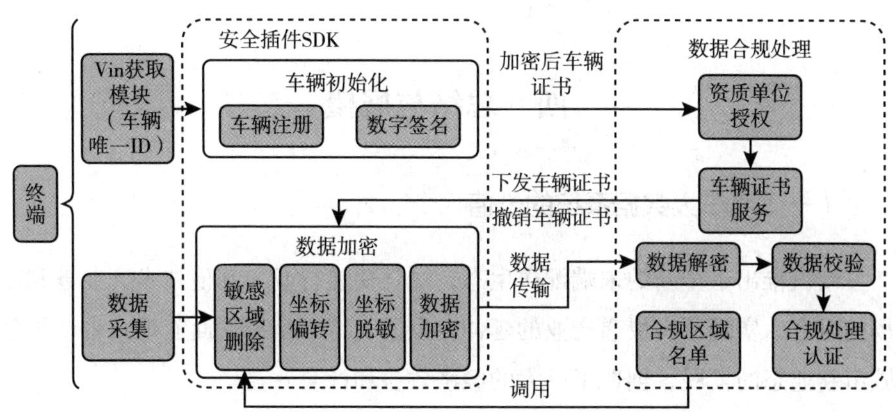


**图 2　车辆数据采集合规流程**

资料来源：新汽有限公司。

2. 数据交易方案

主要通过以下方式来进行数据的共享流通。

数据保护流通模式：新汽和数据需求方利用隐私计算实现数据的可用不可见的数据价值交换。首先，隐私计算模式中，通过可信、抗篡改的软硬件体系在计算单元中构建一个安全、可信的区域——隐私计算环境，保证其内部加载的程序和数据在机密性和完整性上得到保护。其次，外部数据（包括数据集、代码等）的输入与结果数据的输出均经过安全信道传输，保证数据传输过程中的安全性。最后，该区域的所有数据，包括原始数据、代码和过程数据均被就地销毁，以保证数据使用后的安全性。以上三点的结合，实现了数据的“可用不可见”。

数据包模式：新汽将数据上传至平台，用户付费后可以看到下载链接，自由下载数据。

数据 API 模式：API 方式查询或同步数据记录。

其他数据流通模式：数据仓库有权共享、数据信托、数据权属解构等。

在实际交易过程中，针对不同等级的数据采用不同的安全技术保障数据流通过程中的安全性。敏感性较高的数据采用隐私计算技术，敏感性不高的数据使用传统 API 技术。

## 四 总结与展望

### （一）汽车大数据系统的价值

新汽推出了全新的末端配送生态，加强快递行业与其他技术、业务和市场的融合，实现原有快递产业的延伸和发展，特别是新型商业模式带动智慧城市新业态的发展，创造了巨大的经济效益和社会效益。

经济效益：新汽的生态模式支持智慧城市网格化管理，不仅提升了城市管理的水平、管理的精细度，更能提升网格化管理的效率，减少网格员的人力成本。同时新汽驾驶员疲劳监控系统可以提升快递公司的运营能力，提升快递员的驾驶安全性，保证配送工作的稳定性和安全性。

社会效益：在城市管理方面，提升了城市精细化管理水平、提升了网格城市管理的智慧化水平，实实在在提升了社区居民的生活环境。在快递行业方面，解决了快递监管部门的难题。快递监管部门可以通过新汽智慧生态，做到对末端配送的车辆和人员实现可视化管理，并且通过车载四合一的智能双向语音通话设备，随时与快递员取得沟通，保障了快递行业的规范性。对快递企业来说，新汽的智慧生态，提升了他们的运营效率，配送安全性以及企业形象。对于快递员来说，新汽的智慧生态提升了他们工作环境、工作效率以及驾驶安全性。

### （二）汽车大数据系统未来展望

新汽的解决方法，本质上是搭建了一个共赢的生态系统。在赋能末端配送生态方面，新汽可以通过大数据技术优化末端配送的路线，减少车辆空载行驶，积极推进快递行业低碳转型。在赋能智慧城市方面，新汽后续需要积极参与搭建一体化的城市核心基础平台和智能化公共数据平台，为整个城市提供统一的数据归集、智能计算、数据共享、数据开放等支撑性服务，以克服数据分散、共享不足的问题，全面支撑城市数字化改革进程，并且随着新汽智能算法的不断推出，新汽可以服务更多的用户和不同的应用场景。例如，可以通过新汽大数据与金融保险机构共同开发末端物流配送电动车风险模型及绿色低碳保险产品。通过人脸识别算法，公安机关可以对新汽末端配送监管大数据进行扫描，发现伪装成快递员的违法犯罪分子。在数据要素流通方面，新汽未来会在确保合规和数据安全的前提下，通过 AI+城市的策略，用 AI 驱动数据要素流通，实现数据要素在各个适应场景的自动化分析、分类和传输，提高数据要素流通的效率和准确性。

## 参考文献


[1] 刘雅静：《“城市大脑”建设：价值意蕴、短板审视与优化路径》，《中共合肥市委党校学报》2022 年第 6 期。

[2] 姚洪、徐晓林、毛子骏：《从能源要素到数据要素：关键生产要素变革中的安全风险对比及治理对策研究》，《海南大学学报》（人文社会科学版）2023 年第 9 期。

[3] 雒伟：《大数据环境下社区物流末端配送优化研究》，《物流科技》2021 年第 12 期。

[4] 王雪、夏义堃、裴雷：《国内外数据要素市场研究进展：系统性文献综述》，图书情报知识，http：//kns. cnki. net/kcms/detail/42. 1085. g2. 20230829. 1010. 002. html，2023 年 9 月 20 日。

[5] 罗康、张驰月：《基于 GIS 的城市网格化管理关键技术研究》，《科技资讯》2011 年第 25 期。

[6] 宋华、刘亮、胡芳等：《基于警务云的快递业安全监管平台设计》，《电子技术应用》2017 年第 4 期。

[7] 陈振其：《监管沙盒：数据要素治理新方案》，图书馆论坛，http：//kns. cnki. net/kcms/detail/44. 1306. g2. 20230828. 1351. 004. html，2023 年 9 月 20 日。

[8] 罗娟、张凯丽、王舒心：《上海城市网格化管理存在的问题及对策》，《科学发展》2019 年第 11 期。

[9] 高嘉琪、唐孝文、赵雨桐等：《数字经济时代下物流末端配送满意度研究》，《物流技术》2023 年第 2 期。

# Abstract

Since the implementation of the national big data strategy, the big data industry has experienced explosive development, and the automobile and insurance big data industry has made great progress. Under this background, this book discusses in details the development process, current situation, problems and challenges, and puts forward suggestions on future development in response to the new situation.

The book includes four parts: the general report, the automobile big data, the insurance big data and the innovation & application.

The automobile big data chapter is based on the integration of big data in the entire automobile industry chain, focusing on big data of passenger/commercial vehicle market, big data of auto-product, big data of auto-material, big data of transportation, big data of ICV, and provides a comprehensive and in-depth provision at the automobile industry from multiple angles. According to the analysis, China's traditional energy vehicles are further replaced by new energy vehicles, the high-end and independent development of the passenger car field continues, and there are opportunities for structural changes in the commercial vehicle field. At the same time, vehicle product launch, intelligent networked vehicle insurance, smart automotive industry is analyzed and discussed from the perspective of cockpit screen interaction design.

The insurance big data chapter focuses on the practical application of big data in the auto insurance industry. It analyzes auto insurance claims and vehicle model risk conditions by region, insurance type, vehicle type, etc. . As the penetration rate of new energy vehicles increases, impact of the epidemic decreases, and comprehensive reform of automobile insurance begins to cause effect, the overall premium scale of auto insurance will rise steadily in 2022. At the same time, the layout and design of auto insurance products should be further optimized based on factors, such as regional differences, vehicle types, and business nature.

The big data innovation and application chapter further explores the integration and in-depth application of big data in automobiles, insurance and other fields, using cases such as new energy vehicle travel carbon assets and the launch of new energy vehicles in the express delivery industry to fully explore the big data for relevant industry chain operating entities. Data value and reference for realizing digital transformation: new energy vehicles are developing rapidly and have become one of the important ways to reduce carbon emissions in the field of road transportation in my country. In the context of the withdrawal of new energy vehicle subsidies, new energy vehicle carbon assets can be used as a new consumer-side incentive, also, they can be connected with green finance, green insurance, etc. to further promote the development of the new energy vehicle industry.

Throughout the book, starting with the case study, this paper analyzes the application of big data in various subdivision fields of automobile industry and insurance industry, puts forward corresponding suggestions. This book has important reference value and research significance for the construction and application of big data in automobile industry, insurance industry and other related industries.

**Keywords**: Big Data Strategy; Automobile Industry; Insurance Industry; Innovation

# Contents

## I General Report



**Abstract**: In 2022, with the release of "Notice on Building a Data Basic System to Better Play the Role of Data Elements" policy to provide guidance for promoting data circulation, activating the potential of data elements, and making the best use of data to boost economic development. Big data supporting cross-industry ecological construction and empowering the integration & innovation of various industries is becoming the future development direction. Based on the development trend of the big data industry, this report focuses on the automobile and insurance industry chain. On the one hand, it analyzes the current situation of big data, automobile big data, and insurance big data in China; The ecological construction is prospected.

**Keywords**: Big Data of Vehicles; Big Data of Insurance; Innovation

## Ⅱ The Automobile Big Data



**Abstract**: In 2022, although affected by many adverse factors, such as the continued epidemic, the Russia-Ukraine conflict, the macroeconomic downturn, and the high volatility of battery raw materials, the global new energy passenger car market still showed a rapid development trend. China is the largest market for new energy passenger vehicles, and the penetration rate of new energy continues to rise. In 2023, the domestic economy is recovering. Under the influence of favorable factors, such as policy drive, product competitiveness improvement and further abundant supply, it is expected that China's new energy passenger car market will continue to develop at a rapid pace.

**Keywords**: New Energy Vehicles; Big Data; Market Characteristics



**Abstract**: After experiencing a rapid demand growth and gradual improvement of products and regulations, Chinese commercial vehicle market has gradually entered a period of slowing-down growth and structural optimization adjustment. The dual carbon target further promotes the acceleration of new energy development, refined management of traditional fuel vehicles, and deep adjustment of market structure. Based on the analysis of big data of commercial vehicle market circulation, this paper deeply analyzes the total volume and structural change trend of the market and analyzes the core factors from the dimensions of market, policy, and technology. According to comprehensive analysis and calculation, the sales volume of the commercial vehicle market in 2023 is expected to be 2. 85 million units, and there are structural opportunities in the market. The market share of new energy vehicles exceeds 10%, and the public sector has brought a significant increase.

**Keywords**: Big Data Analysis for the Commercial Vehicle Market; Characteristics of Commercial Vehicle Market; Commercial Vehicle Market Forecast



**Abstract**: This article is based on big data of the passenger car market. Firstly, it briefly elaborates on the development overview of the global passenger car market. Then, it deeply analyzes the development characteristics of China's passenger car market from five dimensions: brand, price range, increase/exchange, regional market, and export. Then, it systematically analyzes the future development environment of China's passenger car market from the perspectives of macroeconomic, industry related policies, and market changes. Based on the above comprehensive analysis, it is concluded that in 2023, traditional energy passenger vehicles in China will be replaced at an accelerated pace, and the high-end consumer upgrading market and the upward trend of domestic brands will continue. At the same time, this year, the market will develop steadily and achieve a trend of low speed positive growth.

**Keywords**: Passenger Car Market; Market Big Data; Traditional Energy Passenger Vehicles

**Abstract**: Along with the rapid expansion of the new energy vehicle market, vehicle manufacturers have focused their efforts and hastened the development of new energy products in order to quickly occupy the market and win the first opportunity to compete. The acceleration of the new energy process, as well as enterprise product introductions, have resulted in new features in the scale and structure of new energy vehicles. In general, battery electric models are the primary design path of enterprise electrification, plug-in hybrid models usher in a focused launch, and fuel cell models are slow to launch. The present phase of corporate layout is still focused on new models, and the number of new models launched in the market is continuously increasing. SUVs are the focus of continuing development after a brief period of strengthening and upgrading automobile layout, while the trend of large size, high-end, and high mileage of new energy vehicle goods is substantial. In terms of mileage, the launch of new energy vehicles with a range of 500km or more has increased, driven by numerous causes, such as technical upgrades, subsidy policies, and upward product arrangement, while the layout of plug-in products has steadily evolved to a range of 100 km or more.

**Keywords**: New Energy Vehicles; Delivery Characteristics; Product Competitiveness Analysis



**Abstract**: With the increase of vehicles owned by thousands of people in China, and the lack of consumer demand caused by multiple factors, such as the three-year epidemic, economic downturn, and population decline, the

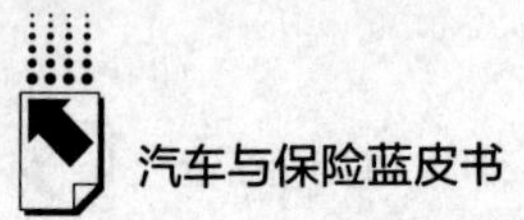


competition of the auto industry has intensified. Marketing needs to rely more on big data support to decrease costs and achieve efficient and effective decision-making. With the integration of vehicle and insurance industry data, the innovation and development of the people-vehicle data system has been promoted, and more effective research resources have been provided for vehicle companies. In this paper, through the research on the landing scenarios of big data digital services of car companies, three major research scenarios have been locked, namely, user big data research on competing products, big data research on competing products and product definition big data research, and finally formed the corresponding people-vehicle research methodology of digital service of car big data.

**Keywords**: Big Data of Vehicles; Big Data of People-vehicle; Digitalization

## **B**.7 Research on the Relationship between New Energy Vehicle Selling Price and Aftermarket Parts Pricing Based on GLM Regression Analysis



**Abstract**: With the gradual increase in the penetration rate of new energy vehicles, the new energy vehicle industry has entered a period of rapid development. This study aims to deeply study the correlation and influencing factors between the price of new energy vehicles and the pricing of aftermarket parts, and help the industry chain gain insight into the market logic behind vehicle pricing. Based on the self-built data resource system of CATARC Data, the correlation between the price of new energy vehicles of different brands, grades and body structures and the price of loading parts of different categories is deeply studied, and multiple linear regression analysis methods are adopted to provide valuable market analysis and decision-making reference for relevant entities in the industrial chain.

**Keywords**: New Energy Vehicles; Price; Fittings; GLM

**Abstract**: The rapid development of intelligent driving technology is profoundly impacting the automobile insurance industry. This paper aims to explore the development trends and challenges of automobile insurance in China in the era of intelligent driving, and propose corresponding research ideas and suggestions. The paper begins by introducing the background and applications of intelligent driving technology, and analyzing the current status and trends of intelligent driving technology development in China. Furthermore, it discusses the risks and safety issues brought by intelligent driving, and analyzes the impact of intelligent driving on traditional automobile insurance models. Lastly, taking into account the characteristics of Chinese automobile insurance market, it proposes innovative insurance product development and risk management strategies to adapt to the era of intelligent driving. The paper provides an outlook for the future development of automobile insurance in the era of intelligent driving in China, and suggests further research directions.

**Keywords**: Intelligent Driving; Automobile Insurance; Insurance Innovation



**Abstract**: With the enhancement of Chinese consumers' health awareness, the health level of the interior environment has been widely concerned by the society. After more than ten years of development, China's healthy automobile technology has made great progress, to a certain extent to meet the needs of consumers for healthy travel. In this paper, consumers' real demand for healthy cars is obtained through the investigation of consumers. At the same time, combined with the development status of automobile industry, we developed technical rules for healthy automobile. According to the technical rules, the test of major automobile brands sold in 2022 are carried out to find out the status quo of China's healthy automobile technology, and suggestions are given for the future development. The health level of China's automobile can meet the basic health needs of consumers, but indicators, such as VOC, SVOC, and odor performance need to be improved.

**Keywords**: Healthy Automobile; Data Research; Consumer

## **B**.10 Research on Safety of Screen Interaction of Vehicle Intelligent Cockpit

*Zhu Guanhong, Yu Shucong and Li Yanan* / 148

**Abstract**: With the improvement of people's living standards and the demand for intelligent car functions, more and more models are using screen interaction instead of traditional button interaction for operation in the center control area of the intelligent cockpit. For the market and users, the question whether the security of screen operation was lower than that of button operation was put forward. This paper selected six models and compared and analyzed the interactive safety of screen based on the objective data collected from the driving virtual simulation bench. The writer concluded that screen interaction could be more efficient and secure than button interaction when HMI was properly designed through the research.

**Keywords**: Intelligent Cockpit; Screen Interaction; Interactive Security

**Abstract**: The research and development of automotive safety technology depends on specific working condition scenarios, vehicle-related parameters, environmental factors, driver factors, and road factors will all cause impact on the effect of automotive safety technology. The purpose of automotive safety technology research is to avoid traffic accidents and minimise the harm to traffic participants. Therefore, it is very necessary to research automotive safety technology for the typical accident working condition scenarios extracted from real traffic accidents. In this paper, through the China In-Depth Accident Study (CIDAS), we explore the key traffic safety issues and research trends under two typical working condition scenarios, inter-vehicle collision accidents and accidents with vulnerable traffic participants, and the writer extract the typical parameters under the accident conditions of two-wheeled vehicles, and propose the active collision avoidance strategy based on the safe distance for the simulation validation.

**Keywords**: Traffic Safety; Accident Scenario; Automobile Safety Technology

## Ⅲ The Insurance Big Data



**Abstract**: Motor vehicle insurance is closely related to the interests of the people, and has been the largest business in the property insurance field for a long time. This report is based on the data of the vehicle insurance information platform of CBIT (China Banking and Insurance Information Technology Management Co., Ltd.), focusing on the analysis of the market scale status and development trend of traffic insurance and commercial insurance in 2022, and analyzes the automobile insurance industry from multiple different dimensions: in terms of underwriting, it analyzes from the perspectives of new or old vehicles, vehicle types, etc.; in the aspect of claims, it analyzes the average loss of cases. In the end of this report, it analyzes regional operations of the vehicle compulsory insurance and the commercial insurance.

**Keywords**: Motor Insurance; Underwriting; Claim



**Abstract**: Motor insurance, especially the vehicle compulsory insurance and the third party liability insurance for motor vehicles, plays an important role in both promoting road traffic safety and ensuring that victims of traffic accidents receive compensation. Using the insurance big data from CBIT (China Banking and Insurance Information Technology Management Co., Ltd.), this report tracks and analyzes the national traffic accident liability insurance coverage from the perspective of insurance coverage, regional risk coverage, full insurance coverage, and level of liability risk protection for fatal accidents. On the one hand, it is helpful to objectively evaluate the development status and future trend of China's traffic accident liability insurance. On the other hand, it is helpful for the insurance companies to get the insurance company's business behavior and consumption. For the public, this report provides reference suggestions for personal insurance purchase behavior.

**Keywords**: Traffic Accident Liability Insurance; Degree of Protection; Insurance

**Abstract**: In 2022, the comprehensive reform of automobile insurance has been further promoted, and the phased objectives of "price reduction, coverage increase, and quality improvement" has achieved remarkable results. Under the influence of multiple factors, such as the prevention and control of the COVID-19, the market development and loss risk of commercial automobile insurance in various regions has shown different characteristics. Based on the underwriting and claim data of the National Automobile Insurance Information Platform, this report selects five underwriting indicators and four claim indicators to analyze the risk situation of commercial automobile insurance in various regions of China. The indicators include premium, insurance rate, average premium, average insured amount, and average discount rate, closing rate, severity, frequency, and loss ratio. Finally, preliminary analysis and recommendations will be made on the risk trends of commercial automobile insurance, providing reference for guiding the healthy and sustainable development of the automobile insurance industry.

**Keywords**: Commercial Automobile Insurance; Premium; Risk



**Abstract**: With the increasing popularity of new energy vehicles, the new energy automobile insurance market has grown rapidly, and the proportion of new energy automobile insurance in the automobile insurance business has steadily increased. It has been over a year since the implementation of exclusive insurance for new energy vehicles in 2022, and the development of the new energy automobile insurance market is worthy of attention. This report analyzes the business situation and risk characteristics of new energy automobile commercial insurance under different dimensions from the perspectives of underwriting and claims, and compares it with traditional automobile commercial insurance.

**Keywords**: New Energy Vehicles; Commercial Automobile Insurance; Underwriting; Claims

## B.16 Analysis Report of the Motor Insurance Market of Private Car in 2022

*Chen Pei*, *Gao Yingxia* / 228

**Abstract**: The motor insurance market in China can be divided into private cars, non business buses, business buses, non business trucks, business trucks, special vehicles, etc. according to the types and use nature of motor vehicles. The premium of private car accounts for about 70% of the total motor insurance market. It is a very important classification of the motor insurance market. This report analyzes the situation of private car from several dimensions: in terms of underwriting, it analyzes from the perspectives of insurance, region, company, channel, etc.; in the aspect of claims, it analyzes the average loss of case of the vehicle compulsory insurance and the commercial insurance. In the end of this report, it analyzes regional differences in the discount rate. This report aims to provide reference for the industry and consumers to understand the overall risk of private vehicles.

**Keywords**: Private Car; Underwriting; Claim

## B.17 Analysis Report of the Motor Insurance Market of New Private Car in 2022

*Gao Yingxia*, *Chen Pei* / 243

**Abstract**: Affected by the COVID-19 and reform of automobile insurance, we have seen some fluctuations in the market of New private car insurance. The purpose of this report is to assist the healthy development of the automobile insurance industry. In the first part, it analyzes the premium of new private car from several dimensions: risks, regions, companies, channels, etc.. In the second part, it analyzes the claim amount of new private car insurance. Finally, it analyzes the coverage rate and the discount of the commercial insurance.

**Keywords**: New Private Car; Premium; Claim Amount



**Abstract**: This report analyzes the underwriting and claim of commercial truck insurance in China. It analyzes the underwriting situation of commercial trucks in the dimensions of insurance type, region, company and channel, etc.. In addition, the report deeply analyzes the average loss, insurance coverage rate and discount rate in various regions, fully reflecting the commercial truck business of the auto insurance industry.

**Keywords**: Commercial Truck; Premium; Settled Loss



**Abstract**: This report is about the National truck third party insurance in 2022; It analyzes trucks third party insurance underwriting in the dimensions, such as category, tonnage and insurance amount. In addition, it also shows the change of claim indicators in multiple dimensions. It reflects the development of the national truck third party insurance.

**Keywords**: Truck; Third Party Insurance; Underwriting; Claim

**Abstract**: The prospective and strategic study and application of key software and hardware technologies in the financial industry is advocated. China Banking and Insurance Information Technology Management Co., Ltd. develops a data analysis software independently. This software can support data processing, data analysis and statistical modeling functions, and provide solutions for multiple practical business scenarios.

**Keywords**: Data Processing; Data Analysis; Statistical Modeling; Nationalization of Software

## Ⅳ The Insurance Big Data



**Abstract**: In China, road transportation has a high proportion of carbon emissions and is facing severe pressure on carbon reduction. At the same time, new energy vehicle industry in China has become one of the important paths to reduce carbon emissions in the field of road transportation due to the rapid development. The subsidy for new energy vehicles has been withdrawn, and carbon assets of new energy vehicles can serve as a new incentive for consumption, further promoting the development of the new energy vehicle industry. This report systematically studies the accounting method of carbon assets for new energy vehicle in use, calculates and analyzes the current potential status of the carbon assets, and explores the application possibilities of the carbon assets in six different scenarios, which can be used for the development of carbon assets for new energy vehicles and achieving carbon emission reduction of road transportation.

**Keywords**: New Energy Vehicle; Carbon Emission Reduction; Carbon Assets



**Abstract**: Software-driven transformation poses new challenges for the automotive industry, but also presents significant opportunities for automakers. This paper explores the challenges and changes brought about by digital transformation in the automotive industry. Enhanced market push and market pull factors are driving digital transformation in the automotive industry, leading to rising product complexity. To meet the digitalization challenges, automakers need to change at the strategic, tactical, and operational levels and collaborate internally and externally with partners to share software knowledge and capabilities. At the strategic level, rapidly expanding capabilities through horizontal collaboration; at the tactical level, increasing the flexibility of product deployment by separating processes for different delivery speeds as well as separating the hardware and software of the product; and at the operational level, adopting a collaborative requirements consolidation process as well as measures, such as scoping, focusing on functionality, rolling out in phases, and planning for software variants to address the issues posed by software complexity and rapid change. The article highlights the challenges and opportunities for software-driven transformation in the automotive industry and provides practical advice for managing the complexity of software development, platform strategy, and organizational transformation. By taking these steps, automotive organizations can become more competitive and stay ahead of the curve in a rapidly changing marketplace.

**Keywords**: Digitalization; Vehicle Software; Product Development

## B.23 Evolution Trend of Penetration Rate and Analysis of Vehicle Model Competitiveness

*Liu Renwei*, *Tang Tracy* / 328

**Abstract**: Market forecasting is related to the business strategies of automobile manufacturers, and is also the important method for discovering opportunities in the new energy vehicle market. This study used a detailed analysis tool of price-level-category to calculate the market share, market share variation rate, NEV penetration level, and NEV penetration level variation rate of each segmented market. In this way, the writer predicted the monthly penetration rate in the second half of the year. The domestic passenger car sales volume is predicted to be 2020 million, and the NEV penetration rate is predicted to be 38.54%. Our B-class sedan products have a significant backlog of similar products in different price ranges, and strategically, we need to expand its price coverage.

**Keywords**: Detailed Price-level-category Graph; Market Share; Penetration Level; Conversion Rate

## B.24 Analysis of the Development Status and Carbon Emission Reduction Effect of New Energy Vehicles in Tianjin

*Lu Hao*, *Han Xu and Zhao Zhenjia* / 341

**Abstract**: Driven by the "carbon peaking and carbon neutrality" policy, new energy vehicles are facing a wave of accelerated development and change, and Tianjin has continued to introduce initiatives to promote the construction of the new energy vehicle industry and promote the consumption of new energy vehicles. As one of the earliest cities in China to develop the automobile industry, the development of Tianjin's automobile industry is facing a critical period of transition to new energy. It is crucial to grasp the current status of the overall development of new energy vehicles in order to make a decision on the direction of the next step. This paper explores the current structure and development of the new energy vehicle market by mining and analyzing the big data of the new energy vehicle market in Tianjin. Moreover, this paper accounts for the carbon emission reduction of each type of vehicle in a refined way, and explores the link between the new energy market and the effect of carbon emission reduction. Eventually, combined with the results of the multi-dimensional indicator analysis, the application conclusions are mined in the development of new energy vehicle market and carbon reduction measures in Tianjin.

**Keywords**: New Energy Vehicle Market; Carbon Emission Reduction; Tian Jin



**Abstract**: The explosive growth of new energy vehicles requires the automotive industry to have a closer understanding of the safety and health status of key system power batteries. In the context of the development of software defined automobiles, new energy vehicles, as new mobile information terminals, traditional information monitoring systems can no longer meet the above requirements. The combination of information technology and big data technology has become the most favorable means for enterprises to control the condition of vehicles and batteries. The battery big data platform mentioned in this article combines the years of advantages and latest technology accumulated by Reachauto and CALB Lithium Battery. Through flexible and configurable business modules, applications can filter, extract, analyze, and process battery safety and health data, and can expand other applications according to business needs. The core of battery big data is algorithm models, which can analyze and compare multiple batches of batteries in full time, full space, multi-dimensional, and multi granularity. This not only helps to improve research and development speed and reduce research and development costs, but also helps to improve the scientific and reliable after-sales service, providing more intellectual support in future market competition.

**Keywords**: Big Data Platform; Safety and Pre-warning; Battery Health

## **B**.26 Automotive Big Data Helps High Quality Urban Development *Zhang Qiang*, *Mi Shengrong* / 374

**Abstract**: With the continuous progress of technology and the popularization of the Internet, big data has become one of the hot topics in today's society. In various industries, the application of big data has brought tremendous changes and opportunities. The automotive industry, as an important economic pillar, is also actively exploring and applying big data technology. As a company focusing on the delivery ecosystem of the express delivery industry, Xinqi Co., Ltd. utilizes big data technology to improve the operational efficiency of its vehicles, improve customer experience, and enhance vehicle safety. Through big data empowering urban management and actively exploring the value discovery of data elements, it has achieved good social and ecological benefits.

**Keywords**: Big Data; Express Delivery Supervision; Smart City

# 皮书

## 智库成果出版与传播平台

### ✤ 皮书定义 ✤

皮书是对中国与世界发展状况和热点问题进行年度监测，以专业的角度、专家的视野和实证研究方法，针对某一领域或区域现状与发展态势展开分析和预测，具备前沿性、原创性、实证性、连续性、时效性等特点的公开出版物，由一系列权威研究报告组成。

### ✤ 皮书作者 ✤

皮书系列报告作者以国内外一流研究机构、知名高校等重点智库的研究人员为主，多为相关领域一流专家学者，他们的观点代表了当下学界对中国与世界的现实和未来最高水平的解读与分析。

### ✤ 皮书荣誉 ✤

皮书作为中国社会科学院基础理论研究与应用对策研究融合发展的代表性成果，不仅是哲学社会科学工作者服务中国特色社会主义现代化建设的重要成果，更是助力中国特色新型智库建设、构建中国特色哲学社会科学“三大体系”的重要平台。皮书系列先后被列入“十二五”“十三五”“十四五”时期国家重点出版物出版专项规划项目；自2013年起，重点皮书被列入中国社会科学院国家哲学社会科学创新工程项目。

# 皮书网

（网址：www.pishu.cn）

发布皮书研创资讯，传播皮书精彩内容
引领皮书出版潮流，打造皮书服务平台

## 栏目设置

◆关于皮书

何谓皮书、皮书分类、皮书大事记、
皮书荣誉、皮书出版第一人、皮书编辑部

◆最新资讯

通知公告、新闻动态、媒体聚焦、
网站专题、视频直播、下载专区

◆皮书研创

皮书规范、皮书出版、
皮书研究、研创团队

◆皮书评奖评价

指标体系、皮书评价、皮书评奖

## 所获荣誉

◆2008 年、2011 年、2014 年，皮书网均在全国新闻出版业网站荣誉评选中获得“最具商业价值网站”称号；

◆2012 年，获得“出版业网站百强”称号。

## 网库合一

2014年，皮书网与皮书数据库端口合一，实现资源共享，搭建智库成果融合创新平台。

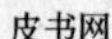

皮书网

“皮书说”
微信公众号

# S 基本子库
# UB DATABASE

## 中国社会发展数据库（下设 12 个专题子库）

紧扣人口、政治、外交、法律、教育、医疗卫生、资源环境等 12 个社会发展领域的前沿和热点，全面整合专业著作、智库报告、学术资讯、调研数据等类型资源，帮助用户追踪中国社会发展动态、研究社会发展战略与政策、了解社会热点问题、分析社会发展趋势。

## 中国经济发展数据库（下设 12 专题子库）

内容涵盖宏观经济、产业经济、工业经济、农业经济、财政金融、房地产经济、城市经济、商业贸易等 12 个重点经济领域，为把握经济运行态势、洞察经济发展规律、研判经济发展趋势、进行经济调控决策提供参考和依据。

## 中国行业发展数据库（下设 17 个专题子库）

以中国国民经济行业分类为依据，覆盖金融业、旅游业、交通运输业、能源矿产业、制造业等 100 多个行业，跟踪分析国民经济相关行业市场运行状况和政策导向，汇集行业发展前沿资讯，为投资、从业及各种经济决策提供理论支撑和实践指导。

## 中国区域发展数据库（下设 4 个专题子库）

对中国特定区域内的经济、社会、文化等领域现状与发展情况进行深度分析和预测，涉及省级行政区、城市群、城市、农村等不同维度，研究层级至县及县以下行政区，为学者研究地方经济社会宏观态势、经验模式、发展案例提供支撑，为地方政府决策提供参考。

## 中国文化传媒数据库（下设 18 个专题子库）

内容覆盖文化产业、新闻传播、电影娱乐、文学艺术、群众文化、图书情报等 18 个重点研究领域，聚焦文化传媒领域发展前沿、热点话题、行业实践，服务用户的教学科研、文化投资、企业规划等需要。

## 世界经济与国际关系数据库（下设 6 个专题子库）

整合世界经济、国际政治、世界文化与科技、全球性问题、国际组织与国际法、区域研究 6 大领域研究成果，对世界经济形势、国际形势进行连续性深度分析，对年度热点问题进行专题解读，为研判全球发展趋势提供事实和数据支持。

# 法律声明

“皮书系列”（含蓝皮书、绿皮书、黄皮书）之品牌由社会科学文献出版社最早使用并持续至今，现已被中国图书行业所熟知。“皮书系列”的相关商标已在国家商标管理部门商标局注册，包括但不限于LOGO（ ）、皮书、Pishu、经济蓝皮书、社会蓝皮书等。“皮书系列”图书的注册商标专用权及封面设计、版式设计的著作权均为社会科学文献出版社所有。未经社会科学文献出版社书面授权许可，任何使用与“皮书系列”图书注册商标、封面设计、版式设计相同或者近似的文字、图形或其组合的行为均系侵权行为。

经作者授权，本书的专有出版权及信息网络传播权等为社会科学文献出版社享有。未经社会科学文献出版社书面授权许可，任何就本书内容的复制、发行或以数字形式进行网络传播的行为均系侵权行为。

社会科学文献出版社将通过法律途径追究上述侵权行为的法律责任，维护自身合法权益。

欢迎社会各界人士对侵犯社会科学文献出版社上述权利的侵权行为进行举报。电话：010-59367121，电子邮箱：fawubu@ssap.cn。

社会科学文献出版社